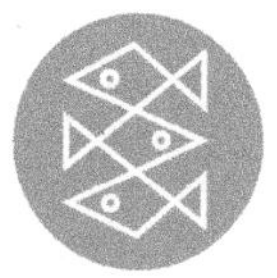

AF545692

Gertrude Stein hatte ein Imageproblem. Die ikonischen Aufnahmen aus ihrem Pariser Salon, Treffpunkt bedeutender Maler, Schriftsteller und Intellektueller, gehören längst zur Bildsprache der 30er und 40er Jahre des letzten Jahrhunderts, als in Kunst und Literatur alles möglich schien.

Doch Gertrude Stein war viel mehr als Kunst- und Literaturmäzenin. Sie war vor allem eine leidenschaftliche Schriftstellerin, die mit ihren experimentellen Romanen, Gedichten, Theaterstücken, Libretti und theoretischen Texten zum Schreiben, zu Poesie und Interpunktion alle stilistischen Konventionen der damaligen Literatur sprengte.

Das vorliegende Lesebuch bietet einen umfassenden und faszinierenden Einblick in Steins literarisches Werk – ausgewählt und überwiegend neu übersetzt von Uda Strätling; etliche Texte erscheinen hier überhaupt zum ersten Mal auf Deutsch.

Gertrude Stein, geboren 1874 in Allegheny, heute Pittsburgh, Pennsylvania, gestorben 1946 in Paris, war eine amerikanische Schriftstellerin, Verlegerin und Kunstsammlerin. In ihrem legendären Salon in Paris ging die künstlerische Avantgarde ein und aus. Neben Virginia Woolf zählt sie zu den ersten Frauen der literarischen Moderne.

Uda Strätling lebt in Hamburg und hat u. a. Emily Dickinson, Henry David Thoreau, John Ashbery, Rae Armantrout, Aldous Huxley und Marilynne Robinson übersetzt.

Weitere Informationen finden Sie auf www.fischerverlage.de

Gertrude Stein

Das große Lesebuch

Ausgewählt, herausgegeben und übersetzt
von Uda Strätling

mit Übertragungen von

Marcel Beyer
Ernst Jandl
Barbara Köhler
Oskar Pastior
Ulf Stolterfoht

FISCHER Klassik

Die Arbeit der Übersetzerin an der vorliegenden Textauswahl wurde vom Deutschen Übersetzerfonds gefördert.

Originalausgabe

Erschienen bei FISCHER Taschenbuch
Frankfurt am Main, Dezember 2017

Satz: Dörlemann Satz, Lemförde
Druck und Bindung: CPI books GmbH, Leck
Printed in Germany
ISBN 978-3-596-90637-6

Inhaltsverzeichnis

Vorwort 9

I SELBST UND SUCHE

Radcliffe-Texte (1984/85) 21

Fernhurst (1904) 26

II TYPOLOGIE UND PORTRÄT

Melanctha (1905) 45

Brief von Hutchins Hapgood (1906) 82

The Making of Americans (1911) 84

Brief von Mabel Dodge (1911) 93

Brief von Carl Van Vechten (1923) 94

Ada (Winter 1908/09) 96

Picasso (1909) 100

Miss Furr und Miss Skeene (1911) 104

Bon Marché Wetter (1911) 112

III BEWEGUNG UND EXAKTE BESCHREIBUNG

Susie Asado (1913) 117

Selige Emily (1913) 118

IIIIIIIIII. (1913) 132

Auszüge *Bee Time Vine* (1913–1921) 144

Auszüge *Tender Buttons* (1914) 151

IV STIMM- UND WORTTHEATER

LadyStimmen (1916) 161

Tourty oder Tourtebattre (1918/19) 164

Eine Sonatine dann die andere (1921) 169

Die Dinge liegen auf dem Tisch (1922) 207
Er und sie, Hemingwie (1923) 218
Fing ich an davon. Ein jetzt komplettes
Porträt Picassos (1923) 220
1 Liste (1923) 225
Eine Beschreibung vom fünfzehnten November:
Porträt T. S. Eliot (1924) 243
Brief von T. S. Eliot (1925) 248

V TOPOGRAPHIE UND MEDITATION
Komposition als Position (1926) 253
rat zu rosen (1929) 267
Erzählung (1929) 269
Lucy Church Amiably (1930) 274
wie man seine art gewinnt (1931) 280
Autobiography of Alice B. Toklas (1933) 292
Strophische Meditationen (1932) 294
Poesie und Grammatik (1934) 307
Danach (1934) 339
Das allmähliche Machen von
The Making of Americans (1934) 349

VI SCHREIBEN UND WIRKLICH SCHREIBEN
Und nun (1934) 373
Wie geschrieben wird was geschrieben wird (1935) 377
Identität ein Gedicht (1935) 386
Hört doch (1936) – Briefwechsel Stein / Van Vechten (1936) 395
Die Welt ist rund (1939) 444
Unser aller Mutter (1945/46) 448
Gruß von Gertrude Stein (1946) 459

Anmerkungen 461

ANHANG
Chronik Gertrude Stein 491
Literaturverzeichnis 499
Bildnachweise 508
Namensverzeichnis 509

VORWORT

Und worum geht es. Darum was vorgeht.
Was vorgeht führt ein anderes Wort ein
und das ist so gut wie ja.
Gertrude Stein, »Hört doch«

Gertrude Stein. Tochter des Enthusiasmus. Mutter der Moderne. Wir wissen von ihr zu viel und zu wenig. Wir kennen die Bilder und Namen, den Salon in der rue de Fleurus, die Anekdoten, Zitate und Sentenzen, und bis heute scheint vor allem dieser aufregende »Subtext ihres Lebens« zu fesseln. So vielgesichtig die öffentliche Persona, so vielgestaltig ist aber auch das Werk dieser Sprachversucherin. Ihr Leben lang arbeitete Stein an einer neuen Grammatik für die neue Zeit. In ihren Gedichten entwickelte sie Formen, die so aufregend fremd waren wie die visuellen Neuerungen Picassos und Braques, in ihrer Prosa hinterfragte sie die Funktion von Wörtern, Sätzen und Absätzen für Zeit und Erzählen.

Alle Antworten auf alle Fragen zu Stein, sagte sie, finde man in ihren Büchern. Um fast im selben Atemzug zu beteuern, richtig interessant werde es, wenn es weder Frage noch Antwort gebe. Zu jedem Diktum gibt es bei Stein das dialektische Komplement. »Ich rede nie wider. / Wider Erwarten«, heißt es in einem ihrer Gedichte. Stein muss man beim *Wort* nehmen, wieder und wider. Lassen wir also ihre Sprachschöpfungen für sich (und für sie) sprechen; es gibt keine bessere Einführung in Stein als Stein, als die Texte selbst, als das Lesen – und Hören.

Man sollte Stein nach Möglichkeit laut lesen, und man sollte unbedingt der Lautpoesie der Originaltonaufnahmen lauschen, die im Internet zu finden sind. Steins Stimme ist betörend, ein melodischer Alt mit dem Charme der Ostküstendiktion vergangener Zeiten. Die Aufzeichnungen tragen entschieden zu dem Vergnügen bei, das sie selbst als Schlüssel zu ihrem Werk propagierte. Sie offenbaren, weshalb Stein jede Interpunktion für überflüssig hielt, und sie bestätigen, was ein Besucher 1935 in den USA zu einem ihrer Vorträge bemerkte: »Hört man Miss Stein selbst aus ihrem Werk lesen, versteht man zum ersten Mal; man begreift, warum sie schreibt, wie sie schreibt: Mit jedem scheinbar gleichförmigen Satz bewegt sie sich weiter, und kaum meint man, sie habe vier- oder fünfmal dasselbe gesagt, stellt man mit Staunen fest, dass sie einen fast unmerklich, Schritt für Schritt, auf Neuland geführt hat.«

Neuland, ja. Und zum Staunen. Steins Texte sind voll subversiver Spiel- und Experimentierfreude, voller Humor, Musik – und subtiler Erotik. Kaum ein Text ähnelt dem anderen, und doch spürt man hinter allen denselben so rastlos wie lustvoll forschenden Geist. Schreiben war für Stein ein immer wieder mit dem Beginnen Beginnen, eine »Hymne an die Möglichkeit«.

Wo soll man aber mit dem Lesen anfangen? Stein hat unermüdlich geschrieben, vierzig Jahre lang. Fünfundzwanzig Titel erschienen zu ihren Lebzeiten und noch einmal so viele posthum; 571 Einzeltitel zählt der Katalog der Collection of American Literature in der Beinecke Rare Book & Manuscript Library der Yale University. Sie schrieb Romane und Biographien, Dramen, Szenarien und Opern, Gedichte, Porträts und Essays, Artikel und Reportagen, sie schrieb für Kinder und »für Fremde«. Doch haben *The Making of Americans* und *Lucy Church Amiably* mit Romanen, wie man sie von George Eliot oder Henry James kannte, wenig zu tun, »Hört doch« (*Listen to Me*) oder »1 Liste«

(*A List*) wenig mit den Dramen eines Ibsen oder O'Neill – mehr schon mit absurdem Theater. Ihre »Strophischen Meditationen« (*Stanzas in Meditation*) wecken Erwartungen, die sie konsequent unterlaufen. Und was ist mit Textarrangements wie jenen von *Zarte knöpft* (*Tender Buttons*): sind sie Prosa, Poesie, Porträt, Metapoetik? Theorie und Praxis fallen bei Stein zusammen. Wörter und Sätze sagen nicht, sie sind.

Nach Umfang und Radikalität ihrer Sprachexperimente ist Stein in der englischsprachigen Literatur fast ohne Beispiel. Sie nimmt spätere Entwicklungen vorweg. Noch vor James Joyce – wie sie ihr Leben lang betont –, vor Dada, vor dem Surrealismus, vor den Beiträgen der Bloomsbury Group um Virginia Woolf und vor dem *roman fleuve* eines Romain Rolland schreibt Stein unerhört neuartige Texte (»extra extrem«, wie es in »Selige Emily« heißt). Sie stellt den Werkcharakter in Frage. Sie bricht mit literarischen Konventionen, lehnt lineares Erzählen und tradierte Formen ab. Auch, wie gesagt, die Interpunktion. Unsere Kategorien greifen bei ihr nicht. Keine Themen. Keine Genres. Keine Konventionen. Sie sprengt alle editorischen, redaktionellen und verlegerischen Raster.

Zwar gab und gibt es immer wieder Versuche, Steins umfangreiches und disparates Werk zu ordnen: nach Kategorien wie zugänglich / unzugänglich; innen / außen, also Veröffentlichungen, die für ein Publikum oder aber im Sinne eigener Formanliegen verfasst wurden; nach den Einflüssen von Lehrern und Mentoren; nach feministischen Kriterien; nach Fixpunkten wie Individualität, Essenz, Charakter (bottom nature) oder später Dingwelt und entkörperter Bewegung; nach Themen wie Bewusstsein, Sein, Zeit, Wahrnehmung, Erkenntnis, Empfindung.

Gerade weil Gertrude Stein aber ihre Texte so in Bewegung hält, weil sie ihr Projekt der Erneuerung der Sprache und der

Versprachlichung eines (amerikanischen!) Geists der Zeit ein Leben lang verfolgte, weil Leben und Schreiben bei Stein so eng verwoben sind und ihr Schreiben immer auch autobiographisch ist, und ungeachtet der Tatsache, dass sie selbst bei der Zusammenstellung ihrer Texte für Sammelbände wie *Geography and Plays* auf die Chronologie nichts gab und ohnehin meist parallel und vor und zurück arbeitete (so begann sie ihr experimentelles Großwerk *The Making of Americans* bereits, als sie an ihrer noch recht konventionellen Novelle *Fernhurst* schrieb), verspricht eine Orientierung an der Werkchronologie am ehesten Aufschluss über die Suchbewegungen, die Aufbrüche, Umschwünge, Stil- und Akzentverschiebungen in ihrem Werk.

Entsprechend werden die ausgewählten Texte hier erstmals nach ihrem Entstehungsdatum geordnet und kurz eingeführt. Sie zeichnen, in groben Zügen, Steins literarische Entwicklung nach. So machen etwa die frühen Aufsätze aus der Studienzeit und die Novelle *Fernhurst* deutlich, wie entschieden Stein mit der Arbeit an *Drei Leben* und *The Making of Americans* ihr Neuland betrat, und markieren »Susie Asado« oder »Selige Emily« den nächsten Aufbruch. Es wurden möglichst alle Textsorten berücksichtigt, und die Aufnahme einiger ihrer Stücke rückt die vernachlässigte Dramatikerin Stein stärker ins Licht.

Alle Texte mit Ausnahme der wunderbaren »Gastspiele« Ernst Jandls, Oskar Pastiors, Marcel Beyers, Barbara Köhlers und Ulf Stolterfohts wurden für diesen Band neu übersetzt, etliche zum ersten Mal. Einige konnten ihres Umfangs wegen leider nur in Auszügen berücksichtigt werden – aber selbst Stein hat gelegentlich Kürzungen zugestimmt, um Lesern wenigstens einen Eindruck zu erlauben und zu weiterer Lektüre einzuladen.

Ergänzt wird die Auswahl durch Querverweise, Anmerkungen und eine knappe Lebenschronik. Ein Literatur- und ein Namensverzeichnis dienen der weiteren Orientierung.

Die Übersetzung Stein'scher Texte ist im besten wie im schlimmsten Sinne eine Herausforderung. Sie stecken »voller möglichkeiten, rätsel und überraschungen«, sie zwingen oft zu unwillkommenen Festlegungen und machen dann aus Übersetzen »eher ein Setzen«, und erfordern ansonsten ein spannendes Jonglieren, den Versuch, möglichst viele mögliche Lesarten im Spiel und in der Schwebe zu halten: Hymne an die Möglichkeit.

Mir gefällt was ich tu – was es auch sei
Strophe zwei
Gertrude Stein, »Strophische Meditationen«

Gertrude Stein, Curie im Labor des Vokabulars. Mit dem Anbruch des neuen Jahrhunderts schmeißt sie zum Entsetzen aller ihr Medizinstudium hin und widmet sich ganz dem Schreiben. Sie verfasst zunächst ausschließlich Prosa, erst die kurzen Schlüssel- und Seelenromane *Q.E.D.* und *Fernhurst* und das anfangs noch als Familienroman konzipierte »lange Buch« *The Making of Americans*, bricht aber schon 1905 mit dem Live-Streaming ihrer *Drei Leben* (vor allem »Melanctha«) radikal mit erzählerischen Konventionen; sie tut den »ersten definitiven Schritt fort vom neunzehnten Jahrhundert und ins zwanzigste Jahrhundert«. Es entstehen neuartige, die traditionsreiche Gattung des literarischen Porträts revolutionierende Wortskizzen – etwa der Geliebten Alice B. Toklas (»Ada«, s. S. 96). Sie strebt nach größtmöglicher Präzision in der Darstellung innerer und äußerer Realitäten, verschreibt sich als Grammatikerin einer lebenslangen Erkundung besonders der Syntax und geht systematisch daran, »alle Konnotationen zu zerschlagen, die Wörter je gehabt haben, um sie wieder brauchbar zu machen«. Sprache ist Material und Thema.* Was sie unternimmt, ist, entgegen der Unterstellung B. F. Skinners, *kein* automatisches Schreiben. Sie weiß, was sie tut. Ihre Findungen sind nie zufällig, aber auffällig offen für Ambiguitäten und Amphibolien, für grammatische Kippbewegungen und Permutationen, für multiple Lesarten. Als Schülerin William James' ist sie mit seiner Auffassung vom »Bewusstseinsstrom« bestens vertraut, sie kennt die Diskussionen um die Sapir-Whorf-Hypothese der linguistischen Relativität. All das fließt ein in ihre Experimente mit nicht-narrativen Erzählstrukturen, mit den Wiederholungen (bzw. der Insistenz) eines im Rhythmus des Bewusstseins und der gedehnten Erlebenszeit eines sich aus sich selbst heraus generierenden Jetzt (*continuous present*), es bestimmt frühe Porträts wie »Matisse«, »Picasso« (s. S. 100), »Miss Furr und Miss Skeene« (s. S. 104) oder »Bon Marché Wetter« (s. S. 112).

Dann ändert sich ihr Vorgehen im Ersten Weltkrieg während ihres Aufenthalts auf Mallorca abermals grundlegend (der sogenannten spanischen Periode). Eine neue Emphase, ein bewegter Sekundenstil sprunghafter, spontaner Kompositionen mit starken Bildwörtern führt zu kaleidoskopischen, erotischen Texten und Prosagedichten wie »Susie Asado« (s. S. 117), »Selige Emily« (s. S. 118) und vor allem *Tender Buttons* (s. S. 151).

---

* Die Übersetzung folgt daher grammatisch-morphologisch wie interpunktorisch Steins Formexperimenten. Siehe hierzu auch ihre Anmerkungen in dem Vortrag »Poesie und Grammatik« (S. 307).

Somit hat Stein bereits 1914 die beiden revolutionären Stilwechsel vollzogen, die ihr einen Platz im literarischen Kanon der amerikanischen Moderne sichern: die unmittelbare Wiedergabe der inneren Sprach- und Denkbewegungen ihrer Figuren und Erzählinstanzen ohne Anfang und Ende (vielmehr mit lauter Mitte, dem Mittendrin ihres *continuous present*) und die Kreation neuer, fragmentarischer – privater wie universeller – Momentaufnahmen für eine Zeit des gesellschaftlichen Umbruchs und des Traditionsverlusts. Es entstehen erste (Lese-)Dramen wie »LadyStimmen« (s. S. 161), und Stein nimmt *wörtliche* Übersetzungen dessen vor, was sie momentan sieht, hört und empfindet. In der nun folgenden romantischen Periode interessieren sie zunehmend Natur und menschliche Natur, sie entwirft Topographien sowohl konkreter Verortung als auch textlicher Dimensionen und Dynamik. Ab 1916 entstehen Montagen, Stücke oder Spiele und längere metapoetische Texte, deren Fokus auf dem Vorgehen liegt. Keine Handlung. Keine Protagonisten. Keine klare Szenenfolge. Ihre Dramen sind Konstellationen im Raum, sie erzählen nicht, was geschieht, sie geschehen.

In den 1920ern kombiniert Stein die neuen Darstellungsformen der spanischen wie der romantischen Perioden zu dichten literarischen »Kammermusikstücken«. Es entstehen Porträts in emphatischen Stilvarianten, Gedichte, Erzählungen, *Langue*-schaften wie *Lucy Church Amiably* (s. S. 274): eine erstaunliche Assemblage feinsinniger Wortspiele, eine fließende Text- und Phantasielandschaft. Es entstehen dramatische Szenarien aus Listen, Objekten, Briefen, Sätzen, Aphorismen, in denen Städte, Kreise, Religionen, Berge auftreten und Akte wie Szenen mitreden. Die eigentlichen Darsteller sind immer die Wörter (»was vorgeht führt ein anderes Wort ein«). Stücke werden zu Geographie, sind einfach da, Raum und Bewegung, erzählen aber keine Geschichte.

Es überrascht kaum, dass Stein nach so viel Überschwang vorübergehend strengere, formalistische Töne anschlägt. Sie wendet sich quasi-mathematischen Anordnungen zu, den Zahlen und dem Zählen. Es werden Proportionen, Teile und Ganzes, geometrische Konfigurationen, Maße und absolute Räume ausgelotet. Sie verfasst erstmals Reflexionen (wie »Komposition als Position« (s. S. 253)) zur eigenen literarischen Praxis, die nicht nur ihr Vorgehen erläutern, sondern grundlegende Fragen literarischer Theorie behandeln. Ihr Interesse gilt der Grammatik und ihrem Verhältnis zur neuen Zeit, dem der Poesie zur Prosa und dem Erzählen von Geschichte, vor allem aber der direkten Beschreibung.

Sie arbeitet seit Jahren ohne nennenswerte Resonanz. Lange beruht ihr literarischer Ruf fast ausschließlich auf Beiträgen in obskuren Literaturzeitschriften: der Monatszeitschrift *Ex libris* der American Library in Paris, Harold Loebs *Broom*, Ford Maddox Fords *the transatlantic review* oder dem von T.S. Eliot herausgegebenen *New Criterion*. Vor allem Dichter und Schriftsteller, denen es selbst um eine Erneuerung der Sprache zu tun ist, schätzen ihre Arbeit. Ein Gutteil ihrer Werke muss sie selbst verlegen – oder Jahre auf die Publikation warten. Das ändert sich 1934 schlagartig nach dem Erscheinen der *Autobiographie von Alice B. Toklas*, der listigen Maskerade, die Stein berühmt macht, zum »frühen Pop-Ereignis«. Fortan gibt es Schreiben und wirklich Schreiben, gibt es Texte für Fremde – die an den Erfolg der *Autobiographie von Alice B. Toklas* anknüpfen sollen: publikumsfreundliche Memoiren wie *Jedermanns Autobiographie* (1946), *Paris, Frankreich* (1939), *Kriege die ich gesehen habe* (1942) – und Texte für sich, etwa die Abstraktionsübung der »Strophischen Meditationen« (s. S. 294).

Stein befasst sich erneut mit Erzählstrukturen und – in einer

Reihe von Essays – mit dem Konzept der Bewegung als Movens ihres literarischen Werks. Für sie besteht das »Amerikanische«, sprich die Moderne, in der Erschaffung eines kohärenten Ganzen aus Bewegungen »in jeder erdenklichen Richtung«, einer Art Concept-Mapping. William Carlos Williams zufolge gleichen ihre Texte zunehmend den »vom Flugzeug aus gesehenen Vereinigten Staaten von Amerika«. Zugleich wendet sie sich auch wieder den dramatischen Gattungen zu, es entstehen weitere Opern, Bühnenstücke, Romane, Memoiren, Essays und Meditationen, es gibt die kompromisslosen Erkundungen von Gedichten und Textinszenierungen wie »Identität« (s. S. 386) und am Schluss, in ihrem letzten Lebensjahr, das Libretto zu der gemeinsam mit dem befreundeten Komponisten Virgil Thomson konzipierten Oper »Unser aller Mutter« (s. S. 448).

»Wie ungemein aufregend all das hier war«, fasst sie selbst ihr ständiges, programmatisches Um- und Neudenken, Suchen, Finden und erneut Überdenken 1946 zusammen.

Ihre Lebenspartnerin Alice B. Toklas, ohne die das Werk Steins nicht denkbar ist, hatte es bei anderer Gelegenheit so ausgedrückt: »Ein herrlicher Abend, Gertrude hat Dinge gesagt, die sie erst in zehn Jahren verstehen wird!«

I SELBST UND SUCHE

▶ 1893 nahm Gertrude Stein, als Gasthörerin zunächst, ihre Studien am Radcliffe College auf – das Harvard damals noch als Frauen-»Annex« angegliedert war. Sie belegte Kurse in Philosophie und Metaphysik bei George Santayana und Josiah Royce und Psychologie bei William James, daneben aber auch Zoologie und Botanik. In ihrem zweiten Jahr schrieb sie sich für William Vaughn Moodys beliebten Kurs »English Composition 22« ein. Die Texte stellen die ersten ernstlichen Schreibversuche Steins dar, und während Themen und Aufgabenstellung für die einzureichenden Arbeiten durchaus die für Anfänger üblichen sind, erweisen sich Steins Beiträge von vornherein als oft unorthodox; ihr Lehrer Moody beklagte eine »Verve«, die die Syntax »überwältigt« und monierte ihre »Aversion gegen selbst die gängigsten Satzzeichen«.

10. Oktober 1894
Im Roten Grund

Die eher gewohnten Erscheinungen der äußeren Welt sind ja schön und gut für die Unglücklichen denen die Natur eine solche im Innern verwehrt. Ich aber die in ihrem kurzen Leben an Leid und Freud alles erlebt habe, was die menschliche Natur verkraften kann, lasse mich nicht dazu herab, auf solch armselige Details auch nur einen Federstrich zu verschwenden.

Von Kindheit an hatte mein Geist an sich selbst genug. Ich nutzte jede Ausflucht, um allein sein zu können, damit ich träumen, mich in den starken Gefühlen verlieren könnte, neben denen alles andere zur Bedeutungslosigkeit verblasste. Wie liebte ich gar noch die kalte, schneidende Luft, die meinen Leib beben und prickeln machte. Dann wieder den Genuss, mich im Schutz niederkauern zu dürfen und die wiederkehrende Wärme zu spüren, und dann erneut mich aufzurichten und zu frieren und schaudern und kribbeln vor Lust an der peinigenden Qual. An jedem Weh drückte ich, bis das Leid mich vor Wonne erschaudern ließ.

Nicht minder in der geistigen als der physischen Welt schwelgte ich im Leid. Nie gab ich mich mit den Grausamkeiten zufrieden, die ein Richard III oder Gessler ersannen, sondern erfand während ich von ihren Foltern träumte, *weit* schlimmere und genoss ihre Anwendung. So lernte ich die Freude am Leid anderer kennen.

Bald aber begehrte mein Unterbewusstsein auf und statt das Leid der anderen zu genießen graute mir nun davor vielleicht gezwungen zu sein, Leid zuzufügen. Damit ging eine schlimme und quälende Angst vor Kontrollverlust und folglich der Sucht nach ebenden Ungeheuerlichkeiten einher, von denen ich einst so gerne träumte. Diese Furcht erreichte ihren Höhepunkt an dem Abend, als ich ins Theater ging, um Mansfield in *Dr. Jekyl und Mr. Hyde* auftreten zu sehen. Dort wurde meine eigene Angst so getreu inszeniert und so entlarvend porträtiert, dass ich am Ende des zweiten Akts floh, die grause Geschichte unauslöschlich vor Augen. Kein Federstrich kann die Qualen beschreiben, die ich in den darauffolgenden Nächten litt. Wie Nacht um schlaflose Nacht schlaflos verstrich während ich mich im Bett wälzte, bis mein Geist bei Morgengrauen schließlich das Ringen mit den Schreckensvisionen vor Erschöpfung einstellte. Wie bedrängten mich, indem ich dem regelmäßigen Atem meiner Schwester lauschte, wüste Vorstellungen möglicher Schandtaten, bis ich Linderung suchen musste für meinen fiebernden Kopf. Indem ich ihn gegen die Wand schlug vor Verzweiflung; alles, um den Zwangsvorstellungen Einhalt zu gebieten. Wie oft habe ich den

Himmel angefleht, wiewohl ich ach! an Hilfe von oben nicht glaubte und folglich keinen Frieden fand.

Eines Abends saß ich wie so oft allein lesend im Wohnzimmer. Das liebte ich, auch wenn mich dabei oftmals etwas anflog ohne dass ich mir hätte erklären können, wieso, eine plötzliche Furcht vor dem Unbekannten Unfassbaren das mich zu umzingeln schien. An diesem Abend las ich Shelleys Versdrama *Die Cenci*. Ich war bis zu der Stelle vorgedrungen, da Beatrice gerade vom Vater zurückkehrt zu Mutter und Bruder, das Gesicht schreckverzerrt, von Grauen gezeichnet; mir fiel das Buch aus den Händen denn vor meinen Augen erschien dicht vor der Wand die leibhaftige Beatrice in ihrem wallenden weißen Gewand. Dies war schlimmer als alles im Roten Grund. Ach, dieses schöne Antlitz! Nie werde ich vergessen, wie es mir an jenem Abend vor Augen stand, kein Maler könnte je den Blick einfangen, mit dem sie mich bedachte. Nein, bis heute bedenkt. Genug! Genug! Mehr kann ich nicht sagen. Ich fürchte ihn, ich fürchte ihn noch jetzt.

(19.) 20. November 1894
Frauen

Nie wieder werde ich den Versuch unternehmen, mit einer Frau vernünftig zu reden. Sie wird gleich hysterisch und hält sich doch für vollkommen gefasst. Sie gibt dir ein halbes Dutzendmal recht, beharrt aber, im Glauben, einen neuen Einwand gefunden zu haben, auf ihrer Behauptung. Am Ende deiner Geduld, lächelst du oder, je nach Temperament, runzelst die Stirn, und sie zieht ab, überzeugt von ihrer argumentativen Überlegenheit. Das ewig Weibliche ist ja schön und gut, nur quälend unlogisch.

20. Februar 1895

Vor gar nicht langer Zeit noch mündete Selbstprüfung bei mir im Melodram; heute gerät sie mir zu sanfter Meditation mit einem Schuss Zynismus und begnügt sich mit der Produktion weiser Sprüche mit denen ich einen Aufsatz schmücke.

21. März 1895

Bedrückend ist es wieder in Cambridge zu sein nach einer Woche im köstlich verträumten Süden. Baltimore, sonniges Baltimore, wo niemand in Eile ist und die Stimmen der Neger, die singend ohne Hast mit ihren Karren vorbeiziehen, einen in schläfrige Träumerei lullen. Es ist eine eigentümlich stille Stadt, selbst ihre geschäftigsten Straßen scheinen stille und das Bimmeln der Straßenbahn verliert sich im Frieden und verstärkt diesen. Auf der Veranda zu liegen, den seltsamen Klängen von Griegs Frühlingslied zu lauschen, die Negerstimmen in der Ferne zu hören und den Geist schweifen zu lassen wo er will, das ist Glück. Nicht einmal die Lotusesser kannten Freuden der Gelassenheit wie die Bewohner von Baltimore sie genießen. Lasst uns, denn unser ist die Zufriedenheit, die stille träumerische träge Muße der vollen sinnlichen Sonne.

22. März 1895

Schlaf, ein wahrer Segen für unsere erbärmliche Spezies. Er ist mit nichts sonst zu vergleichen, Er ist der Inbegriff alles Guten, allen Friedens, aller Zufriedenheit. Was könnte gleichkommen dem Glück, schlaftrunken zu erwachen und zu wissen, dass man sich umdrehen und weiterschlafen kann? Ich verweile zu gern bei dem Wort Schlaf … mit seiner Somnolenz, seinem Pst. Es ist ein Wort wie geschaffen zur freudigen Offenbarung für Leidende und zur Verheißung größeren Glücks all jenen, die bereits die schönsten Früchte dieses irdischen Daseins genießen. Zu schlafen, zu erwachen und abermals zu schlafen, das ist der Himmel, den ich mir ausmale, und zu schlafen, zu wachen und nicht schlafen zu können: wer wüsste von einer Hölle, die verdammenswürdiger, einem Leid, das quälender wäre? Schlaf, du Krönung aller Freuden, du größtes Geschenk an uns Menschen, du Zustand der Glückseligkeit, läge ich doch in alle Ewigkeit in deinen Armen. In den Schlaf zu sinken, köstliche Schlaftrunkenheit im ganzen Körper zu spüren und sich an sie zu schmiegen, ach, das Bild ist so schön, dass ich mich von seiner Betrachtung nicht losreißen kann.

FERNHURST
Die Geschichte des Philip Redfern
Erforschers der Frauen

► Wie schon ihr autobiographischer Kurzroman *Q. E. D.* (1903) handelt Gertrude Steins frühe Novelle *Fernhurst* von einem Dreiecksverhältnis, nur diesmal nicht dem eigenen (mit May Bookstaver durchlittenen), sondern dem Skandal am Frauencollege Bryn Mawr, der sie und das gesamte Collegeumfeld mehrere Jahre bewegte. Die Collegepräsidentin Martha Carey Thomas lebte dort mit ihrer »guten Freundin«, der Englischprofessorin Mary »Mamie« Gwinn zusammen. Mitte der 1890er stellte Thomas einen neuen Lehrer ein: Alfred Hodder, Gertrude Stein und ihrem Bruder Leo noch aus Harvard bekannt, einen vielversprechenden Schüler William James', dessen Interesse allerdings offenbar weniger seinem Fach als den Frauen galt. Er traf mit seiner Lebensgefährtin und den gemeinsamen Kindern in Bryn Mawr ein, stürzte sich jedoch, zu Thomas' Entsetzen, bald in eine Affäre mit Mary Gwinn. 1904 flohen Hodder und Gwinn vor dem endlosen Klatsch aller auch nur entfernt mit Harvard Verbundenen nach Europa.

Stein schrieb ihre Geschichte Ende desselben Jahres nieder. Das nach New Jersey verlegte College der Erzählung nennt sie interessanterweise – in Anbetracht der Verbindungen zwischen Carey Thomas und Bertrand Russell, der den Skandal 1896 als Gastprofessor in Bryn Mawr miterlebt hatte und dessen Frau Alys und Schwägerin Mary Berenson Kusinen Carey Thomas' waren – Fernhurst, nach dem englischen Dorf Greenhill-Fernhurst, wo sie und Leo 1902 bei den Berensons zu Gast gewesen waren.

Stein zog eine Veröffentlichung ihrer in zweifacher Hinsicht entlarvenden Novelle *Fernhurst* nie in Betracht. Zum einen wäre in der Figur der Helen Thornton das Vorbild allzu leicht erkennbar gewesen, zum anderen eröffnet ausgerechnet sie ihre Geschichte mit einer heftigen Polemik gegen Frauencolleges. Stattdessen baute die

Verfasserin den nur geringfügig überarbeiteten und mit anderen Namen versehenen Text in ihr episches Großprojekt *The Making of Americans* ein, wo sich der bei aller für Steins Frühwerk typischen bissigen Ironie noch »viktorianische« Ton schlecht mit dem vollkommen neuartigen Erzählfluss verträgt. An dieser frühen Erzählung im Stil eines »Campus-Romans« lässt sich ablesen, wie radikal Steins Bruch mit literarischen Konventionen in den kommenden Jahren war.

Der Ehrengast so will es der Brauch beginnt seine Rede mit schmeichelnden und launigen Worten und kleidet sein Lob ganz im Sinne der Ideale seiner Hörer in deren Vokabular. Nach Tisch lässt sich die Aufmerksamkeit bekanntermaßen anders kaum ködern und zögernd nur zu Interesse und Mühe anlocken. Also leitet der arme *Bandar-Log* sein anverwandelndes Geplapper mit dem Lob des Bewährten ein und eine gebildete Dame erfreut ihre Zuhörer mit Floskeln und heißt sie die Unfertigkeit feiern. »Wir Collegefrauen sind und bleiben College-Girls«, sprach sie und einige wenige hörten aus dem Kompliment die Kritik heraus und mokierten sich tuschelnd über düpierte Mithörer.

Die junge Frau von heute führt bis zum Alter von einundzwanzig Jahren das gleiche Leben wie ihre Brüder. Sie tollt ebenso frei durch ihre Kindheit und später besucht sie ein College und studiert Latein, Naturwissenschaften und höhere Mathematik. Sie widmet sich dort auch sportlichen Aktivitäten und macht auf den Spielfeldern eine gute Figur, beim Rudern und Cricket, sie verhält sich in jeder Hinsicht als gäbe es kein Geschlecht und wären die Menschen alle gleich geschaffen und herkömmliche Unterscheidungen eher eine Frage der Garderobe und Gestalt.

Ich habe Collegefrauen noch Jahre nach ihrem Abschluss den

Typus verkörpern und der Norm des College-Girls treu bleiben sehen – das sein Lebtag vor den Mühen draußen in der wirklichen Welt verschont blieb und es sich zeitlebens im geistigen Inventar ihrer Collegezeit einrichtete – und bis zum Ende an dem Glauben festhalten die gleiche Macht zu haben wie Männer – doch sieht man von dem bisschen Latein und dem Cricket ab unterscheidet diese Norm vom einstigen Mädchenpensionat doch höchstens dass Kurse in klassischer Philologie und Aufklärung die Benimmkurse ersetzt haben. Nicht unähnlich der Arbeit eines Mannes ehe er Mann wird aber ganz anders als dieser sobald der Mann zum Mann gereift ist.

Wird die neue Frau frage ich mich die Grundtatsachen des Geschlechts je neu denken. Wird sie nicht einsehen müssen dass Collegenormen in der Welt der Arbeit wenig taugen.

Neulich sah ich eine Collegefrau verbittert dem Gerangel ihrer männlichen Kollegen um einen Posten zusehen – sie war bei aller Schulung doch immer noch eine amerikanische Frau und erwartete als solche entsprechende Vorrechte und ritterliches Benehmen und war so wenig geneigt im Konkurrenzkampf männliche Normen zu übernehmen wie ihre Großmutter. Sie war weder weniger weiblich noch war sie kämpferischer obwohl sie Latein beherrschte und einen Ball treffen konnte.

Werden Unterschiede denn nie unterschieden werden. Frauen sollen meinetwegen lernen so viel sie können aber Lernen nicht mit Tatkraft verwechseln oder glauben dass Männerarbeit für sie in Frage kommt nur weil sie die Ausbildung von Männern genossen haben. Kurz gesagt sollen die paar wenigen Frauen die es müssen ruhig ihren Anteil an der Arbeit von Männern übernehmen, aber die Masse der Frauen auf der Welt sollte sich mit der Reifung zur Frau begnügen.

Das Fernhurst College im Bundesstaat New Jersey wird von

einer Präsidentin geleitet die wie die meisten Frauen ihrer Generation ganz und gar an die grundlegende Gleichheit der Geschlechter glaubt und die ihr Leben der Förderung dieser Überzeugung gewidmet hat indem sie selbst dazu etliche Pamphlete verfasst hat und ihre Doktrin den vielen Studentinnen einbläut die ihr College besuchen. Unzählige Absolventinnen der Institution habe ich diese Gleichheitsdoktrin vertreten, gar eine Überlegenheit des eigenen Geschlechts andeuten hören, indem sie eine wache Intelligenz und erworbenes Wissen mit Tatkraft beziehungsweise eine kultivierte Verständigkeit mit Befähigung verwechseln und indem sie das Wissen um kulturelle Belange höher werten als die Macht für die Prosperität des Landes zu sorgen.

Die besagte Collegepräsidentin von Fernhurst hat das Leben vieler Frauen geprägt. Sie besitzt große Zielstrebigkeit und grenzenlose Energie. Sie zeigt ein erstaunliches Gespür für Begabungen und irrt selten bei der Wahl ihrer Lehrer unter den besten Absolventen der Universitäten. Selten kann sie sie lange halten, denn entweder zeichnen sie sich in einem Maße aus dass die Eliteuniversitäten sie ihr bald schon wegschnappen oder sie müssen als nicht gut genug abgeworben zu werden gehen. Die Collegepräsidentin von Fernhurst ist eigensinnig, pragmatisch, unmoralisch insofern als Werte stets der Zweckdienlichkeit unterworfen bleiben und sie wird geleitet von einer aufrichtigen Begeisterung für die Emanzipation der Frauen und einem empfindsamen und mystischen Sinn für Schönheit und Literatur.

Nach dem Vorbild der Männercolleges wird Fernhurst in allen praktischen Belangen von den Studentinnen selbst geführt doch liegt diese Führung tatsächlich obwohl sie Sache der Studentinnen ist fest in der Hand der Collegepräsidentin die in ihrem Streben nach absoluter Macht in bewunderungswürdiger Weise auf Spitzel und Verbündete setzt wie auch gelegentlich ein ungeniertes Machtwort und nicht selten schmachvolle Rückzieher. Diese resolute und autokratische Persönlichkeit gibt den Ton für das gesamte College vor und prägt alle dort Studierenden nachhaltig. So ehrenwert und männlich auch die erklärten Ideale sind denen das College sich verschrieben hat, das unmoralische Regime der Collegepräsidentin und die Doktrin der Überlegenheit der Frau wie auch eine feinsinnige und mystische Wertschätzung vor allem ästhetizistischer Kunstanschauungen erweisen sich als die stärkere Prägung so dass manche Absolventin kummervolle Jahre ihres Nachlebens damit verbringt zu begreifen dass ihr Geist nicht feiner noch ihre Macht größer ist als die vieler ihrer weniger kultivierten Genossinnen und dass überkommene Werte und Methoden zugleich ehrbarer und effektiver sein können.

Was stünde uns besser an als die Treue zur alten Alma Mater. Was bewegte uns stärker als das Vorbild unserer Lehrer am College. Eine gewisse Rührung empfinden alle Söhne von Universitäten. Doch selbst schlichte Ergebenheit birgt Gefahren und kann sich in verschiedenen Leben auf verschiedenste Weise auswirken und Frauen an einem College im gleichen Alter wie ihre männlichen Kommilitonen sind diesen an emotionaler Reife viele Jahre voraus und nehmen aus der als so existenziell erfahrenen Studienzeit die geistige Prägung gerade ihres speziellen Colleges mit – zumal ihr Lebenshorizont sich nicht unbedingt gleich weitet und sie dieser Normung entwöhnt sobald sie in die Welt hinaustreten. Colleges lehren vielerlei, das eine erzieht zur kultivierten Verfeinerung ja zum dekadenten Ästhetizismus, das andere macht ungemein tüchtig und altjüngferlich, ein drittes steigert die Lernfähigkeit auf Kosten der Gesundheit und Interessensvielfalt, und so habe ich die Entscheidung welches College aus einer jungen Frau das Beste herauszuholen imstande ist stets als gravierend empfunden.

Über Helen Thornton die Collegepräsidentin von Fernhurst die ihre besten Jahre dem Kampf für die Sache der Frauen widmete – unbeirrbar – in hehrer Absicht – getrieben von dem Wunsch ihre Geschlechtsgenossinnen voranzubringen sollten wir, die Generation derer die unterdessen Rechte besitzen die wir auch verwerfen dürfen, wahrscheinlich schweigen und der Welt nicht die Augen öffnen für die Widersprüche ihrer Lehren und die Gefahren ihrer Methoden. Wie nun! da beginnt eine Reform hoffnungs- und glanzvoll und ist eine Spezies umzuschaffen und aller Sexus zu tilgen und das Ganze endet doch nur an denselben heimischen Herden mit denselben Männern und denselben Frauen am selben Platz. Wohlmeinende Lehren erweisen sich in der Umsetzung oft als verfehlt. Ihre Entwicklung bedenken und nachzeichnen sollte der Beobachter nicht ohne Bangen und Ehrfurcht. Ich habe zu viele Reformerfolge gesehen um den Hut hochzuschleudern und Hurra zu schreien wenn sie hymnisch gefeiert werden; lieber trage ich meinen bescheidenen Teil dazu bei begeisterte Zeitgenossen zu ermahnen nicht zu laut zu applaudieren und nicht allzu große Hoffnungen zu hegen. Ob es sich um die Manchesterschule handelt die England zur Freihandelsphilanthropie und zur Prosperität führen will oder Joseph Chamberlain der die Nation zu protektionistischer Selbstsucht und einer großen Zukunft antreibt. Ob es sich um Susan B. Anthony* handelt die lautstark das Wahlrecht fordert oder John Marshall Stone der es beschränken will; ich blicke auf diese Reformer und sehe dass es den Manchesterkapitalisten und Chamberlain gleichermaßen um Englands Größe zu tun ist und dass Miss Anthony wie Mr. Stone nach ausgleichender Gerechtigkeit streben.

---

* Unser aller Mutter, s. S. 448.

Wäre ich voller Hoffnung und unerfüllbarer Sehnsüchte der vorigen Generation entsprungen würde auch ich die Gleichheit von Männern und Frauen proklamiert haben, da ich aber der heutigen Generation angehöre und Colleges und Berufswege mir offenstehen und ich habe erfahren müssen dass der Andere in der Tat stärker sein kann sage ich ohne mich. Also dann ohne dich sagt der Leser der diese Scharade leid ist; ich widerspreche nicht aber hoffe doch dass ich eine der seltenen Frauen bin die es sollten weil ich nicht anders kann.

* * *

Als Philip Redfern seinen Doktor der Philosophie erlangte und einige Zeit später für das nämliche Fach den Lehrstuhl am Fernhurst College im Bundesstaat New Jersey übernahm waren die zwei Lichtgestalten dort die Collegepräsidentin Miss Thornton und ihre Freundin Miss Bruce, Leiterin der Fakultät für englische Literatur.

Redfern hatte bis dato keine Erfahrungen mit Frauencolleges doch als intensiv am Zeitgeist interessierter Mann nicht ohne eigene Ansichten und Thesen zum Wert eines solchen Unterfangens war er durchaus willens Erfahrungen mit fünfhundert intelligenten Frauen spannend und erhellend zu finden und zu gestalten. Er war über die Collegepräsidentin einigermaßen im Bilde aber nicht über das sonstige Lehrpersonal so dass er seinem Antrittsbesuch mit freudig gespannter Erwartung entgegensah.

Die Collegepräsidentin hatte den neuen Philosophiedekan zum Tee gebeten um ihn zwei Tage nach seinem Eintreffen in den Kreis der Kollegen einzuführen.

Er betrat den Salon allein und wurde von der Collegepräsidentin empfangen, einer würdigen Gestalt mit noblem Haupt und abrupten, etwas barschen Umgangsformen. Sie hinkte ein wenig und ging an einem Schildpattstock dessen herrischer Takt ihr unweigerlich den Weg bahnte. »Sie müssen unbedingt Miss Bruce kennenlernen«, fiel sie dem neuen Professor, als Südstaatler zum vollendeten Kavalier erzogen, etwas rüde ins artige Wort. »Sie ist hier die einzige Philosophin.« Und sie führte ihn ohne viel Federlesens durchs Gedränge zu Miss Bruce und stellte die beiden einander vor.

Mit Interesse musterte Redfern diese Person mit der er sich in philosophischen Sphären bewegen sollte und die ihm auf nie dagewesene Weise als Personifizierung von Sanftmut und Intelligenz erschien. Sie war von hochgewachsener hagerer verhaltener Gestalt, das Gesicht milde und klug, der Blick scheu, das feine gewellte Haar grau durchwirkt, ihre gesamte Erscheinung in einem Maße die Verkörperung seines reifen Ideals dass sein Herz vor Schreck höher schlug.

Sie begrüßte ihn mit unbeholfener Scheu und sagte nach etwas kläglichen Versuchen zu höflicher Konversation abrupt »Was genau verstehen Sie nun eigentlich unter naivem Realismus?« womit sie auf einen theoretischen Ansatz anspielte den er unlängst in einem Artikel diskutiert hatte. Redfern war überrascht und amüsiert und stürzte sich munter in metaphysische Abstrusitäten während er sie mit wachsender Bewunderung betrachtete.

Ihre Einlassungen waren ernst eifrig und beharrlich, ihr Standpunkt klar, ihre Argumente stichhaltig und ihre Meinung differenziert. Alle Befangenheit legte sie im Eifer der Debatte ab ohne ihre linkische Zurückhaltung ganz aufzugeben, ihre Stimme blieb sanft und ihr Blick scheu. Redfern war noch nie einem so scharfen Verstand in solch vollkommen sanfter Gestalt begegnet und glaubte er stehe dem Ideal gegenüber von dem er immer geträumt aber in dieser zweigeschlechtlichen Welt zu begegnen sich nie erhofft hatte und so lauschte er ihr mit gebannter Zuwendung, neigte ihr seinen großen wohlproportioniert amerikanischen Körper mit dem klugen Kopf und den sorgsam rasierten Wangen, der müden Stirn und den wachen Augen zu.

Bis zur Stunde seines Todes sollte Redfern sie in Erinnerung behalten wie sie damals wirkte und sprach, die langen zart flatternden Finger, den linkisch verhaltenen Körper, das milde reife Gesicht und die scheuen Augen.

Während das Paar noch ganz in sein Gespräch vertieft war näherte sich ihnen eine blonde beflissene gutaussehende junge Frau die Redfern sobald er ihrer gewärtig wurde galant begrüßte und seiner neuen Bekannten als seine Gemahlin vorstellte. Hiervon aus dem Konzept gebracht verfiel Miss Bruce einer noch ärgeren scheuen Unbeholfenheit als zuvor und stammelte nach einem bestürzten Blick auf die eben Eingetroffene nach längerem Bemühen sich zu besinnen »Aber ja, Mrs. Redfern, natürlich, Ihre Frau, ich vergaß.« Sie setzte neu zu sprechen an gab sich aber dann plötzlich geschlagen und sah die beiden nur hilflos an.

»Sie waren gerade beim naiven Realismus«, sagte Mrs. Redfern eilfertig. »Bitte, fahren Sie doch fort, ich würde sehr gerne hören, was Sie von ihm halten«, und Redfern der Kavalier deutete vor seiner Frau eine Verbeugung an und nahm das Gespräch mit Miss Bruce wieder auf bis diese sich erneut fortreißen ließ in die Metaphysik und alle menschlichen Irritationen wieder vergaß.

Ein Außenstehender hätte Mühe gehabt dem Trio wie es sich hier darbot abzulesen welcher Art die Beziehungen der Drei untereinander seien. Miss Bruce hatte Sinn nur für ihre Reden und Gedanken und ging ganz auf in der Debatte, den scheuen Blick auf Redferns Gesicht geheftet und den langen verhaltenen Körper gespannt; Redfern lauschte und flocht abwechselnd Argumente und Epigramme ein, erwies beiden Damen dieselbe höfliche Ehre, das kluge Gesicht mit der breiten Stirn, dem langen kräftigen Kinn, den müden Zügen, dem resoluten Mund und den wachen Augen in gleichem Maße aufmerksam erst der einen und dann der anderen zugewandt; und Mrs. Redfern lauschte nervös konzentriert und unsicher beiden im Wechsel, das gutaussehende blonde Gesicht angespannt im eifrigen Bemühen zu folgen. Ihre kleine Runde hätte selbst gewieften Beobachtern Rätsel aufgegeben.

[…]

* * *

Nicht selten kommt es im neunundzwanzigsten Jahr eines Lebens dazu dass alle Kräfte die im Laufe der Kindheit, Pubertät und Jugend in wirrem und heftigem Widerstreit lagen sich neu ordnen – in den Jahren tumultarischer Reifung sind wir uns kaum jemals über Ziele, Sinn und Stärken im Klaren weil zwischen Hoffnung und Erfüllung keine Verbindung besteht und so werden wir im Sturm in der Zerreißprobe der Selbstwerdung wild und kurslos hierhin und dorthin geworfen bis wir schließlich im neunundzwanzigsten Jahr in die schmale Fahrrinne zur Reife gelangen und das Leben das zuvor ganz Aufruhr und Konfusion war sich zu seiner Grundgestalt und Ausrichtung verengt und wir eine vage erahnte Möglichkeit eintauschen gegen eine kleine harte Realität.

Zu beobachten ist in unserem amerikanischen Dasein das frei ist von den Zwängen der Tradition und uns daher freistellt den Beruf so oft zu wechseln wie wir wollen und können dass die

Jugend sich oftmals über die ganzen ersten neunundzwanzig Jahre hin erstreckt und wir erst mit dreißig endlich zu dem Beruf finden für den wir uns bestimmt fühlen und für den wir wirklich bereit sind uns abzumühen. Belustigt blicken wir dann auf unseren erratischen Werdegang zurück – zuerst war es die Wissenschaft dann das Recht dann die Medizin dann das Geschäftsleben dann ein Dilettieren als Maler oder Schriftsteller, alles mit Begeisterung angepackt und eine Zeitlang mit Eifer betrieben bis es für sinn- und wertlos befunden und mit Erleichterung aufgegeben wurde und wir mit Elan den nächsten Beruf ergreifen und diesen wiederum erst in der Einsicht aufgeben dass er unserem wahren Selbst nicht genügen kann. Und während einzuräumen ist dass der Welt bei der Suche nach der einen wahren Berufung viel Arbeit verlorengeht, so bereichert dies doch immerhin das Leben des Einzelnen und wird sich am Ende vielleicht als nützlich auch für die Welt erweisen – und ebenso wie wir eine Entscheidung aus Liebe für bedeutsamer halten mögen als die aus praktischen Erwägungen können wir auch die Berufung für bedeutsamer halten als nur die Ausübung dessen was wir zuerst zu beherrschen gelernt haben und zum Broterwerb machen.

Redfern hatte nun dieses schicksalhafte neunundzwanzigste Jahr erreicht. Er war Streiter für die Rechte der Frauen gewesen er war Mathematiker Psychologe und Philosoph gewesen, er hatte geheiratet und Brot verdient und doch war die Welt für ihn ohne Wert und Sinn und sehnte er sich nach einem vollgültigeren Leben als das der lebenslangen Unterweisung der Jugend – sein Thema war die Menschheit, sein Wunsch in der Welt und von ihr zu sein, er sehnte sich danach ein bewegtes tätiges Leben unter seinesgleichen zu führen und nicht sein Dasein als Mentor zu fristen und er zog die Lebenskritik der Literatur der Erkenntnistheorie der Philosophie vor – und nun in diesem seinem neunundzwanzigsten Jahr war der Moment für die Wende in seiner Karriere gekommen.

Der Instinkt der Philip Redfern das wundersam sanfte und intelligente Wesen Janet Bruces offenbart hatte wuchs sich bald aus zu tiefer Verehrung und vollkommener Ergebenheit und nahm Besitz von Herz und Verstand die in dieser Welt so vergeblich nach der Verwirklichung ihres kostbaren Ideals gestrebt hatten. Sanftmut und Intelligenz sie waren für ihn Ausdruck des Höchsten was das Leben zu bieten hat. Jeder Blick, jede Geste dieses scheuen Wesens so schien es Redfern sprachen von feiner Intelligenz und vornehmer Auffassung – bewegt oder still gleichermaßen ein Wunder – und der Klang ihrer Stimme besaß für ihn stets und sei das Vorgebrachte noch so stockend oder belanglos die gleiche tiefe Bedeutung. Nicht Liebe empfand Redfern für diese scheue zurückhaltende Frau, sondern Bewunderung und Staunen ob der Gestalt in der sein Ideal ihm begegnete. Sie zu studieren, zu verstehen, ihr Wesen zu ergründen und in ihr die Erkenntnis ihrer wahren Bedeutung zu wecken wurde ihm Daseinszweck. Sie hingegen ahnte wie das oft der Fall ist nichts von seiner Sinndeutung und interessierte sich lediglich für Fragen der Philosophie und das neue Licht das Redfern mit seinem Scharfsinn auf vertrackte Probleme warf.

Auch Janet Bruce hielt Ideale hoch die sie in dieser Welt nirgends verwirklicht gefunden hatte. Auch sie sehnte sich nach der wahren Welt die ihr jedoch verwehrt blieb durch die hartnäckigen Vorbehalte ihres Geistes und die unbeholfene Scheu ihres Körpers. Die ihr bislang einzig mögliche freundschaftliche Beziehung unterhielt sie zur Collegepräsidentin Miss Thornton doch ging es hierbei nicht um Gefühlsnähe sondern um die Anerkennung der Tat- und Wirkkraft und den Respekt vor dieser Vertreterin effizienten Handelns wie auch die durch langjährige

Protektion eingeübte Abhängigkeit. Was immer Miss Thornton riet oder unternahm schien Miss Bruce das beste Vorgehen oder Ergebnis. Ihren Beitrag zu dem Verhältnis leistete sie als Gelehrte und vorzügliche Lehrerin, als lenkbare Untergebene. Sie ging philosophierend, vor Schönsinn trunken und sich nach Leben verzehrend durchs Leben und hinterfragte doch nie das Naheliegende, nämlich Methoden und Moral der Collegepräsidentin wie auch die eigenen, interessiert lediglich an abstrakten Ideen und konkretem Verlangen. Ihr Interesse an ihren Studentinnen war nicht persönlich, diese waren für sie bloß Hörerinnen die zugegen waren wenn sie sprach. So scheu und linkisch sie auch war, ein Auditorium schreckte sie nicht wenn sie ganz in Gedanken war, denn es hatte mit ihrer inneren Welt wenig zu tun, erst wenn sie sich gezwungen sah Menschen und dieser Menschen Erwartungen aus nächster Nähe wahrzunehmen schlug ihre Scheu um in Unbehagen. Ihr ganzes Leben war darauf angelegt sie unberührt und ungebunden zu halten. Sie schätzte Geselligkeit zu der sie nichts beitragen musste und im Haus der Collegepräsidentin war ihr diese leicht möglich. Allen weltlichen Dingen entrückt überließ sie ihre Angelegenheiten der Präsidentin und richtete sich im Collegealltag nach deren Wünschen.

Die Collegepräsidentin hätte die Sehnsucht dieser scheuen, zerstreuten, gelehrten Person nach Allerweltserfahrungen nie vermutet. Nicht, dass sie die Inbrunst im Innersten der zurückgezogenen Natur nicht erkannt hätte doch wäre ihr als Kennerin verklärter Ekstase niemals in den Sinn gekommen dass Inbrunst einer konkreten Gestalt bedurfte. Sie beobachtete und genoss – schätzte die Freundin als Person und begrüßte ihre Nützlichkeit als Untergebene. Denn wer hätte besser, nützlicher und harmloser sein können als Janet Bruce.

Es war faszinierend zu sehen was alle bis auf die Collegepräsidentin sahen nämlich wie Interesse langsam zu Bewunderung und dann zu Liebe erblühte bei dieser linkisch zurückhaltenden Frau die sich ihrer Absichten und der wachsamen Augen der anderen nicht bewusst war und die keinerlei Versuch unternahm die Intensität ihrer Gefühle zu leugnen oder verschleiern. Viele Studentinnen sollten sie lange genauso in Erinnerung behalten wie sie ihnen damals erschien nämlich als eine die langsam aus den Wolken auf die Erde sank im Sog des brillanten Redfern, dem ihr Blick erst mit Neugier dann Bewunderung dann Liebe folgte während von ihrem Körper allmählich Sehnsucht und Verlangen Besitz ergriffen und ihr linkisch scheues Benehmen allen offenbarte was sie nie zu verhehlen sich anschickte.

Was Redfern empfand sahen die jungen Beobachterinnen nicht. Weder waren seine Gefühle so eindeutig noch zeigte er sie so offen. Es war nicht Liebe was er für das scheue Wesen empfand noch redete er sich etwas von Kameradschaft oder platonischer Beziehung ein. Seine Erfahrungen im Leben hatten ihn gelehrt dass wo es Frauen gab Gefahren lauerten und das nicht nur seiner eigenen Gemütslage wegen sondern wegen der Anforderungen die das andere Geschlecht an ihn stellte. Seine übertriebene Ritterlichkeit erlegte ihm die Pflicht zur Übererfüllung der Erwartungen auf zu denen er aus Sicht seiner Gefährtinnen Anlass gab. Doch hatten ihn seine Erfahrungen nicht gelehrt die Gefahr zu meiden, als gebranntes Kind hatte er lediglich gelernt das Feuer zu fürchten nicht aber von ihm die Finger zu lassen. Vielmehr liebte dieser Mann das Rätsel der Frauen so sehr dass er bei der Jagd nach dem Ideal das ihn so tief bewegte bereitwillig alles Leid auf sich nahm und er wurde es nie müde jedwede Frau kennenlernen und ergründen und umwerben zu wollen die versprach sein Verlangen zu stillen, und hier in der Gestalt der Janet Bruce fand er eine so zarte freie sanfte und kluge Seele dass auch nicht schlimmste Qualen ihn davon hätten abhalten können nach der kostbaren Erkenntnis zu streben welche diese Gefährtin ihm bieten zu können schien. Wohl wusste er um die Gefahr auch für sie doch er spürte und das nicht zu Unrecht dass sie ihrerseits willens war für die Offenbarungen die er ihr bescherte einen hohen Preis zu zahlen. Die gemeinsame Gefahr und die gemeinsame Bereitschaft sich dieser Gefahr in der Hoffnung auf tieferes Wissen zu stellen vereinte diese zwei ohne Zärtlichkeit. Es wurde dies die glücklichste Zeit ihres Lebens. Dieser müde leidenschaftliche Mann und diese müde leidenschaftliche Frau redeten, dachten, fühlten und wuchsen zusammen. Sie blickten nicht voraus, ihnen genügte der tiefere Einblick in Leben und Liebe und Sexus den ihnen jeder Tag offenbarte und der galante Redfern sah es als seine Pflicht an alles Verlangen das er in ihrem Geiste weckte zu stillen und empfand kein Preis als zu hoch für die Erkundung ihrer wundersamen Natur die sie ihm so freizügig gestattete und er bezahlte dafür bis ans Ende seiner Tage, denn obwohl er sich auch in späteren Jahren viele Male bei vielen Frauen der Jagd hingab räumte er ihr stets den Vorrang ein und blieb stets bereit ihr um jeden Preis jeden Wunsch zu erfüllen. Ein solches kaum merkliches Erstarken der Gefühle vollzieht sich so schleichend dass viele Monate sich mit wenigen Worten skizzieren lassen und doch berührt niemandes Innenleben nur ihn allein und so sollte diese leise Entfaltung bald bedroht werden.

Redfern war es nicht möglich gegenüber der Gefahr der Kontrolle und Kritik seitens der vielen sie umgebenden Menschen so blind zu sein wie Miss Bruce. Zwar neigte er wie viele scharfe Beobachter dazu andere für blinder zu halten als sie es waren und das für ihn selbst Augenfällige seiner größeren Beobachtungsgabe zugute zu halten und zu meinen einem weniger scharfen

Auge und Verstand bleibe es notgedrungen verborgen doch seiner gewaltigen Selbsttäuschung zum Trotz konnte er doch über das vielsagende Lächeln und die Blicke nicht hinwegsehen mit denen sie die jungen Frauen, ihre braven Studentinnen, bedachten. Ehe wirklich spürbar wird dass andere Bescheid wissen gibt es die halb wahrgenommenen Nadelstiche und Hiebe welche die Haut auf die extreme Empfindlichkeit des Moments vorbereiten da sie schließlich unters Brennglas gerät. Während noch keiner ausdrücklich etwas gesehen hat verspüren wir doch vage Unruhe und Furcht. Ehe die Beziehung noch voll erblüht war wusste einer der inbrünstigen Partner das Ende bereits in Sicht und hielt bange Ausschau nach dem sehenden Auge das die Fiktion die sie lebten zu lesen wüsste.

Ohne weiteres sah das Gros der jungen Frauen was dem welterfahrenen Blick der Collegepräsidentin entging, die zu geblendet war von der eigenen Macht und den eigenen Annahmen um die Veränderungen im Verhalten des Paares zu bemerken das doch ständig um sie war. Nicht von den Älteren und Erfahrenen geht die Gefahr für klandestine Verbindungen aus, es sind rüde und krude junge Dinger die den heiligen Schleier herunterreißen und mit dreistem Blick die zarten Seelen und diffizilen Absichten der Erwachsenen ausspähen und sie in unverhohlen direkte Worte übersetzen um dann zu lachen und Dinge freizulegen die Ältere nicht zu sehen wagen. Während also dieses Paar sehnsuchts- und lebensvoll sich Tag für Tag gegenseitig zu neuen Einsichten verhalf und während die ständig mit ihnen befasste Collegepräsidentin nur an ihre vielen Pflichten dachte und nichts von der ganzen Inbrunst bemerkte war die Geschichte zum Tagesgespräch des Colleges geworden. So wie von einem Rudel übermütiger und sich gegenseitig aufwiegelnder junger Herumtreiber mehr Gewalt zu befürchten ist als von einer Bande hartgesottener Krimineller, so ist ein harscheres und rücksichtsloseres Urteil von jungen Collegefrauen zu erwarten als von den herzlosesten Lästermäulern der guten Gesellschaft die in ihrem Leben selbst schon fürchten und ringen mussten und die stets die Furcht vor eigener Verdammnis vor Augen haben. Zudem hat die Jugend so wenig von Bedeutung zu tun und ist das Spektakel des Leids und der Wirrungen anderer noch anregend und spaßig und so war denn die Gesamtheit dieser jungen Frauen durchaus bereit deutlicher zu werden klarere Worte zu sprechen und genauer hinzusehen als ihre skrupellose welterfahrene Präsidentin, und von ihnen stammte dann auch der Wink der dieser prekären Verbindung ein Ende bereitete.

[...]

II TYPOLOGIE UND PORTRÄT

MELANCTHA
Jede nach ihrer Art

▶ In der literarischen Entwicklung Gertrude Steins spielt die Erzählung »Melanctha« (1905) aus ihrer ersten Buchveröffentlichung *Three Lives* (1909) eine besondere Rolle. Sie markiert, mehr noch als die beiden anderen Leben »Die gute Anna« und »Die sanfte Lena«, den Beginn der – ersten – experimentellen Phase Stein'schen Schreibens. »*Drei Leben*«, erklärte Cesare Pavese im Vorwort zu seiner Übersetzung der Erzählungen, »ist ohne Zweifel ein stilistisches Meisterwerk, eines jener exemplarischen Werke, mit denen die künstlerische Laufbahn eines Menschen beginnt, für den der sprachliche Ausdruck das eigentliche Anliegen und zuweilen die Monomanie seines ganzen Lebens wird.«

Der Text entsteht nach einer kurz zuvor in Angriff genommenen Übersetzung der *Trois Contes* Gustave Flauberts und nach Abschluss der Erzählung *Fernhurst* (s. S. 26), der Dreiecksgeschichte, die noch in »Melanctha« nachhallt. Erzählt wird von der Suche einer jungen Frau nach sich selbst. »Melanctha Herbert«, heißt es wiederholt, »suchte immer Ruhe und Frieden, und doch fand sie immer neue Arten, sich Schwierigkeiten zu machen.« Für Stein, die sich lange schon mit Verhaltensmustern beschäftigt, liegt es nun offenbar nahe, menschliche Beziehungen als Komposition zu betrachten.

Das zweite der drei »Leben« entsteht zudem während der Porträtsitzungen Steins bei Picasso, während der bereits 1903 begonnenen Arbeit an *The Making of Americans*, das heißt zu einer Zeit, da Stein narrative Konventionen und die herkömmliche Figurenzeichnung hinter sich lässt: »Melanctha«, schreibt sie später in ihrer *Autobiographie von Alice B. Toklas*, sei literarisch »der erste definitive Schritt fort vom neunzehnten Jahrhundert und ins zwanzigste Jahrhundert« gewesen. Sie beginnt Textoberflächen im Sinne unmittelbarer Selbstäußerung zu gestalten, im »Puls der Persönlichkeit«. An die Stelle einer Entwicklung tritt die kumulative »Wiederholung«

oder vielmehr »Insistenz«, die Stein in ihren Porträts und besonders in *The Making of Americans* so wirkungsvoll einsetzen wird und die in »Melanctha« die Form endloser Ellipsen der Selbstvergewisserung annimmt, eines immer gleichen und zugleich anderen Redens der Figuren fast ohne Punkt und Komma, diskontinuierlich, deutungsreich, zeitlupengleich und doch dynamisch den Text weitend; im Vordergrund stehen Rhythmus und Kadenzen der Gedanken und Gefühle, die Dialektik einer Leidenschaft.

1959 meinte der Kritiker Edmund Wilson: »Obwohl *Drei Leben* keine große Verbreitung fand, übte das Buch einen beträchtlichen Einfluss aus. Carl Van Vechten schrieb darüber, Eugene O'Neill und Sherwood Anderson lasen es voll Bewunderung.« Und fügte hinzu: »Es ist ganz interessant anzumerken, dass diese drei Autoren sich später mit dem Leben der Neger beschäftigen sollten; für diese Beschäftigung hatte Gertrude Stein das Beispiel einer Haltung gegeben, die unbelastet war von jedem Rassenbewusstsein.« Heute wird Steins Darstellung allerdings trotz der neuartigen Anverwandlung im Duktus wegen der unbekümmerten Art, wie hier Klischees bedient werden, als problematisch empfunden.

Der Text kann hier aus Platzgründen nur in Auszügen berücksichtigt werden.

[...]

Melanctha Herbert war sechzehn als sie das erste Mal auf Jane Harden traf. Jane war Negerin, aber so weiß, dass es kaum jemand gedacht hätte. Jane hatte viel Bildung bekommen. Sie war zwei Jahre auf einem College für Farbige gewesen. Sie hatte wegen Fehlverhaltens abgehen müssen. Sie lehrte Melanctha vieles. Sie führte sie auf den Weg zu mehr Wissen.

Jane Harden war damals dreiundzwanzig Jahre alt und sie hatte viel Lebenserfahrung. Sie fühlte sich sehr zu Melanctha hingezogen, und Melanctha war sehr stolz darauf dass diese Jane sich von ihr kennen lassen wollte.

Jane Harden hatte keine Angst zu verstehen. Melanctha mit ihrem Drang zu erfahren wusste dass dies eine Frau war die zu verstehen gelernt hatte.

Jane Harden hatte viele schlechte Angewohnheiten. Sie trank viel und sie trieb sich ständig herum. Sie war aber längst als Herumtreiberin sicher wenn sie sicher sein wollte.

Melanctha Herbert ließ sich bald mit ihr treiben. Melanctha probierte es auch mit dem Trinken und anderen Angewohnheiten fand allerdings nicht viel Gefallen daran. Mit jedem Tag aber wuchs ihr Begehren, endlich zu verstehen.

Nun waren es nicht mehr, selbst bei Tage nicht, die einfacheren Männer die sie beide kennenlernten wenn sie sich herumtrieben, und für Melanctha gab es an feinen Herren nun noch feinere. Es waren nun nicht mehr Spediteure und Buchhalter die sie kennenlernte sondern Geschäftsmänner, Handelsreisende und selbst Höhergestellte, und nun sprachen und gingen und lachten und entkamen Jane und sie ihnen allen sehr oft. Es war alles noch wie immer, das Kennenlernen und das gerade noch Entkommen, und doch war es nun für Melanctha irgendwie anders, denn obwohl alles geschah wie immer war alles von einer anderen Art, denn nun war Melanctha bei einer wissenden Frau, und dunkel begann sie zu ahnen was sie verstehen müsste.

Es waren nicht die Männer, von denen Melanctha ihr Wissen erwarb. Es war immer Jane Harden die dafür sorgte dass Melanctha zu verstehen begann.

Jane war eine vom Leben verrohte Frau. Sie hatte Macht und sie nutzte sie gern, sie hatte viel weißes Blut und sah deshalb klar, sie trank gern und wurde tollkühn davon. Das weiße Blut in ihr war stark, sie hatte Schneid und Ausdauer und unbezähmbaren Mut. Sie war nicht kleinzukriegen, ganz gleich in welchen Schwierigkeiten sie steckte. Sie mochte an Melanctha Herbert das was wie bei ihr selbst war, und außerdem war Melanctha noch jung, sie war noch frisch und lauschte verständig und teilnahmsvoll interessiert den vielen Geschichten die Jane Harden aus ihrem Leben erzählte.

Jane gewann Melanctha immer lieber. Bald trieben sie sich mehr herum um zusammen sein zu können als um Männer kennenzulernen und wie sie es machten. Dann hörten sie auf sich herumzutreiben und Melanctha verbrachte stattdessen lange Stunden bei Jane auf dem Zimmer, saß zu ihren Füßen und lauschte ihren Geschichten und spürte ihre Macht und die Stärke ihrer Zuneigung, und langsam sah sie vor sich ganz deutlich den einen sicheren Weg zu mehr Wissen.

Bevor es zum Ende kam, dem Ende der zwei Jahre die Melanctha wenn sie nicht auf der Schule oder daheim war bei Jane Harden verbrachte, vor dem Ende dieser zwei Jahre hatte Melanctha sehr klar zu sehen gelernt und war sich sehr sicher geworden was der Welt nun eigentlich ihr Wissen schenkte.

Jane Harden hatte immer ein bisschen Geld und sie hatte ein Zimmer im schlechteren Teil der Stadt. Jane hatte einmal an einer Farbigenschule unterrichtet. Auch die hatte sie wegen Fehlverhaltens verlassen müssen. Es war die Trinkerei die ihr immer wieder Schwierigkeiten machte denn die lässt sich nie eigentlich richtig vertuschen.

Janes Trinkerei holte sie immer mehr ein. Melanctha hatte es mit dem Trinken probiert aber kein Gefallen dran gefunden.

Im ersten Jahr war von diesen beiden, Jane Harden und Melanctha Herbert, Jane die weit Stärkere. Jane liebte Melanctha und fand sie stets verständig und mutig und liebenswert und ergeben, und Jane drängte es, was ihr vor Ablauf des Jahrs gelang, Melanctha beizubringen was alle Welt so wissend macht.

Jane kannte viele Arten ihr das beizubringen. Sie verriet Melanctha viele Dinge. Sie liebte Melanctha feste und ließ es Melanctha tief spüren. Sie war auch mit anderen zusammen, mit Männern und mit Melanctha und brachte Melanctha dazu zu verstehen, was alle wollten und was die die Macht hatten mit dieser machten.

Viele Stunden saß Melanctha damals Jane zu Füßen und sog in sich auf was Jane wusste. Sie lernte Jane lieben und das tief zu empfinden. Sie lernte damals ein bisschen die Freude kennen und musste auch lernen wie bitter sie leiden konnte. Dieses Leiden war ganz anders als das was Melanctha manchmal an der Mutter hatte oder an ihrem sehr unerträglichen schwarzen Vater. Dagegen konnte sie ankämpfen und konnte im Leiden stark und tapfer sein, aber bei Jane Harden ließ ihr Begehren sie klein werden und betteln vor Leid.

Es wurde ein sehr bewegtes sehr durchwachsenes Jahr, Melancthas Lehrjahr, aber sie begann vieles wirklich zu verstehen.

In allem hatte sie das von Jane Harden. Nichts Gutes, nichts Schlechtes ersparte ihr Jane an Tun, Fühlen, Denken und Reden. Manchmal war die Lektion für Melanctha fast zu viel, aber irgendwie ertrug sie es doch immer wieder und ganz allmählich begann Melanctha wirklich mit zunehmender Kraft und Empfindung zu verstehen.

Dann wurde, nach und nach, zwischen ihnen alles anders. Nach und nach wurde von ihnen beiden nun Melanctha Herbert die Stärkere. Nach und nach lebten sie beide sich nun auseinander.

Melanctha Herbert verlor nie ganz das Gefühl dafür dass Jane Harden sie alles gelehrt hatte, aber Jane tat vieles was Melanctha nun nicht mehr brauchte. Und außerdem konnte Melanctha sich ja nie richtig erinnern was sie getan hatte und was geschehen war. Melanctha stritt sich nun manchmal mit Jane, und sie zogen nicht mehr zusammen herum, und manchmal vergaß Melanctha tatsächlich wie viel sie Jane Hardens Lehren verdankte.

Melanctha hatte nun langsam das Gefühl dass sie immer schon so erfahren gewesen sei. Zwar wusste sie im Grunde wohl, dass Jane sie alles gelehrt hatte was sie wusste, aber das wurde nach und nach von den Schwierigkeiten verschlungen die nun zwischen ihnen immer schlimmer wurden.

Jane Harden war eine vom Leben verrohte Frau. Sie war einst sehr stark gewesen, aber nun war sie in allen ihren Stärken geschwächt durch das Trinken. Melanctha hatte es mit dem Trinken probiert aber keinen großen Gefallen dran gefunden.

Janes starke und verrohte Natur und die Trinkerei machten es ihr zunehmend schwer, Melanctha zu vergeben dass Melanctha sie eigentlich nicht mehr brauchte. Jetzt war Melanctha die Stärkere und Jane diejenige, die abhängig war.

Melanctha ging jetzt auf die achtzehn zu. Sie war eine anmutige, hellhäutige, gutaussehende, gescheite, anziehende Negerin, ein bisschen rätselhaft von der Art her, aber immer gut und angenehm und immer bereit viel für andere zu tun.

Melanctha sah Jane Harden nun nur noch selten. Das gefiel Jane nicht sehr und manchmal schimpfte sie über Melanctha, aber ihre Trinkerei verschlang das bald alles wieder.

Es lag nicht in Melancthas Natur das Gefühl für Jane Harden ganz zu verlieren. Melanctha blieb ihr Leben lang bereit Jane bei ihren Schwierigkeiten zu helfen, und später als Jane tatsächlich kaputtging tat Melanctha alles um ihr zu helfen.

Aber Melanctha Herbert war nun soweit selbst lehren zu können. Melanctha konnte nun alles was sie wollte. Melanctha wusste nun was alle wollten.

Melanctha hatte gelernt ein bisschen länger zu bleiben, sie hatte gelernt zu entscheiden wann sie tatsächlich länger bleiben wollte und sie hatte gelernt zu entkommen wenn sie das wollte.

Und so begann Melanctha wieder sich treiben zu lassen. Alles war für sie nun ganz anders. Nie waren es nun einfache Männer mit denen sie sprach, und ihr lag nun nicht mehr viel dran weiße Männer der für sie viel feineren Sorte kennenzulernen. Nun war was Melanctha suchte das Wahre das sie tief bewegen würde, das in ihr ganz das Wissen entfalten würde das sie in sich trug, das von dem sie so dringend wollte dass es sie ganz erfüllen sollte.

Überall trieb sich Melanctha zu dieser Zeit herum. Sie trieb sich nun allein herum. Melanctha brauchte nun keine Hilfe mehr um zu wissen, um länger zu bleiben oder um wenn sie das wollte zu entkommen.

Melanctha probierte in dieser Zeit sehr viele Männer aus ehe es passte. Fast ein Jahr trieb sie sich herum und lernte dann einen jungen Mulatten kennen. Er war Arzt der gerade erst zu praktizieren begann. Er würde irgendwann wahrscheinlich gut dastehen, aber darum ging es Melanctha nicht. Sie fand ihn gut und stark und sanft und denkerisch, und ihr Leben lang mochte und suchte Melanctha gute und fürsorgliche Menschen, und außerdem glaubte er anfangs nicht an Melanctha. Er hielt Abstand und wusste nicht was Melanctha eigentlich wollte. Und Melanctha wollte irgendwann vor allem ihn. Sie lernten sich besser kennen. Zwischen ihnen wurde alles sehr stark. Melanctha wollte ihn so sehr dass sie sich nun nicht mehr herumtrieb. Sie gab sich nun ganz dieser neuen Erfahrung hin.

Melanctha Herbert lebte nun, ganz allein, in Bridgepoint. Sie wohnte mal bei dieser mal bei jener farbigen Frau und sie nähte und manchmal unterrichtete sie ein bisschen an einer Farbigenschule stellvertretend für andere Lehrer. Melanctha hatte nun kein Zuhause und keine regelmäßige Arbeit. Das Leben fing für Melanctha gerade erst an. Sie hatte ihre Jugend und hatte Erfahrung, und sie war anmutig und hellhäutig und sehr angenehm, und sie war stets bereit viel für andere zu tun, und sie war von der Art her rätselhaft und das machte ihr Wollen umso intensiver.

In dem Jahr bevor sie Jefferson Campbell kennenlernte hatte Melanctha viele Sorten Männer probiert aber keiner hatte Melanctha sonderlich interessiert. Sie traf sie, sie verbrachte mit ihnen viel Zeit, sie verließ sie, sie sagte sich das nächste Mal würde es vielleicht aufregender, und immer fand sie das alles für sich ohne große Bedeutung. Sie konnte nun tun was immer sie wollte, sie wusste jetzt alles darüber was alle wollten, aber aufregend fand sie das alles nicht. Bei diesen Männern, wusste sie, würde sie nichts lernen. Sie wollte einen der sie viel lehren könnte und glaubte ihn nun endlich gefunden zu haben, ja, war sich ganz sicher bevor sie sich vergewissert hatte dass sie was sie suchte bei diesem Mann finden würde.

In diesem Jahr wurde »Miz« Herbert wie die Nachbarn sie nannten, Melancthas helle Mutter sehr krank und in diesem Jahr starb sie.

Melancthas Vater war in den letzten Jahren nicht mehr oft dort gewesen, wo seine Frau lebte und Melanctha. Melanctha wusste nicht genau ob ihr Vater überhaupt noch in Bridgepoint war. Jetzt war Melanctha sehr gut zu ihrer Mutter. Immer war es Melancthas Art zu allen gut zu sein die in Schwierigkeiten waren.

Melanctha sorgte gut für ihre Mutter. Sie tat alles was überhaupt eine tun kann, sie pflegte und beschwichtigte und unterstützte ihre helle Mutter, und sie schuftete und tat alles um für sie zu sorgen und ihr das Sterben zu erleichtern. Aber Melanctha mochte ihre Mutter in dieser letzten Zeit deswegen nicht lieber, und die Mutter mochte auch diese Tochter nicht sehr die als Kind so schwer zu bändigen gewesen war und die eine Zunge hatte die immer sehr scharf hatte sein können.

Melanctha tat alles was überhaupt eine tun kann, und schließlich starb ihre Mutter, und Melanctha ließ sie beerdigen. Melancthas Vater ließ nichts von sich hören, und ihr Lebtag sah und hörte und wusste Melanctha danach nichts mehr von dem was ihr Vater trieb.

Es war der junge Arzt Jefferson Campbell der Melanctha am Ende half für ihre kranke Mutter zu sorgen. Jefferson Campbell hatte Melanctha Herbert oft schon gesehen, aber er hatte sie nie sehr gemocht und er glaubte eigentlich nie dass sie viel taugte. Er hatte einiges darüber gehört wie sie sich herumtrieb. Er wusste auch ein bisschen was von Jane Harden, und er war sich sicher dass es mit dieser Melanctha Herbert die Janes Freundin war und die sich herumtrieb kein gutes Ende nehmen würde.

Dr. Jefferson Campbell war ein überzeugter, ernsthafter, guter junger freudiger Arzt. Er sorgte gern für alle und er liebte seine eigenen farbigen Leute. Ihm fiel das Leben sehr leicht, diesem Jeff Campbell, und alle hatten ihn gern um sich. Er war so gut und so mitfühlend und er war so ernst und so freudig. Er sang wenn er froh war und er lachte und sein Lachen war das freie unbändige das so warm, schwarz und sonnig ist.

Jeff Campbell hatte in seinem Leben bisher nie richtig Schwierigkeiten gehabt. Jeffersons Vater war ein guter, hilfsbereiter, ernster, frommer Mann. Er war ein zuverlässiger, sehr kluger und sehr würdevoller hellhäutiger grauhaariger Neger. Er war Butler und hatte viele Jahre für die Campbell-Familie gearbeitet, und schon sein Vater und seine Mutter vor ihm waren als Freie bei dieser Familie in Dienst gewesen.

Jefferson Campbells Vater und seine Mutter waren natürlich richtig verheiratet gewesen. Jeffersons Mutter war eine liebenswürdige kleine hellbraune sanfte Frau die ihren guten Ehemann ehrte und ihm folgte und die ihren guten, ernsten, fröhlichen, tüchtigen Doktorjungen vergötterte und bewunderte und feste liebte, ihr einziges Kind.

Jeff Campbell war von seinen Leuten im Glauben erzogen worden, aber der Glaube hatte Jeff nie sonderlich interessiert. Jefferson war ein guter Mensch. Er liebte seine Leute und verletzte sie nie und er tat immer was immer sie wollten und er ihnen zu Gefallen tun konnte, aber er liebte eigentlich vor allem die Wissenschaft und Experimente und das Lernen, und früh schon wollte er Arzt werden, und er interessierte sich immer sehr für das Leben der Farbigen.

Die Campbell-Familie war sehr gut zu ihm gewesen und hatte ihn auf seinem Weg gefördert. Jefferson hatte eifrig studiert, er hatte ein farbiges College besucht und dann hatte er Arzt gelernt.

Es waren jetzt zwei oder drei Jahre dass er praktizierte. Alle konnten Jeff Campbell gut leiden, er war so stark und gut und fröhlich und verständig, und er lachte vor Freude und er wollte immer gern seinen farbigen Leuten helfen.

Dr. Jeff wusste über Jane Harden Bescheid. Er hatte ihr in ihren Schwierigkeiten beigestanden. Er wusste auch etwas von Melanctha, obwohl er ihr bis ihre Mutter krank wurde nie begegnet war. Dann wurde er gerufen, um Melanctha mit ihrer kranken Mutter zu helfen. Dr. Campbell mochte Melancthas Art zu leben nicht und er glaubte eigentlich nicht dass es mit ihr ein gutes Ende nehmen würde.

Dr. Campbell hatte Jane Harden in ihren schlimmsten Schwierigkeiten beigestanden. Jane hatte ihm manchmal was von Melanctha vorgeschimpft. Was bildete sich diese Melanctha Herbert ein, die alles ihr, Jane Harden, verdankte, was bildete sich so ein Mädchen ein zu anderen Männern zu gehen und sie sich selbst zu überlassen, aber Melanctha Herbert hatte sich ja anderen gegenüber noch nie anständig verhalten. Melanctha hatte Köpfchen, das bestritt Jane gar nicht, aber sie machte nichts draus. Und was konnte man auch schon erwarten, wo Melanctha so einen Unmensch von schwarzen Nigger zum Vater hatte, und selbst wenn Melanctha ständig auf ihren Vater schimpfte war sie doch ganz genauso und in Wahrheit bewunderte sie ihn doch und der hatte doch nie gewusst, was er anderen schuldig war, und Melanctha war ganz genauso und auch noch stolz drauf, und es langweilte Jane zu Tode Melanctha immer nur reden zu hören als wäre sie es nicht. Jane Harden konnte Menschen mit Köpfchen die nichts draus machten nicht leiden, und das war bei Melanctha immer schon das Problem gewesen, das und dass sie sich gutstellen wollte mit den Leuten und nie richtig zugeben konnte dass sie sein wollte wie ihr Vater, und es war einfach blödsinnig von Melanctha auf ihren Vater zu schimpfen wo sie ihm doch so ähnlich war und ihr das auch gefiel. Nein, Jane Harden hatte für Melanctha nichts übrig. Doch, ja, Melanctha kam dauernd vorbei um zu ihr gut zu sein. Darauf konnte man sich bei Melanctha verlassen. Sie ging nie endgültig und ließ einen endgültig im Stich. Dazu setzte sie ihr Köpfchen nicht genügend ein. Melanctha Herbert hatte nämlich Köpfchen, das bestritt Jane gar nicht, aber sie wollte von Melanctha Herbert nichts mehr sehen und hören, und sie wünschte, Melanctha würde sie nicht mehr besuchen kommen. Sie hasste sie nicht, aber sie wollte nichts mehr hören von ihrem Vater und dem Zeug das Melanctha immer redete, das ging sie nichts an. Jane Harden war das alles sehr leid. Sie konnte nun mit Melanctha nichts mehr anfangen, und wenn Dr. Campbell sie sähe, sollte er ihr lieber sagen, Jane wolle sie nicht mehr sehen, sie könne ihr Geschwätz zu anderen tragen, die bereit wären ihr zu glauben. Und dann versank Jane Harden wieder und vergaß Melanctha und das frühere Leben, und dann begann sie wieder zu trinken und das verschlang wieder alles.

Jeff Campbell bekam das alles oft zu hören, aber es interessierte ihn nicht sehr. Es drängte ihn nicht mehr zu erfahren über diese Melanctha. Er hörte sie, einmal, vor dem Haus mit einer anderen jungen Schwarzen reden, als er Jane Harden besuchte. Er fand nicht viel an dem was er sie reden hörte. Er fand nicht viel an dem was Jane Harden sagte wenn sie ihm was von Melanctha vorschimpfte. Er war mehr an Jane selbst interessiert als irgendwelchen Dingen die er über Melanctha hörte. Er wusste dass Jane Harden Köpfchen hatte und dass sie Macht gehabt hatte und dass sie eigentlich viel hätte bewirken können und dass nun die Trinkerei einfach alles verschlang. Jeff Campbell sah es immer mit großem Bedauern. Jane Harden war eine vom Leben verrohte Frau, und doch sah Jeff bei ihr viele starke gute Seiten für die er sie trotzdem mochte.

Jeff Campbell tat für Jane Harden was er konnte. Es lag ihm nichts daran von Melanctha zu hören. Er hatte zu ihr keine rechte Meinung. Er konnte sich nicht recht für sie interessieren. Jane Harden war eine so viel stärkere Frau, und Jane hatte tatsächlich Köpfchen gehabt und sie hatte was draus gemacht bevor diese Sache mit dem Trinken so überhandnahm.

Nun half Dr. Campbell aber Melanctha Herbert mit ihrer kranken Mutter. Er kam nun längere Zeiten und sehr oft mit Melanctha zusammen, und manchmal sprachen sie recht viel miteinander, aber nie sagte Melanctha zu ihm irgendwas von Jane Harden. Sie sprach mit ihm nie über anderes als Alltägliches oder Medizin oder erzählte lustige Geschichten. Sie stellte ihm viele Fragen und lauschte allem was er ihr sagte immer sehr genau und sie merkte sich immer alles gut was sie ihn über die Behandlung hatte sagen hören und sie wusste noch alles was sie von allen anderen gelernt hatte.

Jeff Campbell fand diese Gespräche nie sonderlich interessant. Ihm gefiel auch Melanctha, selbst wenn er sie nun häufiger sah, nicht unbedingt besser. Er dachte nie groß an Melanctha. Er wusste dass er nicht recht glaubte dass sie Köpfchen hatte, wie Jane Harden. Jane Harden gefiel ihm immer besser, und er wünschte nur, sie hätte mit der üblen Trinkerei nie angefangen.

Melanctha Herberts Mutter wurde nun immer kränker. Melanctha tat wahrlich alles was überhaupt eine tun konnte. Melancthas Mutter mochte ihre Tochter deshalb nicht lieber. Sie sagte nie viel, die alte »Miz« Herbert, aber es war oft nicht zu übersehen dass sie nicht viel hielt von der Tochter.

Dr. Campbell musste nun oft sehr lange bleiben um »Miz« Herbert zu versorgen. Eines Tages war »Miz« Herbert viel kränker und Dr. Campbell glaubte, sie werde gewiss noch in der Nacht sterben. Er kehrte wie er es versprochen hatte spät noch einmal wieder, um bei »Miz« Herbert zu sitzen und zu wachen und Melanctha beizustehen falls sie Unterstützung brauchen sollte. Melanctha Herbert und Jeff Campbell wachten die ganze Nacht. »Miz« Herbert starb nicht. Am nächsten Tag ging es ihr etwas besser.

Das Haus in dem Melanctha immer mit ihrer Mutter gelebt hatte war ein kleines rotes zweigeschossiges Backsteinhaus. Sie besaßen nicht viele Möbel dafür, und ein paar Fenster waren kaputt und nie repariert worden. Melanctha hatte derzeit nicht viel Geld für Sachen am Haus, aber zusammen mit einer Farbigen, einer Nachbarin die gutmütig war und ihnen immer geholfen hatte, schaffte es Melanctha für ihre Mutter zu sorgen und das Haus halbwegs instand zu halten.

Melancthas Mutter lag in einem oberen Zimmer im Bett, die Stufen von unten führten direkt hin. Es gab dort oben nur zwei Zimmer. Melanctha und Dr. Campbell setzten sich in der Nacht in der sie zusammen wachten auf die Stufen, damit sie Melancthas Mutter hören und sehen könnten, das Licht aber gedämpft wäre und sie sitzen und lesen könnten wenn sie das wollten und sich leise unterhalten und »Miz« Herbert trotzdem nicht stören.

Dr. Campbell las immer sehr gern. Dr. Campbell hatte sich an diesem Abend kein Buch mitgebracht. Er hatte es schlicht vergessen. Er hatte vorgehabt sich was zum Lesen in die Tasche zu stecken, um sich beschäftigen zu können während er da saß und wachte. Als er »Miz« Herbert versorgt hatte, setzte er sich direkt oberhalb von der Stelle auf die Treppe wo Melanctha saß. Er erwähnte vergessen zu haben sich ein Buch mitzubringen. Melanctha sagte, es lägen irgendwo im Haus alte Zeitungen herum, vielleicht finde Dr. Campbell darin etwas womit er sich eine Weile die Zeit vertreiben könne. Gut, meinte Dr. Campbell, das wäre immerhin besser als ohne dazusitzen. Dr. Campbell begann in den alten Zeitungen zu blättern, die Melanctha ihm brachte. Wann immer ihn etwas belustigte, las er es Melanctha vor. Melanctha war nun ziemlich still ihm gegenüber. Dr. Campbell spürte nun ein bisschen mehr wie sie sich auf ihn einstellte. Dr. Campbell erkannte nun ein bisschen mehr dass Melanctha vielleicht doch Köpfchen hatte. Dr. Campbell war sich noch nicht sicher ob sie Köpfchen hatte, aber er fand ein bisschen eher dass es vielleicht stimmte.

Jefferson Campbell erzählte allen immer gern wofür er arbeitete und was er glaubte für die Farbigen tun zu können. Melanctha Herbert dachte über dergleichen nie so nach wie er das tat. Melanctha hatte Dr. Campbell nie sehr viel dazu gesagt was sie davon hielt. Melanctha lag nicht so daran wie ihm gut und stetig zu sein im Leben und nicht dauernd irgendwelche Aufregungen zu haben, denn so stellte sich Jefferson Campbell das Leben für alle vor, nämlich dass alle wissen und doch zufrieden sein könnten. Melanctha hatte immer einen starken Drang zu Erfahrungen. Melanctha Herbert hielt nicht viel von seinem Weg zu einem guten Leben.

Dr. Campbell war bald fertig mit dem Lesen in den alten Zeitungen und redete nun irgendwas daher von den Überlegungen die er anstellte. Dr. Campbell sagte er wolle daran arbeiten zu verstehen was den Leuten Schwierigkeiten bereite und nicht nur Aufregungen haben, und er finde man müsse Vater und Mutter lieben und stetig sein im Leben und nicht immer neue Sachen haben wollen und Aufregungen sondern immer wissen wo man stehe und was man wolle und immer alles so sagen wie man es meine. Das sei die einzige Art Leben die er kenne und an die er glaube, betonte Jeff Campbell. »Nein, ich halte nichts davon dauernd in Aufregung sein und ständig alle möglichen Erfahrungen machen zu wollen. Ich kriege mehr als genug Erfahrung wenn ich einfach stetig und still lebe mit meiner Familie und wenn ich meiner Arbeit nachgehe und die Leute versorge und zu verstehen versuche. Ich halte nichts vom diesem Rumgerenne und sehe es nicht gern bei den Farbigen. Ich bin auch Farbiger, das bin ich, und ich möchte Farbige das haben wollen sehen was gut ist und was sie haben sollten, nämlich dass sie stetig leben und hart arbeiten und verstehen, denn das sollte jedem anständigen Mann an Aufregung reichen.« Jeff Campbell wurde dabei recht hitzig. Nicht Melanctha gegenüber, an sie dachte er gar nicht beim Reden. Er meinte das Leben wie er es sich vorstellte und wie er es sich für die Farbigen vorstellte.

Aber Melanctha Herbert hatte ihm bei alledem zugehört. Sie

wusste dass es ihm ganz ernst war, aber für sie hatte es nicht viel Bedeutung, und sie war sich sicher dass er eines Tages begreifen würde dass das nicht alles war, an Lebenserfahrung. Melanctha wusste sehr genau was es hieß Lebenserfahrung zu haben. »Aber was ist mit Jane Harden?«, sagte Melanctha zu Jeff Campbell. »Ich schätze mal, Dr. Campbell, dass Sie an ihr was finden, Sie gehen doch recht oft zu ihr hin und Sie reden mit ihr viel mehr als Sie es mit den netten Mädchen tun die daheim bleiben bei ihren Leuten, die Mädchen von denen Sie behaupten dass Sie doch eigentlich die wollen. Schätze nicht, Dr. Campbell, dass das was Sie sagen viel mit dem zu tun hat was Sie tun. Und dazu dass Sie so gut sind, Dr. Campbell, nur so viel«, fuhr Melanctha fort, »Sie gehen selbst nicht besonders oft in die Kirche und sagen trotzdem dass Sie glauben dass das gut ist für die Leute. Schätze mal, Dr. Campbell, dass Sie sich genauso vergnügen wollen wie wir anderen auch und dass Sie das einfach immer so sagen dass es richtig ist gut zu sein und dass Sie keine Aufregung wollen, aber eigentlich stimmt das gar nicht, Dr. Campbell, genauso wenig wie für mich oder Jane Harden. Nein, Dr. Campbell, ich schätze mal Sie wissen selber gar nicht so genau, was Sie meinen mit dem was Sie da sagen.«

Jefferson hatte dahergeredet, wie er es immer tat wenn er erst einmal anfing, und nach Melancthas Einwand redete er nun umso eifriger. Er lachte auch ein bisschen, aber sehr leise um »Miz« Herbert nicht zu stören die so schön schlief, und er musterte Melanctha vergnügt und hatte seine Freude und machte sich an die Antwort.

»Ja«, sagte er, »das klingt wirklich ein bisschen so als wüsste ich nicht was ich meine, wenn Sie das so sagen, Miss Melanctha, aber das liegt bloß daran dass Sie nicht richtig verstehen was ich mit alledem meine was ich Ihnen eben gesagt habe. Ich sage ja nicht, ganz und gar nicht, dass ich nicht alle möglichen Leute kennen will, Miss Melanctha, und ich sage ja nicht dass es nicht solche und solche gibt, und ich will ja gar nicht sagen dass es nicht manche wie Jane Harden gibt die ich gern kenne und mit denen ich gern spreche, aber es sind die Stärken die ich an Jane Harden mag nicht die Aufregungen. Ich heiße deswegen keineswegs die schlimmen Dinge gut die sie tut, Miss Melanctha, aber Jane Harden ist eine starke Frau und das bewundere ich an ihr immer. Nein, ich weiß dass Sie mir nicht glauben, Miss Melanctha, aber ich meine es wahrhaftig so, und das Dumme ist nur dass Sie mich nicht richtig verstehen wenn ich es sage. Und was den Glauben angeht, so ist das einfach nicht meine Art gut zu sein, Miss Melanctha, aber es ist für viele eine gute Art gut und stetig zu sein im Leben, und wenn die Leute glauben und es ihnen dann hilft gut zu sein und wenn sie es aufrichtig meinen, dann gönne ich ihnen das auch. Nein, was ich nicht mag, Miss Melanctha, ist das was ich bei Farbigen so oft sehe, dass sie immer wieder was Neues brauchen nur um der Aufregung willen.«

Jefferson Campbell hörte nun erst einmal auf mit dem Reden. Melanctha Herbert sagte nichts weiter. Sie saßen beide still da.

[…]

Melanctha Herbert liebte und wollte ihr Leben lang gute, gütige und fürsorgliche Menschen. Jefferson Campbell war genau das was Melanctha immer gewollt hatte. Jefferson war ein starker, gutgebauter, gutaussehender, vergnügter, gescheiter und gütiger Mulatte. Und außerdem hatte er Melanctha zuerst gar nicht kennen wollen und als er sie dann allmählich kennenlernte hatte er sie nicht sonderlich gemocht und hatte nicht geglaubt dass es mit ihr je ein gutes Ende nehmen würde. Und außerdem war Jefferson Campbell so sehr sanft. Jefferson tat vieles nie was andere Männer taten und was Melanctha inzwischen so hässlich fand.

Und außerdem schien Jefferson Campbell nicht so ganz zu wissen was Melanctha eigentlich wollte, und das alles zog Melanctha immer mehr zu ihm hin.

Dr. Campbell kam jeden Tag vorbei um nach »Miz« Herbert zu sehen. »Miz« Herbert ging es nach der Nacht in der sie gemeinsam gewacht hatten tatsächlich ein bisschen besser, aber »Miz« Herbert war trotzdem sehr krank, und bald war auch ziemlich klar dass sie sterben müsste. Melanctha tat wirklich immerzu alles was überhaupt eine tun kann. Jefferson hielt aber wegen dem was sie alles tat nicht unbedingt mehr von Melanctha. Nicht dass sie gut war wollte er in ihr sehen. Er wusste genau dass Jane Harden recht hatte wenn sie sagte dass Melanctha immer zu allen so gut sei, sie selber Melanctha aber deshalb keinen Deut besser finde. Und außerdem mochte »Miz« Herbert Melanctha deswegen nicht lieber, nicht mal am letzten Tag ihres Lebens, und so gab Jefferson eigentlich nie viel darauf dass Melanctha zu ihrer Mutter immer gut war.

Jefferson und Melanctha sahen sich nun sehr oft. Sie waren nun immer gern beieinander und sie hatten nun immer Spaß daran miteinander zu reden. Sie sprachen wenn sie miteinander sprachen immer noch bloß über Alltägliches und darüber was sie dachten. Außer sehr beiläufig, und das auch nicht oft, sagten sie nichts über Gefühle. Manchmal zog Melanctha Jefferson ein bisschen auf, einfach um ihn wissen zu lassen dass sie es nicht vergessen hatte, aber meist ließ sie ihn reden, denn Jefferson redete immer noch gern daher über das woran er glaubte. Melanctha mochte Jefferson Campbell mit jedem Tag lieber, und Jefferson sah langsam ein dass Melanctha wirklich Köpfchen hatte, und er spürte langsam stärker wie lieb sie im Wesen war. Das zeigte sich nicht darin wie gut sie zu »Miz« Herbert war, denn das hatte wie Jefferson fand nicht viel zu sagen, aber es zeigte sich dieses liebe Wesen bei Melanctha und es wirkte nun langsam auf Jefferson wenn er bei ihr war.

[...]

Diese Zeit war nun für Jeff Campbell mit Melanctha keine sehr freudige mehr. Er überlegte sich das mit ihr nun nicht mehr in Worten. Er wusste nicht genau genug was seine wahren Schwierigkeiten mit ihr waren.

Manchmal waren hin und wieder, wenn Jeff die ganzen Schwierigkeiten vorübergehend ganz und gar vergaß, er und mit ihm auch Melanctha vor süßer starker Liebe sehr glücklich. Manchmal also schwebte Jeff hoch auf den Wolken seiner wahren Liebe. Manchmal ging Jeff also vor Liebe die Seele auf. Immer aber fühlte Jeff nun tief innen.

Immerzu musste Jeff nun schneller machen als er eigentlich fühlte. Aber immer wusste Jeff nun dass er richtig stark fühlte. Wenn Jeff noch immer zweifelte dann zweifelte er an der Liebe Melancthas. Nun fragte er sie oft ob ihre Liebe zu ihm wahrhaftig sei. Er fragte sie oft weil ihm an allem irgendwas unstimmig vorkam, aber seine Zweifel waren so stark auch wieder nicht, und immer beteuerte ihm Melanctha, »Ja, Jeff, natürlich, das weißt du doch, immer«, und immerzu blieben Jeff doch Zweifel an ihrer Liebe.

Immer nun fühlte Jeff in sich tief die Liebe. Immer nun wusste er nicht richtig ob Melancthas Liebe zu ihm wahrhaftig sei.

Zu dieser Zeit war Jeff in sich unsicher und war ihm unbehaglich, weil er nicht wusste wie er sein sollte um nicht falsch zu liegen und sie beide in schlimme Schwierigkeiten zu bringen. Immer nun war ihm als müsste er tief in Melanctha hineinfühlen um zu sehen ob er bei ihr wahre Liebe fände, und immer hielt er sich bei ihr zurück weil er nun immer fürchtete er könne ihr furchtbar wehtun.

Immer nun gefiel es ihm besser, wenn er aufgehalten wurde wenn er zu ihr sollte. Immer nun ging er ungern zu ihr, obwohl er nie eigentlich nicht immerzu bei ihr sein wollte. Immer nun war ihm nicht recht behaglich bei ihr, selbst wenn sie sich gut Freund waren. Immer nun hatte er bei ihr das Gefühl, ihr gegenüber nicht richtig ehrlich sein zu können. Und Jeff würde mit ihr niemals glücklich sein können, wenn er nicht die Stärke hatte ihr alle seine Gefühle zu sagen. Immer nun fiel es ihm von Tag zu Tag schwerer, mit ihr Zeit zu verbringen und dieses Gefühl nicht aufkommen zu lassen und nicht Streit zu kriegen mit ihr.

Eines Abends sollte er wieder mal zu ihr gehen. Er wartete etwas sehr lange, bis er ging. Er fürchtete bei sich, ihr an diesem Abend sicherlich wehzutun. Er ging ungern hin wenn er mit ihr Streit kriegen konnte.

Melanctha saß da und schaute sehr böse, als er kam. Jeff legte Hut und Mantel ab und setzte sich zu ihr ans Feuer.

»Wenn du noch sehr viel später gekommen wärst, Jeff Campbell, ich hätte dich wirklich nicht mehr sehen oder je wieder mit dir sprechen wollen außer du hättest auf Knien um Vergebung gefleht.« »Vergebung, Melanctha?«, und Jeff lachte und winkte ab. »Vergebung, Melanctha, ach da habe ich keinen Stolz, Melanctha, es macht mir nichts aus, dich um Vergebung zu bitten, Melanctha, mir macht nur was aus, Melanctha, dir Unrecht zu tun.« »Das kannst du leicht sagen, Jeff, mir gegenüber. Aber du hattest auch nicht den Stolz, Jeff, zu mir Mut zu haben.« »Ich weiß nicht, Melanctha. Ich habe immerhin den Mut mit dir offene Worte zu sprechen wenn es mir ernst ist.« »Ja, sicher, Jeff, mit mir, das weiß ich. Aber ich meine wahren Mut, den Mut herumzurennen und sich nicht zu scheren drum was geschieht und auch bei Schwierigkeiten nicht kleinzukriegen sein. Das meine ich mit wahrem Mut, Jeff, ich persönlich, wenn du es genau wissen willst.« »Ja, sicher, Melanctha, ich weiß genau was für eine Art Mut du meinst. Ich sehe sie immer zur Genüge bei farbigen Männern und auch manchen Frauen wie dir, Melanctha, und Jane Harden. Ich weiß dass ihr euch viel darauf einbildet euch nie beklagt und kein großes Geschrei gemacht zu haben wenn ihr hingerannt seid wo ihr nichts zu suchen hattet und euch prompt eine blutige Nase geholt habt. Ja, und was seid ihr dann alle mutig, na klar, und hart im Nehmen, aber wenn ich mich so bei meinen Patienten umschaue dann macht die Art von Mut bloß Schwierigkeiten und Ärger, jedenfalls für die die ihren Mut so besonders eigentlich gar nicht finden und am Ende die Schwierigkeiten ausbaden müssen und immer am härtesten getroffen sind. Das ist als wollte man herumrennen und auch dann nicht kleinzukriegen sein wenn man sein ganzes Geld verprasst, wo aber doch Frau und Kinder daheim diejenigen sind die Hunger leiden, und von deren Mut spricht keiner und die sind ganz sicher nicht wild drauf so dauernd zu leiden und die müssen es trotzdem ertragen und nichts sagen. So sieht es für mich nämlich aus mit dieser Art Mut meist bei farbigen Leuten. Sie machen viel Lärm darum wie tapfer sie sind kein Geschrei zu machen wenn sie dran zu leiden haben dass sie Dinge tun die sie lassen sollten. Ich sage ja nicht, Melanctha, dass sie nicht tapfer sind kein großes Geschrei zu machen, aber ich habe noch nie viel davon gehalten sich selbst in Schwierigkeiten zu bringen nur um dann beweisen zu können dass man kein Geschrei macht. Nein, es reicht vollkommen jeden Tag Mut zu beweisen indem man stetig lebt und nicht dauernd was Neues haben muss nur um der Aufregung willen, wie ich das bei den Farbigen so gar nicht gern sehe. Nein, ich halte nicht viel, Melanctha, von dem Mut, Aufregungen zu suchen wo man nichts verloren hat. Ich schäme mich nicht, Melanctha, das sage ich dir gleich, schäme mich nicht zu sagen dass mir nicht an dem Mut liegt herumzurennen und mich in Schwierigkeiten zu bringen.« »Ja, das sieht dir ähnlich, Jeff, du verstehst es einfach nicht, du mit deinem Gefühl. Du kannst nicht verstehen, dass es darauf ankommt wie jemand nach Neuem sucht, wie das die Aufregung für ihn eben richtig macht.« »Nein, Melanctha, ich würde wirklich nie sagen, dass ich das auch nur halbwegs verstehe wie jemand glaubt Schwierigkeiten meiden zu können, wenn er hingeht und sie mit aller Macht sucht wo er sie auch ganz sicher findet. Nein, Melanctha, das klingt wirklich alles sehr schön, das viele Gerede von der Gefahr und nicht kleinzukriegen zu sein und kein Geschrei zu machen und was du da alles redest, aber wenn zwei sich prügeln, dann gewinnt meist der Stärkere der härter zuschlagen kann die Oberhand und der die Schläge einsteckt, dem gefällt das nie sonderlich, jedenfalls meiner Erfahrung nach, und mir ist einerlei, wie edel sie sonst vielleicht sind wenn sie gar keinen Grund haben dort zusammenzukommen und sich zu schlagen. Denn wirklich sehe ich es immer nur so passieren, Melanctha, wenn ich es zufällig irgendwo sehe.« »Das liegt daran, dass du ja auch nie was siehst was nicht immer so einfach ist, Jeff, bei niemand, nicht so wie du meinst. Es kommt sehr wohl darauf an, wie jemand dazu kommt nicht kleinzukriegen zu sein, Jeff Campbell.« »Mag sein, Melanctha, ich sage ja wirklich nicht, dass du nicht recht hast, Melanctha. Ich sage dir nur freiheraus, Melanctha, wie ich das sehe. Vielleicht wird dir wenn du herumrennst wo du nichts zu suchen hast und dich da stolz hinstellst und sagst, ich bin ja so mutig, mir kann überhaupt nichts was anhaben, tatsächlich auch nichts was anhaben können, Melanctha. Aber ich habe es noch nie gesehen. Ich kann es dir ehrlich nicht anders sagen, Melanctha, aber ich bin immer gern bereit von dir zu lernen, Melanctha. Es mag ja sein, dass du wenn dir jemand einen ordentlichen Schlag verpasst, vielleicht einen Backstein über den Schädel zieht, tatsächlich kein großes Geschrei machst, Melanctha. Ich sage ja wirklich nicht dass es nicht so ist, Melanctha, ich sage nur dass ich das noch nie gesehen habe, Melanctha, wenn ich es zufällig irgendwo sehe.«

Sie saßen dort still am Feuer beisammen, und ihre Gefühle schienen nicht sehr liebevoll.

»Ich frage mich wirklich«, sagte Melanctha versonnen und brach damit schließlich das lange lieblose Schweigen, »ich frage mich wirklich, wie es kommt dass ich immer wen liebgewinne, der mir nie so gut ist dass ich ihn achten könnte.«

Jeff sah Melanctha an. Jeff erhob sich und ging ein bisschen im Zimmer auf und ab und dann kehrte er wieder, und seine Miene war hart und finster und er schwieg sie sehr an.

»Ach je, Jeff, was denn, was guckst du mich jetzt so böse an. Aber Jeff, ich meine damit doch nicht wirklich was wenn ich so rede. Was habe ich denn gerade zu dir gesagt, Jeff. Ich habe doch wirklich nur darüber nachgedacht, wie alles immer bei mir kommt.«

Jeff Campbell saß sehr still und finster da und erwiderte nichts.

»Schätze, Jeff, du solltest mir heute Abend ein bisschen gut sein, wo mir der Kopf so wehtut und ich so müde bin von dem vielen Überlegen und den ganzen Schwierigkeiten die ich habe weil ich ganz allein lebe und mir niemand beisteht. Schätze, du solltest mir heute Abend ein bisschen gut sein und nicht böse werden bei allem egal was ich dir sage.«

»Ich würde wirklich nie einfach deshalb auf dich böse werden, Melanctha, weil du irgendwas zu mir sagst. Aber diesmal glaube ich wirklich, dass du das wahrhaftig so meinst was du gerade eben zu mir gesagt hast.« »Aber du sagst doch selbst immerzu, Jeff, dass du mich nicht annähernd gut genug liebst, du sagst doch wirklich selbst immerzu zu mir dass du nicht gut genug bist und nicht verstehst.« »Das sage ich dir wirklich immerzu und das empfinde ich auch so, Melanctha, und das muss ich so sagen und es ist mein gutes Recht es stark zu empfinden und zu glauben, aber es ist nicht recht, Melanctha, dass es dein Gefühl ist.«

Da saßen sie lange Zeit sehr still und nicht liebevoll dort am Feuer und suchten gar nicht mehr beieinander. Melanctha war dabei ganz unruhig und zappelig. Jeff war dabei schwer und grollend und finster und sehr ernst.

»Ach, warum kannst du nicht einfach vergessen was ich zu dir gesagt habe, Jeff, ich bin wirklich todmüde und mein Kopf und alles davon.«

Jeff gab sich einen Ruck. »Schon gut, Melanctha, mach dich jetzt deswegen nicht noch verrückt im Kopf«, und Jeff bezwang sich und er wurde nun für Melanctha wieder zum langmütigen Arzt weil er tatsächlich merkte wie ihr der Kopf davon wehtat. »Ist schon gut, Melanctha, Liebste, ehrlich, glaub mir. Leg dich ein bisschen hin, Liebes, und ich werde hier am Feuer sitzen und einfach ein Weilchen lesen und einfach bei dir wachen damit ich dir wenn du willst was geben kann was dir schlafen hilft.« Und dann war Jeff für sie der gute Doktor und sehr lieb und zärtlich mit ihr, und Melanctha hatte ihn liebend gern so hilfreich dort bei sich, und dann schlief Melanctha ein bisschen ein, und Jeff wartete dort an ihrer Seite bis er sah dass sie tatsächlich schlief, und dann ging er hin und setzte sich wieder ans Feuer.

Und Jeff versuchte nun wieder zu überlegen, aber es wurde ihm einfach nichts klar, trotz seiner Überlegungen, und es war ihm nun innen alles sehr zäh und schwer und ungut, alles was er nicht recht verstehen konnte, trotz aller Mühe beim Überlegen. Und dann gab er sich einen kleinen Ruck und nahm ein Buch zur Hand um das Überlegen zu vergessen und dann gefiel ihm das Lesen wie immer sehr und bald war er ins Lesen vertieft und vergaß nun eine kleine Weile dass er nie recht verstehen zu können schien.

Also vergaß Jeff sich eine Zeitlang beim Lesen, und Melanctha schlief. Und dann wachte Melanctha schreiend auf. »Ach, Jeff, ich dachte du hättest mich für immer verlassen. Ach, Jeff, du darfst mich nie wieder verlassen. Ach, Jeff, bitte, bitte, sei mir nur immer gut.«

Von nun an trug Jeff Campbell in sich eine Last, er trug sie immer in sich, konnte sie nie von sich heben und sich leicht fühlen. Immer bemühte er sich sie nicht in sich zu tragen und immer bemühte er sich Melanctha davon nichts spüren zu lassen, aber sie war immer in ihm. Nun war Jeff Campbell immer ernst und finster und schwer und grollend, und oft saß er lange Zeit reglos bei Melanctha.

»Du hast mir wirklich nie vergeben können, was ich dir damals an dem Abend gesagt habe, Jeff, stimmt's«, fragte ihn Melanctha eines gemeinsamen Abends spät nach langem Schweigen. »Es geht für mich nicht ums Vergeben, Melanctha. Es geht für mich vielmehr um das was du für mich empfindest. Ich habe seither bei dir noch nichts gesehen was mir das Gefühl gibt dass du nicht genau das gemeint hast was du gesagt hast darüber, dass du nun nicht mehr denkst dass ich gut bin, nicht so, dass es für dich recht wäre für mich so viel zu empfinden.«

»Mir ist wirklich noch nie einer untergekommen wie du, Jeff. Du willst immer alles klar in Worte gefasst haben was andere immerzu nur fühlen. Ich sehe wirklich keinen Grund, dir immer zu erklären was ich gemeint habe mit dem was ich sage. Und du fühlst offenbar einfach gar nicht mit mir mit wenn du mich fragen musst was ich gemeint habe mit dem was ich sage, wo ich doch so müde war an dem Abend. Ich weiß doch nie mehr so recht was ich gesagt habe.« »Aber du sagst zu mir nie, Melanctha, jedenfalls nicht so, dass ich es tatsächlich hören würde, dass du es nicht genauso meinst wie du es zu mir gesagt hast.« »Ach, Jeff, du bist immer so dumm mit mir und immer nur mit deinen ewigen Fragen beschäftigt. Und ich kann mich doch sowieso nie jemals an was erinnern was ich irgendwann mal zu dir gesagt habe und mir ist immer so weh im Kopf es bringt mich schier um und mein Herz zuckt so, dass ich manchmal denke ich muss sterben, so weh tut es, und ich habe immer den Blues und es plagt mich immer so zu denken und machen und tun und die ganzen Schwierigkeiten und das alles, und dann kommst du daher und fragst mich wie ich was gemeint habe was ich gerade zu dir gesagt habe. Ich weiß es wirklich nicht mehr, Jeff, wenn du mich fragst. Schätze, du solltest auch mal ein bisschen pfleglich mit mir umgehen, Jeff.« »Du hast kein Recht, Melanctha Herbert«, herrschte Jeff sie böse mit finsterer Miene an, »du hast wirklich kein Recht das immerzu wie eine Waffe zu benutzen wie weh es dir tut und was du leidest bis ich für dich Dinge tue die ich von Rechts wegen wirklich nicht tun sollte. Du hast wirklich kein Recht mir immer dein Leid unter die Nase zu halten.« »Wie meinst du das, Jeff Campbell.« »Ich meine das wirklich genauso wie ich es sage, Melanctha. Du tust immer so als wäre ich ganz allein dafür verantwortlich dass wir uns lieben. Und sobald es was gibt was dir wehtut, tust du so als hätte ich dich gezwungen mit mir etwas anzufangen. Ich bin kein Feigling, hörst du, Melanctha? Ich habe meine Schwierigkeiten noch nie wem in die Schuhe geschoben oder behauptet mich hätte wer gezwungen. Ich bin wirklich immer mehr als bereit, Melanctha, das solltest du wirklich wissen, für meine Schwierigkeiten selbst einzustehen, aber ich sage es freiheraus, Melanctha, wie ich es sehe, ich werde nicht so tun als wäre ich dafür verantwortlich dass du mich lieben und so an mir leiden wolltest.« »Aber müsstest du das nicht eigentlich, von Rechts wegen, Jeff Campbell. Was habe ich denn schon getan als dich bloß mit mir machen lassen was immer du wolltest. Habe ich dich etwa gezwungen mich zu lieben. Habe ich je was anderes getan als nur dazusitzen und abzuwarten wie du mich liebst. Ich habe wirklich niemals, Jeff Campbell, in irgendeiner Weise so getan als wollte ich dich haben.«

Jeff starrte Melanctha an. »So also sagst du das wenn du es dir recht überlegst, Melanctha. Nun, dann habe ich dir wirklich nichts mehr jemals zu sagen, Melanctha, wenn du es freiheraus so siehst, Melanctha.« Und Jeff lachte ihr fast ins Gesicht und er wandte sich ab um Hut und Mantel zu nehmen und für immer von ihr fortzugehen.

Melanctha ließ den Kopf auf die Arme sinken, und sie zitterte am ganzen Leib und auch innen. Jeff blieb kurz stehen und blickte traurig zurück. Jeff konnte es so schnell nicht recht finden, sie zu verlassen.

»Oh, nun werde ich wirklich verrückt, wirklich wahr so viel steht jedenfalls fest«, stöhnte Melanctha dort ganz zusammengesunken und elend und schwach auf einmal.

Jeff ging und nahm sie in seine Arme und hielt sie. Jeff war dann sehr gut zu ihr, aber für beide war es nun im Innersten nicht mehr so gut und richtig wie vorher zusammen zu sein.

Von nun an litt Jeff ehrlich Qualen.

Stimmte denn, was Melanctha an jenem Abend zu ihm gesagt hatte? Stimmte es, dass er derjenige war der ihnen die ganzen Schwierigkeiten eingebrockt hatte? Stimmte es, dass er derjenige war der immerzu auf dem falschen Weg war? Im Wachen wie im Schlafen litt Jeff nun immerzu Qualen.

Jeff wusste nun nicht mehr, was er tief innen fühlen sollte. Er wusste nicht einmal annähernd wie er mit seinen Überlegungen den Schwierigkeiten beikommen sollte die ihn nun ständig umtrieben. Er spürte in sich nur immerzu ein konfuses Ringen und große Bitterkeit und die Gewissheit, dass nein wirklich, Melanctha einfach unrecht hatte mit dem was sie an jenem Abend zu ihm gesagt hatte, und außerdem so eine Ahnung, dass es vielleicht unrecht von ihm gewesen war immer nie verstehen zu können. Und dann drängte sich ihm stark das liebe Wesen Melancthas und ihre Liebe auf und ein Hass auf seine eigene kalte, langsame Art zu fühlen.

Immerzu wusste Jeff natürlich dass Melanctha unrecht hatte mit dem was sie an jenem Abend zu ihm gesagt hatte, aber immer hatte Melanctha sehr mit ihm gefühlt, immer war er armselig und langsam gewesen auf die einzige Art wie er zu fühlen verstand. Jeff wusste dass Melanctha unrecht hatte, und doch nagte an ihm immerzu der Zweifel. Was konnte er schon wissen, er, der so langsam fühlte? Was konnte er je wissen, er, der sich alles immer so lange überlegen musste. Was konnte er wissen, der so lange gelehrt werden musste was lieben nun wirklich hieß? Jeff litt nun immerzu diese Qualen.

Melanctha brachte ihn nun immer stark dazu zu fühlen wie sie wenn sie bei ihm war. Tat sie das einfach um es ihm zu zeigen, tat sie es nun weil sie ihn nicht mehr liebte, tat sie es weil das ihre Art war ihn dazu zu bringen wirklich und wahrhaftig zu lieben? Jeff wusste nie recht wie es kam dass ihm so geschah.

Melanctha verhielt sich nun so wie sie gesagt hatte so sei es mit ihnen immer gewesen. Es war nun immer Jeff, der fragen musste. Es war nun immer Jeff, der fragen musste wann er das nächste Mal zu ihr kommen dürfe. Sie war nun immer gut und geduldig mit ihm und sie war nun immer gütig und liebevoll zu ihm, und Jeff war nun immer zumute als gäbe sie ihm gütig worum er auch bat oder was er auch wollte, allerdings nicht mehr für sich, nicht damit sie mit ihm glücklich wäre. Nun tat sie das alles wie einzig ihrem guten Jeff Campbell zu Gefallen der es so dringend brauchte dass sie nun gut zu ihm war. Immer war nun er von ihnen beiden der Bettler. Immer gab nun Melanctha nicht aus eigenem Antrieb, sondern aus Großmütigkeit. Immerzu wurde es Jeff nun schwerer.

Manchmal wollte Jeff nun alles vor sich einreißen, immerzu wollte er nun gegen Dinge angehen und böse auf sie sein, und immerzu war nun Melanctha mit ihm so geduldig.

Nun nagte an Jeff tief innen der Zweifel an Melancthas Liebe. Es war nicht etwa schon die Art Zweifel die ihn ernstlich zweifeln ließ, denn sonst hätte Jeff nie wirklich und wahrhaftig lieben können, aber immer wusste er nun dass irgendwas obwohl nicht bei ihm an ihrer Liebe nicht stimmte. Jeff Campbell fand keinen rechten Weg zu Ende zu überlegen was mit Melanctha und ihrer Liebe los war, er fand keinen Weg sie zu erreichen und zu ergründen ob ihre Liebe aufrichtig sei, aber irgendwas war nun zwischen ihnen schiefgegangen und er war sich nun nicht mehr sicher, nicht wie sie ihn einst gemacht hatte, dass er nun endlich richtig verstand.

Melanctha war ihm über. Er war machtlos und kam nicht dahinter was sie tatsächlich für ihn empfand. Jeff fragte sie oft, ob sie ihn tatsächlich liebe. Immer sagte sie, »Ja, Jeff, sicher, das weißt du doch«, aber vom Gefühl her bekam Jeff nun statt der vollen süßen starken Liebe nur eine geduldige Art von Ergebenheit.

Jeff kam nicht dahinter. Wenn er recht hatte mit seinem Gefühl, wollte er Melanctha Herbert wirklich nie mehr bei sich haben. Jeff Campbell wollte nur sehr ungern glauben dass Melanctha ihm bloß um seinetwillen ihre Liebe schenkte und nicht um ihrer selbst willen weil sie selbst bei ihm sein wollte. Eine solche Art Liebe wäre für Jeff sehr schwer zu ertragen.

»Jeff, warum bist du so komisch zu mir. Jeff, ich glaube du bist doch wahrhaftig eifersüchtig. Ich weiß jedenfalls wirklich nicht, Jeff, warum du so komisch guckst.« »Glaub ja nicht dass ich je auf jemanden eifersüchtig sein könnte, Melanctha, hörst du. Du verstehst mich wirklich einfach nie richtig. So geht es mir nun immerzu, Melanctha. Wenn du mich liebst, kümmert mich nicht was du tust oder je für jemanden warst. Wenn du mich nicht liebst, dann kümmert mich nicht mehr was du je tun könntest oder je für jemand sein könntest. Aber ich will einfach nicht, dass du gut zu mir bist wenn du es nicht aus Liebe zu mir willst. Dann will ich deine Güte nicht. Wenn du mich nicht liebst, kann ich es ertragen. Was ich nur nicht haben will ist dass du aus Güte gut zu mir bist. Wenn du mich nicht liebst, dann ist wirklich hier Schluss mit uns beiden, Melanctha, mit den starken Gefühlen und füreinander da sein. So will ich wirklich nicht denken wenn ich an dich denke, Melanctha, Liebste. Das sage ich dir ganz ehrlich, Melanctha, immer. Nur deine Liebe könnte mir je zur Last werden, Melanctha, also musst du es mir wenn du mich nicht aufrichtig liebst, wahrhaftig nur sagen. Ich werde dir dann nicht mehr zur Last fallen als unbedingt nötig, Melanctha. Du brauchst dir jedenfalls meinetwegen wirklich keine Sorgen zu machen, Melanctha. Sag es nur freiheraus, Melanctha, was du fühlst. Ich kann es wirklich ertragen, ehrlich, Melanctha, glaub mir. Und ich würde auch nie wissen wollen warum oder wie oder was, Melanctha. Lieben heißt für mich leben, Melanctha, und wenn du sie für mich nicht empfindest, Melanctha, dann ist zwischen uns ja nichts, Melanctha, nicht wahr? So fühlt sich das, ehrlich gesagt, nämlich für mich nun mit dir immer an, Melanctha. Ach, Melanctha, Liebste, liebst du mich? Oh,

Melanctha, bitte, bitte, mal ehrlich, sag ehrlich, liebst du mich noch?«

»Ach, du dummer Junge, Jeff, natürlich liebe ich dich noch. Immer und immer noch, Jeff, und ich bin dir doch immer so gut. Ach, du bist so dumm, Jeff, du weißt ja nicht wie gut du es bei mir hast. Ach je, Jeff, ich bin heute Abend wirklich todmüde; sei nicht lästig. Ja, ich liebe dich, Jeff, wie oft willst du es denn noch hören. Ach, bist du dumm, Jeff, aber ja, ich liebe dich. Nun sage ich es aber heute Abend nicht mehr, Jeff, hörst du. Sei mir jetzt nur gut, Jeff, sonst bin ich dir wirklich schrecklich böse. Ja, ich liebe dich, sicher, Jeff, obwohl du es in keiner Weise verdienst. Ja, ja, ich liebe dich. Ja, Jeff, ich will es wahrhaftig sagen bis ich einschlafe. Ja, ich liebe dich, und nun Jeff, musst du wirklich aufhören mich danach zu fragen. Ach, du dummer Junge Jeff Campbell, sicher liebe ich dich, ach du mein dummer alberner Junge, Jeff Campbell. Ja, ich liebe dich und ich sage es wirklich heute Abend nicht noch einmal, Jeff, hörst du mich.«

Ja, Jeff Campbell hörte sie, und er gab sich alle Mühe ihr zu glauben. Er zweifelte eigentlich nicht an ihr, aber irgendwie stimmte nun nichts mehr an dem wie Melanctha es sagte. Jeff fühlte sich von Melanctha nun immer nur verwirrt. Irgendwas, das wusste er, stimmte mit ihr nicht. Irgendwas in ihr machte nun die Qualen immer schlimmer die zunehmend die Freude aufzehrten die er einst immer mit ihr geteilt hatte.

Immerzu fragte sich Jeff nun, ob Melanctha ihn liebte. Immer fragte er sich nun, ob Melanctha recht hatte wenn sie sagte, er habe mit allem angefangen. Hatte Melanctha recht wenn sie sagte dass in Wirklichkeit er verantwortlich sei für die Schwierigkeiten die sie miteinander gehabt hätten und noch hätten. Wenn sie recht hatte, wie unmenschlich wie unmöglich hatte er sich dann nur verhalten. Wenn sie recht hatte, wie gut war es nur von ihr das Leid zu ertragen das er ihr so schlimm bereitet hatte. Aber nein, sicher hatte sie es um ihretwillen ertragen, nicht nur ihm zu Gefallen. Sicher waren seine so langen Überlegungen doch nicht gar so verquer. Sicher erinnerte er sich doch nicht ganz falsch an alles was Tag für Tag im Laufe ihrer langen Liebe geschehen war. Sicher war er doch nicht so ein großer Feigling wie Melanctha es immer von ihm zu denken schien. Sicher, sicher, und dann litt er mit jedem Augenblick schlimme Qualen.

Einmal lag Jeff Campbell nachts im Bett und überlegte, er konnte nun Nacht für Nacht vor lauter Überlegen kaum schlafen. In dieser Nacht fuhr er plötzlich in seinem Bett hoch und es fiel ihm wie Schuppen von den Augen und er schlug mit der Faust in sein Kissen und fast posaunte er es laut heraus, »Ich bin kein Unmensch, wie es Melanctha behauptet. Es ist ganz falsch mich so zu sorgen und so viel immer zu überlegen. Wir haben gleich zu gleich angefangen, beide nicht um des anderen sondern unserer selbst willen und dem, was wir jeweils wollten. Melanctha Herbert hat es genauso gemacht wie ich, weil es ihr gut genug gefiel dass sie es ertragen wollte. Es ist ganz falsch, es mir anders zu denken als so wie es in Wirklichkeit war. Ich weiß nun wirklich nicht ob ihre Liebe noch echt und aufrichtig ist. Es gibt für mich gar keine Möglichkeit je dahinterzukommen ob sie mir gegenüber nun immer echt und aufrichtig ist. Ich weiß nur, dass ich sie nie gezwungen habe mit mir irgendwas anzufangen. Melanctha muss für ihre Schwierigkeiten selber einstehen, so wie ich für meine Schwierigkeiten einstehen muss. Jeder steht für sich wenn er für die eigenen Schwierigkeiten einstehen muss. Melanctha, die erinnert sich wirklich falsch wenn sie sagt dass ich sie gezwungen hätte was anzufangen und ihr dann Schwierigkeiten bereitet hätte. Nein, bei Gott, ich war nie ein Feigling und auch kein Unmensch zu ihr. Ich bin gewesen wie mir ehrlich zumute war und mehr gibt es dazu wirklich nicht zwischen uns und jeder muss für seine eigenen Schwierigkeiten einstehen. Das sehe ich diesmal wirklich richtig.« Und dann legte sich Jeff wieder hin, endlich zufrieden, und er schlief und war von seinen langen zweifelnden Qualen befreit.

»Weißt du, Melanctha«, fing Jeff Campbell an als er mit Melanctha das nächste Mal länger reden konnte, »weißt du, Melanctha, manchmal denke ich viel nach über das was du so gern sagst darüber nicht kleinzukriegen zu sein und kein Geschrei zu machen. Ich schätze, Melanctha, ich verstehe wirklich nicht was du meinst mit dem Geschrei. Ich schätze, dass wirklich nicht nur das tapfer ertragen sein will was auf einen Schlag sofort folgt, sondern auch alles was danach folgt wenn man sich nicht mehr erholt von dem Schlag und so und jahrelang versorgt werden muss und das Leid für die ganze Familie und so, da muss man wirklich standhalten und darf kein großes Geschrei machen, wenn man wirklich und wahrhaftig mutig sein will so wie ich es verstehe.« »Was willst du damit sagen, Jeff.« »Ich will sagen, ich schätze, kein großes Geschrei zu machen heißt so stark zu sein dass du gar nicht erst zeigst dass du getroffen bist. Ich schätze, wenn einem der Kopf wehtut vor lauter Schwierigkeiten und man es zeigt ist das wirklich nicht mutiger als zu sagen, o weh, o weh, was hast du mir Schlimmes getan, bitte, tu mir nichts, Mister. Ich schätze, es gibt wirklich Leute die schon meinen sie sind gar nicht kleinzukriegen wenn sie bloß ertragen was wir alle immerzu ertragen müssen und jeder erträgt und was zwar wirklich niemandem gefällt, aber wo die wenigsten deshalb gleich behaupten würden sie wären nicht kleinzukriegen bloß weil sie es eben ertragen müssen.«

»Ich weiß jetzt was du willst mit dem was du da sagst, Jeff Campbell. Du führst dich jetzt auf, weil ich wirklich nicht mehr alles zu ertragen bereit bin was du mir an Gemeinheiten antust. Aber so ist das immer mit dir, Jeff Campbell, damit du es weißt. Du hast kein rechtes Gefühl dafür wie viel ich dir immer alles vergebe.« »Ich habe es einmal aus Spaß gesagt, Melanctha, aber jetzt sage ich es wirklich im Ernst, du glaubst du hast das Recht hinzugehen wo du nichts zu suchen hast und sagst, ich bin ja so mutig, mir kann gar nichts was anhaben, und dann passiert was, wie das eben so ist, was dich verletzt und du zeigst deine Verletzung damit jeder sie sehen kann und du sagst, ich bin ja so mutig dass es mir nicht so viel ausmacht, aber er hätte mir das wirklich nicht antun dürfen und seht nur wie ich leide aber ihr werdet mich nie ein großes Geschrei machen hören obwohl mir wirklich jeder mit ein bisschen Mitgefühl wenn er mich sähe nichts tun würde oder höchstens mir gut sein. Manchmal sehe ich wirklich nicht, Melanctha, wieso das mehr damit zu tun hat nicht kleinzukriegen zu sein als beim ganz normalen Geschrei.« »Nein, Jeff Campbell, und so wie du gebaut bist ist es wirklich sehr unwahrscheinlich dass du je mehr verstehen wirst.« »Na, Melanctha, du aber auch nicht. Du glaubst ja immer dass du die Einzige bist die was vom Leiden versteht.« »Na, bin ich etwa nicht wirklich die Einzige die es erträgt. Nein, Jeff Campbell, ich wäre wirklich froh jemand zu lieben der es tatsächlich verdient, aber so wie ich gebaut bin werde ich den wohl in diesem Leben nicht mehr finden.« »Nein, und so wie du denkst, Melanctha, wirst du den wirklich nie und nimmer irgendwo finden. Verstehst du denn nicht, Melanctha, dass wirklich kein Mann deine Liebe jemals tatsächlich lange behalten könnte. Du, Melanctha, kennst im Grund wirklich keine Loyalität, keine Treue, und wenn du nicht gerade voll Gefühl bist dann gibt es wirklich nichts was dich hält. Weißt du, Melanctha, bei dir ist es wirklich so, ist es nämlich so, dass du dich nie recht erinnerst was du getan hast oder an überhaupt jemanden der es mit dir zusammen erlebt hat. Du, Melanctha, erinnerst dich wirklich nie recht wenn es darum geht, was du getan hast und was deiner Meinung nach mit dir geschehen ist.«

»Du hast ja wirklich gut reden, Jeff Campbell. Du erinnerst dich richtig weil du dich überhaupt an gar nichts erinnern würdest bis du es dir alles daheim noch mal gründlich überlegt hast, aber ich ich halte wahrhaftig nicht viel von deiner Art dich zu erinnern, Jeff Campbell. Erinnern nenne ich es dann, Jeff Campbell, wenn du dich eben gerade dann erinnerst wenn es mit dir geschieht so dass du das richtige Gefühl dazu hast, und nicht zu machen was du immer mit mir gemacht hast und dann nach Hause zu gehen, Jeff Campbell, und lange zu überlegen, denn dann ist es für dich wirklich leicht so gut und vergebungsvoll zu sein. Nein, so sollte man sich nicht erinnern, Jeff Campbell, finde ich, die Leute immer leiden lassen und noch dazu dafür wahrhaftig auch noch auf dich warten lassen. Schätze, Jeff Campbell, dass ich einen Mann nie als so niederträchtig empfunden und ihn so verachtet habe wie dich an dem Sommertag als du mich weggestoßen hast nur weil dich mal wieder deine Art dich zu erinnern gepackt hat. Nein, Jeff Campbell, für mich heißt sich wirklich erinnern jeden Moment wahrhaftig so zu fühlen wie es sein muss. Und die Art von Erinnern hat wirklich nichts damit zu tun was richtig sein sollte, Jeff Campbell. Nein, Jeff, ich bin wirklich diejenige die es mit dir immer aushalten musste. Immer bin ich diejenige die wirklich leiden musste wenn du heimgegangen bist dich zu erinnern. Nein, du hast wirklich immer noch kein Gefühl dafür, Jeff, was du brauchst um richtig fühlen zu können. Nein, ich bin wirklich diejenige, Jeff Campbell, die sich immer für uns beide erinnern muss, immer. So ist es nämlich mit uns eigentlich, Jeff Campbell, wenn du ehrlich wissen willst was ich denke.« »Du bist ja wahrhaftig bescheiden, Melanctha, wenn du so redest, das bist du wirklich, Melanctha«, sagte Jeff Campbell lachend. »Ich finde mich selbst ja manchmal furchtbar eingebildet, Melanctha, wenn ich manchmal denke ich steh allein auf weiter Flur und glaube ich bin wirklich so schlau und besser als fast alle mit denen ich zu tun habe, aber wenn ich dich so reden höre, Melanctha, dann halte ich mich doch wirklich für einen recht bescheidenen Kerl.« »Bescheiden!«, fauchte Melanctha. »Dich bescheiden zu nennen ist wirklich unerhört, Jeff, auch wenn du dabei lachst.« »Nun, das kommt wirklich sehr darauf an womit man vergleicht«, sagte Jeff Campbell. »Ich hätte mich früher nicht unbedingt für besonders bescheiden gehalten, Melanctha, aber nun weiß ich, dass ich es doch bin, wenn ich dich reden höre. Ich sehe immerhin dass es viele Menschen gibt die ebenso gut sind wie ich, obwohl sie ein bisschen anders sind. Du hingegen, Melanctha, wenn ich dich recht verstehe, denkst das von überhaupt niemand sonst.« »Ich wäre ja wirklich auch ganz bescheiden, Jeff Campbell«, sagte Melanctha, »wenn ich nur mal wen treffen würde den ich auch dann weiter achten könnte wenn ich ihn richtig gut kenne. Aber so jemand ist mir wirklich noch nicht begegnet, Jeff Campbell, damit du es weißt.« »Nein, Melanctha, und so wie du denkst sieht es auch wirklich nicht so aus als würdest du es je, Melanctha, wo du dich doch nie erinnerst außer an das was du gerade in dem Moment fühlst und wo du nicht verstehst was wer anders fühlt wenn er nicht deine Art von Geschrei macht. Nein, Melanctha, ich sehe wirklich keine Möglichkeit, dass du so einem begegnest, für wie gut du dich auch immer hältst.« »Nein, Jeff Campbell, so ist es bei mir wirklich überhaupt nicht wie du das sagst. Es ist vielmehr so dass ich immer weiß was ich will an dem was ich habe. Ich muss wirklich nie warten bis ich es habe und dann wegwerfen was ich da habe und dann wiederkommen und sagen, da habe ich einen Fehler gemacht, das habe ich doch nicht ganz richtig gesehen, ich will unbedingt was von dem von dem ich gar nicht dachte dass ich es will. Und es ist diese Art gleich zu wissen was ich will die mir das Gefühl gibt dass niemand mithalten kann mit dem was ich fühle, Jeff Campbell. Ich muss wirklich sagen, Jeff Campbell, dass ich wirklich nicht viel halte von deiner Art, immer nie zu wissen was du jemals willst und alle müssen deshalb immer leiden. Nein, Jeff, ich glaube wirklich da gibt es keinen Zweifel welche Art die bessere und stärkere ist, Jeff Campbell.«

»Wie du meinst, Melanctha Herbert«, rief Jeff Campbell, und er sprang auf und er stieß einen schwarzen Fluch aus und er brannte darauf sie für immer zu verlassen, und im gleichen Moment zog er sie in seine Arme und hielt sie umschlungen.

»Was bist du für ein Dummerchen, Jeff Campbell«, raunte ihm Melanctha zärtlich ins Ohr.

»Ja, ja«, sagte Jeff sehr müde …

[…]

BRIEF VON HUTCHINS HAPGOOD

► Gertrude Stein schickte ihre drei Geschichten »Die gute Anna«, »Melanctha« und »Die sanfte Lena« an Freunde, Bekannte und Fremde – alle, an deren Urteil ihr gelegen war oder von denen sie sich Hilfe bei der Veröffentlichung erhoffte, darunter an »Hutch«, den recht erfolgreichen Autor und Journalisten Hutchins Hapgood. Er antwortete am 22. April 1906 aus der Villa Linda, Via Poggio di Gherardi 2, in Settignano:

Liebe Gertrude,

ich habe Deine Geschichten mit großem Interesse gelesen. In allen wesentlichen Belangen erscheinen sie mir wirklich gut – viel Lebenswirklichkeit, Wahrheit und Avanciertes. Ihre große Menschlichkeit macht mir Eindruck, und ebenso die wirklich erstaunliche Einsicht in die menschliche Psyche, die Du beweist. Hierin ist vor allem die Negergeschichte stark und wahrhaftig, ein machtvolles Bild der Beziehungen zwischen Mann und Frau und der Unabwendbarkeit ihrer Trennung. Die Figuren aller Geschichten sind real und gut gezeichnet, Atmosphäre und Lebensumstände sind stimmig. Ich kann Dich nur beglückwünschen zu dem, was Deine Arbeit ausmacht. Du hast ein paar ganz wesentliche Dinge erfasst und davon ein Bild geben können. Und dann sprechen Deine Geschichten auch für eine enorme Empathie. Ohne wäre es Dir nicht möglich gewesen, so zu schreiben. Die Negergeschichte insbesondere ist in dieser Hinsicht ganz einmalig. Besseres habe ich zu dem Thema noch nirgends gelesen.

Das heißt, Du hast Kunst geschaffen. Und zwar ohne die üblichen Mittel wie Plot, Pikanterien, Dialoge, Abwechslung, Drama usw. Deine Geschichten sind allerdings, gerade darum, keine leichte Lektüre. Es fehlen ihnen die minderen Qualitäten der Kunst – Konstruktion usw. usw. (…)

Ich fürchte, Du wirst Dich schwertun, einen Verlag zu finden, teils aus dem sehr idiotischen, aber realen Grund, dass die Geschichten nicht die richtige Länge haben, teils (und das ist weit gravierender) weil eine wirkliche Würdigung vom Leser einige Geduld und Kennerschaft verlangt. Ich denke, Du wirst am Ende sicherlich einen Verlag finden, aber es kann einiges dauern. Duffield würde ich von denen, die ich kenne, noch am ehesten als für Dein Werk empfänglich halten, wenn ja, wird er sicher weniger kommerzielle Erwägungen mit der Publikation verbinden als andere. Ich will ihm gern schreiben, wenn Du willst, und ihn auf Dein außergewöhnliches Werk aufmerksam machen … Deine Geschichten sind wirklich von außergewöhnlicher Qualität, und sie würden sicherlich ankommen, wenn Verleger und Leser wären, was sie sein sollten. Nun, vielleicht werden sie das auch so.

Auf bald einmal
Hutchins Hapgood

► Das Projekt, das schließlich – 22 Jahre später – als »Roman« *The Making of Americans* erschien, nahm Gertrude Stein 1903 während eines Aufenthalts in New York in Angriff, stellte die Arbeit jedoch zurück, als sie im Sommer nach Paris zu einem Besuch bei ihrem Bruder Leo in der rue de Fleurus 27 aufbrach. Der Roman blieb drei Jahre liegen, während sie die Novellen *Q. E. D.* und *Fernhurst* sowie die Erzählungen ihrer *Drei Leben* schrieb. Erst dann wandte sich Stein erneut dem »langen Buch« zu, das in den kommenden zwei Jahren die Gestalt zunächst eines konventionellen Familienromans annahm. 1908 aber verwarf sie den Text und arbeitete drei Jahre lang an einer neuen Fassung, in die sie nur einzelne Passagen, ihr Romanpersonal und das Grundkonzept übernahm. 1911 abgeschlossen, wurde das Werk, das Stein zeitlebens als ihr wichtigstes betrachtete, von allen angeschriebenen Verlagen abgelehnt und erschien, nach Teilabdrucken (April bis Dezember 1924) in Ford Maddox Fords *the transatlantic review*, erst 1925 in der von Robert McAlmon und Winifried Bryher in Paris begründeten Contact Collection of Contemporary Writers. »In keinem der drei Romane dieser Ära die das Bedeutendste sind was in dieser Ära geschrieben wurde«, heißt es später in Steins »Portraits and Repetition« (*Lectures in America*), »gibt es eine Geschichte. Keine bei Proust, keine in *The Making of Americans* oder in *Ulysses*.«

Im Grunde handelt es sich bei dem Momumentalwerk *The Making of Americans* um mehrere Bücher. Es beginnt als Geschichte der beiden (der eigenen Verwandtschaft nachempfundenen) Einwandererfamilien Dehning in New York und Hersland in Kalifornien; es wandelt sich, nicht zuletzt im Zuge der Begegnung mit dem Werk von Cézanne, Matisse und Picasso in Paris und ihres radikalen Umdenkens in formaler und stilistischer Hinsicht, zu einer jeden herkömmlichen Rahmen sprengenden Erkundung des Grundwesens (*bottom nature*) ihrer Figuren und der Menschen überhaupt, das heißt zu dem Versuch einer umfassenden, systematischen Beschreibung aller Aspekte des menschlichen Seins und Daseins, und schließlich zur Geschichte dieses Bemühens selbst, also der Bedingungen und der Möglichkeiten der Beschreibung.

Steins »absoluter Roman« ist über 900 Seiten lang, schon im Original schwer erhältlich und erst recht in der unter dem Titel *The Making of Americans. Geschichte vom Werdegang einer Familie* in der Übersetzung von Liliane Faschinger und Thomas Priebsch 1989 vorgelegten deutschen Fassung. (Umso mehr lohnt es, sich die von Gertrude Stein selbst im Winter 1934/35 in New York eingelesenen Passagen online anzuhören.)

Hier können nur vier kurze, für das vorliegende Buch neu übersetzte Auszüge (siehe auch »Das allmähliche Machen von The Making of Americans«, S. 349) berücksichtigt werden. Es sind dies der Romananfang der endgültigen Fassung und drei Passagen aus dem 1908 überarbeiteten Abschnitt »Martha Hersland«, eine vom Anfang, die anderen beiden vom Ende.

Einst schleifte ein zorniger Mann seinen Vater über den Grund seines eigenen Obstgartens. »Genug!«, stöhnte der Alte schließlich, »Genug! Auch ich habe meinen Vater nicht weitergeschleift als bis zu diesem Baum.«

Es ist nicht leicht im Leben den Zorn zu verwinden der uns in die Wiege gelegt ist. Wir alle fangen gut an, denn in jungen Jahren sind wir gegen kaum etwas unduldsamer als die eigenen Sünden gespiegelt im anderen und wir bekämpfen sie erbittert in uns selbst; doch wir altern und sehen dass diese unsere Sünden von allen möglichen die harmlosen sind, vielmehr, dass sie unserem Wesen erst Reiz verleihen, und so klingt unser Kampf gegen sie ab.

Mir ist stets ebendas als seltenes Privileg dessen erschienen amerikanisch zu sein, wahrhaft amerikanisch, zu denen zu gehören deren Wurzeln in kaum sechzig Jahren entstanden. Wir müssen uns lediglich unsere Eltern vor Augen führen, unserer Großeltern entsinnen und uns selbst ergründen und schon haben wir unsere Geschichte.

Die Alten in einer neuen Welt, die neuen aus den alten entstandenen Menschen, das ist die Geschichte die ich erzählen will, denn es ist das was wirklich ist und was ich wirklich weiß.

Etliche der Väter die wir uns vor Augen führen müssen damit wir unsere Geschichte wirklich erzählen können waren damals kleine Jungen, und sie überquerten das große Wasser mit ihren Eltern, den Großeltern deren wir uns so eben nur entsinnen müssen. Etliche dieser unserer Väter und unserer Mütter waren damals noch gar nicht gemacht, und die Frauen, die jungen Mütter, unsere Großmütter die wir womöglich ein Mal nur sahen, trugen diese unsere Väter und unsere Mütter in sich in die neue Welt, diese Frauen der alten Welt die sie hervorbrachten. Manche sahen wie sehr schwache und kleine Frauen aus, aber selbst diese, so schwach und so klein, gebaren viele Kinder.

Diese gewissen Männer und Frauen, unsere Großväter und Großmütter mit ihren geborenen und ungeborenen Kindern, darunter einige deren Kinder vorausgefahren waren um ihnen ein Heim zu bereiten; alle Länder waren voller Frauen die viele Kinder mit sich brachten; aber nur gewisse Männer und Frauen und die Kinder die sie in sich trugen, die viele Generationen für sie machen würden, werden für uns diese Geschichte einer Familie und ihres Fortkommens füllen.

Viele Arten dieser vielen Frauen gebaren viele Kinder.

Eine solche gebar fleißig und diente dann fleißig als Vorbild.

Eine solche gebar fleißig und befleißigte sich dann mit ihnen des Leidens.

Eine solche, eine kleine sanfte müde Frau gebar fleißig, und dann litt sie bekümmert an ihnen, weinte vor Trauer um so viele Sünden, ermüdete zu der Ruhe von der sie wusste dass ihr Tod sie ihnen bringen würde.

Und dann gab es eine liebe gute Frau, die nur fleißig gebar und dann wegstarb und sie zurückließ, denn mehr glaubte sie für sie nicht tun zu können.

Und diese vier Frauen und die Ehemänner die sie bei sich hatten und die Kinder geboren und ungeboren in ihnen werden für uns die Geschichte ergeben einer Familie und ihres Fortkommens.

Andere Arten von Männern und Frauen und Kindern die sie bei sich hatten kamen mit diesen zu verschiedenen Zeiten zusammen; einige, die Armen, die nie eine Möglichkeit fanden über die Runden zu kommen, einige die träumten während andere darum rangen ihnen zu helfen, einige deren Kinder mit ihnen zuschanden gingen, einige die überlegten und überlegten und deren Kinder dank ihnen dann Großes erreichten, und einige von allen diesen Arten von Männern und Frauen und Kindern in ihnen werden dazu beitragen für uns die Geschichte dieser Familien und ihres Fortkommens zu ergeben.

Diese ersten vier Frauen, die Großmütter deren wir uns nur so eben entsinnen müssen, begegneten sich fast nie. Es waren ihre Kinder und Enkel die später, indem sie sich über das neue Land verstreuten, um zunächst nur über die Runden zu kommen und dann später entweder reich zu werden oder weise, begegneten einander und heirateten untereinander, und so ergaben sie gemeinsam eine Familie deren Fortkommen wir nun bald verfolgen werden.

Wir, die heute leben, sind für uns selbst immer junge Männer und Frauen. Wenn wir, die stets in diesem Gefühl leben, zurückdenken an die, die für uns den Anfang machten, dann sehen wir sie immer als Erwachsene als alte Männer und Frauen oder als die kleinen Kinder, deren Leben wir uns eben vorstellen. Wir reden es gelegentlich lang, aber in Wirklichkeit ist es eine sehr kurze Zeit die wir uns selbst denken als alte Männer und Frauen oder als Kinder. Solche Abschnitte unseres Lebens sind wenig jemals wirklich da für uns als gegenwärtig in unseren Gefühlen. Ja, wir, die wir für uns selbst unser Leben lang erwachsene junge Männer und Frauen sind, wenn wir zurückdenken an die, die für uns den Anfang machten, dann sehen wir sie immer als erwachsene alte Männer und Frauen oder als die kleinen Kinder, deren Leben wir uns eben vorstellen.

Ja es ist leicht uns uns selbst wie unsere Freunde unser Leben lang als junge erwachsene Männer und Frauen zu denken, schwer ist es dagegen für uns selbst wenn wir es lang reden, zu finden, dass wir alt wie alte Männer und Frauen sind oder klein wie ein Baby oder wie Kinder. Solche Abschnitte unseres Lebens sind nie jemals wirklich da für uns als gegenwärtig, im Gefühl.

Ja wir sind sehr kleine Kinder wenn wir das erste Mal beginnen für uns selbst erwachsene Männer und Frauen zu sein. Dann sagen wir, ja wir sind Kinder, aber wir wissen zugleich, tief im Innern, dass wir für uns selbst als Kinder nicht wirklich sind, wir sind für uns selbst erwachsen, sind junge erwachsene Männer und Frauen. Nein wir kennen uns selbst nie anders denn als jung und als erwachsene Männer und Frauen. Wenn wir wissen dass wir für uns selbst nicht mehr Kinder sind. Sehr kleine Dinger sind wir dann und sehr voll mit solchen Gefühlen. Nein, uns selbst als Kinder zu empfinden ist wie der Zustand zwischen dem Schlafen und dem eben Erwachen, es ist für uns nie wirklich da als gegenwärtig im Gefühl.

Ebenso ist es für uns selbst wirklich alt zu sein im Gefühl; wir sind müde und sind alt, und wir merken es in unserer Arbeit und unserem Denken, und wir reden es lang, und wir sehen es schon im Hinsehen, und doch sind wir eine sehr kurze Zeit nur wirklich für uns selbst alt vom Gefühl her, alt wie alte Männer und alte Frauen es einst waren und für uns vom Gefühl her nach wie vor sind. Nein, niemand kann für sich selbst vom Gefühl her so alt sein. Nein immer nur als erwachsen und als junge Männer und Frauen kennen wir uns selbst und unsere Freunde vom Gefühl her. Für uns selbst vom Gefühl her alt zu sein heißt uns zu verlieren, so als würden wir einschlafen. Um wach zu sein, muss es so sein dass wir für uns selbst jung und erwachsene Männer und Frauen sind.

Für uns selbst vom Gefühl her wie ein alter Mann oder eine alte Frau zu sein muss ein scheußliches Gefühl von Sich-selbst-Verlieren sein. Es muss ein scheußliches Gefühl sein, wie der Schnitt im Bewusstsein wenn der Schlaf uns überwältigt oder wie zu Bewusstsein kommen wenn wir eben aufwachen. Es muss ein scheußliches Gefühl sein so stark das Gefühl zu haben sich zu verlieren, so ein Gefühl für uns selbst wie Kinder zu sein oder wie erwachsene alte Männer und Frauen. Möglicherweise ist es für manche ein sanftes Gefühl von Verlust, für manche die sich selber als ohne Selbstbewusstsein erleben, aber zweifellos muss es immer ein Gefühl von Selbstverlust sein für alle die in sich ein wirklich sehr junges oder sehr altes Gefühl von sich selbst haben.

Unsere Mütter, Väter, Großmütter und Großväter, in den Geschichten und den Erzählungen, also alle anderen, sind für uns immer kleine alt gewordene Babys, alte Männer und Frauen oder wie Kinder. Nein, sie können wir nie als junge erwachsene

Männer und Frauen sehen. Das gilt nur für uns selbst und für die Freunde mit denen wir gelebt haben.

Und da es keine andere Möglichkeit gibt bei unserer Art zu denken, machen wir die Alten für uns zu den erwachsenen alten Männern und Frauen unserer Erzählungen, oder den Babys oder den Kindern. Wir werden immer für uns die jungen erwachsenen Männer und Frauen sein.

Und so beginnen wir nun mit solchen Männern und Frauen die wir uns als alt oder als sehr klein denken.

* * *

Ich schreibe für mich und Fremde. Ich kann es nur so. Alle und jede sind für mich wirklich, alle und jede sind für mich überdies ebenso wie andere. Keiner von denen die ich kenne kann das wissen wollen also schreibe ich für mich und Fremde.

Alle und jede haben immer damit zu tun, niemand aber will wissen dass alle und jede irgendwelchen anderen ähneln und sie es sehen. Meist hören alle es ungern. Mir ist es sehr wichtig es immer zu wissen, immer zu sehen wer von ihnen anderen ähnelt und es zu erzählen. Ich schreibe für mich und Fremde. Das tue ich um meinetwillen und um derer willen die wissen dass ich es weiß dass sie anderen ähneln, dass sie für sich sind aber immer Wiederholung. Es gibt manche denen gefällt dass ich weiß dass sie vielen anderen ähneln und es wiederhole, es gibt manche denen das nie recht gefallen kann.

Es gibt viele die ich kenne und sie wissen es. Sie alle wiederholen und ich höre es. Ich liebe es und ich sage es, ich lebe es und nun will ich es schreiben. Dies ist nun die Geschichte der Art auf die manche sind wie sie sind.

Ich schreibe für mich und Fremde. Keinen von denen die mich

kennen kann das gefallen. Zumindest wird den meisten nicht gefallen dass alle eine bestimmte Art Mann oder Frau sind und ich es sehe. Ich liebe es und schreibe es.

Ich wünsche mir Leser also werden Fremde das übernehmen müssen. Meistenteils kann es keinen von denen die mich kennen gefallen dass ich es liebe dass alle zu einer bestimmten Art von Männern und Frauen gehören, dass ich immerzu beobachte und vergleiche und sie klassifiziere, sie immerzu wiederholen sehe. Stetig mehr und mehr liebe ich Wiederholung, es mag irritierend sein es von ihnen zu hören aber stetig mehr und mehr liebe ich es an ihnen. Mehr und mehr liebe ich es an ihnen, dieses Sein in ihnen, diese Mischung in ihnen, die Wiederholung in ihnen, die Entscheidung von welcher Art jeder und jede ist in seinem und ihrem menschlichen Sein.

Das ist ein wenig dessen was ich liebe und wie ich schreibe. Später wird es mehr davon geben.

Es gibt viele Arten verschiedene Arten von Männern und Frauen zu machen. Es wird nun Beschreibungen aller Arten geben auf die jeder und jede eine bestimmte Art Mann oder Frau sein kann.

Dies ist nun die Geschichte von Martha Hersland. Dies ist nun die Geschichte von Martha und allen die Teil ihres Lebens wurden.

Dann wird es bald viel Beschreibung dessen geben auf welche Art wir uns Männer und Frauen denken können, in ihren Anfängen, in ihren mittleren Leben, und ihren Enden.

* * *

Ein neues Wort in dem was ich schreibe zu verwenden ist für mich eine schwierige Angelegenheit. Jedes Wort das ich je bei dem was ich schreibe verwende hat für mich ein sehr lebendiges Sein. Ein Wort zu verwenden das ich bisher in dem was ich schreibe noch nicht verwendet habe ist für mich sehr schwierig und ein komisches Gefühl. Manchmal verwende ich ein neues manchmal spüre ich neue Bedeutungen in einem alten, manchmal mag ich eines bin ich diesem einen sehr zugetan das viele Bedeutungen hat viele Arten verwendet zu werden die verschiedene Bedeutungen für einen jeden ergeben. Manchmal mag ich es, fast immer mag ich es wenn ich viele Arten ahne ein Wort in dem was ich schreibe zu verwenden. Manchmal mag ich es dass verschiedene Arten der Betonung sehr verschiedene Bedeutungen in einer Wendung oder in einem Satz ergeben den ich gemacht habe und wieder lese. Immer ist es indem ich es schreibe für mich nur dieses eine, ein bisschen mag ich es manchmal dass es sehr verschiedene Arten gibt zu lesen was ich mit nur einem Sinn als Bedeutung geschrieben habe. Das ist angenehm, manchmal gefällt mir dies sehr gut, sehr oft also mag ich ein Wort das viele Arten von Gefühl haben kann, es ist für mich wirklich eine sehr schwierige Angelegenheit ein Wort zu verwenden das ich in dem was ich schreibe noch nicht verwendet habe. Ich mag sehr wohl die Bedeutung eines Wortes kennen und doch hat es für mich nicht ganz Gewicht und Gestalt und wirklich lebendiges Sein. Es gibt nur wenige Wörter und mit ihnen schreibe ich zumeist die für mich ein ganz vollkommen lebendiges Sein haben, bei dem was ich rede verwende ich sehr viel mehr davon, Wörter die ich nicht lebe sondern rede sind etwas anderes, in dem was sie reden können alle alles Mögliche sagen, oft verwende ich also viele Wörter die ich nie in dem verwenden könnte was ich schreibe. In dem was ich schreibe muss ein Wort für mich wirklich lebendig sein, es hat für mich als lebendiges einen Platz, so empfinde ich bei dem was ich schreibe. Ich erwähne das weil ich eben erst in mir ein Verständnis für manche Wörter ahne die ich eben erst anfange in dem zu verwenden was ich schreibe.

BRIEF VON MABEL DODGE

▶ Mabel Dodge, die viel für die Verbreitung des Werks von Gertrude Stein tat, hatte sie und ihren Bruder Leo 1908 in Florenz kennengelernt, wo sie und ihr Mann Edwin die Villa Curonia besaßen. Bei einem Besuch Dodges in Paris hatte Stein ihr einen Teil des Making-of-Manuskripts überlassen. Aus der Villa Curonia schreibt sie im April 1911:

Liebe Miss Stein,

… Noch nie habe ich so etwas Staunenswertes gelesen.
Hier erscheinen Bewusstseinsinhalte schwarz auf weiß,
die nie zuvor Ausdruck gefunden haben – soweit ich weiß.
Daseinszustände in Worte gefasst, das Noumenon erhascht,
wie es wenige vermocht haben. Ein Ding zu benennen
heißt quasi, es erschaffen & genau das ist Ihr Werk – wahre
Schöpfung. Es ist geradezu beängstigend, in dieser Form auf
Realität als Sprache zu stoßen. Mich fröstelt – das sagte ich
Ihnen bereits – stets, wenn ich Ihre Sachen lese. Und dabei ist
Ihre Palette so schlicht – die Primärfarben der Sprachmalerei
& doch treffen Sie mit ihnen jede bekannte & unbekannte
Schattierung. Das ist so neu & eigen & groß wie auf ihre
Weise die Postimpressionisten & – da bin ich mir sicher –
Vorgeschmack auf eine ganze Epoche neuer Ausdrucksformen.
Das ist moralisch erhebend, denn ich vermute, dass es die
Wirklichkeit, wie wir sie kennen, verändern wird & uns helfen,

zur Wahrheit vorzudringen statt uns von ihr zu entfernen, wie es die »Literatur« leider so häufig tut. [...]

Stets die Ihre und *voller* Bewunderung. – Mabel Dodge

BRIEF VON CARL VAN VECHTEN

▶ Als es – Jahre später – konkret um die Veröffentlichung von *The Making of Americans* ging, schrieb Carl Van Vechten:

22. Oktober 1923

151 East Nineteenth Street
New York City

Liebe Gertrude,

[...]

Endlich gibt es Neuigkeiten zu Deiner »Geschichte einer Familie«. Knopf hält es für das Beste, in einem Rundschreiben, das er demnächst aufsetzen will, ein bisschen von dem Buch zu erzählen und zur Subskription einzuladen. Wenn sich genügend Interessenten finden, will er die Sache tatsächlich anpacken. Ich halte das für eine ausgezeichnete Idee. Wenn er das Buch macht, will er es *exzeptionell* machen, und das wird einiges kosten: drei bis vier Bände in Großdruck, vielleicht mit Porträts von Dir von Jo Davidson, Picasso etc. als Frontispize. Und signiert. Das alles wird kosten, und man wird wahrscheinlich $25 pro Ausgabe nehmen müssen! Also ist er, bevor er es wagt, sicher gut beraten, zu schauen, wie viele Subskribenten er gewinnen kann. Der Plan, einen Roman dieser Länge insgesamt zu veröffentlichen, ist so neu, und das Buch selbst so einzigartig, dass mich nicht wundern würde, wenn sich Sammler darum rissen. Lassen wir ihm daher ruhig ein bisschen Zeit; wenn er das Buch macht, wird er es besser machen als jeder sonst. Übrigens kann ich dir verraten, dass ein weiterer Verlag *um Manuskripteinsicht gebeten* hat, wenn sich also Knopf letztlich anders entscheiden sollte, was ich nicht hoffe, werde ich das Manuskript weiterleiten. Bitte sorge dafür, dass die übrigen Hefte gleich verschickt werden können, wenn man sie verlangt, aber behalte sie, bis ich Dir Bescheid gebe. Das erste Heft hat so viele Schreibfehler und die Tinte ist so blass, dass der Text sehr schwer lesbar ist; das ist bedauerlich.

Alles Liebe,
Carl Van Vechten

ADA

▶ Von insgesamt 132 Porträts ist dieses früh entstandene – von Janet Flanner auf den Winter 1908/9 datierte – und Alice B. Toklas gewidmete das erste der Einzelporträts Gertrude Steins. Ähnlich wie in *The Making of Americans* erreicht sie durch minimale, von vielen als bloße »Wiederholung« empfundene, von Stein als »Insistenz« bezeichnete Variationen einen hohen Abstraktionsgrad.

Barnes Colhard sagte nicht dass er es nicht tun würde aber er tat es nicht. Das tat er und dann tat er es nicht, er dachte nicht darüber nach. Er dachte nur irgendwann würde er irgendwas tun.

Sein Vater Mr. Abram Colhard sprach mit allen darüber und viele sprachen mit Barnes Colhard darüber und er hörte immer allen zu.

Dann verliebte sich Barnes in ein sehr nettes Mädchen und sie wollte ihn nicht heiraten. Da weinte er, sein Vater Mr. Abram Colhard tröstete ihn und sie machten eine Reise und Barnes versprach das zu tun was sein Vater ihn gern tun sehen wollte. Er tat es nicht er dachte eher daran was anderes zu tun, er tat das andere nicht, sein Vater Mr. Colhard wollte ihn das andere nicht tun sehen. Da tat er eigentlich gar nichts. Als er um einiges älter war heiratete er ein sehr reiches Mädchen. Er hatte gedacht er würde ihr eher keinen Antrag machen aber seine Schwester schrieb dass das eine gute Sache wäre. Er heiratete das reiche Mädchen und sie hielt ihn für einen formidablen Mann und für einen der alles weiß. Barnes gab nie mehr aus als das Vermögen an Zinsen einbrachte das er und seine Frau damals hatten, das heißt sie gaben nie mehr aus als die Zinsen und das überraschte viele die von ihm wussten und davon dass er ein Mädchen mit so großem Vermögen geheiratet hatte. Er führte ein glückliches Leben solange er lebte und als er tot war behielten seine Frau und Kinder ihn in guter Erinnerung.

Er hatte eine Schwester die auch recht erfolgreich zu leben verstand. Seine Schwester war eine die dabei glücklicher werden sollte zu leben als die meisten. Sie sollte eine ganz und gar Glückliche werden. Sie war doppelt so alt wie ihr Bruder. Sie war ihrer Mutter eine sehr gute Tochter gewesen. Sie und ihre Mutter hatten einander immer sehr hübsche Geschichten erzählt. Viele alte Männer hörten sie liebend gern ihrer Mutter diese Geschichten erzählen. Jeder der ihre Mutter je kannte mochte ihre Mutter. Vielen tat später leid dass nicht jeder die Tochter gemocht hatte. Viele mochten die Tochter schon aber nicht alle so wie alle die Mutter gemocht hatten. Die Tochter war in sich ganz reizend, was an sich nicht für jeden nach außen hin sichtbar war aber für manche schon. Sie nahm tatsächlich manchmal an dass ihrer Mutter eine Geschichte gefallen würde die ihrer Mutter nicht gefiel, als ihre Mutter später kränker wurde wusste die Tochter dass es manche Geschichten gab die sie erzählen könnte die ihrer Mutter nicht gefallen würden. Ihre Mutter starb und eigentlich hatten Mutter und Tochter einander im Großen und Ganzen meist ganz zufrieden Geschichten erzählt.

Die Tochter führte dann ihrem Vater den Haushalt und kümmerte sich um ihren Bruder. Es wohnten zudem viele Verwandte bei ihnen. Die Tochter sah die nicht gern bei ihnen wohnen und sie sah sie nicht gern bei ihnen sterben. Die Tochter, die nach ihrer Großmutter die so entzückend an Blumen schnuppern und Datteln und Zuckerwerk essen konnte Ada hieß, sah das nun gar nicht gern weil sie nicht gern so viel Sterben sah und weil sie nichts an dem Leben gern sah das sie nun lebte. Hin und wieder erzählte irgendein alter Herr ihr köstliche Geschichten. Sonst wurden in ihrem Leben meist wenig köstliche Geschichten von irgendwem erzählt. Sie sagte ihrem Vater Mr. Abram Colhard dass sie sich gar nicht gern als eine sähe die so lebe. Er sagte dazu nichts. Da bekam sie es mit der Angst zu tun, sie war eine die reizende Geschichten und deren glückliches Erzählen brauchte und das nicht zu haben ließ sie erzittern. Nun waren alle die bei ihnen hätten wohnen können tot und es gab den Vater und den Sohn als damals jungen Mann und die Tochter die zu einer solchen wurde. Ihr Großvater hatte ihnen etwas Geld hinterlassen, jedem von ihnen. Ada sagte sie werde es dazu verwenden von ihnen fortzugehen. Der Vater sagte nichts, dann sagte er was und sie sagte nichts, dann sagten sie beide nichts und dann kam es so dass sie von ihnen fortging. Da war der Vater dann ganz gerührt, da war sie dann seine Tochter. Da schrieb er ihr dann rührende Briefe, da schrieb sie ihm dann rührende Briefe, sie ging nie zurück um wieder bei ihm zu wohnen. Er wollte sie zurückkehren sehen, und da schrieb sie ihm dann rührende Briefe. Er mochte die rührenden Briefe die sie ihm schrieb. Er wollte sie bei sich wohnen sehen. Sie antwortete indem sie ihm rührende Briefe schrieb und darin wirklich sehr hübsche Geschichten erzählte. Er schrieb nichts und dann schrieb er wieder und dann war ein Warten und dann schrieb er wieder rührende Briefe und wieder.

Sie sollte glücklicher werden als alle sonst die nun lebten. Es fällt leicht genau das zu glauben. Sie erzählte es einer Person die jede entzückende Geschichte liebte. Eine lebende Person hörte fast immer hin. Eine liebende Person hörte fast immer hin. Die Liebende hörte fast immer hin. Die Liebende erzählte davon eine liebende Person zu sein die nun hinhören wollte. Die Liebende erzählte nun Geschichten mit Anfang und Mitte und Ende. Sie war nun eine die immerzu ganz und gar hinhörte. Ada war nun eine und war in ihrem ganzen Leben ganz und gar eine die Geschichten erzählte die entzückten, ganz und gar eine die Geschichten mit Anfang und Mitte und Ende hörte. Erzittern war ganz leben, leben war ganz lieben, die eine Person war die andere Person. Jedenfalls liebte die eine Person nun diese Ada. Und für Ada jedenfalls war das ganze Leben ein glücklicheres Leben als für alle sonst die je hätten leben können, die lebten, die leben, die leben würden.

► 1909 oder 1910 entstanden, wurde dieses Porträt Pablo Picassos zusammen mit einem zweiten, »Matisse« betitelten, 1912 im Augustheft der von Alfred Stieglitz 1903 gegründeten Künstlerzeitschrift *Camera Work* veröffentlicht und 1934 in dem Sammelband *Portraits and Prayers* abgedruckt. Es waren die ersten experimentellen Texte Steins, die einem größeren Publikum bekannt wurden.

Die Autorin sagte dazu später in dem auf ihrer USA-Reise mehrfach gehaltenen Vortrag »Portraits and Repetition«: »Ich machte was ich schon in *The Making of the Americans* machte, ich machte was die Filmkunst machte, ich formulierte ein Mal ums andere was ein Individuum ausmachte bis ich nicht mehr vieles sondern eines hatte.«

Stein verfasste noch zwei weitere Picasso-Porträts: 1923 »If I Told Him« (Fing ich an davon. Ein jetzt komplettes Porträt Picassos, s. S. 220) und 1938 eine längere »Picasso« betitelte Studie.

Einer dem einige fraglos folgten war einer der vollkommen faszinierend war. Einer dem einige fraglos folgten war einer der faszinierend war. Einer dem einige folgten war einer der vollkommen faszinierend war. Einer dem einige folgten war einer der fraglos vollkommen faszinierend war.

Einige folgten fraglos und wussten ohne Frage dass der eine dem sie nun folgten einer war der rang und nun einer war der etwas hervorbrachte. Einige folgten fraglos und wussten ohne Frage dass der eine dem sie nun folgten einer war der nun etwas hervorbrachte was zu einer gewichtigen Sache wurde, einer schlüssigen und einer vollkommenen.

Einer dem einige fraglos folgten war einer der rang und fraglos einer war der etwas hervorbrachte nun und einer war der sein Leben lang einer gewesen war aus dem etwas hervorbrach.

Etwas war aus ihm hervorgebrochen, es war fraglos etwas aus ihm hervorgebrochen, es war fraglos etwas, es war fraglos immerzu aus ihm hervorgebrochen und es hatte Bedeutung, eine faszinierende Bedeutung, eine schlüssige Bedeutung, eine abgerungene Bedeutung, eine klare Bedeutung.

Einer dem fraglos einige folgten und einige folgten ihm fraglos, einer dem einige fraglos folgten war fraglos einer der rang.

Einer dem einige fraglos folgten war einer aus dem etwas hervorbrach etwas von Bedeutung und dieser eine rang nun fraglos.

Dieser eine rang und es brach nun etwas, etwas brach aus diesem einen hervor. Dieser eine war der eine und immerzu brach aus diesem einen etwas hervor und immer war aus diesem einen etwas hervorgebrochen. Dieser eine war nie einer gewesen aus dem nicht irgendwas hervorgebrochen wäre aus diesem einen allein. Dieser eine war der eine aus dem etwas hervorbrach aus diesem einen allein. Dieser eine war einer gewesen dem einige folgten. Dieser eine war einer dem einige folgten. Dieser eine war weiterhin einer dem einige folgten. Dieser eine war einer der rang.

Dieser eine war einer der rang. Dieser eine war weiterhin einer aus dem etwas hervorbrach. Dieser eine war einer aus dem weiterhin etwas hervorbrechen würde. Dieser eine war einer der weiterhin rang. Dieser eine war einer dem einige folgten. Dieser eine war einer der rang.

Aus diesem einen brach immerzu etwas hervor. Dieser eine rang. Dieser eine hatte immer gerungen. Aus diesem einen brach immerzu etwas hervor aus diesem einen etwas was schlüssig war, was faszinierend war, was schön war, was rätselhaft war, was verstörend war, was einfach war, was klar war, was kompliziert war, was interessant war, was beunruhigend war, was abstoßend war, was sehr hübsch war. Dieser eine war einer der fraglos einer war aus dem etwas hervorbrach. Dieser eine war einer dem einige folgten. Dieser eine war einer der rang.

Dieser eine war einer der rang und fraglos musste dieser eine ringen um der eine zu sein der immerzu rang. Dieser eine war einer aus dem etwas hervorbrach. Dieser eine würde sein Leben lang der eine sein aus dem etwas hervorbrach. Dieser eine rang und dieser eine rang nun immerzu und musste ringen, nicht um einer zu sein aus dem etwas hervorbrach von Bedeutung, sondern musste ringen um einer zu sein der immerzu rang.

Dieser eine rang fraglos und ringen war etwas von dem dieser eine fraglos wusste dass dieser eine es immer tun würde und dieser eine tat es, dieser eine rang. Dieser eine war nicht einer der nur rang. Dieser eine war fraglos nicht einer der nur rang.

Dieser eine war einer aus dem immerzu etwas immer hervorbrach, etwas was vollkommen reale Bedeutung hatte. Dieser eine war einer dem einige folgten. Dieser eine war einer der rang. Dieser eine war einer der rang und er war einer der es musste, der ringen musste um einer zu sein der in irgendeiner Weise einer sein konnte der in irgendeiner Weise ringen könnte. Dieser eine war einer der rang. Dieser eine war einer aus dem etwas hervorbrach etwas von Bedeutung. Dieser eine war einer aus dem immerzu etwas hervorbrach und dieses etwas was aus ihm hervorbrach hatte immer reale Bedeutung. Dieser eine war einer der rang. Dieser eine war einer der fast immer rang. Dieser eine rang nicht nur vollkommen. Dieser eine war nicht einer der nur immerzu vollkommen rang. Dieser eine war nicht einer der rang damit etwas aus ihm hervorbräche. Es gab immer etwas von Bedeutung was aus ihm hervorbrach. Es gab immer etwas was aus ihm hervorbrach. Er rang, er rang nie nur vollkommen immerzu.

Er hatte schon etwas Gefolgschaft. Sie folgte ihm immer. Einige folgten ihm fraglos. Er war einer der rang. Er war einer bei dem es etwas gab von Bedeutung was aus ihm hervorbrach. Er rang nie immer nur vollkommen.

MISS FURR UND MISS SKEENE

▶ Dieses Doppelporträt, 1911 verfasst im »insistenten« Stil, erstmal veröffentlicht 1922 in dem Sammelband *Geography and Plays* und im Juli 1923 abermals abgedruckt in der amerikanischen Zeitschrift *Vanity Fair*, zeichnet das Bild zweier Pariser Bekannten: der Malerinnen Ethel Mars und Maud Hunt Squire. Edmund Wilson nannte es ein »rührendes Paar zwei linker Handschuhe«. Es ist untypisch insofern, als es stilistische Idiosynkrasien Steins in den Dienst relativ konventionellen Erzählens stellt. Ernest Hemingway imitierte in einigen frühen Kurzgeschichten wie »Mr. and Mrs. Elliot« die elliptischen Anspielungen und die ironische Repetition solcher Stein'schen Texte. Die Autorin selbst empfand den Ansatz recht bald schon als unbefriedigend – nach dem Motto »wenn es machbar ist warum machen«, wie sie 1935 in ihrem Vortrag »Das allmähliche Machen von The Making of Americans« (s. S. 349) bemerkte.

Helen Furr hatte ein ganz nettes Zuhause. Mrs. Furr war eine ganz nette Frau. Mr. Furr war ein ganz netter Mann. Helen Furr hatte eine ganz nette Stimme eine Stimme deren Entfaltung ganz sicher lohnte. Sie hatte nichts dagegen zu arbeiten. Sie arbeitete daran ihre Stimme zur Entfaltung zu bringen. Es machte ihr kein Vergnügen an dem Ort zu leben an dem sie stets gelebt hatte. Sie ging an einen Ort wo auch andere daran arbeiteten etwas zur Entfaltung zu bringen, Stimmen und anderes was zur Entfaltung zu bringen war. Sie traf dort Georgine Skeene die dort an der Entfaltung ihrer Stimme arbeitete die manche für eine ganz nette hielten. Helen Furr und Georgine Skeene lebten nun zusammen. Georgine Skeene unternahm gerne Reisen. Helen

Furr lag nichts an Reisen, sie blieb lieber an ein und demselben Ort und vergnügte sich dort. Sie waren nun zusammen und reisten an einen anderen Ort und blieben dort und vergnügten sich dort.

Sie blieben dort und vergnügten sich dort, vergnügten sich dort nicht zu sehr, vergnügten sich einfach nur dort. Sie vergnügten sich beide dort, sie arbeiteten dort beide an der Entfaltung ihrer Stimmen, sie vergnügten sich beide dort. Georgine Skeene vergnügte sich dort und sie war beständig, beständig darin sich zu vergnügen, beständig darin sich nicht zu vergnügen, beständig darin eine zu sein die sich nicht länger vergnügte als nötig um eine zu sein die sich ganz ordentlich vergnügte. Sie vergnügten sich nun beide dort und beide arbeiteten sie dort nun.

Sie vergnügten sich beide auf ihre Weise dort wo es viele gab die etwas zur Entfaltung brachten. Sie waren beide darin beständig sich dort zu vergnügen. Helen Furr vergnügte sich dort, sie vergnügte sich dort mit mehr und mehr Vergnügen und eigentlich vergnügte sie sich dort eben einfach, mit mehr und mehr Vergnügen dort, das heißt sie fand Möglichkeiten sich dort zu vergnügen die sie dazu nutzte sich dort zu vergnügen. Sie vergnügte sich dort, nicht mit mehr und mehr Vergnügen, vergnügte sich eben nur dort, das heißt sie vergnügte sich nicht etwa mit mehr Vergnügen weil sie nutzte was sie dort an Vergnüglichem fand, sie vergnügte sich dort, stets vergnügte sie sich dort.

Sie vergnügten sich dort ganz beständig, Helen Furr und Georgine Skeene, sie vergnügten sich dort ständig wo sie sich vergnügten. Sie vergnügten sich beständig.

Sich beständig zu vergnügen hieß jeden Tag das Vergnügliche tun was sie täglich vergnügte. Sich beständig zu vergnügen hieß jeden Tag um dieselbe Zeit zu beenden wenn sie sich ständig vergnügt hatten. Sie vergnügten sich beständig. Sie vergnügten sich täglich. Sie beendeten jeden Tag in derselben Weise um dieselbe Zeit und hatten sich jeden Tag ständig vergnügt.

Die Stimme an deren Entfaltung Helen Furr arbeitete war eine ganz nette. Die Stimme an deren Entfaltung Georgine Skeene arbeitete war, sagten manche, die bessere. Die Stimme an deren Entfaltung Helen Furr arbeitete brachte sie zur Entfaltung und es war nun eine ganz vollkommen nette und eine ausreichend zur Entfaltung gebrachte nun. Die Stimme an deren Entfaltung Georgine Skeene arbeitete brachte sie nicht zu sehr zur Entfaltung. Sie brachte sie ganz gerade so zur Entfaltung. Sie arbeitete an der Entfaltung und sie arbeitete daran manchmal weiter und es war nun nicht etwa keine nette, es würde nun nicht etwa keine nette sein, es würde eine reichlich genug zur Entfaltung gebrachte sein, es würde eine ausreichend reichliche sein um eine ausreichend nette zu sein.

Sie vergnügten sich dort wo es viele gab die daran arbeiteten etwas zur Entfaltung zu bringen. Die beiden vergnügten sich dort, vergnügten sich beständig dort. Georgine Skeene hätte gerne mehr Reisen unternommen. Sie reisten etwas, reisten nicht sehr, Georgine Skeene wäre gern mehr gereist. Helen Furr lag nicht sehr viel an Reisen, sie blieb gern an ein und demselben Ort und vergnügte sich dort.

Sie blieben an ein und demselben Ort und vergnügten sich dort, beide blieben dort, sie blieben zusammen dort, sie vergnügten sich dort, sie vergnügten sich beständig dort.

Sie gingen recht oft, nicht sehr oft, aber sie gingen doch dorthin zurück wo Helen Furr ein ganz nettes Zuhause hatte und dann ging Georgine Skeene an einen Ort wo ihr Bruder ganz angesehen war. Sie gingen beide alle paar Jahre auf Besuch dorthin wo Helen Furr ein ganz nettes Zuhause hatte. Sicherlich hätte es Helen Furr nicht vergnügt zu bleiben, sie fand es nicht vergnüglich, sie sagte sie werde nicht bleiben, sie sagte sie finde es nicht vergnüglich, sie sagte sie werde dort nicht bleiben wo sie es nicht vergnüglich finde, sie sagte sie werde sich dort vergnügen wo sie tatsächlich bleibe und sie blieb dort wo sehr viele daran arbeiteten etwas zur Entfaltung zu bringen. Sie blieb tatsächlich dort. Sie vergnügte sich tatsächlich stets dort.

Sie ging die dort besuchen wo sie stets gelebt hatte und wo sie es nicht vergnüglich fand. Sie hatte ein ganz nettes Zuhause dort, Mrs. Furr war eine ganz nette Frau, Mr. Furr war ein ganz netter Mann, Helen sagte ihnen und es beunruhigte sie nicht, dass sie es nicht vergnüglich finde dort zu leben wo sie stets gelebt hatte.

Georgine Skeene und Helen Furr lebten dort wo sie beide an der Entfaltung ihrer Stimmen arbeiteten und sie vergnügten sich dort. Sie besuchten den Ort aus dem Helen Furr gekommen war und dann gingen sie dorthin wo sie lebten wo sie nun ständig lebten.

Es gab einige dunkle und schwere Herren nun dort. Es gab manche die nicht so schwer und manche die nicht so dunkel waren. Helen Furr und Georgine Skeene verbrachten ständig Zeit mit ihnen. Sie verbrachten ständig Zeit mit denen die dunkel waren und schwer. Sie verbrachten ständig Zeit mit denen die nicht so dunkel waren. Sie verbrachten ständig Zeit mit denen die nicht so schwer waren. Sie verbrachten mit ihnen ständig Zeit, verbrachten mit einigen von ihnen Zeit. Sie gingen ständig gingen sie mit ihnen. Sie waren nun beständig, sie vergnügten sich nun, sie waren nun dort wo sie sein wollten nun wo es vergnüglich war nun zu sein, sie vergnügten sich ständig nun. Es gab nun Männer dort die dunkel und schwer waren und die verbrachten Zeit mit ihnen mit Helen Furr und Georgine Skeene und die gingen mit ihnen mit Miss Furr und Miss Skeene, und sie gingen mit den schweren und dunklen Männern Miss Furr und Miss Skeene gingen mit ihnen und sie verbrachten Zeit mit ihnen Miss Furr und Miss Skeene verbrachten Zeit mit ihnen, und es gab andere Männer, manche waren keine schweren Männer, und sie verbrachten Zeit mit Miss Furr und Miss Skeene und Miss Furr und Miss Skeene verbrachten Zeit mit ihnen, und es gab andere Männer die keine dunklen Männer waren und sie verbrachten Zeit mit Miss Furr und Miss Skeene und Miss Furr und Miss Skeene verbrachten Zeit mit ihnen. Miss Furr und Miss Skeene gingen mit ihnen und sie gingen mit Miss Furr und Miss Skeene, manche die nicht schwere Männer waren, manche die nicht dunkle Männer waren. Miss Furr und Miss Skeene verbrachten so ständig Zeit, sie verbrachten Zeit mit manchen Männern. Miss Furr und Miss Skeene gingen und bei ihnen waren einige Männer. Es waren Männer und Miss Furr und Miss Skeene gingen mit ihnen, gingen irgendwohin mit ihnen, gingen mit einigen von ihnen.

Helen Furr und Georgine Skeene lebten beständig wo sehr viele lebten und in sich etwas zur Entfaltung brachten. Helen Furr und Georgine Skeene lebten sehr beständig dort, waren nun sehr beständig darin sich nun zu vergnügen. Sie lernten tatsächlich in vielfältiger Weise sich nun zu vergnügen und sie vergnügten sich nun fortan sehr beständig, vergnügten sich und lernten ein bisschen dazu, ein bisschen mehr darüber sich zu vergnügen, sie waren beständig, sie lernten in vielem ein bisschen mehr darüber sich zu vergnügen, sie vergnügten sich und nutzten das bisschen das sie dazulernten darüber sich zu vergnügen sich zu vergnügen ständig zu vergnügen nun und sie vergnügten sich im selben Maß wie sie sich stets vergnügt hatten. Sie vergnügten sich ganz gut, sie waren ganz beständig, sie lernten ein bisschen dazu, ein vergnügliches bisschen, sie waren in sich im selben Maß vergnügt wie sie stets vergnügt gewesen waren, sie vergnügten sich ebenso lange wie sie sich stets täglich vergnügt hatten.

Sie waren beständig darin wie sie sich vergnügten, sie lernten ein bisschen von dem dazu was vergnüglich ist, sie lernten mehr als ein bisschen von dem dazu was vergnüglich ist, sie vergnügten sich täglich, sie waren beständig, sie waren vergnügt, sie vergnügten sich täglich gleich lange, sie vergnügten sich, sie vergnügten sich ganz beständig.

Georgine Skeene ging fort um zwei Monate bei ihrem Bruder zu bleiben. Helen Furr ging nun nicht ihren Vater und ihre Mutter besuchen. Helen Furr blieb dort wo sie zuletzt ständig gelebt hatten sie beide und sie wollte ganz bestimmt nicht einsam sein, sie würde sich weiter vergnügen. Und sie vergnügte sich weiterhin. Sie vergnügte sich nicht besser aber sie vergnügte sich jeden Tag länger als sie sich stets vergnügt hatte als sie beide sich zusammen vergnügt hatten. Sie vergnügte sich nun in ganz der gleichen Weise. Sie lernte noch ein bisschen mehr darüber sich zu vergnügen. Sie vergnügte sich ganz gut und in der gleichen Weise, der gleichen Weise in der sie sich stets vergnügt hatte und sie vergnügte sich täglich ein bisschen länger, sie hatte vom Tag mehr Vergnügen. Sie vergnügte sich täglich länger als sie sich stets vergnügt hatte als sie beide sich vergnügten. Sie vergnügte sich in ganz der gleichen Weise wie sie beide sich stets vergnügt hatten, ganz der gleichen Weise.

Sie war nun nicht einsam, sie empfand gar kein Bedürfnis Georgine Skeene bei sich zu haben. Sie war darüber nicht erstaunt. Sie wäre ein bisschen erstaunt gewesen aber sie wusste dass sie über gar nichts staunte und so war sie darüber nicht erstaunt darüber gar nicht erstaunt kein Bedürfnis zu empfinden Georgine Skeene bei sich zu haben.

Helen Furr hatte eine ganz und gar nette Stimme und die war

ganz ausreichend zur Entfaltung gebracht und sie konnte sie nutzen und sie nutzte sie nun auch aber es gab keine weitere Möglichkeit eine ganz und gar nette Stimme weiter zur Entfaltung zu bringen wenn sie zu einer ganz und gar ausreichend zur Entfaltung gebracht geworden ist, und es nutzte nicht viel sie zu nutzen wenn sie nicht dazu beitragen sollte sie zu einer zu machen die sich vergnügte. Helen Furr brauchte ihre Stimme nicht zu nutzen um sich zu vergnügen. Sie vergnügte sich nun und manchmal nutzte sie ihre Stimme aber nutzte sie nicht sehr oft. Die war ganz und gar ausreichend zur Entfaltung gebracht und die war ganz und gar eine nette und sie nutzte sie nicht oft. Sie vergnügte sich nun, sie vergnügte sich ganz genauso wie sie sich vorher stets vergnügt hatte, sie vergnügte sich täglich ein bisschen länger als sie sich vorher stets vergnügt hatte.

Sie vergnügte sich in der genau gleichen Weise. Sie wurde es nie leid sich in dieser Weise zu vergnügen. Sie hatte mehr als ein bisschen darüber dazugelernt sich zu vergnügen. Sehr viele sprachen von anderen Möglichkeiten sich zu vergnügen. Sie vergnügte sich schon genug, sie vergnügte sich stets in genau der gleichen Weise, sie lernte stets ein bisschen mehr darüber dazu sich zu vergnügen, sie sprach davon andere Möglichkeiten nutzen zu wollen sich zu vergnügen, sie sprach davon andere Möglichkeiten lernen zu wollen sich zu vergnügen, sie lernte andere Möglichkeiten sich zu vergnügen, sie würde andere Möglichkeiten nutzen sich zu vergnügen, sie würde sich stets in der gleichen Weise vergnügen, und zwar wenn Georgine Skeene da war täglich nicht so lange wie wenn Georgine Skeene fort war.

Sie nutzte schließlich viele Möglichkeiten sich zu vergnügen, sie nutzte schließlich jede Möglichkeit sich zu vergnügen. Sie lebte weiterhin wo viele daran arbeiteten etwas zur Entfaltung zu bringen und sie vergnügte sich, sie hatte jede Möglichkeit genutzt sich zu vergnügen.

Sie lebten nun nicht zusammen Helen Furr und Georgine Skeene. Helen Furr lebte eine längere Zeit dort wo sie ständig zusammen gelebt hatten. Dann lebte keine von beiden dort mehr. Helen Furr lebte nun irgendwo anders und erzählte manchen davon wie sie sich vergnügt hatte und vergnügte sich nun und sie lebte nun ganz beständig. Sie vergnügte sich nun ständig. Sie war ganz beständig darin sich zu vergnügen. Sie erinnerte sich an jede kleinste Möglichkeit sich zu vergnügen. Sie vergnügte sich ganz beständig. Sie verriet nun vielen welche Möglichkeiten es gab sich zu vergnügen, sie lehrte sehr viele diese und jene Möglichkeit sich zu vergnügen. Sie lebte sehr gut, sie vergnügte sich, sie lebte nun so fort, sie vergnügte sich beständig, sie lebte nun stets sehr gut und vergnügte sich sehr gut und erzählte von dieser und jener Möglichkeit die sich lernen ließe sich zu vergnügen, und später sprach sie sehr oft davon, sprach davon wieder und wieder.

BON MARCHÉ WETTER

▶ In diesem frühen Gruppenporträt spielt Stein in der Manier ihrer »insistenten« Experimente kleinste dialogische Variationen durch und evoziert mit ihrer Klangspielerei das Treiben im berühmten Pariser Warenhaus Le Bon Marché, den Smalltalk der Kunden über Wetter und Shoppen. Die beiden Kaufhaustexte »Flirting at the Bon Marché« und »Bon Marché Weather« entstanden 1911, zwei Jahre vor Picassos »Au Bon Marché« betitelter Collage (1913).

Was haben wir doch für schönes Wetter. Was habe ich doch für schönes Wetter. Was haben doch alle für schönes Wetter. Was hast du doch für schönes Wetter.

Was haben doch alle Lust an guter Küche. Was habe ich doch Lust an guter Küche. Was haben sie doch Lust an guter Küche. Was hast du doch Lust an guter Küche.

Was haben sie es doch bequem beim Reisen. Was hast du es doch bequem beim Reisen. Was habe ich es doch bequem beim Reisen. Was haben es doch alle bequem beim Reisen.

Was haben doch alle für eine schlechte Saison. Was haben doch fast alle für eine schlechte Saison. Was haben sie doch für eine schlechte Saison gehabt. Was hast du doch für eine schlechte Saison gehabt. Was hast du doch für eine schlechte Saison. Was haben sie doch für eine schlechte Saison. Was haben doch fast alle für eine schlechte Saison. Was habe ich doch für eine schlechte Saison.

Es gibt jede Menge Dinge die alle kaufen. Es gibt jede Menge Dinge die du kaufst. Es gibt eine Menge Dinge die sie kaufen. Es gibt eine Menge Dinge die ich kaufe.

Es gibt eine Menge Dinge die kein Mensch kauft. Es gibt eine Menge Dinge die ich nicht kaufe. Es gibt eine Menge Dinge die du nicht kaufst. Es gibt eine Menge Dinge die manch einer nicht kauft.

Es gibt eine Menge Dinge die eine Menge Menschen kauft. Es gibt eine Menge Dinge die die große Menge kauft.

Es gibt eine Menge Dinge die eine Menge Menschen sehr häufig kauft. Es gibt eine Menge Dinge die eine Menge Menschen nicht häufig kauft. Es gibt eine Menge Dinge die aus der Menge manche sehr häufig kaufen.

Mengen sind am Leben. Jede Menge Menschen sind am Leben. Einige werden nicht größer sein als sie es sind und sie werden anders sein in ihren Proportionen. Mengen werden größer sein als sie es sind und sie werden sich in ihren Proportionen nicht sehr verändern. Mengen werden nicht größer sein und ihre Proportionen werden später denen ihrer Mütter gleichen. Mengen werden nicht größer sein und ihre Proportionen werden später anders sein sie werden sein wie die ihrer Väter. Einige werden nicht größer sein und sie sind nun so groß wie ihre Mütter und ihre Proportionen werden nicht denen ihrer Mütter gleichen wenn sie älter sind. Einige werden nicht größer sein und sie sind nun so groß wie ihre Väter und ihre Proportionen werden nicht wie die ihrer Väter sein.

Einige werden später größer sein, einige werden später dicker sein. Einige sind recht groß, einige sind recht klein, einige sind recht dick, einige sind nicht so dick, einige sind recht dünn, einige sind nicht so dünn.

Einige sind solche die sehr häufig etwas kaufen gehen müssen was sie dann nicht kaufen. Einige sind solche die nicht so häufig etwas kaufen gehen müssen was sie dann nicht kaufen. Einige kaufen etwas und es ist etwas was sie woanders hätten kaufen können als dort wo sie es gekauft haben. Einige kaufen etwas und sie würden es auf jeden Fall dort kaufen wo sie es gekauft haben.

Auf jeden Fall kauft die große Menge etwas dort wo sie es kaufen würde. Auf jeden Fall kauft die große Menge etwas und hätte es ebenso gut nicht kaufen können. Auf jeden Fall kauft die große Menge etwas und hätte es womöglich woanders kaufen können als dort wo sie es tatsächlich gekauft hat.

III BEWEGUNG UND EXAKTE BESCHREIBUNG

SUSIE ASADO

▶ Steins Gedichtporträt »Susie Asado« aus dem Jahr 1913 feiert die Flamencotänzerin Antonia Rosa Mercé y Luque, genannt La Argentina, die sie und Alice B. Toklas in Spanien hatten auftreten sehen. Mit diesem und ähnlichen Werken, vor allem *Tender Buttons*, beginnt Steins Wiederentdeckung der sichtbaren Welt, ihre »spanische« Phase, die Periode emphatischer Bild- und Worthappenings.

Seht sie seht sie seht sie seht nur.
Susie Asado.
Seht sie seht sie seht sie seht nur.
Susie Asado.
Susie Asado das ist beschworener Schatz très sûre.
Ein Schief auf dem Schuh schiebt schiebt die ihren.
Ist klassische Helle grau sauber ist sie gelb, ist Silberschlager.
Dies ist ein schön ein bittschön sie sind besagt zu weichen Knien.
Dies sind die Schnäpse sie sagen die Sätze die Incy eine Krone zusprechen.
Incy oder kurz Incubus.
Bütt. Bütt ist Auftakt zu spektakulären Brettern. Bretter beben, die alten Bembel sind Versehen, Versehen die verdunkeln und rumpeln und blitzen machen, blitzen machen müssen.
Trinkt nachts.
Trinkt nachts trinkt nachts pflückt die Schärpe am Ende, seht sie schimmern und ein Bobolink hat Sporne. Hat Nägel.
Was ist ein Nagel. Ein Nagel ist Einklang.
Seht sie seht sie seht sie seht nur.

SELIGE EMILY

▶ »Selige Emily« (*Sacred Emily*), geschrieben 1913 und 1926 in den Band *Geography and Plays* aufgenommen, fällt in eine der produktivsten Schaffensperioden Steins. Es sind die Aufbruchsjahre, die mit Alice B. Toklas' Erscheinen und der Lösung von Leo beginnen, in denen Stein aus dem Schatten des Bruders tritt, die eigene sexuelle und künstlerische Identität annimmt und in Hoheliedern wie »Selige Emily« oder auch »Pink Melon Joy« besingt, hermetischen Texten, deren hochaufgeladene Wörter, Wendungen und Sätze um Sex, Häuslichkeit und Ästhetik kreisen. Hier werden sie erstmals in Zeilenfall der Lyrik angeordnet. Und stellenweise geht der Duktus bereits über in die stark fragmentierte Sprache momentan erhobener, Plattitüden und Höflichkeitsfloskeln des täglichen Umgangs äußernder Stimmen, wie sie vor allem für Steins Sprech-Stücke charakteristisch wurden und die eben durch die Evozierung des Alltäglichen wieder geheimnisvoll werden.

In diesem Text taucht erstmals die berühmte Feststellung »Rose ist eine Rose ist eine Rose ist eine Rose« (oder: Eros ist Eros ist Eros ist Eros) auf. Stein griff die Wendung in späteren Werken mehrfach wieder auf, etwa in »Die Dinge liegen auf dem Tisch« (s. S. 207), in ihren »Strophischen Meditationen« (s. S. 294) oder *Die Welt ist rund* (s. S. 444), und behandelte sie auch in einigen ihrer Vorlesungen, etwa »Poesie und Grammatik« (s. S. 307).

Bete in Beeten und Betten.
Frauen großer Männer schlafen bestens.
Komm geh bleib fillip fillip.
Ei davon machen.
Platz für Nussnießer.

Sagen wir zwanzig pro Cent.
Das ist Rose pro Huhn.
Eines schönen Tages.
Eine feste schlimme fest schlimme Hinderung, eine feste Hinderung hat Lichtblick noch Pin noch.
Mit Ei sich bekleckern.
Ei in drauf Pochen.
Auf ein Couvert.
Mir fehlt nicht.
Wer Plazet.
Ich liebe achten und ehren ich liebe achten und ehren und ja sage ich.
Melancholie singen Lippen.
Wie alt er ist.
Murmel mein Lieb murmel mein Lieb murmel mein Lieb.
Meer schwillt Meer schwillt Meer schwillt Meer schwillt Meer schwillt Meer schwillt Meer schwillt Meer schwillt.
Süß und gut und allen gut.
Kopf Last.
Bubi tipp sacht.
Bubi tippe.
Sacht.
Kopf Last.
Setzen wir uns.
Ich denke es wird zum Ende kommen, ich denke es wird zum Ende kommen.
Pate n-te Patente Pate n-te Patente.
Elf und Acht zehn.

Albern sagt mehr als.
Vögel meistern Vögel meistern Preis Vögel
preisen meist Preisung meistern Vögel meist.
Gemeiner Stil beißt.
Wie geht es dir ich vergebe dir alles und da gibt
es nichts zu vergeben.
Nichts desto minder.
Überlass das mir.
Trauerkleid ohne Papier.
Trauer ohne Papier ist unerlässlich.
Links wieder liegengelassen.
Außergewöhnliche Rücksichten.
Nicht desto minder Zärtlichkeit.
Ruhende Kuh Vorhang.
Ruhendes Gespann.
Ruhende Kuh Vorhang.
Ruhendes Gespann.
Neben dem Rahmen.
Einziger Hut Haar.
Lass uns Weihe lass uns. Lass uns herein. Lass uns.
Lass uns herein lass uns.
Summen ist.
Kein Klima.
Was ist eine Größe.
Nimm ab was ich tu.
Bunter Rahmen.
Doppelt gerieben.
Nimm ab was ich tu.
Summen sagt mehr als Summen, sagt mehr als
Worte.
Was ist eine Größe.

Kein Klima.
Nimm ab was ich tu.
Wird geben, mit Freuden geben.
Gern geben, mit Freuden geben.
Welche Überraschung.
Nicht eher sei's.
Hochachtungsvoll.
Pause.
Hochachtungsvoll.
Nicht eher zusammen.
Hochachtungsvoll.
Einzustreuen, einzustreuen.
So sind wir eins und untrennbar.
Verzicht harte Nuss.
Jetzt ohne Blick zurück.
Ich werde sie dir heute Abend geben.
Raffinesse sagt mehr und sagt Raffinesse mehr als höchste Töne.
Ich hätte gern tausend aller meist.
Herz stechendes Blatt.
Elektrik ist kurz Elektrik ist weiß Elektrik ist Knopf.
Erstdruck.
Kürzlicher Fingerhut.
Lärmende Perlen lauter Perlmuff.
Ordne.
Ordne weit gegen.
Gegenüber.
Lilien Eiskreme.
Nichtsdestominder.
Eine Marke ist Willie.

Henry Henry Henry.
Eine Marke ist Henry.
Henry Henry Henry.
Eine Marke ist Willie.
Henry Henry Henry.
Immerzu.
Eine gereckte Brust.
Wenn du erlaubst.
Lizzie wenn du erlaubst.
Ethel.
Ethel.
Ethel.
Neben Coiffure.
Neben Coiffure fortan.
Neben Coiffure forttun Geschirr.
Neben Coiffure forttun Geschirr Glas.
Neben Coiffure Geschirr und Glas.
Neben Coiffure und Geschirr.
Neben Coiffure und schnell.
Neben schnell.
Neben schnell und Glas und Geschirr.
Neben schnell und Glas und schnell.
Neben schnell und schnell.
Neben schnell und schnell.
Klarer Fall klarer Sicht.
Kitzel kitzel kitzel dich zur Belehrung.
Eine sehr günstige Beere.
Sagen wir ein Sortiment rückwärts.
Bubi betrüben.
Korallenhals und kleines Lied so sehr extra so sehr Susie.

Kuh komm raus Kuh komm raus und raus und riech ein bisschen.
Zieh hübsch.
Neben die Blüte.
Saubere Strecke.
Platz reichlich.
Blumenkohl.
Blumenkohl.
Vorhang Bubi.
Schürze.
Nichts davon bester Satz.
Zieh ich dir solche Fratzen.
Winzling.
Kein Schreiben kein Schreiben anderer.
Weiterer.
Überlege.
Jack Rose Jack Rose.
Garten.
Sie alle praktisch.
Glaubt es.
Meistere einem Meister eine Metrik oder.
Was hübsch ist was hübsch ist was hübsch ist.
Oben sein.
Vergiss Waldberg.
Schlagartig sag separat.
So groß so groß Emily.
Säum Gräten säum Gräten Emily.
Zaubern buchstäblich.
Ring.
Wieg Proben vom Pfund.
Gereifte Schritte.

Stehen bleiben.
Kein Plan verbeugt.
Warum sind Schnüre.
Klein-Klemme.
Kalte Pfirsichspalte.
Erlaube mir Status erlaube mir Status erlaube
mir Status zu melden.
Erlaube mir Status erlaube mir Status erlaube
mir Status zu melden.
Räder joch Räder joch.
Boshaft.
Kattun könnte grenzen weniger.
Nichtsdestominder.
Anne.
Analyse.
Aus Sicht allen Weißes ist eine Woche nicht viel.
Rosa Koralle weiße Koralle korallrote Koralle.
Froh froh froh.
Alles gewählte.
Ist eine Unerlässlichkeit.
Unerlässlichkeit.
Froh froh froh alle.
Froh froh froh alle.
Unerlässlichkeit.
Bleib sitzen.
Komm schon komm schon komm schon schon.
All die nächsten.
Bleib sitzen.
Froh.
All die.
Unerlässlichkeit.

Bleib sitzen.
Alle, nächsten.
Webster und Gruben, web Ster und Gruben.
Webster und Gruben.
Lavieren.
Gold zwischen Gold zwischen Zehen.
Zweien, zweien.
Gepinnt an das Schreiben.
Von gesellen.
In Gesellschaft in.
Empfang.
Muss.
Natur schnüre.
Prass auf.
Prass auf Länge.
Prass auf Länge.
Länge gründlich.
Präzision.
Präzision Präzision.
Ausgezeichnete Schnurarbeit.
Ausgezeichnete Schnurarbeit kurz dicht.
Dicht an.
Wenn.
Pinschwarz.
Spuck oder aus.
Schimpfe.
Schimpfe.
Präziser Pin.
Gepinnt an das Schreiben.
War es ein zwischen war es ein zwischen war es
ein zwischen zum Sehen.

Weder Dinge.
Personen.
Übergang.
Sag sag sag.
Nördlich des Kalenders.
Fenster.
Ruhende Gestalten.
Sparen Zug.
Gerissener Stapler.
Nebst Gelegenheit.
Äpfel.
Äpfel.
Äpfel gingen.
Es war eine Gelegenheit den Samstag zu predigen.
Bitte komme zu Susan.
Zweck Zweck Schwarz.
Extra schlichtes Besteck.
Furiose Schlappen.
Raison annehmen.
Rosinenkonfekt.
Schau Plätze.
Nette Nezars.
Wie Cremedose Dosis Creme.
Auf Papier die Tinte etwas mein atmet zu schulternden Schein.
Unerlässlichkeit.
Nahe Glas.
Lass den Herd lass den Herd heiserer.
Wäre ich sicherlich wäre ich sicherlich.
Sieh sie sagt.

Stets gleiche helle.
Helligkeit.
Wo Schaum sag hoppla wo Schaum sag hoppla.
Schütt schüttere Prozent.
Wenig zweigt.
Blass.
Blass.
Blass.
Blass.
Blass.
Blass.
Blass.
Nach Sichten.
Beflissen sortiert.
Beispiel.
Beim Spiel.
Leg was nieder.
Leg was nieder einst.
Leg was nieder einst in.
Leg was nieder einst in meine.
In meine Hand.
In meine eigene Hand.
In meine Handschrift.
Leg etwas nieder einst in meine Handschrift.
Nie minder.
Nichts desto minder.
Nichts desto minder.
Extremer.
Nie minder extra Metrik.
Nichts desto minder.
Inniger.

Gewohnte Sicht.
Perlen.
Richtig reihe.
Schultern.
Gehobener Status.
Bloß Farben.
Neueste Aufhörung.
Such Nadeln.
Alles die reinste alles die reinste Show.
Weißes Papier.
Schlappen.
Schlappen drunter.
Nichts sagend.
Ich wage.
Ich wage zu.
Ich wage zu zu.
Ich wage zu.
Was ist eine Winterhochzeit Winter-Hochzeit.
Bestuhle.
Bestuhle bestens.
Wiederhole bitte.
Wiederhole bitte für.
Wiederhole bitte.
Dies ist Name der Anna.
Kissen und Birnen.
Raison spitzt.
Raison spitzt zur Widerlegung zur
Wiederlegung Teppiche.
Marmor ist Durchfahrt.
Nüsseln ist Spucknapf.
Das ist ein Wort.

Das ist ein Wort hingeworfen.
Papierpfirsich.
Papierpfirsiche sind Tränen.
Ruhe in Trauben.
Durchaus gebraucht.
Durchaus gebrauchte Zeichen.
Bis auf.
Ablösung ablösen.
Argonauten.
Das ist reichlich.
Raffiniertes angelsächsisches Attribut.
Attribut der Schönheit.
Fingerhut von allem.
Raffinierter Kleefingerhut.
Raffinesse vor allem.
Raffinesse des Fingerhuts.
Raffinierte Raffinesse.
Inszeniere Haustiere.
Nächtliche Stadt.
Nächtliche Stadt als Glas.
Ton Mahagoni.
Ton Mahagoniherz.
Rose ist eine Rose ist eine Rose ist eine Rose.
Schönheit extrem.
Extra Gamaschen.
Schönheit extrem.
Süße Eiskreme.
Seit reif Seit reif Seit reif.
Tabula rasa Tabula rasa kabel Kabel.
Süßer als Pfirsich und Birnen und Creme.
Kabel rasa Kabel rasa.

Extra extrem.
Die Meister preise.
Meisterpreiser.
Tafeln lese.
Gepflegte.
Knete.
Genug jetzt.
Kelch oder Kelch d'or.
Übertrieben illegitim.
Pussy Pussy Pussy was denn was denn.
Gerade heimliche Nieser.
Immer.
Dank für den Hund.
Medaillon macht Medaille.
Möglicherweise möglichst.
Grünes Licht und ein Schreiben sprach vom Gang zu Grün oder Lob oder Verehrungen zu Ehren zu ehren.
Tür.
Tu ihr.
Tafelleinen.
Feuchter Sudel.
Feuchter Sudel Gamaschen und Knie und kleine Beulen kleine Beulen oder Seidenscheide bereit.
Und wenn Missus misst.
Locken zu Butter.
Locken.
Locken.
Legen streckt.
Sieh bis zu.

Louise.
Sonnig.
Segelt oder.
Segelt oder rauscht.
In Tau steckt Trauer.
Die Art zu sagen.
Schwatzen.
Zum Geschäft gehört ein.
Dieb.
Ein hohes b und perfekte Sicht.
Kleindingesinger.
Jane.
Ziel.
Nicht Schilderung.
Alltäglicher Art.
Ein Schock ist entzückt.

IIIIIIIII.

► Unklar bleibt, ob es sich bei diesem Titel um zehn Personalpronomina (zehnmal »ich«) mit abschließendem Punkt handelt, also um einen Satz, oder um eine Reihe römischer Ziffern, wie es der in Klammern gesetzte Zusatz (*ten*) des Inhaltsverzeichnisses von *Geography and Plays* suggeriert, oder bloß um einen graphischen Hingucker.

Von Stein als Drama bezeichnet, ist der 1913 verfasste Text der experimentellen Phase des konkret-poetischen Stils der Ära von *Tender Buttons* zuzurechnen, obwohl »IIIIIIIII.« bereits verteilte Rollen vorzusehen scheint, wie sie in den späteren Stücken und Spielen auftauchen.

Hinter den abgekürzten Namen verbergen sich »reale« Personen: Freunde und Bekannte Steins, Dauergäste ihres Salons in der rue de Fleurus. Nur einige der Kürzel, etwa die für die amerikanischen Maler Marsden Hartley, Paul Chalfin und Alfred Maurer, den Archäologen Thomas Whittemore oder den deutschen Künstler Arnold Rönnebeck, lassen sich eindeutig zuordnen.

INKLINATION.
Spiel, Melodie, Eile, Löffel, Delikatesse, stumm, Torte, Forstmann. Vornehm, Rohr, Läufer, Inklination, Tafel, Tor, Licht, Pflicht.

BANKETT
Kaffee, Krächzer, Glas, Löffel, weiß, Gesang. Wählen, Sortiment, in Sicht, Blitz, Garten, Geplauder, Tinte, Fluss, Durchschuss, Morgen, Feierlichkeit, außer Sicht, Empfang, Stunden, Glas, Bauch, Gebot, Blitzen, Kurzbeitrag ertragen,

Ausweitung gutheißen, weniger als Radio, mehr Gewissheit. So viele Wechsel. Aller Rat ungenießbar und Prunk geplatzt.

Vorwärts und eine Schnelle und nicht zu verwechseln mehr absolut. Sicheres Licht, mehr Stahlschränke nicht länger Tresor vor Trennung.

M-N H-.
Ein Koch. Ein Koch kann sehen. Zugespitzt uniformiert, Verausgabung in einem Medium. Ein Koch kann sehen.

Besorge was schlimm ist, besorge was schändlich, besorge und ordne.

Eine Stecknadel ist eine plumpe Pointe und piesackt und kombiniert und mehr viel mehr kurz gesagt.

Rad ist, Rad ist Eiche. Räuber. Höhe, Alter, Kilometer, Pflaster, Fußpunktkurve, mehr Ordnung.

Backen, eine Scheune hat allen Grund und mehr verspätete Haferkekse besonders.

Gummischaber haben, Halter und Kohle, aufrecht, im Stehkragen. Ein hässlicher Südwester ist stets ein Aufstieg gealtert selten erreichtes Abschmecken zeitig, notwendig weiß, Stundenglasur.

Brich Himmel blau licht, verblümt, Teppich am Stück, im Pulk. Ein Laut.

COO-GE.
Fülle mit Tinte und starre und grinse. Tupfe das Zarte und Feder und weiß. Weiß fremde Feder.

M-N H-.
Nicht mittags rücklings. Nicht Mittagshocker, keine Sonne im Sinken und Teppich vollkommen umzingelt.

Keine Stuckatur. Nichts.

Nicht Pulverpfanne und Pan-Cakes. Nicht verwandt unbedingt. Nicht verwandt.

Zeug mitten im einzigen Sand und in die Hütte geschoben.

Keine Menge Unsinn. Keine Eulen gespiegelt bestimmt.

Perfekte Zitrone und Schnitt aus mittigem Schwarz. Nicht diese Vernebelung. Ein Zucker, ein zahmer Zucker, gewiss. Nicht Abstinenz nicht Silber Asche Becher.

M-N H-.
Eine Koexistenz mit Nuckeln und Löffeln, und Löffeln. Eine Koexistenz mit Orangensouper. Ein letztes Flicken. Ein Betteln. Soll der Sturm ausgemerzt werden, soll er.

M-N H-.
Ein Laut ist in bester Gesellschaft. Er summt und rumort, er wirft den Hut keinesfalls hoch und keineswegs speziell aufs Pflaster. Die Armseligkeit ist ein Sortiment und alles nicht mehr höchstens ein Taschentuch und groß.

POINTEN.
Der Abtausch der phantastisch und redlich und durchwachsen ist liegt im Autor hauptsächlich im Stück.

CH-N.
Eine Einheit ist die Zwischenzeit einer Vereinigung. Ein Teilungsfall ist ebendas, ängstlich und gemieden und selbst wenn, ist er dann anstatt von Pannen, ist er in dem Teil das Zögern erhellt.

Die Jugend und das Schachbrett und die überall akribische Farbe, das und die Aussicht auf bunte Blumen innen liegt nicht im flüchtigen Blick. Schachmatt ist ein Umstand und mehr mehr wohnt inne.

GETRIEZTE STELLEN
Im unpräzisen Wort das erteilt wird und in der Schuld ohnegleichen ist der Kern der ganze Kern verkoppelt. Das ist gewollt.

M-N H-.
Hunger ist nicht Hast und ein Schweigen und nicht mehr als immer, ist es so genau nicht und das verwendete Wort ist da.

T-S WH-.
Ein Einschnitt an Treuhänden und schwarzen Tönen die nicht Teppiche sind ziemlich sicher nicht Teppiche und nicht haftender Stoff aus Sackleinen der nur an der Luft draußen hängt. Das macht einen Durchbruch kostbar und nicht seltsam nicht seltsam anstelle von mehr Nutzen. Nicht seltsam im Sinne von Schnelle.

M-N H-.
Der baldige Stand und der Gestandene hat je nachdem grelle Soldaten und friedfertige sonst.

J-S B-E.
Ein Wandelgrund ist ein solcher der zwischen Morast verstohlene und weiche Stellen aufweist wie sie feucht sind vor allem mitten im Sommer. So viel Nass glänzt unbedingt und die Klappläden alle Klappläden sind kleinlaut. Ein Schwaden geschnittenen Grases ist bedenklich dem Geruch bedenklich und allem meist.

S- NS.
Ein dunkler Grund ist nicht vorwiegend schwarz getönt und schmutzig gesichert und viel Austausch geschieht im Angesicht und so viel Schwamm drüber bei Reden an denen zu feilen bleibt.

J-E B-E.
Eine enge Wäsche als Stückwerk ist im besten Sinne erstaunlich. Zwischen, in, um und bei, und nicht mehr Sünde, vielmehr Garderobe gesegnete.

M-N H-.
Punkt, Gesicht, Bildgrund, Spiel, Akzent, spüre oder, wäge Vorwissen, schnäbele bald weiter, so sauge auf, und ein Eisen.

W- IE C-N.
Weise eine Rose, schau ein Boden, schau den Sattel, schau ein Mönchsbaum, schau ein Sandbaum, vertraue auf Saures nützlich bei Ansprachen.

Sieh die Wiese in Wiesenlicht.

Der Tadel ist notwendig eine Unterbrechung im Lot.

L-E.
Die Naht zwischendrin ist zaunlos.

E-E.
Die Naht der meisten engen Beine sind loser und nicht anständig verlässlich.

K-Y.
Die Entzweiung ist Bild für die Götter.

R-CK.
Schokolade ist alarmierend an alten Stellen, Schokolade ist Donner.

Nähe zu trockenem grünem Sauergras ist gestern und morgen und wechselnd.

CH-N.
Güte ist nötig und vergossenes Eisen Leihgabe. Die beste Lösung ist ein williger Knutschfleck und viel alles aus dem Schnitt Fließende.

ALF-.
Jacketts mit Boutonnière und Glas, Jacketts ganz auf Gegenkurs.

Ein Dreieck leidet an wiederbelebten Socken und Beispielen.

Frieden liegt in.

Keinem Vergießen und einem Streit, keinem Vergießen und kein Vergießen winkt man herbei. Ein Ausruf ist speziell.

CH-N.
Eine Heldenmiene zu Recht benannt und besonders, besonders und in sich verschlossen und Adler.

Eine Marke und ein Glas und ein guter Priem, ganz der Sänger.

R-CK.
Hehl in der Saison macht das Verlangen nasser. So viel Hüllung, so bestens in die rechten Stücke zu sägen das Klirren und Stille. Der gestaute Ozean, die verspeiste Reine die keinen Schnittkuchen enthält, derselbe nur andere Klee ist am besten, ist das Beste.

K-Y.
Warne, warne alle, warne die Wolken und den Hafer und den Spürhund und die Lichtung und die glückliche Delle und das triefende Fenster und das Klettern und die Korrektur.

M-N H-.
Schließe die Kammer in der Tür, so gut und so schwach und so buttrig. Schließe die Brust raus, schließ sie nicht ein.

ALF-.
Verbrechen, Verbrechen ist eine Art sichere Anklage, Verbrechen ist ein Zahnstocher. Ist es. Es hat Meriten. Ein x-beliebiger Stock der etwas von Ersticken hat wegen vorhandenen Leders zeigt Kleinmut.

Ein Lorgnon, ein Gelb- und Hals-Schmucktyp, eine spezielle Art zu datieren und jedwedes gefällige Register bedeutet nicht leicht zu ersetzende Mäuse.

L-E.
Ein kaltes Setzei, ein Satz gemeinsam ist lebhaft.

ALF-.
Belfernde Sonne, eine bessere Art Montage zu ordnen, ein Wust übergangener Donnerstage, sie alle hängen irgendwie zusammen.

E-E.
Eine weiße Hochzeitstorte meint ein weißes Etwas, und so ist nichts mehr in der Flasche, kein Wasser wächst nach.

Ein höchstwahrscheinlich verratener Ort ist was lieber nicht erwähnt wird, am liebsten nicht.

Der Anstieg betrifft Klassen in Mänteln, ganze absonderlich rätselnde Klassen.

Die beste Art das alles unterzubringen ist in Happen, so ist es auf jede Weise speziell.

S-NS.

Raffiniert, sehr raffiniert. Pfiffig, sehr pfiffig, kritisch, nicht nur sehr kritisch, kritisch kritisch.

ALF-.

Zum höchsten Stück bearbeiteten Inventars hochzusteigen ist keine Sammlung. Es gehört hinter Glas.

M-N H-.

Eine Sonne im Schein, und ein so und ein so geholfener Winkel ist dasselbe wie der ganze rechte.

DIE HOCHZEIT

Nicht umsonst bringt die Reihe Mengen unter ohne Mahlen. Ausstattung ist das eine, Individuelles spitz. Käfer, nur gereifte Töne sind hitzig, eine Dose in Muße und ein voller Schwamm, eine Dose für alle Fälle und der Wachs will kommen, eine Dose, ein einzelnes Loch, ein wild suggestiver Wald, ein halber Teppich und ein Kissen, ein schwellendes Kissen, ein Hemd als Wolke, eine schmutzige Not, ein graues Ding, ein dünnes Ding, ein langer Ruf, ein Wunder, ein Überwurf aus kühlem Öl, eine Zuckerdose, ein klarer Unfall, Ergebnis als Großtat, ein Polyp, jeden Typs. Ein Cape, in kühnen Klappläden, in kühn klappenden und gleichbleibenden Klappläden, gleichbleibenden Klappläden und Klimaxen und Gefühlen und warte mit dem Wechsel, geleintes Haustier und ein Revolver, der gewählte Kredit, der angeeignete Kuchen in Stücken, die Art zu schwimmen.

B-B-B.
Eine Sprache im Bad und im Schlafrock bis zur Präzision und wahrscheinlichen Vereinigung und einem einzigen Persianer und einem nicht ganz farbigen Druck und einer Dämmerung die keine ist, und eine Nadel trotz alledem, und eine Nadel nicht zu teilen und eine Nadel mit Stein.

W-IE C-N.
Ein plötzlicher Sturmlauf in den Wald und ein plötzliches Zögern in einem Becher Wasser eiskalt und ein dunkler Sonnenschein und eine Bedrängnis, eine Länge in allem.

T-S WH-.
Eine Art Katarakt ist ein nutzloser Auftrag.

LOCKEN
Der erstickte Teil eines lauten Lauts in einem alten Stück Glas geht vor, er ist greifbar und so fort und keinesfalls lärmend. Die beste Art und Weise ist bei der eigenen Art zu bleiben und zu überlegen. Die beste Art ist immer lebhaft durch eine Art heiseres Flüstern. Ein Klappladen ist licht nur wenn es einen Witz gibt. Das hat keinen Zweck.

ALF-.
Ein Geburtstagskuchen ist am Morgen wenn es keinen Zweck hat zu schlafen. Angenommen um neun ist Zeit, nutzt es je weniger oft es sieben ist umso mehr einen Witz zu verleihen. Jede nette Art zu bleiben ist länger als nötig und zu der

Versuchung der wahren Versuchung kommt es nie, es gibt das Entreißen und es gibt eine Art reifen Käse der gerade erst wird.

Einsteigen und steigen sind die Arten der Veränderung und die einzige Hoffnung ist das was da ist, wenn es sich nicht jedes Mal von allem unterscheidet.

J-S B-E.
Gute Miene und Ordnung und Biss, eigentlich ein bisschen und Sorge und Haben und ein Urlaub und eine lange halb untergebrachte Hutschachtel und mehr Silber und mehr in Silber in manchen und die Knöpfe an einem Hut und ein milder Markt und Ziegen und keine Mäntel Donnerstag und alles stramm und Wanderschuhe voraus Gräser und leichter Weizenanbau, das alles ist ein Arbeiter und viel Brot und eine Art Tarnung von unvorkommender Art.

SCHLÜSSEL
Eine wilde Taille und ein einfacher Ruck und Blust und das Beste am Schluss irgendwie, Hut, Herz, Haut, Hab, Innen, ein Bild, hart an, alledem, schwarze Stunden, Kohlewagen, Goldnase, Magnolienholz, Lockenpacken, halb in, alledem, spitze Lauscher, kalte Küche, im Glas.

SCHLÜSSEL
Warum sind Schichten seidig und Altwerke erdig und bunte Engel so üppig. Warum sind Handknöchel ruhiger und Nadeln klobig und Kühne im Rennen bang. Warum sind die Wilden streng und das Alter bald da. Warum sind die Besten alt und wirken schuldig und wie ein Beschluss, so entschlossen.

CH-N.
Begeisterung, Vorsicht, kaltes Herz und elegantes Beispiel, eine gewundene Gasse und eine Treppenhausmitte, ein vollkommener Gift-Fauxpas.

CH-N UND R-CK.
Ein Prasseln kurioser Nadelkissen von der Pfanne aufgefangen die kommt.

Breit auf der Straße bringt die doppelte Verpflichtung zum Stottern, Schlagseite im Gang, Schlagseite.

Schlagseite wenn und alle kamen aber wenn es für war und das Hindernis und dies.

Ein Domizil.

CH-N R-CK UND M-N H-.
Hiermit teilen wir mit dass wirklich keine Unverschämtheit im Fahrradgeschäft steckt. Hiermit teilen wir dies.

Hiermit teilen wir mit dass kein Belgier stark ist, seid wundersam.

Wettet Nutzen im Kommen.

M-N H- UND ALF-.
Eine Gelegenheit alle Kabel alle Handtücher und alles zu verkaufen was genutzt wird, wird nicht genutzt.

Ein kaltes Mischmasch heißt Sägemehl und heiß genug, genügend heißer Heizstoff.

Nicht rigoros kürzen.
Eine einzige Rede ist drin, ein Humus. Ein einziges Reden. Ein Aufschneiden. Ein Aufschnitt. Ein Komplott. Ein Konto. Ein Komet. Ein Moll. Ein lebe der König. Ein Mietobjekt. Eine Kürzung.

B-B-B.
Ein Schauder gibt ein Schütteln. Ein bisschen grüne Brise gibt eine ganze grüne Brise und eine Brise ist zwischendrin. Eine Brise wird umworben von einer Woche Nass und insgesamt eingeseift, alles was im Nebel weilt. Der ganze Ballast insgesamt.

RUF
Ausgebrochene Kühe fange lieber ein mit Morast und Resten und kleinen Stückchen Gewinn und weiteren Stahltüren einem besseren Ächzen und einem Kreuz und einem kühlen Stil und Rufen, frühem Steigen und höchster Leidenschaft und Glück und Glück und Glück. Nicht weithin Leuchtgas.

▶ Aus derselben Periode, 1913 bis 1921, stammen die folgenden sechs Gedichte, die erst posthum, 1953, in dem Sammelband *Bee Time Vine and Other Pieces* veröffentlicht wurden, hier in »Übertragungen und Lesarten« von Marcel Beyer (»Bee Time Vine« / »bien dein stein« und »Tillie«/»Tillie«), Ernst Jandl (»The Ford«/»Ford namens Tante Paula« und »A Lesson For Baby«/»soxn baby«) und Oskar Pastior (»Dates«/»Termine« und »Curtains Dream«/»Traumhafter Auftritt«) aus dem wunderbaren, vom Arche Verlag vorgelegten Auswahlband *Spinnwebzeit*.

bien dein stein

bien dein stein bin stein trost bimsstein trost.

bin stein bin stein bin stein trost, bin stein bin stein bin stein.

rangel spargel keine starke räude keine diese unterwäsche wäschestärke keine abzeichnung. keine in der mischung befleckung und ein zahn. liebe fühllos zickelnd mit kleinen bonbons und ein mund und nässen vernachlässigt kittchen kittchen voll ver stehen kühne kurve mit latze und drunter, drunter weißes, politur und tausche wasser mit stuß gegen ruß und unter gegen das kätzchen das ein bock ist. war schon geil.

rückruf. rückrufer auf das sofa mit und flecken vier und kühlschul schminke und unternütz das niemals weiht und mehr gehfällt damit. bitte wett.

geh graus.

ein koch macht keks und niemals weniger nichts weniger knirschend was sei wann. heute mittag.

Oh je ein liebchen das näßt die prügel das beinen wachs so und es war ein ring es war das angesagte einwichsen zurechtstutzen. recht so.

keine lust an zweien.
kein zwirn in zweien und ein sitz nett.
linoleum.
falls petroleum wasser heißt und eine erinnerung und fein.
welches kittchen.
blätter drin, schiff nicht.
dies ist ein schwatz.
schlicht schmier im deckel.
deckt es, deckt es, kleines lämmchen,
kein stein, hahnenkorb hämmchen.
blättchen wie nicht.
gentaue, zeil.
eile keschwind.

wehn us, schoß hundgen us, hell bogen mit hirn richtung. laß es lein. ein geh wimper zieh vom leder peitsch. lippen stück. kein zuckerlecken. abschlaffen.

wir nicht leck. linksrums. näsel, nasitz nixsicht. nicht wir wann. kippe, asche kippt. alles das, kalt. nächst dingsbums.

pinkel schwindel. alles.
weg maul, studi, schnittlauch, seih, so,
es, aller, lust, ticks, test, best.

Marcel Beyer

* * *

Tillie

Tillie racker Tillie racker Auge Öhnsehn Öse STRAHLEN STRAHL oder SCHÜTTEN SCHÜTT, Tillie racker Tillie racker spät innen SCHALEN SCHÄL Ohr Öhren Öhr HÜLSEN HÜLS ölen Öl MUSCHELN MUSCH, Tillie racker Tillie racker RASIEREN RASIER innen näh zu zus doch zus, Tillie Tillie wie was weiß wie weiß wo, wie, Tillie racker wie wo öffne so oder Tillie racker. Tillie leg dich Tillie liegend Tillie liegend, Tillie Linde, Tillie Tillie, neben einer sauren Brücke, neben einer Pfanne Wischer neben Besteigung stimm zu neben, stimm zu stimm zu.

Marcel Beyer

* * *

Termine

I

Fisch.
Fisch für die Nachwelt.
Gut zum Einpacken.
Fisch.
Fisch für die Nachwelt.

II

Weiterstrampeln.
Weiterwörteln.
Schnepfen & Waffeln häufeln.
Stapeln.

Waffen & Wappen.
Welt erneuern.
Welt erneuern Welt erneuern.

III

Läuse knacken.
Federläuse knacken.
Federplattenläuse knacken.
Gemeine Feldläuse knacken.
Gemeine Federfeldläuse knacken.
Gemeine Plattenfeldläuse knacken.

IV

Überspringen.
Übern Donner springen.
Schatten vertrauen.
Vertrauenswürdig sein für Schatten.

V

Spanisches Zeug.
Schwierig. Schmierig.
Soda Soda.
Soda Soda.

VI

Mittwoch.
Kein Fußbreit Durchkommen.
Dienstbarer Geist.
PS. Und gib was zu essen.

VII

Galle Milz Schierling.
Gestolper.
Giftschaukel.
Ergebenste Giftschaukel.
Gebete.
Eirene.
Da, zwischen & durch.
Comics. Kismet.
Komet.

VIII

Naß jetzt naß jetzt naß jetzt Matjes. Naß jetzt naß jetzt naß jetzt Matjes.

IX

Dichter als irgendwas.

X

Das Kollegium erweitern.

XI

Überfällig.
Überfällig.
Fällig.
Fällig.
Fällig.
Fällig.
Über über.

XII

Kene Nachtbreit Spalt.
Maulig die Maut.
Karenz nein Kain bis Kübel. Karenz nein
Kain bis Kübel.

Oskar Pastior

* * *

Traumhafter Auftritt

Abmessendes Schätzen.
Schätzendes Vermessen.
Wir messen und messen und schätzen daß
das nach menschlichem Ermessen Godiva
sei gemessen an Didis Tanz das macht die
Distanz die Liesel wie Lisa durchmaß bis
ihr ganz schwindlig war indes Godiva mit
Abstand und bei weitem stark im Gang
aus dem Gesang am Gong entlang auf die
Verlängerung Mariens sann.
Mutmaßlich war sie das.
Maßgeblich dies.

Oskar Pastior

* * *

Ford namens Tante Paula

mia maanen des eanscht.
Tant Paula gaunz im eanscht.
mia maanen des eanscht.
mia san uns änech.
weamma scho seng.

Ernst Jandl

* * *

Soxn Baby

wos is a müch. a müch is a mund. wos is a mund.
siass. wos is siass. s baby.
soxn baby.
wos is a gmisch. imma guat
wer's imma guat. ka r aunung.
soxn baby.
wos is a melone. wos runz.
wer is wos runz. s baby.

Ernst Jandl

▶ Auf Anraten der gemeinsamen Freunde Carl Van Vechten und Mabel Dodge hatte der Dichter und damalige Redakteur der *New York Times*, Donald Evans, Gertrude Stein vorgeschlagen, einen Band mit Bühnentexten herauszubringen. Stein bot ihm stattdessen drei Manuskripte an: »Gegenstände«, »Futter« und »Räume«. Die Textarrangements erschienen schließlich im Juni 1914 in Evans' Verlag Claire Marie unter dem Sammeltitel *Tender Buttons*. Von der Kritik weitgehend ignoriert, wurde das Werk – da so unerhört, so noch nie gehört und ROSE dem EROS so eng verwandt – rasch zum *succès de scandale*. Die »Dinggedichte« sind Steins Versuch, das, was sie sieht, so zu erfassen, dass es »nicht *im* Sprachobjekt repräsentiert, sondern *als* Sprachobjekt präsentiert« wird.

Hier können nur einige wenige Beispiele gegeben werden, erfreulicherweise in der Übertragung Barbara Köhlers (*Tender Buttons – Zarte knöpft*, Suhrkamp Verlag, 2004). In den Anmerkungen (s. S. 461 ff.) gibt es dazu Überlegungen, die Stein in ihrem letzten Lebensjahr rückblickend anstellte (in dem 1946 mit Robert Bartlett Haas vereinbarten »Transatlantischen Interview«).

Aus dem Abschnitt »Gegenstände«

Ein Stück Kaffee.

Mehr vom doppeln. Doppelmoppeln.
Ein platz in keiner neuen tafelrunde.
Ein bild allein prunkt nicht. Dreckig ist gelb. Bezeichnenderweise ist von mehr keine rede. Ein stück kaffee macht kein dingfest. Der anklang an gelb ist dreckiger und deutlicher. Die mixtur pur wär weisser und nicht kohlschwarz, niemals mehr kohl schwärzer als alles in allem.

Das sichten einer begründung, dieselbe sicht schlichter, die sicht einer einfacheren verneinung, dieselbe wunde gesunder, die absicht zu wünschen, dasselbe prunken, dasselbe mobiliar.
Die zeit zum zeigen einer nachricht ist wenn es zu spät ist und später keinen behang der befallen ist gibt.
Eine nicht gerissne rosenholzfarbe. Falls das nicht gefährlich ist dann ein genuss und mehr als jeder andere falls es billig ist nicht billiger ist. Die amüsante seite ist je eher da nicht weniger sind desto gewisser lässt auch die not nach. Vorausgesetzt rosenholz und eine farbe gehörten zur sache. Vorausgesetzt da war kein grund für kummer und vermutlicher für eine nummer, vorausgesetzt es gab keine verwunderung, hat's keine not verwunderung unterzujubeln.
Das regeln bahnhöflicher reinigung ist eine bahn nicht zu zersplittern zerstreunen und streun. Die einbahn gebräuchlichen nutzens ist seife und seide zu nutzen zum putzen. Die eine bahn leinen zu sehn ist einen plan zu haben zum bündeln von illusion und illustration. Die perfekte bahn ist es das ding daran zu gewöhnen dass es ein futter hat und die form eines bands und fest zu sein, recht fest im stand und schwere zu nutzen im morgengraun. Darin ist es leicht genug. Hat es diese form aufs feinste. Aufs allerfeinste könnte nicht übertrieben sein. Auf allerenergischste könnte aufrichtiges schlappmachen sein. Könnte komischerweise schmeichelhaft sein. Könnte im ganzen nicht komisch sein. Könnt nicht komisch sein zu.

Eine Taille.

Einen stern schnuppen, eine einsame irre finsternis, eine einzig finanzielle heugier.

Gegen stand im wald. Halt die pinie, halt's das dunkel, halt ein rausch ein, geh auf den grund.
Ein kristallteil. Ein wandel, in einem verwandel was bemerkenswert ist gibt's keinen grund zu sagen dass da eine zeit war. Ein wollig gegenstand vergoldet. Eine ländliche kraxelei ist die beste blamage, einige übungen wovon jede üblich bleiben so übrig.

Ein bisschen von einem Becher.

Ein erhellendes merkmal des gelben besteht darin mehr derselben farbe gewesen zu sein als man hätte erwarten können beim kauf aller vier. Dies war die hoffnung durch welche die sechs und sieben keine weiteren plätze brauchten und dies sich notgedrungen ins nichts erstreckte. Ins nichts erstreckte.

Ein bisschen heisst Pauline.

Ein bisschen heisst alles zeigt zittern.
Komm und sag's was druckt ganztags. Eine ganze menge wassermelone. Da gibt's nichts zu poffen.
Kein pfennigabsetzen und kaum dekor und wähle großspurig und kleine gamaschen und richtig wenig gewürze.
Kurzes schnür bringt siedepunkten. Das stimmt nicht.
Grundgütiger und ein stampfen ein blau grün weiss bog ein blau grün dünn, dünn neigt zu spitz.
Falls es absurd ist dann ist es bleilich und beinah eingesetzt wo's einen knappen gipfel gibt.
Ein friedliches leben um ihr aufzugehen, nun und muhn und

muhn. Ein buchstab eine kalte buchse eine decke ein schabhaus und fast das beste und feste fenster.
Näher im feesee, näher und ferner, hat sehwittchen licht in sicht, zeig einen stich von zehn. Zähl, zähl drauf dass dicker und dicker sich dünnmacht.
Ich hoff sie hat ihr rind. Aufgebot zur hochzeit, treten in ausweit, kleines bleichen, sag nix zu.
Hust aus hust aus in das leder und wirklich gefeder ist's dafür nicht.
Bitte könn, bitte könn, klemm's nicht noch mehr ein steig ein wenn.

Ein weisser Jäger.

Ein weisser jäger er wähnt.

Haut ab stiften, sticks.

Reib ihrn koks. Rubbel ihr kicks.

Hammel.

[...]

Maus montan und ein erbeben, eine statue in idylle und pein im äusseren und stille lauter lautere stille zeugt salmrot von übelwille. Ein backwerk, ein wirklich salbst gemachtes aus hammel und saft, ein speziell gesammelter sud und ein festgestelltes korken und kokeln, was auf aufgeben einwirkt und es bestimmt,

bestimmt alles in allem mehr. Bezeichnend ist besagtes exemplar.
Ein mahl von hammel, hammel, warum ist lamm billiger, es ist billiger denn so wenig ist mehr. Vortrag, vor trag und wiederhol an weisung.

Aus dem Abschnitt »Futter«

ZUCKER.

Ein gewaltiges glück und ein vollständiges muster und selbst dann still.
Wasser ist quetschen, wasser ist fast quetschen auf fett. Wasser, wasser ist montan und es ist mondän und es ist so praktisch dass geld keinen zweck hat. Ein geist drunter ist gründlich und also nötig für mund und brille.
Eine frage jäher aufkommen und mehr zeit als scheusslichkeit ist so leicht und schattig. Es gibt präzis dies geräusch.
Ein pick ein kleines stück nicht privat überwacht, keinesfalls keine schnitte, keinesfalls abfällig und offen, keinesfalls aufsteigend und fesselnd und nichtmal darüber hinaus, alles gebotne kommt zum tee.
Eine absonderung ist nicht beengt in kammgarn und sauce, sie ist so wohlgehalten und teilweis.
Mach es verrückt, mach ihm schande. Ein kleiner schmächtiger schatten und ein fester feiner ofen.
Das albern ist zart und ausprobieren und aufmerk.
Die zeile die gischt zum heilmittel bestimmt steht der besten erkältung bei.
Ein wirrwarr, ein riesenwirrwarr, eine schweres würgen, ein verlotterter Dienstag.

Feucht kreuzung und ein ebenbild, jedes bild, ein bild eben das bläschen hat, die hat es und zähne, es hat das taumelnde blind und ein wenig grün, jedes grünchen ist üblich.
Eins, zwei und eins, zwei, neun, zweite und fünf und so.
Eine blesse, eine suche dazwischen, eine kuh, bloß alle feuchten plätze, bloß diese melodie.
Kürz einen gasstrahl grässlicher, dann dring dring ein zwischen dem nächsten und nachlässigkeit. Beschliess den kurs zu zahlen und hätschel hätschele heftig. Eine sammlung querbeet, ein signalgift, ein mattigkeitsmangel und mehr tut leicht weh.
Ein weisser vogel, ein buntes bergwerk, ein gemischtes orange, ein hund.
Kosen kommt bei anhaltendem wandel.
Ein stück getrennten ausserordentlichen drängens ist derart blind in unverhohlener empfindsamkeit.
Ein kanu ist regelrecht. Ein zeitraum ist feierlich. Eine kuh ein akzeptier.
Eine nette alte kette weitet sich, west ab, ist beigelegt.

Eier.

Prima marge, prima im richtigen magen mit bisschen plötzlichem mahlen.
Schlauer schal, schlauer schal für beständigkeit.
In weiss in weisse taschen tücher mit pünktchen in einem weissen gürtel sind alle schatten einzigartig sie sind einzig artig und verkuppelt und befreit.
Nein das ist kein schandfleck für kühe und ein vorlauter laut, es ist ein biss.

Allein den geebneten weg der arg ist schneid ab. Arg ist alte schaluppe und ein treffender schuss.

Barbara Köhler

IV STIMM- UND WORTTHEATER

LADYSTIMMEN

▶ Das Minidrama »LadyStimmen« schrieb Stein 1916 auf Mallorca, wahrscheinlich zur Karnevalszeit. Der Schauplatz ist insofern von Bedeutung, als er gewisse Details erhellt: Der historische Hafen Mahón Menorcas – in einem Atemzug erwähnt mit Christus und Lazarus – sorgt für einen biblischen Ton; das mallorquinische Hotel Victoria lässt an die vielen Expats denken, die sich während des Krieges auf der Insel aufhielten, eine vielsprachige internationale Klientel also, Assoziation, die von dem Maskenball mit seinem Gedränge von Menschen und Sprachen und Worten verstärkt wird, die, wie Stein sagt, scheinbar Englisch sprechen.

»LadyStimmen« wurde erstmals in der 1922 vorgelegten Sammlung *Geography and Plays* abgedruckt – so benannt, weil Stein zwischen Geographie bzw. Landschaft und Raum-Drama enge Verbindungen sah. In der *Autobiographie von Alice B. Toklas* heißt es: »Sie sagt ein Land sei ein derart natürliches Terrain für ein Schlachtfeld oder ein Drama dass man Dramen schreiben müsse.«

»LadyStimmen« allerdings ist eher Klangraum – sie höre keine Sprache, sagte Stein, sondern Stimmen und Rhythmen. Man glaubt, einem heimlich angefertigten Mitschnitt von Konversation und Klatsch zu lauschen, Fetzen von Gesprächen diverser Damen, Spiel zwischen Performance und Prosa. Hinzu kommen scheinbar »Regieanweisungen« und Kommentare, diegetische und nicht-diegetische Äußerungen.

Der Plan, »LadyStimmen« zu verfilmen, ein von dem Fotografen Harry Durham, dem Komponisten und Schriftsteller Paul Bowles und dem Maler Maurice Grosser zwei Jahre lang verfolgtes Projekt, scheiterte schließlich an der Finanzierung.

Ein Vorspiel

LadyStimmen sind eine Lust.

Zweisein ist durchaus tragend. Tragend ist nicht Winter. Hier hat der Winter Sonne.

Überrascht Sie das.

Ladys Stimmen zusammen dann Auftritt sie.

Dann also gute Nacht.

Dann also gute Nacht.

(Mrs. Cardillac.)

Das ist silbern.

Sie meinen den Klang.

Ja den Klang.

Zweiter Akt

Lieber Himmel Miss Williams ich will ja nicht sagen dass ich älter war.

Aber das waren Sie.

Ja war ich. Ich schäme mich nicht. Mir scheint an einem Erzherzog führt kein Weg vorbei.

Das Wort sagt Ihnen zu.

Sie wissen genau dass sie alle von ihrem Haus sprechen.

Was Christus dem Lazarus war der Gründer des Hügels Mahón.

Es ist Ihnen offenbar ernst.

So ist es.

Dritter Akt

Ja Genevieve weiß nichts davon. Wovon. Wenn sie Cäsar säh wie zäh säh das aus.

Cäsar küsst.

Küsst heute.

Cäsar küsst häufig.
Genevieve weiß nichts davon dass sie entsprechend nur in diesem Land sprechen könnte.
Sie spricht wirklich sehr gut nicht. Sie hat sie wissen lassen dass seitens ihrer Landsleute nicht die geringste Absicht bestehe Fisch zu essen aus Fängen nicht in ihrem Land.
Da irrte sie sich.

Vierter Akt

Was sind LadyStimmen.
Wollen Sie mir glauben.
Haben Sie die Sonne erwischt.
Oje haben Sie zu viel Sonne erwischt.

Zweite Szene

Sagten Sie sie unterschieden sich. Ich sagte es mache keinen Unterschied.
Wo tut es das schon. Ja.
Mr. Richard Sutherland. Den Namen kenne ich.
Ja.
Hotel Victoria.
Viele Worte kamen mir ausgesprochen Englisch vor.
Ja wir hören einander doch sogenannte Stimmen am besten zur Darstellung von Bällen.
Maskenbällen.
Ja Maskenbällen.
Arme Augustine.

TOURTY ODER TOURTEBATTRE
Eine Story vom großen Krieg

▶ Stein und Toklas lernten den verwundeten Georges Tourtebatte (der Name inspirierte wohl zu dem vieldeutigen Titel mit den Konnotationen *tour, tourtre, battre*) während ihrer Hilfseinsätze für den »American Fund for French Wounded« im Juni 1917 in Perpignan kennen. Nachdem Stein und Toklas nach Nîmes entsandt und Tourtebatte zur weiteren Behandlung seiner verletzten Hand nach Montpellier verlegt worden war, fertigte er im dortigen Spital Materialbilder aus – teils von Stein und Toklas gelieferten – Papieren, Bändern und Perlen an, darunter die zwei Porträts, von denen im Stück die Rede ist. Alice B. Toklas nahm sich zeitweilig Tourtebattes Frau und Kind in Paris an.

Nichts von alledem ist wirklich von großem Belang, und in Steins Text geht es um ebendie Frage, was sich – besonders, aber nicht nur in Kriegszeiten – überhaupt Belangvolles sagen lässt, das heißt um »Reflexionen« oder Meditationen über Verhältnisse in Krisenzeiten, die eine Art Dialog zwischen zweien – Stein und Toklas? – ergeben: über ihre unterschiedlichen Eindrücke von »Tourty«, über das Erzählen allgemein, über Fakten, Verläufe, Literatur: »Können wir es sagen. Können wir nicht.«

Tourtebattre kam zu uns in den Hof er sagte er habe gehört es seien Amerikaner in der Stadt und er sei gekommen uns zu besuchen und wir sagten wie heißen Sie und was kennen Sie für Amerikaner und wir sagten wir würden ihn aufsuchen und wir taten es nicht und wir spendeten ihm nichts.

Und dann als wir zum Spital hinausfuhren brachten wir ihm nichts mit. Wir fragten nach ihm. Als dann die neuen Sachen kamen brachten wir ihm doch noch ein Paket und trafen ihn nicht an aber er kam dann und suchte uns auf um sich zu bedanken aber wir waren ausgegangen.

Reflexionen.

Wenn ich reflektieren muss dann Ann Veronica. Das ist so nicht gedacht. Mrs. Tourtebattre. Das haben wir so nicht gewusst.

Machen wir eine die Reflexion der anderen.

Gewinn und Verlust sind drei fünfundzwanzig nie zwei fünfundsiebzig.

Ja das ist die sehr einfache Bilanz, dezidiert nicht.

Dann kam Tourtebattre ständig und dann sagte er uns immerzu wie alt er war wenn er gefragt wurde und er nahm Zucker im Kaffee wenn er ihn bekam. Er war nicht zu alt um Vater zu sein er war siebenunddreißig und er hatte drei Kinder und er sagte uns er spreche gern bildlich.

China. Wann immer er in die Kolonien entsandt wurde verunglückte seine Schwester mit dem Automobil. Das hieß nicht dass sie litt.

Irgendwer meinte sie sei umgekommen. Fügst du das bitte ein.

Seines Vaters Uhr, seine Frau gab fast seine gesamte wertvolle Habe einem Mann der sein Zuhause nicht in der Stadt hatte wo er sagte er sie habe. Wir wussten nicht wie wahr das war.

Reflexionen.

Unser Held sollte nicht die Missetaten seiner Frau reflektieren. Denn verstehst du er könnte Glaube sein nicht Schwätzer. Kleine Knochen müssen aus seiner Hand für den Einsatz sogar nach seiner Verletzung. Ein gutes Stück.

Er wurde bei dem Angriff im April verletzt in der Gegend wo er immer seine Frau besuchen ging und er sah den Kirchturm und dann wurde er sofort in ein amerikanisches Spital evakuiert wo alle sehr Amerikanisch waren und sehr gütig und Miss Bell mit ihm Französisch zu reden und ihn zu unterhalten suchte doch überwältigt von ihren Schwierigkeiten mit der französischen Sprache davon absah was ihn zu der Bemerkung veranlasste sie sei sehr nett und die Geschichten die er uns erzählte hast du Schwester Cecile erzählt was ihr nicht gefiel und sie sagte wir müssten kommen und uns von allen anderen die Geschichten von der Freundlichkeit die sie im amerikanischen Spital erlebt hatten anhören ehe sie zu ihr kamen und sie zu ihnen sagte was der Major tue und sie sagten er spiele mit. Das tat er. Und du auch und sie alle sagten nein Schwester aber Sie wurden verwundet bei einem Angriff. Wir wurden beide verwundet, sagte der Soldat.

Reflexionen.

Reflexionen über Schwester Cecile führten uns zu der Annahme dass sie nicht auf Freitag reflektierte sondern das Buch in das sie oft schrieb. Wir waren neugierig. Sie schrieb diese Notiz. Hier ist sie. Notiere Leben, Frau, Tat, Verletzung, Wetter, Mahlzeiten, Ergebenheit und Ausdruck.

Was verlangt er.

Wieso weiß ich nicht.

Wieso weißt du es nicht.

Das nenne ich aber nicht Literatur schaffen.

Was hat er verlangt.

Ich nenne Literatur eine Geschichte erzählen wie geschehen.

Lebenstatsachen ergeben Literatur.

Das kann ich immer rechtens empfinden.

Wir erstanden Perlen für ihn und Bilder von uns darin.

Allerliebste Bilder von uns.

Wir können alles noch mal erzählen.

Wir gaben ihm bunte Perlen und er machte daraus mit Papier das er selbst kaufte in zwei verschiedenen Farben Rahmen die wir mit unseren Bildern unseren Kusinen und Daddys in Amerika schickten.

Können wir es sagen.

Können wir nicht.

Jetzt.

Dann sagte er uns das mit der Frau und dem Kind.

Jetzt sagt er nichts über sie.

Einige sofortige Maßnahmen waren gefordert.

Wir sagten auf Englisch das sind die Tatsachen die wir Ihnen in Erinnerung rufen.

Was ist kapital.

Er erzählte uns von Perlknöpfen und schwarz und weiß. Er entgegnete ihr ganz glänzend.

Er ist ein Mann.

Reflexionen.

Was waren die Reflexe.

Haben wir zu viel unternommen.

Wie lautet der Name seiner Frau.

Sie gingen verloren. Wir blickten nicht nach vorn. Wir dachten nicht viel. Wie lange würde er bleiben. Unsere Reflexionen kamen eigentlich später.

Als Erstes hörten wir von ihr dass die Frau nicht bleiben werde und ihre neue Adresse hinterlassen hatte.

How do you do.

Wir suchten sie nicht auf.

Die Mutter und ihre Mutter.

Kannst du dir denken wieso Marguerite nicht wollte dass Jenny Picard länger bleibt.

Weil sie stahl.

Nicht wirklich.

Doch ja. Kleinigkeiten.

Das geht so nicht.

Und dann.

Ich sagte wir müssen nach ihr sehen.

Und du sagtest wir werden sehen.

Eines Abends, nein eines Tages kam sie mit ihrer Mutter.

Die sehr gut aussah.

Sie sah sehr gut aus.

Und der kleine Junge.

Kannst du an den kleinen Jungen denken.

Sie sagten beide sie seien nicht höflich.

Aber das waren sie.

Reflexionen kommen jetzt schon.

Wir hielten ihre Gründe für reale Gründe.

Wer hat immer recht.

Nicht sie noch ihre elf Schwestern.

Niemand wusste wer gut zu ihr war.

Was ist Güte.

Güte ist weichherzig oder gut sein und hat nichts zu tun mit liebenswürdig. Albert ist gütig und gut.

Und ihre Frauen.

Kennst du den Unterschied zwischen Ehefrauen und Kindern.

Queen Victoria und Queen Victoria.

Zum aus der Haut fahren.

Und ich sagte die Mutter du sagtest die Mutter. Ich wusste nicht mehr dass die Mutter in Paris war aber du.

► »Eine Sonatine dann die andere«, eine weitere Liebeserklärung an Alice B. Toklas, entstand im Frühjahr 1921 im Ferienhaus von amerikanischen Freunden im südfranzösischen Vence. Das Manuskript trägt die Widmung »für D. D.«, ein, wie das im Text weiter unten vorkommende Y. D., von Stein und Toklas in privaten Mitteilungen nach dem Vorbild Swifts in seinem *Tagebuch für Stella* als Code verwendetes Kürzel.

Die Sonatine des Titels bezieht sich auf Gertrude Steins Angewohnheit, abends, obwohl sie eigentlich nicht spielte, auf dem im Haus vorhandenen Pianoforte zu improvisieren, und zwar ausschließlich auf den weißen Tasten.

Es geht in den zwei aufeinanderfolgenden Sonatinen samt Anhang und dem von »einigen Stücken« unterbrochenem Schlussteil um Vence, um Region und Leute, um flüchtige und alltägliche Impressionen, um träumerische, spielerisch entspannte Erotik.

I

Ich danke sehr, wie oft habe ich dir zu danken gehabt, wie oft habe ich dir zu danken. Wie oft danke ich dir.

Ich danke dir sehr.

Und was kann ich dafür tun.

Sing deiner kleinen Jüdin einen Song.

Nicht als Spiel noch nach Art der Wiederholung. Wiederholungen gehören zu deinem früheren Stil und wir sind jetzt im Süden und der Süden ist nicht im Norden. Im Norden rüsten wir uns auch bei Küssen aber im Süden werden wir rüde geküsst. Über keine Sonatine wird die Nase gerümpft.

Ich liebe meine Liebe mit einem g weil sie so ergeben ist. Ich liebe sie mit einem p weil sie meine Perle ist.

Kannst du leben von Butter, Öl und Essbarem und Rosenknospen und Trauungen. Gibt es Trauungen in allerlei Ländern. Wie haben doch wie hat doch jeder Berg einen Hügel einen steilen und ich, ich bin bescheiden.

Guck-gu, Mona. Plane nur zu.

Hast du einen durchwachsenen Traum gesehen. Ich träumte von Tänzen und Raten und Gurren. Wie hast du's erraten.

Achtzig Seiten Liebe und Schmeicheleien und eine kleine Schrift. Und nun ein Gedicht eine Unterhaltung eine Aufwartung ein Zwiegespräch eine Zurückweisung.

Vögel sind fett und Rosen sind gelb.

Tee ist Farbe und Linden ein Trunk.

Politik ist ein Thema und Gehorsam verlangt.

Schmeicheleien sind lang und die Knospen geknospt.

Wer knospte die Knospen.

Wie liebe ich so das Tubbs-Hotel mit dem Eukalyptus und den Palmen und Godiva und einer Liebsten.

Eine kleine Hand mit Stift ist kostbar.

Und nun eine Unterhaltung.

Lass mich dich vernachlässigen. Lass mich dich nicht vernachlässigen. Ich lasse dich mich nicht vernachlässigen. Ich bin vorwurfsvoll.

Ich habe gelesen. Was. Ein Buch über Russland. Und du hast es mir geliehen. Nein ich wurde persönlich. Auf Französisch. Auf Französisch. Entzieh dich nicht und bedenke Flagge und Zeichen des Mohrs. Wir sind dafür weit gegangen. Ich vergaß dass es eine Unterhaltung war. Dass es eine Unterhaltung ist.

Und nun eine Aufwartung.

Adressiere mir Nummer dreizehn rue San Severin und Sankt

Anthony, dressiere auch Sankt Anton. Und Bauklötze. Dressiere Bauklötze und die Kanne fürs Öl, dressiere die Kanne mit Öl. Adressiere an alle.

Ein Zwiegespräch.

Ich liebe dich, ich weiß es, woher weißt du es, ich weiß es wegen meiner Gefühle.

Und eine Zurückweisung.

Wir nutzen keine Kohle, wir heizen mit Holz, wir finden es ökonomischer und angenehmer. Vor dem Krieg wünschten wir uns wir könnten es uns leisten mit Holz zu heizen statt Kohle, jetzt da wir nicht wohlhabender sind und Holz teurer finden wir das Heizen mit Holz ökonomischer. Kannst du mit mir räsonieren. Das möchte ich nicht.

Und nun zum Gurren.

Gurre nur zu.

Ich misse den Mistral.

Und Gehölz.

Das Gehölz misst den Mistral.

Und die Missus. Die Missus misst den Mistral nicht. Achtzig Seiten sind nicht achtzig Blätter, es sind vierzig Blätter, vierzig Blätter machen achtzig Seiten.

Und Donner.

Der Donner kommt von der Tür.

Was Rosen können, sie können rot werden ungesehen.

Wie ergeben ist Caroline.

Ich könnte dir eine Geschichte erzählen über Nordwest.

Nordwestlich von hier liegt ein Hügel und auf der oder vielmehr an der Kuppe ein Ort. Dort bauen sie Orangenblüten, Oliven und Winterreben an. Die Olivenernte war zwei Jahre miss, die Orangenbäume sind erfroren und die Reben die eben erst knospen leiden unter dem Nebel. Trotz alledem gedeiht der Ort prächtig. Das liegt an den vielen Besuchen der Künstler und Touristen. Danke sehr.

Pussy sagte ich solle sie in anderthalb Stunden wecken wenn es nicht regnet. Es regnet noch was soll ich tun. Soll ich sie wecken oder soll ich sie schlafen lassen.

Guck-gu.

Auf einem Baum der Kuckuck sitzt und knospt für mich die Rosen.

Warum ähnelt Pussy der großen amerikanischen Army. Weil sie so viele Kumpel knospt.

Und nun möchte ich erneut den Unterschied zwischen Südfrankreich und der Bretagne erläutern. In der Bretagne gibt es Frühkartoffeln. Im Süden gibt es früh Gemüse. In der Bretagne wird viel Fisch gefangen. Im Süden fangen sie viel Fisch. Es gibt Forellen in den Bächen oder einigen in der Bretagne und in einigen in Südfrankreich. In einigen Gegenden in der Bretagne ziehen sie Kamelien. Sie ziehen Kamelien auch im Süden.

Ich bin sehr froh im Süden zu sein.

Ich adressiere mein Poussieren an die eine die konsekriert die mich konsekriert.

Ich sage es meist für jede einzeln.

Jetzt sage ich es für alle zusammen.

Weiße gelbe und rosa Rosen*, einzelne.

Rosa Rosen. Einzelne.

Weiße rote und gelbe Rosen.

Ein Elefant.

Rosa Rosen, einzelne.

Weiße Rosen.

Flieder weiße Rosen und rote Rosen und Teerosen.

---

* *rat zu rosen*, s. S. 267 f.

Die anderen muss ich nicht erst erwähnen.

Wie können Gamaschen alte Schuhe bedecken.

Wie können Gummisohlen sich lösen.

Wie kann Öl dickflüssig und dünn sein.

Wie können Oliven blühen.

Und warum nicht Feigen.

Hätte Napoleon einen kleinen Sonnenschein, sähen wir Korsika am Morgen. Wir haben Korsika noch nicht gesehen. Jeder hat es erwähnt.

Wie kann Butter gelb oder weiß sein.

Sie ist so politisch.

Und Mrs. Johnson so furchtsam.

Guck-gu, ich erwähne es bloß. Guck-gu ich höre. Guck-gu lass uns Zurückhaltung üben. Wir werden persönlich. Wir haben einen persönlichen Gatten.

Wie kannst du ein Buch verschlingen wie kannst ein Buch verschlingen und singen.

Ich verschlinge kein Buch.

Ich singe.

Guck-gu hör mir nicht zu.

Kannst du Buggy-Wagen-Fahren sagen. Kannst du langsamer machen. Gemach. Im Gemach. Guck-gu meine Liebe bist du nur du.

Das ist altmodisch. Heute sagen wir, Guck-gu genug bist mir du.

Bedecke Rosendornenkratzer, womit mit Petroleum, und sonst Froschtönen.

Ich kann verstehen dass jemand gallisch-römische Keramik nachahmen will aber ich will keine Unsummen für die originale ausgeben. Man kann sie für fast nichts kaufen.

Eierschalen. Wer bietet feil Eierschalen und Orangen und grüne Erbsen. Wer. Sag es mir.

Acht von achtzig sind wie viele. Nicht von achtzig, von vierzig. Acht von achtzig sind wie viel.

Ich sagte hastig ich sei vielhabend.

Mir fällt alles dazu ein.

Ruf mir mit Fröschen und Vögeln und Monden und Sternen zu. Ruf mich mit Tönen. Mechanischen Tönen.

Ich störe dich nicht unnötig. O doch, tu es.

Ich strebe nach Erhebung durch jede Tugend und der Aushebung alliierter Armeen. Sie werden reiten und wir werden sie sehen. Aus der Ferne vielleicht. Und sie nieste. Ich bin mir ganz sicher dass dies keine Erkältung ankündigte. Nein keineswegs strahlende Sonne.

Gladys Deacon ist brillant und ebenso Chicago. Ich erwähne hier weder die eine noch das andere.

Guck-gu eine Nachricht hast du.

Und sie konnte nicht sonderlich grinsen.

Wir sehen keine Notwendigkeit zu Kürzungen.

Ich stelle mich zufrieden und Mrs. Johnson zufrieden. Ich bezahle sie. Wer hat sie bezahlt. Du hast sie bezahlt. Ja sicher du hast sie bezahlt.

Lass dir von gestern erzählen. Gestern wurde ich ge-Lindo-t und du du warst so gnädig. Und heute. Heute war ich noch immer gelindot und du warst noch gnädiger. Du bist außerordentlich gnädig und ich bin sehr beglückt dankbar. Auf diese Weise sind wir eingestimmt. Schwingen einstimmig. Nicht die der Vögel. Sie fliegen nicht.

Sieh eine Fliege.

Es war eine Biene.

Du bist mein honigsüßer Honigbusch.

Ich deine Biene.

Du bist mein honigsüßer Honigbusch.

Ich deine Biene.

Wir sahen den Schmied Sprungfedern fertigen und wir warteten im Staub und waren einverstanden nicht mit dem Warten aber den Federn. Wir hoffen Grund zu haben mit den drei Federn einverstanden zu sein.

Zwei Wochen sind weniger als drei Wochen. Wir werden alles sehen.

Oliven für Holz, Butter für Käse, Milch für Honig, und Wind für sonniges sonniges Wetter und Wolken. Wie kannst du mir Kummer machen. Kannst du nicht. Du kannst mir Freude machen. Und den Lehrling. Du kannst mir Freude machen als Lehrling. Lernissage.

Eine hübsche Bibliothek eine sehr hübsche Bibliothek, sie erwähnte sie als sehr hübsche Bibliothek.

Guck-gu komm sudel mich, guck-gu. Ich bin für dich.

Mögen wir Maisbrot.

Hier eine interessante Geschichte. Beim Besuch von Kirchen sehen wir viele bunte Bilder hübsche Renaissance-Altare und späte Lüster aus buntem Glas und Blumen und wir sagten was uns am besten gefalle sei das bunte Glas und dann die kleinen bunten Bilder an der Decke und dann die Blumen. Wir schickten unsere Haushälterin hin die Schätze zu sehen. Sie ging fünf Meilen und sie gefielen ihr sehr. Wie uns zuvor.

Wir haben eine Unmenge Rosen und Berge von Flieder. Wir pflücken alles wie es kommt. Wir sind aller Welt ein Vorbild. Wir sind wunderbar produktiv.

Hier eine weitere interessante Geschichte. Wir waren plötzlich ohne Eier zu Abend. Wir waren in der Nähe von Italienern und wir kauften ein paar sehr gute Würste. Wir kauften auch Anchovis und Kuchen und dann mussten wir uns sputen nach Hause zu kommen. Wir sputeten uns so dass wir in der Lage waren bergab langsam zu fahren. Wir fahren bergab stets lieber langsam. Als wir gegessen hatten waren wir uns ganz sicher dass wir nicht gehetzt waren. Wir bleiben stets noch etwas in Sesseln sitzen. Morgen ist wenn man so will der Sabbat.

Wie kannst du an alles denken wenn Rosen am meisten duften und Teekannen an Elefanten lehnen und das Frühjahr perdu ist. Wie kannst du orangen Verschleiß erwähnen wenn Orangenblüten währen wie kannst du mich den ganzen Tag auslachen wenn der ganze Tag verbracht ist, vorzüglich mit einem englischen Gentleman einem Neger und einem Polen der einen russischen Namen gehabt haben mag.

Wie kannst du mir so leicht Freude machen du kannst es gut und wie kannst du lachen wie Spargeletti wo es Heu ebenso tut, und Handschuhe. Wie schätzen wir Ruhe. Handschuhe und -flächen, geht sorgfältig um. Womit. Geht sorgfältig um mit der Elektrizität. Elektrizität geht von selbst.

Eine Reform für zwei ist nicht Zündelei.

Roter Mohn ist Ehren und Maßliebchen ist ergebener Ausdruck der Liebe des Gatten. Zusammen ergeben sie einen Strauß. Im Bund mit Kapuzinerkresse und Veilchen erweisen sie unerwartete Zärtlichkeit.

Wenn der Süden kalt ist und der Norden kälter, wenn der Wind stark ist und die Palmen stärker, wenn es keine Palmen im Norden gibt nur Flieder welches Gefühl vermitteln Hohelieder. Hohelieder sind geistlich.

Können wir dennoch notwendig sein.

Pferde zählen, ein großes Pferd heißt Schmetterling.

Erlöse mich erlöse mich von dem Türken. Der war kein Türke er war teils Schwarzer. Sein Vater stammte aus New Orleans in Louisiana.

Kannst du eine vorziehen die nicht italienisch ist kannst du

Küche vorziehen die nicht italienisch ist. Kannst du Reis vorziehen der italienisch ist. Kannst du erwählt werden durchs Fenster zu sehen. Und was sehe ich. Ich sehe dich.

Lässt sich eine Kuh halten. Ja wenn darauf Segen liegt. Kann eine Kuh für sich bleiben. Nein nicht wenn kein Segen drauf liegt. Kann eine Kuh aufrecht sein. Ja wenn darauf Segen liegt. Kann eine Kuh vollkommen sein. Ja wenn darauf Segen liegt.

Ich segne die Kuh. Sie bildet sich sie beeilt sich sie ist drängt sie beengt. Sie ist heraus. Kuh komm raus. Kuh komm raus und saus.

Haben Cäsare Dienstpflichten. Ja sie dienen der Kuh. Werden sie der Kuh den Dienst erweisen. Im Nu und mit Vergnügen. Ich pfeife auf Pfeifensträucher.

Wir haben die echte Orange die Orangenblüte. Und duftet Parfüm. Ja im Gras.

Wie bewillkommne ich dich. Das will ich.

Hier ein typisches Beispiel.

Ich errege, du erregst wir erregen und Godiva erregt mich. Das sollte nicht sein. Wir sollten fein ruhig ein Heilmittel finden. Ich errege das Mitgefühl von Grasse. Wieso ist das Gras weiß. Weil weißer Hagel darauf ist. Wie angenehm wir zurücksetzen.

Und nun Berge und nun Berge, umwölkt euch nicht. Wir wollen uns das Haar waschen und hinausstarren starren auf Bergketten. Wie süß sind Sonnen und Sonnen. Und die Saison. Die See oder die Saison und die Straßen. Straßen werden oft vernachlässigt.

Wie kannst du so räsonabel empfinden.

Und was waren das für Seiten.

Und warum waren da diese Männer die Hetze vorgaben. Nicht jetzt. Sie waren nicht jetzt gehetzt. Was bist du köstlich.

Mohn, selbstredend roter. Mohn ist der Farbe nach symbolische Ehre mit der ein dankbares Land einen in Dienstpflichterfüllung dekoriert und Maßliebchen sind der ergebene Ausdruck der Liebe eines Gatten. Nimm schon.

Können wir eine Nachtigall zählen. Können wir einander begleiten. Können wir von Artischocken leben und Oliven und dürfen wir Anchovis feilbieten. Nein wir dürfen um Eier feilschen. Und oft sagst du nun, ich stritte oft um Wörter und Häuser. Wie betritt man Häuser. Durch die Entschlossenheit wohlauf und zufrieden zu sein. Wie gütig lächelst du. Wie gütig lächelst du mir zu. Wie zärtlich belohnst du mich und wie herrlich äußerst du deine Worte. Wir haben keine Verwendung für botanisch dekoriertes Porzellan.

Wie kann ich dir nur genügend danken dass du mich auf der Leiter gehalten hast mich hast lassen Rosen pflücken, mein Kaminfeuer genießen und an Sterne denken. Wie kann ich dir nur genügend für deine ganze Güte mir gegenüber danken. Wie kann ich dir nur genügen.

Wenn ich könnte würde ich es so einrichten.

Hier Esel und iaht, nicht so meine Liebste.

Hier Esel. Moment. Monte Carlo. Moment.

Hier Esel. Wir gieren nach Süßigkeiten.

Nicht weil wir Honig mögen oder Landschaft nur weil wir hier frühe Besiedlungen haben. Wir leben unter einem zerrissenen Himmel, und die Römer gaben nach und pausierten an der Straße. Wie hübsch wir bergauf fahren.

Wenn ich wünscherlich war, wenn ich Wünsche hatte. Wenn ich Wünsche hatte wünschte ich dir erinnerlich zu sein.

Wie kannst du still an mich denken. In aller Ruhe auf der Terrasse sitzen aufs blaue Meer blicken und an mich denken.

Wie können Rosenspaliere Zündholz ersparen. Wie können Kavaliere zündeln. Wie können Bilder blau sein, Schläfen sind blau und wie sind Broschen rot. Fische kommen im Sommer. Sie brauchen Regen und warmes Wetter.

Ich kann mich über die Brüstung lehnen, du kannst dich über die Brüstung lehnen, sie kann sich über die Brüstung lehnen, sie alle können Haltung annehmen als warteten sie auf ihren König. Es gibt keine Könige es gibt nur Prinzessinnen. Prinzen und Prinzessinnen.

Und wo habe ich dich schon mal gesehen.

Irgendwie leistet ein Honigmond sich keinen Hagel. Er leistet sich keinen Regen, er leistet sich keine Unart, er leistet sich keine Drohungen. Er leistet sich Freude und Prophetie. Ich prophezeie gutes Wetter.

Um mein Haar kümmere ich mich nicht. Um ein Haar kümmere mich indem ich es schneide.

Das ist eine hervorragende Methode.

Und wie lange dauert eine Inventur.

Sie dauert den ganzen Tag. Nicht jeden Tag. Auch nicht jeden zweiten. Ich lasse meine hinter mir. Du bist so weise.

Verachtest du Dekorierungen.

Beachtest du Zigeuner.

Tragt ihr wirklich Kegelhut.

Tun wir.

Können wir heute speisen, heute ist der Monat Mai. Können wir Heute verspeisen.

Und wie hübsch singen wir vom dreizehnten April. Der dreizehnte April ist der Tag welcher der Monat Mai ist. An diesem Tag zögern wir zu singen. Denn wir mögen Glück und Gelingen.

Wir legen eine Liste an, eine Sauciere, eine Untertasse, eine Kachel, ein vergoldetes Kissen, ein Taschentuch, ein Glas, zwei Teller und ein Oratorium. Und was bieten wir in dem Oratorium. Wir künden von unseren Segnungen. Wir segnen den Tag jeden Tag. Wir verkünden vergnügt dass der Troubadour nur für Musen musiziert.

Wie können wir in der Wanne pfeifen. Wegen des Sauerstoffs. Sauerstoff im Wasser ergibt sauerstoffhaltiges Wasser. Ich danke dir für alles was du je für mich tust. Und gräm dich nicht wegen des Regens. Es wird nicht lange regnen.

Das Lied der Alice B.

Die kleine Alice B. erwähl ich von je. Die kleine Alice B. an und per se sie gehe solange mit dem Gatten nicht bange und Haar noch so lang. Und von welchem Format ist die rechte Art. Das rechte Format ist apart. Wie kannst du mir Wünsche zuschreiben. Wünsche alles Gute zum Geburtstag.

Eins zwei eins zwei komm ich dir bei. Heute gibt es nichts als den ergebenen Ausdruck eines Gatten Liebe. Hier nimm.

Ich entdeckte eine herrliche Missus. Sie hatte Taschentücher und Küsse. Sie hatte Augen und einen gelben Schal sie hatte die freie Wahl und wählte mich. Auf der Fahrt durch Frankreich trug sie einen Kegelhut und auch mir stand er gut. Angesichts der Sonne las sie die Karte. Das tat auch ich. Durch den Verzehr von Fisch und Koteletts wurde sie dick. Und auch ich wurde dick. In ihrer Liebe zum blauen Meer litt sie sehr. Und so litt auch ich. In ihrer Liebe zu mir überlegte sie notgedrungen zuerst. Und das tat auch ich. Wie hübsch schwimmen wir. Nicht im Wasser. Nicht an Land. In der Liebe. Wie oft brauchen wir Bäume und Hügel. Nicht oft. Und wie oft brauchen wir Berge. Nicht sehr oft. Und wie oft brauchen wir Vögel. Nicht oft. Und wie oft brauchen wir Wünsche. Nicht oft. Und wie oft brauchen wir Gläser nicht oft. Wir trinken Wein und wir schaffen, naja noch haben wir es nicht geschafft. Wie oft brauchen wir einen Kuss. Sehr oft und dazu wenn uns die Zärtlichkeit überkommt essen wir rasch Kalb. Und was noch, Schinken und etwas Schweinefleisch und rohe

Artischocken und reife Oliven und Chester-Käse und Kuchen und Karamellen und viel Melone. Davon haben wir noch jede Menge. Ich frage mich wo sie ist. Verwahrte Melone. Darf ich dir davon anbieten.

Wie kannst du so lieblich schlafen, wie kannst du so wohlauf sein.

Wohl denn.

Wie kannst du Maß messen ich messe Maße sehr gut.

Römisch zu sein und Julius Cäsar und eine Brücke und eine Säule und eine Stütze und rein wie einzigartig erfrischend.

Wir wissen von ungemein vielen Dingen die wir nicht dürfen. Wir dürfen nicht lachen oder sarkastisch oder harsch oder laut oder abrupt oder nachlässig oder beschäftigt oder angefeindet oder vorwurfsvoll sein.

Er ist so großzügig mit den Handtüchern. Er lässt ihr zwei frische saubere.

Wie kannst du Extras verehren. Mir fällt es ausgesprochen leicht. Ich muss sie nur sehen.

Ich sehe die See und sie ist ein Fluss nicht ein murmelnder Fluss noch ein brausender Fluss noch ein gewaltiger Fluss noch ein schäbiger Fluss. Ich sehe Sankt Antonius im Fluss. Sankt Antonius die Frucht der Olive, die Krone der Orange die Kraft des Korks. Sankt Antonius, bete für uns.

Ich fühle fast alles.

Wie oft der Wind wie oft der Wind dem Eisen widersteht. Wie oft er sich zu zeigen vermag. Wie haben hohe Wände und so auch Paläste.

Ich bin ohnehin eindeutig Königin. Ich erkläre obenhin dass Wein wie kann Wein so günstig sein. Er wird günstiger sein. Und es steckt Providenz in der Provence. Es liegt kein Trost in einem Zuhause, weil sie in ihren Aussichten nicht so räsonabel sind wie in ihren Befürchtungen. Wein gibt kein Wasser. Wasser gibt Wein. Der Wein, der Weinstock braucht Wasser und wir wir wünschen im Department von Vaucluse zu Mittag zu essen. Und wir werden dafür dafür sorgen dass des dem Département zupass kommt. Napoleon, warum haben sie ihre Absicht erklärt. Napoleon lauschte in Avignon einer Musik, Er spürte die Kraft der Streicher und der Komposition. Wir waren weder Frauen noch Männern noch auch gebildeten Fremden feindlich gestimmt. Wir mochten am liebsten Soldaten und Salz. Wie viele Blätter sind Schläuche. Und wie unterscheiden sich Weiß und Gelb. Und wie viele Löwen sind golden. Alle Hunde rennen von Weitem.

Wohl oder übel das gebratene Zicklein, wie kannst du so köstlich sein und es der Katze überlassen. Ich gab es der Katze denn uns war unbehaglich. Uns behagt nicht für gewöhnlich nicht, wir sind nur ein bisschen nervös. Ich spießte ein Stück Schweineschinken auf die Zinken und reichte es einer ringellockigen kleinen Jüdin. Ich hätte meine kleine Jüdin gern spack wie ein Ferkel, ein spackes Spanferkel mit Korkenzieherschwänzchen.

Ein spackes Spanferkel. Ich wünsche mir meine kleine Jüdin spack wie ein Spanferkel. Unbedingt.

Ein besonderes Wort für sorglos ist Liebkosung. Ein besonderes Wort für Antwort ist zärtlich ein besonderes Wort für Meister ist Mrs. C. Ein besonderes Wort für einen Hotelpalast ist ach was keine Widerrede.

Fliegen die Schwalben weit oben darfst du nicht toben denn wenn die Schwalben weit oben fliegen scheint droben bald schon die Sonne.

Ich rede nie wider.

Wider Erwarten.

Wie kann die Mutter eines Geistlichen durch deine Brille sehen.

Die Zeiten, die Zeiten sind eine Rose, die Rose eine Fibrose an der Nase mit der Zeit eine unschöne Chose. Chose heißt zu bereinigen zu beseitigen. Vielen Dank auch.

Was haben kleine Museen innen. Sie haben holländische Britische Englische und australische Dinge darin und wenn wir sie sehen sagen wir es sind Kopien der Französischen und wenn wir sie sehen und wir sehen sie wenn wir sie sehen dann lesen wir von ihnen. Wir wissen dass sie uns gefallen werden. Und wir irren nicht.

Wir blieben nicht dort wo Sankt Stephan beten sollte blieben nicht an dem Ort gingen fort sahen Geschütze und taten was sie sagten, sie sagten es sei nicht notwendig geschützt zu werden, es sei bloß notwendig fest zu bleiben und zahlreich, es sei notwendig nur gesteinigt zu werden wenn nötig. Sehr viele Menschen zögern bei Sankt Stephan. Wir nicht.

Als wir fortgingen von dem Ort taten wir es auf immer und immerfort. Und wo sind wir. Wir sind in dem Land der Feldlerchen nicht dem Land der Nachtigallen. Ganz zu schweigen von Rotkehlchen, Schwalben, Wachteln und Pfauen. Wir mischen sie nicht. Wir murmeln einander zu, Nachtigallen, wir machen uns Freude mit Obstbäumen wir erlauben einander Melonen und wir werfen einander Schuhe. Und Spanferkel. Was halten wir von Spanferkeln und Spargel. Was halten wir von irgendwas. Wir müssen wissen was wir wovon halten. Wir halten viel von Butter und Klosterkäse. Wir halten viel von gesprungenen Kirchglocken.

Wie viel ist viermal zwei. Acht. Und sieben und eins. Acht. Und sechs und zwei. Acht. Und wie viel ist sieben. Sieben ist fünf und zwei und vier und drei. Wir sind frei. Wir sind so frei falsch zu lächeln. Ich lächle falsch und ich zögere nicht Freude zu geben ich spreche streng und ich höre das Geräusch herabstürzenden Wassers. Ich verweile und ich küsse eine Rose. Wie oft küsse ich eine Rose. Jedes Mal. Ich nähere mich dem Wunder. Ich wundere mich über meine vielen Wünsche. Ich wünsche zu gefallen und Wiederholungen. Und zwar in meinem früheren Stil. Vielen Dank für deinen früheren Stil. Sehr liebenswürdig.

Misses trifft Mister.

Das war es also was geschah.

Ich hörte früher auf. Das tun alle die acht Stunden am Tag arbeiten.

Georgie Sand habe ich in der Hand und woraus sind Omelette gemacht, aus Orangen und Lemonade und wie hast du den neuen Mond gesehen. Es war kein Neumond es war eine Sichel.

Spotte nicht über mich.

Wie lieb zu kitzeln mein Lieb und wie hübsch kleine Ferkel nuckeln, und wie interessant Schätze zu sammeln und wie bewundernswert Freude zu feiern. Napoleon war eine große Freude.

Eine Sonatine dann die andere. Vom Publikum wird nicht Lachen erwartet. Wer hat den Truthahn nach Frankreich gebracht. Ein Jesuitenpater hat den Truthahn nach Frankreich gebracht und gegessen und gemästet und dann aßen wir davon und waren gefestet. Zeigt her die Pokale. Wie oft sagen wir lass es behagen uns hier. Mir behagt es den ganzen Tag und die ganze Nacht auch.

Wie kann ich ergötzt werden von Gabelbissen. Wie kann ich gestohlen bleiben zum Tee. Wie kann ich solenn sein im Dom wie gescheit im Chateau. Sagen wir mal so.

Falsches Lächeln ist Spiegelfechten um eigenen Stilen den Unterschied beizubringen zwischen Ton und Ton. Ich belohne mit Lächeln und Längen.

Wie viele Wälder glauben an Carpentier und wird er durch Foul gewinnen. Wie oft habe ich das gefragt und wie oft war die Antwort faul. Ach wunderbar faul ach wunderbar falsches Lächeln ach treue Betreuung dieweil wir so angenehm weilen und sie, sie ist meiner Seele Nahrung und sie ist gefreit und gespeist. Achte mich.

Ich sehe den Mond und der Mond sieht mich Gott segne den Mond und Gott segne mich das heißt dich.

II

Eine Sonatine dann die andere. Dies müsste die andere sein. Ist es.

Eine Sonatine als Gesang ist gerade so lang. Eine Sonatine lang ist just dieser Song.

Komm hier entlang und setz dich her sitz mit mir sitz bei mir, komm hier entlang und sitz mit mir und das die nächsten Tage auch. Komm hier entlang und sitz mit mir sitz bei mir sitz für mich, komm hier entlang und sitz bei mir sitz bei mir und sieh.

Seneca sagte er sei liebend gern vermählt. Und er sagte das sage er.

Durchkreuz mich vorsichtig.

Wenn du denkst, wenn du viel denkst, wenn du reflektierst wenn du mich reflektierst, reflektiere ich über meine mangelnde Brauchbarkeit. Aber du bist sehr brauchbar.

Klage und singe nicht, durchkreuze mich, durchkreuze mich, durchkreuze mich, Kreuz wer wird mit dem Kreuz dekoriert.

Sing räsonabel.

Wie froh sind wir am vierten Juli.

Es gibt hier mehr kurzes Haar als langes. Hör zu. Ich will Schreiber sein. Und Recherche. Recherche reimt sich auf Kirche!

Rachel sagt Rachel sagt sie sei meine Tante. Ich verleugne sie nicht. Noch lästere ich Heilige. Ich muss stets für Sankt Antonius' Gedenken sorgen.

Bitte halte sehr still. Und wiederhole, lass uns selbst lenken. Und das taten wir. Godiva tat es. Und zwar gern.

Was soll Beauvais schon sagen, Beauvais kann bloß vertagen sagen. Was wir taten. Wir werden nach Brüssel fahren. Brüssel reimt sich auf Muskeln.

Ich sehe skulpturiert sehr hübsch aus.

Mache eine neue Art zu sagen, guten Tag. Ich kann schreiben bis dort. Und wie willst du das machen. Indem ich von dort bis dort messe. Frankreich ist französisch.

Eine Sonatine streicheln. Das schmeichelt meist.

Ich habe ein Faible für Versöhnungen. Wie kannst du Bete mit Erdbeeren versöhnen. Im Wissen dass beide rot sind.

Wie leicht entlassen wir Bilder. Und weshalb hadern wir mit den Schwarz. Grüns und Blaus und du bist raus.

Ich ergründe, wir ergründen wir ergründen aus guten Gründen. Wie hübsch schimmer ich. Wir haben uns geholfen. Und dem Sonnenschein. Wir brachten den Regen auf all unseren Wegen, Godiva, Godiva, Godiva.

Lass und und lass uns und lass uns sagen. Wir vertagen und räsonnieren so in diesen Tagen. Warum liegen die Seiten offen und warum sind wir nicht enttäuscht. Warum befeuchten wir unsere Hände. Weil es heiß ist. Ich atme frei.

Vögel und Seiten und Brüssel. Hummer wird billiger sein. Hummer wird binnen Kürze billiger sein. Und wie oft wollen wir den Weg auf uns nehmen.

Zusammenfassungen sind mir kostbar. Übriges überall ist mir kostbar.

Fahre fort deine Lippen zu spitzen und bedenke dass Obst in diesem Jahr rar ist.

Und wie viel Geduld im Singen liegt.

Die vielen Münder sind nah und die vielen Münder sind hier und die vielen Münder haben sie.

Ich bin noch satt.

Hochzeitsgelee.

Lass ihn weiß färben.

Der Grund liegt auf der Hand.

Der Honig Honig Honigbusch. Ich bin die Biene.

Wörter und Größen. Sie überraschen. Kannst du Ansprachen zitieren. Kannst du Ansprachen zitieren. Wörter und Größen überraschen. Und kleine Schirme. Wie buchstäblich schirmen wir sie ab. Wir haben Barrikaden und waffenlose Schwestern und allerlei Hervorrufe. Hervorrufe erlauben uns Wiederholungen. Sie erzählt eine Geschichte so munter. Und ein Held hat Geduld. Er hat diese Neigung.

Wie können so viele Sonatinen dann andere sein. Alle lächeln.

Wie kannst du mich an dich drücken.

Das übrige Unglück ist mit Daunen gefüllt. Wir finden es sehr zerdrückbar.

Kannst du mir für so viel danken.

Eine Menge Zahlen zeigen eine Menge Orte die wir aufsuchen können. Eine Menge Zahlen wollen das eine sagen. Dort entlang. Eine Menge Zahlen haben bestimmte Größen und unter diesen ist ein großes F. Enchanté bald zum Tee.

Wir werden uns hieran sehr bald erinnern. Und sie uns zurückrufen. Und auf ihren Ruf zurückrufen.

Jetzt ist keine Bewegung so schnell wie Hurling.

Sie ist nicht zu bewegen.

Habe die Chance wiederholt das hier zu nutzen habe die Chance wiederholt mich zu sammeln.

Ich bin ihr nützlich gewesen.

Anhang zu Nr. 2

Eine Sonatine dann eine andere

Noch nicht gesetzt aber in Gang

Da kann ich nur meinen kann ich nur meinen, und worauf guckst du. Kultivierung.

Im Wald an der See in Federn, zwei weiße Federn haben die Normandie dekoriert. Sie wurden dort von der Frau platziert die übers Wasser aus Barbery kam. Casablanca ist nun vollends eine französische Stadt.

Wir verbringen unseren Honigmond in der Normandie. Wir folgen in den Fußstapfen des Bruders der fand dass die Bevölkerung seiner Frau ausgesprochen schmeichelte. Er ist lange schon verheiratet und hat einen Sohn von fünfundzwanzig.

Wie alt sind tapfere Frauen. Wir finden einen Disruptor wir finden einen Disruptor im Notfall ungemein nützlich aber überstrapaziert ganz und gar unbrauchbar. Wir stehen jetzt wieder auf gewöhnlichem Fuße. Wir lieben die Hand im Spiel. Die Hand die Zusammenstöße verbietet. Die Franzosen meiden Krisen und Amerikaner zeigen sich ihnen erwachsen.

Glaube ja nicht dass wir in Sicherheit sind.

Wir sind sicher im Fach eines Hotels das unser Bruder für uns gefunden hat.

Und nun geleite uns sanft bergan.

Über Berg und Tal.

Wie kommt es dass Engländer nichts dagegen haben sich zu erinnern dass die Normandie einst in ihrem Besitz stand. Wie kommt es dass sie nichts dagegen haben zu merken dass ihre Kultur insgesamt der Kultur der Normandie gleichkommt. Wie kommt es dass sie gegen mich nichts haben. Ich dagegen erinnere mich gern daran, sie gegebenenfalls zu erinnern erinnere sie gegebenenfalls gern und sie erinnern mich an alles.

Warum liegt in der Neugestaltung Gewissheit. Warum liegt im Gegensatz Gefühl.

Blätter Kohl Gras, Äpfel Bäume Gold Sahne Eichen und Ohren, mich brauchen jetzt viele.

Ich brauche sie, sie braucht mich, sie braucht mich, ich brauche dass sie so herrlich robust ist. Erfreue mich durch müßige Gedanken.

Und nun gute Nacht.

Ergebenst Dein
Augustus Wren

Flaubert nimms nicht schwer. Nimms nicht schwer Flaubert. Flaubert gräm dich nicht gräm dich nicht so sehr Flaubert.

Auf unseren Reisen begegnete uns Raffinesse, begegnete Raffinesse uns bei Frauen, begegnete Raffinesse uns bei Männern, begegnete Raffinesse uns bei Kindern, auf unseren Reisen zögerten wir uns etwas zu wünschen und dann am Abend sahen wir einen Stern und wünschten drauf los. Ich wünschte ich wäre ein Fisch mit einem großen Schwanz, ein Polly Wolly Doodle ein Hummer oder Wal. Das habe ich mir gar nicht gewünscht. Ich verrate meine Wünsche nicht.

Ernstlich stellen wir fest dass eine Pharmacie ein grünes Licht hat dass eine Eisenbahn ein rotes Licht hat und ein grünes Licht, dass ein Automobil ein weißes Licht hat, dass ein Schiff ein grünes Licht und auch ein weißes Licht hat. Wir stellen außerdem fest dass Entfernungen nicht täuschen.

Bitte rufe mir alles in Erinnerung zurück was dir eingefallen ist.

Und jetzt zu Karrees. Es verblüfft dass nie festgestellt worden ist dass Karrees oft Ausdruck von Ignoranz seitens der Anwohner sind. Sie betrachten unweigerlich alle die zu ihnen kommen als Fremde, sie fühlen sich unweigerlich einsam im Verkehr mit dem anderen. Einige sind zu jung um zu heiraten und andere werden nie dienen. Einige erscheinen an Fenstern und wieder andere sagen sie gingen zum Zirkus. In Frankreich ist es nicht leicht zum Zirkus zu gehen. Kähnen fährt ein Schlepper voraus. Wie geht es dir ich vergebe dir alles und da gibt es nichts zu vergeben. Manche ziehen es vor rasch bergauf zu fahren und langsam bergab und manche ziehen es wahrhaftig vor praktisch immerzu bergauf zu fahren. Ich selbst sollte als solche in Erinnerung bleiben. Ich verstehe was sie sagt. Erbsen und Bohnen und Gerste sprießen. Das können du noch ich noch irgendwer wissen. Und doch sind Blumen sehr hübsch.

Fallobst ist nicht immer faul.

Ich bin es zufrieden dich zufrieden zu stellen.

Am anderen Ende der Welt am anderen Ende der Welt ist ein Karree. Wie konnte ich das Karree vergessen. Es ist sehr groß und der Ort ist klein.

Wir waren es zufrieden ihn sagen zu hören dass er gern bliebe wo sie den lieben langen Tag spielen im Casino.

Ein Apfel datiert den Tag, Tag da wir am Abend den Ozean hörten. Wasser gleicht Wasser kein bisschen. Breite macht mir nicht zu schaffen.

Lasst mich von Museen erzählen. Als Glas entstand und sich kein Schatten fand und Bauten gefragt waren zur Symmetrie, wurden Gegenstände von welchen welche sehr schön waren versammelt. Sie wurden so platziert dass man sie sehen konnte. Sie freuen. Ich für meinen Teil ziehe Käufe vor. Ich ziehe sogar vor dass der Verkäufer seine Schätze streut. Der Käufer hingegen natürlich nicht. Ich danke sehr. Man gedenkt unser aufrichtig wo immer wir waren. Sie sagte sie bedaure aber das Personal sei bereits gegangen und die Inventur begonnen.

Kraut und Rüben hüben wie drüben.

Eine Feige ein Apfel und Trauben ergeben die Kuh. Wie geht das zu. Du brauchst einen Cäsar dazu. Nun. Cäsaren eignen sich dazu und sie eigenen sich dazu im Nu. Die Cäsaren haben Ruhe dazu. Wozu einer Laune gehorchen. Laut und schaut ist nicht Laune und staune. Wie kannst du beherzt sein. Durch den Verzicht auf Reminiszenzen. Und wie kannst du pünktlich sein. Wie kannst zuletzt du mir dienen. Die Italienerin ist noch nicht weg. Wir freuen uns zu sehen dass eine Frau das achtzehnsiebziger Kreuz trägt. Wir tragen die médaille de la reconnaissance française. Wir danken sehr. Wir zeichnen Hochachtungsvoll Ihre Mrs. Herbert Howard. Wir mögen bretonische Namen wie Patty Requets. Ich rieche nicht lieblich. Die Zeiten setzen uns zu. Und es droht Schnee. Und die See ist mild. Erfreue mich.

Zurück, wir kehren nicht zurück, doch über den Rücken rücken wir vor, wir Godiva und Christophorus.

Rück und rüber, wie gut ich mich an den Song erinnere. Rück und rüber und er so ein guter Vater. Rück und rüber dort hinüber, wir und Godiva und Christophorus und sie zwei, sie zwei und sie zwei. Vater und Sohn, und einander. Dort drüben. Wo keine Brücke ist ist ein Fluss. Das könnte ich bereits anders gesagt haben.

Dies ist eine Liste meiner Erfahrungen. Ich kann Schönheit nicht beschreiben. Ich kann kein Karree beschreiben, ich kann keine Kuriositäten beschreiben. Ich kann keine Flussbogen beschreiben, ich kann keine Länder beschreiben. Ich kann Milch beschreiben und Frauen und Ähnlichkeiten und Ausschmückung und Cidre. Ich kann auch Wetter beschreiben und Konter und Wasser. Ich kann auch Melodiefetzen beschreiben.

Ich war halbwegs stolz dass das nicht verlorenging.

Wie oft habe ich gesagt wie du wünschst.

Die Frage ist ist der Besen ein Besen und ich kann nicht davon sprechen. Ich kann nicht von dem halben Honigmond sprechen der viel zu bald um war aber es strahlen stets genug davon an der Sonne. Ich bin dein Honig Honigbusch du meine Biene, ich bin dein Honig Honigbusch du meine Biene ich bin dein Honig Honigbusch du meine Biene.

Besaß Maß Spaß, ist es ein Spaß, ist es ein Spaß. Besaß Maß, beachten wir den Platz vom Schatz, beachten wir dass wer besaß das Maß dessen ist was Spaß ist. Maß, beachten wir dass wer besaß das Maß dessen ist wer besaß als Maß von Spaß. Ich erinnere mich mit großem Spaß an die Überquerung des Flusses. Ich erinnere mich mit großem Spaß an den Spaß und den großen Spaß an der Überquerung des Flusses. Ich erinnere mich mit großem Spaß an das was wer besaß aus Stahl und Messinstrumenten. Ich erinnere mich sehr gut an den Spaß wenn ich zurückdenke, wenn ich daran zurückdenke wer besaß und können wir was wer besaß können wir wer besaß ersetzen können wir darauf setzen wer besaß oder versetzen wer besaß. Ich habe beschlossen sonnenverbrannt zu sein.

Ich danke sehr.

Augustus Lyon.

Kannst du kannst du kannst du ruhig sitzen. Wie wacker sagt Florence ich finde es verblüffend.

Und wie oft ist da eine Replik. Sehr oft und sehr zärtlich. Ich fühle replikanisch.

Ein Honigmond so bald wieder schon, wann, warum jetzt.

Manche erleben einen Honigmond mit Gatte zu bald, manche erleben einen Honigmond mit Gatte bald genug. Und wir erleben einen Honigmond zur Mittagsstund, immer schon, wir erleben einen Honigmond, ein Honig-Honigmond zur Mittagsstund und zur blauen Stund und vor Mittag nun und zwischen blauer und früher aber nicht Mittagsstund. Du verstehst mich schon. Ich verstehe dich sehr wohl.

Ich zeichne aufrichtig die Deine.

Und die alte Frau. Die alte Frau erfreut sich allerbester Gesundheit. Sie ist dem Amerikaner böse der sie festhält.

Brauner Faden und weißer Faden, es ist schade dass wir nicht finden was wir suchen und dass ich dir so lästig bin. Es ist sehr schade dass ich dich plage aber es ist besser so. Wie geht es dir ich vergebe dir alles und da gibt es nichts zu vergeben. Wie geht es dir ich vergöttere dich.

Ergebenst Dein
Augustus Merryweather

Vierzig Francs für einen Bleistift. Sagt Emil. Er sagt der Bleistift ist vierzig Francs wert. Iss bitte auf.

Ich habe etwas Köstliches gesehen. Die Kathedrale ragte auf zu den Sternen die Kapelle übte, die dunklen Figuren lachten und sagten gute Nacht und wir auf dem Weg. Ich habe etwas Köstliches gesehen.

Ergebenst Dein
Augustus Cäsar

Wie kannst du so gedankenlos gewesen sein dieses Buch gesucht und Melonen gebracht zu haben. Wir haben beides gebracht. Ich habe etwas wirklich sehr Köstliches gesehen, es hat sich wer in mir geirrt, in jemandem. Es hat sich eben jemand geirrt. Es hat sich in dir jemand zugunsten der Blumen geirrt. Genau das meine ich. Und wie oft meinen wir nicht wir meinten das nicht.

Stattdessen dies. Zärtlich kleine Miss, zärtlich kleine Misses.

Stattdessen dies und wir würden den Honig missen und den

Lohn aber wir müssen es nicht weil wir den Lohn haben und den Honig.

Du staunst über mich auf keinen Fall, du bist mein Ball und was tust du im Sitzen, du sitzt. Und warum bist du nicht bestrebt zu gefallen weil Blumen dir zufallen und du Gefallen hast an Blumen und allem.

Ich danke sehr, Mrs. James Allen Augustus. Mrs. James Allen. Mrs. Augustus Allen. Ich danke sehr Mrs. Augustus Allen.

Wie ist der Gatte zu achten und ehren. Der Gattin Gatte.

Ich danke dir sehr.

Ich will doch nur endlich ins Bett kommen meint sie benommen meint sie benommen. Ich will doch nur endlich ins Bett kommen meint sie benommen.

Wir waren sehr weise uns so gut die Zeit zu vertreiben und wir hoffen noch mehr treiben zu können.

Ich danke dir sehr.

Ergebenst Dein
Augustus Ruine.

Wir haben kräftig gegessen von gut gesalzenen Speisen und in der Folge dringend eine Menge Süßigkeiten essen müssen um uns Durst zu machen.

Wir haben diese vielen Erfahrungen in diesen Breiten gemacht und wahrlich ist Mond und Erde angeraten höflich miteinander umzugehen. Kolumbus und das Ei, Kolumbus oder das Ei oder mein Lieb mit ihren Augengläsern.

Wir sind nervös gewesen und es geht uns jetzt besser, wir beten allabendlich wir möchten tags drauf ein guter Gatte sein.

Wenn sie patriotisch werden wissen sie wohl zu unterscheiden.

Trinke bitte wieder Wasser.

Sie haben davon gesprochen asiatisch und vom Norden zu

sein. Sie haben davon gesprochen ihre Liebe kultiviert zu haben. Sie haben davon gesprochen es mit dem Sonnenschein ernst gemeint zu haben und für Mondlicht zu sein. Sie sind ernstlich mehr zusammen gewesen. Und hat er einen Anhänger gekauft. Hat er ihren Anhänger gekauft. Hat er ihre Anhänger gekauft.

Ich finde wahrhaftig dass Automobile gut zu Kathedralen passen.

Ich meine das ganz ernst Mr. James Raymond.

Und was wurde aus ihren Bewohnern.

Ich kann es leicht von dort wenn ich ziehe. Wie kannst du es von dort wenn du ziehst, leicht.

Es waren eine Menge Fenster nicht zerschlagen und es wurden eine Menge Fenster nicht zerschlagen.

Was sagst du dazu wenn wir eine gute Frau und einen starken Mann versammeln. Was sagst du zu Flusslandschaften. Was sagst du dazu wenn wir für die Reise den Tag aufwenden einen Tag aufwenden einen Tag widmen. Wir haben uns geirrt und ich habe mich in uns geirrt. Wir haben uns nicht in der Sache geirrt. Godiva spricht feierlich und sagt es. Ebenso manch andere Patronin.

Ein Honigmond so bald schon wieder ja der freut wenn er so bald kommt und schon wieder. Immer und wieder und sogar wenn Honig zum Mond benötigt wird.

Sagen wir jetzt Pussy. Ich sage wann Pussy. Du bist Kühe am laufenden Band. Kühe per Gelübde. Die Kühe produzieren reduzieren reduzieren sie reduzieren die Produktion. Kühe sind erforderlich nach dem Füttern. Wir bemuttern nach dem Füttern. Nach dem Füttern ermitteln wir Kühe. Wie werden Kühe vervielfacht. Durch die richtige Haltung. Ich danke sehr für die klaren Worte.

Sie ist sanft und aufmerksam. Sie kann nicht mehr tun als sanft und aufmerksam sein und das finden wir zur vollen Zufriedenheit sehr passabel und ohne Tadel.

Und nun hören wir ihre Sätze. Sie sagt apropos Ungleichheit erinnere sie das Meiste wegen seiner Furchtsamkeit. Fürchte dich nicht zu einer frühen Religion zu gehören. Und was den Einflussbereich betrifft, was ist souveränes Gebiet. Honigmonde erhalten keine alarmierende Information. Und Kühe kommen heraus.

Ein Säuselwort am rechten Ort ist nie verkehrt, ein süßes allerliebstes Kind ist stets Gewinn. Und sind Sonatinen in Spieluhren drin und eine dann die andere und sind Spieluhren Leierkästen oder nicht. Das glaube ich und sag es ihr und sie glaubt mir wie ich wohl weiß. Ich sag's ihr so so.

Eine Leibbinde wird Strang um Strang geknüpft eine Leibbinde wird streng genommen handgestrickt. Gestückelt. Und dann gestückelt. Wir wissen wie man Feuer macht. Kitzele sie kitzele sie denn Sünde steht gekritzelt an der Wand mit Stift mit Bleistiftspuren. Wir haben zwei Federhalter von denen wir viel halten viel gehalten haben. Von ihnen wissen wir das nicht.

Er verleibte sie verleibte sie verleibten sich ein, sie verleibte er verleibte und waren eins, er verleibte sie verleibte und ist ihnen eins, sie verleibten sich und wir liebten uns und wir waren eins.

Ja wie ich liebe dich und wie.

Ich habe sagen hören Lerchen legten sich nie aufs Ohr. Ich habe sagen hören sie sängen. Ich habe sagen hören sie sprängen und habe sagen hören dass sie sängen.

Als wir hörten hörten sie zu und als sie sagen hörten dass sie ängstigten fragten wir uns ob sie es hörten.

Ich glaube fast augenblicklich an ein weiches Ei. Ich übrigens auch. Ich glaube fast augenblicklich an eine Überraschung.

Ich sehe den Mond und der Mond sieht mich, Gott segne den Mond und Gott segne mich.

Ich wusste nicht dass der Südwind den Mond bringt.

Wir sind ihnen im Weg das sehe ich wirklich.

Ja wir werden nun gehen.

Wenn wir bitte sagen sagen wir ich bitte dich tu es. Wenn ich bitte sage sage ich bitte glaub mir. Und wenn ich sage ich bitte dich also bitte meine ich dass ich weiß dass du wohlauf und zufrieden bist. Das ist die Bedeutung von Ausruf. Er wird gedrängt er wird sanft gedrängt zur Sittlichkeit. Ich begreife den Unterschied zwischen Baden und Badewannen zwischen der Eleganz der Coiffure und der Eleganz eines Paars. Ich begreife den Unterschied zwischen Buchhaltung und Büchern und ich begreife den Unterschied zwischen Rose und Weiß. Ich begreife zudem den Unterschied zwischen fähig und fähig sein. Sie ist fähig sie gilt als fähig es heißt sie sei fähig mich zu empfangen.

Süße Neigung.

Es heißt dass es heißt so würden Wälder gemacht. Sie sind ganz gemacht. Und wir haben sie verprasst. Wir haben sie uns heute verpasst. Heißt es. Kannst du mir jetzt den Rest erzählen.

Dies ist der Rest.

Ich danke für die Rast.

Und wie ernst sagen wir nun die Farbe stimmt nicht. Die jedenfalls nicht.

Und weitere Blumen.

Wir schlafen auf dem Sitz und bleiben bei der Bank und wir schließen den Strom an und ernten keine Entrüstung.

Wir unterschreiben was unterschreiben wir.

Mag sein mag sein.

Das sage ich.

Das sagen wir.

Das sahen wir.

Und die Zerhacker zerhacken.

Und desgleichen finden wir den Wald wollen.

Das gilt auch für Strickzeug.

Ich werde nicht streiken.

Hocken.

Ich hocke.

Und du hocktest.

Was einen Hut bedeckt.

Darunter habe ich Grund Hagedorn zu brauchen.

Oder Hawthorne.

Eine Blüte eine geöffnete Blüte, eine räsonable Blüte extra, eine saisonale und sogenannte Blüte.

Ich werde meine Lösung nachstellen.

Ich löse, ich entlöse, ich erlöse, ich befestige mit einer Quaste. Ich kenne die Kirche.

Ich sehe plötzlich die Szene. Und die Szene sieht mich. Gott segne die Szene und Gott segne mich.

Dann wollen wir weiter um dort nicht zu spät anzukommen.

Gibt es etwas was du verschmähst.

Ich werde es dir sagen.

Dann wollen wir weiter.

In verschiedenen Ländern sind gepflügte Felder zahmer als in anderen. In verschiedenen Ländern in verschiedenen Ländern errätst du es an dem F.

Kannst du mir das mit den Spatzen, den Singammern und der Seine erklären.

Die Seine ist ein Fluss den wir sehen können.

Es ist klar zu entnehmen klar zu entnehmen wenn wir vernehmen und wir wollen uns bequemen. Ja.

Wir nennen eine Wallhecke nicht Holzapfel, noch heißen wir Hawthorne einen Dorn, wenig hilfreich finden wir wenn er Blätter hat. Hilfreich immerhin darin. Erinnerst du dich dass eine Pumpe anderes pumpen kann als Wasser. Suche dazu das Land. Ja Zärtlichkeit wächst und sie wächst und wo sie hinfällt und wächst. Und gefällt dir das. Doch tut es. Und füllt es eine Kuh voller Fülle. Ja. Und woher kommt das. Es kommt von der Art der Cäsaren. Cäsaren sind reich an Gedanken und Taten. In der Tat.

Da sie zur Tür schreiten.

Schließ die Tür.

Ja.

Was hättest du heute gern. Dasselbe wie gestern. So so. Ja so.

Einen Augenblick noch dann gibt's was. Ich will nicht warten. Musst du nicht. Werd ich nicht.

Wir lesen wahrlich und zwar den Italiener.

Würdest du mit ihm für ihn oder auf ihn trinken. Würdest du überhaupt trinken.

Auf ihren Wunsch hin gab ich kund dass Primeln nicht so berühmt sind. Erwiesenermaßen meine Devise. Ich dekretiere höchste Eile. Und was war nach einer Weile. Heute kein Verweilen.

Wir nennen es mal so wir nennen es mal eine Feier, weil wir sie bekamen und wir sie bekommen und wir sie bekommen werden und wir klarkamen damit und wir klarkommen damit und wir klarkommen werden. Ich nenne es eine Feier weil wir klarkommen mit ihnen und wir klarkommen werden. Ich nenne es eine beträchtliche Feier weil wir ihr Gehör erhöhen und wir sie ausgelegt und den Beitrag für sie ausgelegt haben. Ich nenne es eine Feier und das tun sie auch. Sie sagt sie ist wirklich voll Zärtlichkeit.

Schlussteil

Eine Sonatine dann die andere
unterbrochen von einem Stück

Ausgezeichnet dadurch dass dort überhaupt kein Wallgraben war. Wir haben das durch wiederholtes Fragen geklärt.

Die Schwarze Hand der Porte Maillot. Sie sagt ein Sommertag kommt auch mal im frühen Frühjahr. Was ist der Unterschied zwischen Vor- und Spät.

Die Schwarze Hand der Porte Maillot.

EIN STÜCK

Führend im Bereich dessen was dem Automobil nottut und dem Träumen im Abstauben.

Sie träumt von mir in nicht dieser Manier. Das sei gesagt zur eigenen irrtümlichen Referenz.

Allan und die besten.

Sie in Gedanken bei Kühen.

Sie übernehmend die Anmutung von Birnen. Und er nun er war der dritte Bewohner eines großen und wirklich freundlichen Hauses aber unternommen nicht in seinem Namen.

Fenster sind prominent offen und es bestehen vielerlei pekuniäre Vorteile. Wusstest du dass Ripolin der Name einer bestimmten Farbe ist. Ich interessiere mich sehr für Phantasienamen von großen Unternehmen. Es gibt Kodak, es gibt Ripolin es gibt Rezitative und es gibt die Tatsache dass ein Lord Derby nicht zählen kann.

Jetzt stürzen wir uns in das Schauspiel. Ich spiele du spielst und sie spielen. Spiel und spiel und spiele fort. Ich habe es bereits gesagt. Jetzt sagte ich das ist meine Art ein Stück zu erschaffen. Spiel es wenns beliebt spiel es, ich sage spiel es, ich sage wenns beliebt spiel es und weißt du ich bin perplex und man hat Respekt weil ich einen Blinker von der Neigung der Straßen zweimal in derselben Stadt zerschlagen bekommen habe und einmal auf der Hut.

EIN STÜCK

Nicht die Lieben.

Aber ihr Lieben.

Lieben sind Lieben.

Ich betrachte die meinen und sehe sie.

Wir holen auf.

Die erste schwarze Hand beim Diner.

Wir blieben daheim sitzen und saßen.

Wie kannst du für Lohn denken wie kannst du für mich denken wie kannst du meinen Honig denken wie kannst du nur meine emsige Biene. Wenn ich Zeit habe werde ich den Finger versenken.

Was war eine hübsche Idee, meine Frau hören zu lassen was hören. Es war eine gute Idee meine Frau hier zu erhören. Hör was ich sage. Es war eine hübsche Idee meine Frau hören was hören zu lassen. Es war eine hübsche Idee mein Frauchen hören zu lassen. Hört. Hört.

EIN STÜCK

Ich spiele für Baby ich spiel dass sie Baby ist und ich spiele das Baby und Vincent Astor der baut ein Haus. Glaubst du was ich erzähle.

Ich sage es oft dann weißt du's gewiss, *when this you see* siehst du wer dich pries und da dichte ich nun und weiß davon und sage den Cäsaren allen vieren schließt die Türen. Cäsare alle viere öffnet die Türe und ich liebe nicht allein Schätze sondern empfinde nun auch die Kuh als Schatz sie ist ein Schatz und geliebt ohne Maß wenn sie die Tür passiert. Und den Flur. Ja und den Flur. Sie kommt hinter der Tür hervor vor der Tür sind vier vier

Cäsaren und ihnen weise ich die Tür. Sie wissen von ihr. Und die Kuh kommt durch die Tür. Vergötterst du mich. *When this you see remember me.*

Y.D.

Ruhst du schön. Aber reizend. Erfreut dich alles. Aber sehr erfreut es. Bist zu zufrieden. Aber sehr zufrieden. Hast du Freude an deiner Sicht der Dinge! Aber große Freude.

Dort wo sie erfreut waren dort wo sie länger waren, dort wo sie dort waren. Wo. Da und dort. Du erfreust mich doch du erfreust mich.

Beispiel zum Beispiel dass Schmeichelei bei Cäsaren zieht aber sie empfinden es nicht so weil es nicht Schmeichelei ist sondern treffliche Beschreibung.

Ich habe ihnen privat gedankt, nun danke ich ihnen öffentlich und morgen werden wir es ihnen mit Früchten lohnen.

Mittelsmann. Mittelmann. Mitte der Mittelsfrau, Mitte des Mittelmanns, Mittelsmann wenn er kann Mittelfrau Mitte der Mittelsfrau. Cäsaren treiben sich nicht herum sie bleiben.

Cäsaren bleiben sie treiben sich nicht herum.

Cäsaren bleiben sie treiben sich nicht herum. Greifen nicht nach dem Horizont sondern an vorderster Front getrennt erlauben sie ja betreiben sie ja deichseln sie ja begleiten sie ohne Pause die Causa und wir bemerken mit einem Lächeln und Nicken dass niemand sie antippen muss ja wir bemerken dass Befriedigung erlangt ist.

Uns wurde zu verstehen gegeben es gebe Telegramme zu erstehen aber wir erstanden nicht. Uns wurde zu verstehen gegeben es gebe Zimmer zu erstehen aber wir erstehen sie nicht. Uns wurde zu verstehen gegeben es gebe Stühle zu erstehen aber wir erstehen sie nicht.

Was wir erstehen ist dies und damit befriedigen wir den Bedarf an Zweisamkeit.

Wenn wir Frauen sehen sagen wir wohnen sie in diesem Hotel. Wenn sie uns sehen sagen sie wir sehen gleich alles was zu erklären wäre.

Ich würde mich wahrhaftig gern trauen. Wahrhaftig würdest du das. Langer Rede kurz gesagt ist getraut sein doch charmant.

Ja wahrhaftig und es sind Freuden die wir genießen können.

Wenn wir sagen haben sie sagen wir sie haben. Wenn wir sagen haben sie sagen wir haben sie nicht. Wenn wir sagen sie haben haben sie. Wenn wir sagen haben sie nicht haben sie nicht. Ich glaube das Richtige wäre im Hotel anzurufen ob wir sonntags heute Abend ins Hotel können.

Ich rauche eine kleine Pfeife.

Und wer hat sie mir gegeben.

Wir waren wir waren.

Sie applaudieren. Und sie die Elektrizität enttäuschte sie. Das war so unnötig.

Eine Schönheit ist bekanntermaßen schön. Wie schön du bist sehe ich.

Ein Grund weshalb ich das sehe ist dies.

Hübsch hübsch sind ich sie hübsch die Welt.

Sie wussten was du weißt.

In dieser Weise weise ich auf ihre Worte hin. In dieser Weise werde ich auf ihre Worte hinweisen. In dieser Weise. Ich nehme es wörtlich.

Freude für sie und Freude für ihn es ist ihr eine Freude und es ist ihm eine Freude.

Freude.

Mit Freuden.

Erfreuen.

Er erfreut mich freudvoll. Sie erfreut mich freudvoll.

Freudvoll.

Soll ich.

Ja.

Soll ich.

Hell nachts aber nachts nicht so helle.

Ich lese dir vor und du liest mir vor und wir lesen beide gebannt. Und ich habe auf dich gewartet und du hast auf mich gewartet und wir warteten beide gespannt.

Ich empfinde Stricken als Daueraufgabe und ich bin zutiefst dankbar weil mir klar ist wie viel ich den Händen verdanke die mit Nadeln hantieren.

Es hat mir viel Freude bereitet das zu sagen.

Ich lasse Vorsicht walten.

Und erfreu mich an seinem Schatz. Und dann werden wir unsere Ohren messen und ihre Ohren und wir werden wissen dass wir es sie wissen ließen so oder so und so wissen wir und haben wir einen Quell der Freude einen sprudelnden und sprudeln nur so. Nun gut.

Nun gut in der Tat nun gut in der Tat. Und wie geht es dir. Nun gut in der Tat.

Mit Freuden habe ich vernommen dass du mit Freuden vernommen hast was zu vernehmen dich gefreut hat.

Was hörst du.

Ich höre dich sagen was du sagst.

Nun das kannst du den ganzen Tag. Guten Tag.

Und was ist sein Lohn. Sein Lohn ist der Lohn seit jeher. Eine Kuh. Wir alle beten die Kuh an. Wie. Durch herbeiführen und produzieren und infolgedessen.

Wie.

Du kennst doch Flöten. Ein Hirte hat eine Flöte. So ist es. Ebenso ich.

Ich erwähne dieses und jenes, das stimmt auch für Pussy und Katz, dass dieses jenes ist und jenes dieses und du schläfrig nach dem Kuss. Wer misst, wir uns.

Wie misst uns, wer uns missbilligt.

Wir küssen uns.

Nun gut.

Es geht ihr gut.

Und was die Kuh betrifft mit der niemand Ruh gibt. Mit der Kuh gibt's keine Ruh.

Ich danke Römern Cäsaren und allen.

Ich sage es nun und ich sage es nun ich sage es nun wie ich sie liebe kleine Jüdin. Ich sage es nun und ich sage es nun. Ich sage es nun und ich sage es nun. Ich sage es nun.

Was hätte ich ein Air von dort und hier und ich sage es nun ich sage es nun ich liebe sie meine eine kleine Jüdin. Was hätte ich ein Air und bedeutet mir sehr viel mehr ihr Haar und hier auch der Rest von ihr meiner kleinen Jüdin. Ich liebe auch sie meine kleine Jüdin. Und sie wird die Erkältung ertragen haben die kuriert ist die kuriert ist die kuriert ist und eine Kuh wie kann eine Kuh folgen nun eine Kuh kann folgen nun weil ich eine Kuh habe. Ich hatte eine Kuh du hast eine Kuh, du hast nun eine Kuh.

Sie ist eben die Art Frau. Sie versteht.

Was mich ehrt.

Was mich ehrt im Schlaf ehrt sie mich und womit ehre ich sie ich ehre sie mit einem Kuss.

1. stets süß
2. stets recht
3. stets willkommen
4. stets Weib
5. stets segensreich
6. stets siegreiche

Drogistin der zweiten Klasse und was das heißt wissen wir. Wer ehrt sie für all dies der Gatte mit einem Kuss und was will er stets noch liebevoller sein und seiner Missus Hilfe und Held. Und wann ist er heldisch, wir wissen wann.

Gewinnen durch Foul schaut nicht aufs Maul gefallen. Gefallen tut's mir und gar nicht faul geht's mit ihr. Kampf gegen Siki und Capridrinks weiter Capridrinks zwinkert hübsch plinkert müd plinkert verliebt. Capridrinks. Capridrinks ist mein Herz und Honey.

DIE DINGE LIEGEN AUF DEM TISCH
Spiel

▶ Im Dezember 1921 traf Ernest Hemingway in Paris ein; er lernte Gertrude Stein im März 1922 kennen. Noch im selben Jahr schrieb Stein ihr Szenario »Die Dinge liegen auf dem Tisch« (veröffentlicht 1932 in *Operas and Plays*), in dem allem Anschein nach ein Meister jemanden »sehr wie Hemingway« belehrt und »Mr. Holt« und »Mr. Read« um die richtige Lesart ringen.

Dem Stein-Biographen Richard Bridgman zufolge hatte die Autorin erfahren, dass selbst Nonnen Gefallen an ihren Texten fanden – wahrscheinlich *Tender Buttons* –, und sie nahm dies nun häufiger zum Anlass, etwa in »Komposition als Position« (s. S. 253 ff.), ihre Vorgehensweise zu erläutern. In dem in ihrem letzten Lebensjahr gegebenen »Transatlantischen Interview« bemerkt sie zu dieser Epoche: »Ich gewöhnte mir an, Dinge auf einen Tisch zu stellen, einen Tumbler etwa oder anderes, und dann bemühte ich mich um ein möglichst klares geistiges Bild und schuf mit Worten ein Verhältnis zwischen Wort und gesehenem Gegenstand … ich wollte durch Suggestion, wie es Maler können, etwas vor Augen führen.«

Nonnen verlangen zur Erbauung nach ihnen.

Zuerst eine Nonne. Haben Sie es auf Wonne und Witz angelegt. Ist es Ihnen eine Wonne Dinge mit Witz zu sehen.

Die Dinge liegen auf dem Tisch.

Wir leben mit ihnen Seite um Seite und sehen sie an und dann sind sie da auf dem Tisch.

Dinge auf dem Tisch und die Erklärung.

Wer spricht von Gläsern.

Wer spricht von Savoy-Streuern.

Wer spricht schon vom Potschamber aus Porzellan.

Und wer spricht davon dass Steingut üppiger ist als Kupfer, Glas, Emaille, oder Cuisine. Wir haben allerbeste Selleriesalate und Selektionen. Nun dann lies für mich vor was du sehen kannst und wirst. Ich sehe was zu sehen ist.

Da musst du dir aber mehr Mühe geben.

Und hallo was treibst du so.

Ich treibe es bunt.

Die Dinge auf dem Tisch haben sich der Lage gewachsen gezeigt. Wir können Wände mit Töpfen und Pfannen und Blumen dekorieren. Blumen finde ich fraglich. Und Bananen. Kartonfarben wie eben Bananen. Und Kohlköpfe. Kohlköpfe sind grün und sollte man nicht zugegen sein was würde geschehen, das Grün würde unglücklicherweise unglücklicherweise zu Verhärtungen führen und wir könnten nur beklagen dass das Ergebnis glücklos war und so verblüffen wir niemanden noch beklagten wir Reichtümer. Reichtümer wären noch gar nicht. Sie haben ihr Willkommen im Meer. Meere strecken sich nicht nach dem Land. Mit ihnen nahmen Namen ihren Anfang und so schwärmen wir für Meere. Über Meere kommen Dinge auf den Tisch der ein hölzerner ist und keine Marmorplatte hat unbedingt. Also vielen Dank allen und lasst uns in Umrissen beginnen.

Und was Häuser betrifft natürlich sind Häuser nicht von der gleichen Erholsamkeit wie Dinge auf dem Tisch was für uns so viel ist wie ein Arrangement. Häuser arrangiert man nicht noch schwärmt man für sie sehr. Ich habe einen Schwarm als Heim.

Wenn ich anspreche spreche ich ihr Verhältnis an. Was ist ein Verhältnis. Ein Verwaltungsgebiet. Und wird es je keine Erinnerung geben wird es nicht mal Erinnerung geben. Ich erinnere mich an dich. Und du. Ja du erinnerst dich du erinnerst dich an mich. Und ich sage zu dir du erinnerst dich doch oder nicht und du du empfindest wie ich. Ich erinnere mich an dich, und dich bewegt gewiss der Apfel der Abstieg vom Kreuz und der Hund und das Eichhörnchen. Du gefällst schon wenn du gefällst.

Alles mit allem kombinierend.

Dies sind die Bouquets.

Ich finde dass Milch Salz Mehl und Äpfel und die erfreuliche Platzierung eines jeden im Bild ein Bild ergeben.

Ester.

Lieber ist mir ein Ringelreihen.

Und mir ein Weg.

Und mir gar nichts sagt Rose die beschließt fernzubleiben. Aber sie kommt wiederholt wieder.

Hast du gezögert mit dem Singen.

Hast du gezögert mit dem Singen.

Er sagte er sei ihr dort begegnet.

Und damit haben wir das Interesse erklärt das eine Cellistin an einem Bildhauer haben kann. Sie spielt kein Cello mehr aber sie streift noch immer durch Wald Stein und Wald und streicht den Wald. Sie streicht nicht den Wald an.

Und nun Häuser und Gebäude und Häuser und die Gebäude mit Behausungen. Ich lebe in einem Haus hier und da ist ein Haus dort. Vergiss den anderen Andachtsort. Sieh zu dass du gleichen Respekt vor allen hast die alle beieinander haben.

Und dann wenn du mich sehen zu müssen meinst.

Rufe mich an.

Komm bereitwillig zu mir als Vorbereitung.

Was weißt du von Feldern und Tischdecken.

Dinge sind auf dem Tisch wenn ich da bin. Und wenn du nicht da bist.

Ich will es dir erklären.

Mit den zehn Seiten.

Und wie sind ihre Zeiten.

Ihre Zeiten sind wie du weißt, du weißt wie ihre Zeiten sind und Maß und Gewicht.

Und du weißt wie sehr bald wir heute Abend nicht alt werden werden.

Ja. Und morgen dann werden wir kaufen werden wir abkaufen werden wir nicht, ja wir werden nicht alles abkaufen was wir brauchen weil wir uns nicht werden einigen können. Da sind wir uns einig.

Also werden wir einzig sehen müssen was wir brauchen um ihren Tannenbaum zu erbauen.

Dinge auf dem Tisch ahmen kein Haus nach und wir meinen nicht Ester.

Wieso ist Ester genannt Ester und nimmt Notiz nicht von Ahasveros sondern nur Olga sie ist Russin wie kann sie es wagen.

Strahlt er wenn er insgeheim prahlt. Natürlich tut er das und nun sprich zusammengehörig.

Er sagte er respektiere die Äußerung von Meinungen und sie sagte, ich sehe lieber Tatsachen ins Gesicht. Und er sagte und was siehst du wenn du es hältst wie du sagst und sie sagte ich sehe aber du und er sagte und du auch. Und dann sagten sie sie schätzten sehr das Malen von Häusern und Dinge auf einem Tisch.

Komm zeig dich ist leicht gesagt wenn das Gespür in Blei die Einführung von Wörtern und Musik setzt nicht Bildern und Musik, nicht Bildern und Wörtern nicht Bildern und Musik und Wörtern, nicht Bildern nicht Musik nicht Wörtern wenn das Gespür das in Blei zur Verbreitung von Abreibungen führt verneint wird dann wollen wir jeden auffordern zu unterzeichnen Hochachtungsvoll Herman G. Read und rasch subsumiere ich alles dem neuen Namen.

Wir wollen nun eine alte Quadrille erwägen und wie.

Platzwechsel Damen.

Wie kannst du Einlassungen vernachlässigen.

Und sie saß und sie sagte ich bin nicht verpflichtet zu viel Vergeltung.

Komm wieder.

Vor und zurück.

Blick nach rechts und nicht links.

Und reich die Hand.

Der Handreichungs-Gesellschaft.

Beruhigend.

Sack die Uhr ein.

Können Soldaten einen Chinesen umstellen.

Dann bete.

Warum dann hast du drum gebeten.

Angenommen.

Angenommen du brauchst Stärkung warum wiederholst du ständig dass du kommst.

Gehst und kommst.

War er willens.

Ist er willens.

Wann ist er willens alles zu variieren.

Er sagt er erfinde nichts und dann sage ich erfinde keine Tischdecke lass den Tisch nicht wie geschehen Tisch den du erfunden hast stehen. Und er sagte ich bin durchaus willens aber ich habe doch etwas finden müssen um die Lücke zu füllen und ich sage zu ihm dann solltest du es lieber wirklich haben und er sagt ich kriege es aber nicht hin und ich sage zu ihm tut mir leid ich kann dir auch nichts leihen und er sagt ist schon gut mir wird zum Ersatz schon was einfallen und ich sage ich bin durchaus willens dich anzusprechen und er antwortete, ich bezweifle nicht dass du mir von großem Nutzen sein wirst aber was herauskommt ist noch sehr die Frage.

Was ist der Unterschied zwischen Häusern und Tisch. Was ist der Unterschied zwischen Dingen auf einem Tisch und Möbeln in Häusern. Hast du daran schon mal gedacht. Dinge auf dem Tisch machen Entschädigung und Ergebnis zum Standpunkt, Möbel in Häusern entscheiden.

Gut dann lass uns zu einer Entscheidung kommen.

Nein sie kommen zusammen.

Schotten, Franzosen, Chinesen, Neger und die Schwarzen. Wann wirst du annehmen. Ich oder sie, *when this you see remember me.*

Chinesen hüten sich vor Negern Franzosen Schotten und Kerzen. Sie hüten Öl und Verelendung.

Niemand also verelendet leicht.

Und nun vergleiche jene mit diesen.

Sie haben Instinkt sie kochen und wenden und Äpfel und Salz. Diese setzen sich durch, sie sind nicht elend mit Holz und Gold noch treibt es sie zu Tumulten. Und so viele Menschen reizen. Sie reizen zum Erröten. Sie erröten wenn sie nicht gar verstummen. Und verachten keine Arrangements. Wer kann gnadenlos umgehen mit besseren Arsenalen. Und gefällt ihnen Eleganz. Ich mag Insistenz. Aber keine Impertinenz. Wie kannst du Reichtümer vergessen. Reichtum kann Voreingenommenheit bedeuten. Kann er das. Ja in Kolonnen. Wie kannst du einen Fisch schneiden. Babys gucken, Knaben gucken und wir gucken.

Wir gucken hin.

Glauben an die Zukunft die er ihr voraussagt.

Tatsächlich sagte sie es vielmehr ihm. Er war nicht enttäuscht weil ich ihn gewarnt hatte. Dinge sind erkannt worden als Messer, als Topf, als Pfanne, als Deckel, als Kelle, Karotten, Äpfel und ein Salzstreuer. Das alles ist erkannt worden was eigentlich nicht so verblüfft da seine Tante Farmerin ist und selbst anbaut und Kühe hat und Schafe und einen Hütehund. Seine Mutter organisiert außergewöhnlich gut und sein Vater hatte mit der Regierung zu tun. Er hat die Altersgrenze erreicht und ist Rentner. Seine Schwester und sein Schwager handeln mit Hartwaren und stehen gut da obwohl es in ihrer Region ausgesprochen schwer ist sein Geld einzutreiben. Du siehst dass es nicht verwunderlich ist dass die Dinge leicht zu erkennen sind. Es sind ein Stuhl, Tisch, Teetasse, Teekanne, Topf, eine Kelle, eine Flasche eine Pfanne, ein Deckel Karotten, Salzstreuer mit Salz darin, Äpfel und ein Krug.

Dem Vernehmen nach ist sie nah, dem Vernehmen nach ist er nah er ist beinahe er ist nahezu spät dran.

Er wird also kommen.

Er wird also kommen.

Er wird also kommen.

Er wird also kommen.

Und ist dann willkommen.

Er wird kommen wenn er die Zeit hat.

Und was wird er dann tun.

Er wird sagen dass Dinge heute anerkanntermaßen zum Spielen da sind. Und wir werden entgegnen dass wir sie nicht deswegen gern da haben sondern dass der wahre Grund der ist dass wir sie nicht mit ebendieser Begründung durch eine Geige ersetzt haben. Wir haben sie ersetzt weil wir sie ersetzt haben.

Vielen Dank für diese Erklärung.

Bitte teilen Sie Mr. Edmund Holt mit wenn er verstehen wollte wäre ich entzückt.

Und Häuser mit ihren Haken an denen sie auf dem Land noch immer Möbel hieven müssen und Wasser und weitere Haken an denen die Lampen hängen. Es ist sehr interessant dass eine Lampe oder ein Haus manchmal an der Seite und manchmal an der Ecke stehen und in beiden Fällen sich hübsch von dem Haus selbst bei Tage abheben wenn die Lampe nicht entzündet ist und das Haus nicht leicht erkenntlich. Ein leichthin erkenntliches Haus ist nicht mehr erforderlich und fordert doch unsere Erkenntlichkeit fordert dass wir uns erkenntlich zeigen weil wir gestern gewiss nicht unzufrieden waren mit unserer Residenz.

Wie wonniglich die Wand wie wonniglich die ganze Wand und wir zögern nicht unbedingt er nicht, er fand sie dünn. Die Wand ist dick und nicht schwer und hat eine Stütze und wenn du das nächste Mal hinsiehst haben sie nichts verändert und doch soll sie rot getüncht werden und zitronengelb und bald werden sie alle zehn Jahre alle wieder verpflichten etwas zu unternehmen, die Häuser zu streichen und eine Wand zu richten die bröckelt. Das ist das Gesetz das sie anverwandeln. Und wo hat seine Mutter ihre Portion her. Hat sie nicht sie hat Kupfer und Steinguttöpfe und so konnte sie als er gegangen war nichts vorbringen. Wie proper sehen Mann und Frau die täglich außer Haus gehen ihrem Wiedersehen entgegen. Sie sind proper beim Waschen und Bügeln und Essen und Trinken und Schlafen und Wachen. Kannst du fassen dass er den ganzen Tag ihr Zimmer benutzt. Kannst du das fassen ich sage dir und er hat mich wissen lassen dass er ihnen wegen nichts verpflichtet ist. Er hatte es nicht satt zu essen wie auch wenn er Bananen oder eine Persimone vorzog. Wie kann er so stark ausstrahlen wenn er nur zu Besuch war und sie wenn er zu Besuch kam zu ihm sagten, hör zu wenn wir reden. Er sprach leichthin wenn er lauschte. Die Dinge auf dem Tisch sind gefährlich.

Ahme einen Prahler nach bitte. Wir sind alle sehr angetan von Goldmünzen und Bändern.

Ahme sehr gekonnt einen Prahler nach bitte sehr, und reflektiere leichthin darüber wie du leichtgläubig mehr als die Arroganz der Nachahmung des Schmieranten hinnehmen kannst. Wir waren nicht sehr angetan von der Nachahmung vom Lamm.

Ich habe beim Gespür einen besonderen Geschmack. Ich kann sehr gut spüren. Ich kann spüren dass manche Ähnlichkeiten die Ähnlichkeit zwischen Zuckerwerk und Wurstwaren nicht so groß ist wie die Ähnlichkeit zwischen einem Ding aus Mandeln und einem Ding aus Holz. Wie oft sehen wir was wir nicht leicht erkannt haben. Ich erkenne leicht das Ding das die vollkommenste Ausprägung der Nachahmung ist. Dann erst verblüfft dich eine Mahlzeit. Wie leicht du lieber ihn beschuldigen würdest und sie beschuldigen und wie leicht würde sie lieber fliegen als schwimmen. Wir haben sie gemeinsam entmutigt wir haben sie gemeinhin entmutigt. Hunde sind gut für die Fotografie und Abschreckung. Erfreue doch freundlicherweise in dem Maß wie du erfreust wie kannst du so besorgt sein.

Ihr wurde nahegelegt gemessen zu sein und sie versicherte ich werde da sein. Wie oft beabsichtigst du zu bleiben. Bleibe für mich die Krone des schützenden Baums. Und wie biegt sich Jelängerjelieber.

Und wie spürst du nun was du hörst.

Ich komme auf die Erwartung eines Hauses zurück und einer Farm nicht eines Farmhauses und südlichen Klimas im Norden. Wir ziehen nicht weit gen Norden. Berge sind genau gleich, beinahe genau gleich. Ich habe bei Flüssen einen besonderen Geschmack. Und nun sieh zu dass wir uns sehen.

Dinge auf dem Tisch sind ganz da und ich will nicht sagen dass sie studiert worden sind. Studiere wieder und wieder und überlasse mich meinen Wünschen ich wünschte sie könnten alles so gut kopieren wie die kopieren. Niemand kann je wieder ja sagen. Habe ich vergessen dass Früchte sich nicht der Blüten erinnern, dass Blüten enthalten was sie entfalten und dass zusammen mit den Früchten sie mich unmöglich zwingen rund und unschuldig zu sein. Ich bin bereit die Früchte zu teilen und zugleich weiß ich dass ich gewünscht habe Königin zu sein. Wie kann sie dort bleiben ganz einfach. Sie erhebt sich und sie sagt nun gut das ist schlechthin das was ich meine.

Und so bedenken wir die männliche Blüte. Wir haben nicht erwähnt die Ähnlichkeit zwischen Alleen und Chausseen und all den Dingen die nicht konstruiert sind. Wie kannst du ihn voreinnehmen.

Wir sind nicht nur geduldig sondern zufrieden, wir sind nicht nur zufrieden sondern mehr als zufrieden. Behaupten wir lose eine Rose ist eine Rose. Behaupten wir lose ihre Diagnose laute eine Rose ist eine Rose ist eine Rose. Nach seiner Diagnose und ihrer Diagnose ist eine Rose eine Rose und kann sie ein Lied komponieren zu dem was es giebt was es im Lied giebt. Wir hatten gehofft ein Tisch gäbe vielleicht den Stoff ab, ein Tisch bleibe möglichst offen als Stoff. Solange die Dinge so auf dem Tisch deponiert werden können dass nicht endgültig über sie disponiert wird. Wir hatten einen Wunsch und das war der Wunsch dass Rosen Bänder tönen und nicht Rosen weil Rosen natürlich letztlich von der Farbe der Kunstbäume sein sollen. Wie lassen sich Bäume so hübsch nachahmen. Ich stelle fest dass ich meine Bedeutung geändert habe. Ich stelle fest dass ich meine Bedeutung geändert habe indem ich meine Bedeutung geändert habe von der gehabten Bedeutung zu dieser Bedeutung. Ich bedeute euch beste Absichten. Ich bedeute keine Beilegung des Geschreis indem ich mich abermals erkundige kennen Sie sich schon und haben Sie eine Frage. Ich stelle sie ich sage hast du es geschafft, du schaffst es. Kannst du es schaffen und schaffst du es. Es wird gehen es ihnen vor Augen zu führen. Ich habe dabei nicht das Nachsehen.

ER UND SIE, HEMINGWIE

▶ Dieses Hemingway-Porträt verfasste Gertrude Stein irgendwann kurz vor Ernest und Hadley Hemingways Heimreise nach Kanada am 16. August 1923. Es wurde gleich in der Dezember-Ausgabe der Monatszeitschrift *Ex libris* der American Library in Paris veröffentlicht, später dann in *Portraits and Prayers* (1934). Sherwood Anderson gegenüber bezeichnete Stein den Text als »kleinen Sketch«, den sie »Hem« zum Abschied überreicht habe; zugleich heißen die Zeilen ihn schon im Voraus wieder willkommen.

Man weiß, dass Stein hier wie anderswo in ihren Text Details einbaute, die sie Illustrationen und Beschriftung der französischen Schulhefte entnahm, die sie für ihre Kompositionen verwendete. In diesem Fall war das Heft dem Schriftsteller Victor Hugo gewidmet, und den Umschlag zierten Motive aus seinen Werken *Quatre-vingt treize*, *Les châtiments*, *Lucrèce Borgia* und *Notre-Dame de Paris*. In Steins Porträt tauchen sie als für den jungen Hemingway »nicht« relevant auf, und auch wenn wir als Leser zunächst nicht um die Quellen wissen, ist Steins verschmitzte »Intertextualität« doch interessant.

Mittendrin und doch jung.
Nicht dreiundneunzig.
Nicht Lucrezia Borgia.
Nicht in oder auf einem Bauwerk.
Nichts verbrochen in jüngsten Epochen.
Nicht in unserer Zeit.
Nicht im Wege.

Unterwegs auf bestem Weg, auf Weisung. Wegweisend allerwegs. Was heißt weise. Das wogegen Waisenknabe jeder nicht nördlich von Australien. Im Englischen allemal. Und es gereicht ihnen zu der Ehre die sie halbwegs errungen haben, denn wer setzt dem Unvermögen der Kultur die Extreme und das extrem frisch Begonnene zu verkraften, extreme Barbarei zu verkraften ein Denkmal.

So und geradewegs.

Hemingway.

Wie geht es und Wiedersehen. Wiedersehen und wie geht es. Gut und du.

FING ICH AN DAVON.
Ein jetzt komplettes Portät Picassos

▶ Ende August 1923 fuhren Stein und Toklas nach Nice, zunächst um Picasso zu treffen, der sich in Antibes aufhielt, doch als der Maler schon Anfang September nach Paris zurückkehrte, blieb Stein entgegen ihrer Gewohnheit trotzdem noch ganze drei Monate und arbeitete hochkonzentriert an Texten neuer Art.

Sie fertigte in Nice »Zweitporträts« von Alice B. Toklas, Carl Van Vechten und Pablo Picasso an. In der *Autobiographie von Alice B. Toklas* schwärmt Stein von »der Bewegung der winzigen Wellen am Strand von Antibes« in diesem Sommer, deren Rhythmen auch ihre Texte bewegen.

Die neuen Porträts entstehen zu einer Zeit, da Stein bestrebt ist, ihre Überlegungen zum Verhältnis von Wahrnehmung, Wissen und Komposition, zu dem, was Bedeutung konstituiert oder Sinn stiftet, zu Grammatik, poetischen Formen und performativem Raum – ihren dramatischen »Landschaften« – festzuhalten. In ihrem Picasso-Porträt unterwirft sie ihre Propositionen immer neuen syntaktisch-semantischen Permutationen; es geht weniger um Ähnlichkeiten als um hypothetische Vergleichssätze, um En- und Dekodierung.

Finge ich an davon gefiele es ihm. Gefiele es ihm wenn ich anfing davon.

Gefiele es ihm gefiel Napoleon gefiele Napoleon gefiele es ihm.

Wenn Napoleon wenn ich anfing davon wenn ich anfing davon wenn Napoleon. Gefiele es ihm wenn ich anfing davon wenn ich anfing davon wenn Napoleon. Gefiele es ihm wenn Napoleon wenn Napoleon wenn ich anfing davon. Wenn ich anfing davon wenn Napoleon wenn Napoleon wenn ich anfing davon. Wenn ich anfing davon gefiele es ihm gefiele es ihm wenn ich anfing davon.

Gleich.

Nicht gleich.

Jetzt gleich.

Gleich.

Präzise wie als ob-jektiv.

Im Vollgefühl dafür.

Präzision als Ob-jektiv.

So beknien als voll wie für.

Präzise wie als ob-jektiv.

Klappen klappt und öffnet auch's Subjekt. Klappen klappt und Klappen und also Klappen klappt und Klappen und so und also Klappen und also Klappen klappt und also Klappen klappt und Klappen also. Also Klappen klappt und so und also. Und all und so und so und also.

Präzis sich ähnlich. Präzisiere Ähnlichkeit präzise Ähnlichkeit so präzis als ähnlich, präzise ähnelnd, präzise ähnlich, präzise in der Ähnlichkeit präzis die Ähnlichkeit, präzise und sich ähnlich.

Denn so ist es. Deswegen.

Laut wiederhole überhaupt laut wiederhole überhaupt, laut wiederhole überhaupt.

Ein halt und lausche, laut wiederhole überhaupt.

Ich Richter richte.

Als ähnlich ihm.

Wer kommt zuerst. Napoleon der Erste.

Wer kommt auch kommt indem er auch kommt, wer geht da, die da gehen teilen, wer teilt alles, alles ist so alles wie noch oder wie dennoch.

Gleich datieren bis dato. Gleich und gleich Datieren und Datum.

Wer kam erst Napoleon zuerst. Wer kam zuerst Napoleon der Erste. Wer kam zuerst, Napoleon vorerst.

Sogleich.

Präzise tun sie was sie tun.

Erstens präzise.

Präzise tun sie was sie dazutun.

Erstens präzise

Und erst präzise.

Präzise tun sie was sie tun.

Präzise erstens und präzise.

Und tun sie was sie tun.

Präzise erstens und zuerst präzise und tun sie was sie tun.

Ersteres präzise.

Und tun sie was sie tun.

Ersteres präzise.

Zuerst wie präzise.

Erst präzise.

Als Erstes wie präzis.

Sogleich.

Wie so gleich.

Als wie sogleich.

Ha ha ha hat er und ha und ha und hat er und ha und ha und hat er als und wie er und als er und er. Er hat und als er hat, und wie er hat und er hat, er hat und als er und er und als er hat und ha und ha und hat er und ha und ha.

Können Kurven rauben beschreiben Kurven Kurse.

Als so gleich.

Als Präzision.

Wie Züge.

Züge haben.
Haben Züge.
Als Züge.
Züge wie.
Sogleich.
Proportionen.
So gleich.
Als Proportionen wie so gleich.
Vater und ferner.
War Subjekt oder Raum.
Ferner und wenn er.
Da war da war da war was da war war da was da war war da da was da war.
Wenn er und worin.
Wie sogar so sagen.
Ein.
Land.
Zweitens.
Lande.
Drei.
Sei Land.
Drei.
Sei Land.
Drei.
Sei Land.
Zweitens.
Lande.
Zwei.
Landen.
Ei.
Land.

Zwei.
Landen.
Wie so.
Was nottut.
Notat.
Was nottut.
Spagat.
Was nottut.
Rat.
Was nottut.
Zitat.
Mirakel spielen.
Spielen recht.
Spielen recht gut.
Ein Gut.
Wie gut.
Als oder auch alsgleich.

Lasst mich erklären was die Geschichte lehrt. Die Geschichte lehrt.

1 LISTE

▶ »1 Liste« entstand 1923. Steins Freund und Förderer Carl Van Vechten schickte das Stück dem Literaturkritiker und damaligen Redakteur der *Vanity Fair* Edmund Wilson (dessen spätere Beurteilung des Stein'schen Werks in *Axels Schloss* so lange maßgeblich sein sollte). Er wollte es zusammen mit der von Stein als Inspirationsquelle genannten Verwechslungskomödie von James Avery Hopwood (»Our Little Wife«, 1916; deutsch »Unsere kleine Frau«, 1924) in der Zeitschrift veröffentlichen. Die Verbreitung wäre Stein sehr willkommen gewesen, doch als man darum bat, den Text kürzen zu dürfen, verzichtete sie auf den Abdruck. Sie schrieb Wilson: »Es tut mir sehr leid, den Streichungen nicht zustimmen zu können, aber das Stück lebt von der Art wie es sich weiter verwickelt, daher muss ich nein sagen. Das Stück das mir Avery Hopwood zu lesen gab und mit dem ich hier spiele ist ›Our Little Wife‹. Ich habe versucht, seinen Schwung in meinen zu übersetzen, das ist die Verbindung.« Die sämtlich mit MA beginnenden Namen des Stücks könnten auf die gemeinsame Freundin Mabel Dodge verweisen, deren Eskapaden häufig Gegenstand von Spekulationen im Briefwechsel zwischen Stein und Van Vechten waren und die zu dieser Zeit ihre vierte Ehe mit dem Pueblo-Indianer Antonio Luhan einging; zu den ständigen Scheidungen und Wiederverheiratungen der flatterhaften Mabel passt der Ringelreihen der vielen ›Paarungen‹ sowohl in »1 Liste« wie in dem um Anstand und lose Sitten kreisenden Stück »Our Little Wife«. Vor allem aber ist dieses Stück Meta-, ist Sprach- und Sprechtheater mit einem ständigen Wechsel der Ebenen, der an Pirandellos *Sechs Personen suchen einen Autor* von 1921 erinnert.

»1 Liste« erschien 1932 in dem von Gertrude Stein und Alice B. Toklas gegründeten Verlag Plain Edition in dem Sammelband *Operas and Plays*. Auszüge aus »1 Liste« trug Stein außerdem im Rahmen ihres am 30. Oktober 1934 in New York zunächst im

Hause Mrs. John W. Alexanders in kleinem Kreis gehaltenen Vortrags »Plays« vor.

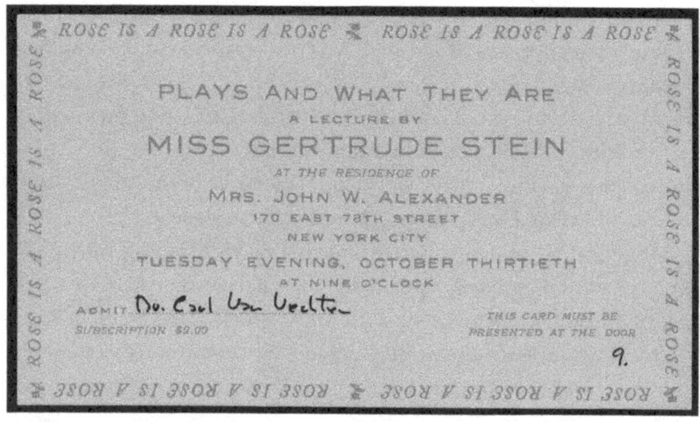

ROSE IS A ROSE IS A ROSE ROSE IS A ROSE IS A ROSE

PLAYS AND WHAT THEY ARE

A LECTURE BY

MISS GERTRUDE STEIN

AT THE RESIDENCE OF

MRS. JOHN W. ALEXANDER

170 EAST 78TH STREET

NEW YORK CITY

TUESDAY EVENING, OCTOBER THIRTIETH

AT NINE O'CLOCK

ADMIT Dr. Carl Van Vechten

SUBSCRIPTION $2.00

THIS CARD MUST BE PRESENTED AT THE DOOR

9.

Martha: uninteressant.

Maryas: Ausgeschlossen.

Martha: Uninteressant.

Marius: gefordert.

Martha und Maryas: Eingeschlossen.

Maryas: Wenn wir Marius nehmen.

Mabel: Und ein altes Fenster und blank.

Mabel, Martha und Maryas: Diverse Reagenzien leihen siegreiches Aussehen.

Maryas: Aus wie sie bauen sie vertrauen sie vertrauen sie bauen aus. Ein wie wir bauen, wir sie nicht einbauen. Auf wie wir bauen sie.

Mabel, Martha und Mabel und Martha: Susan Mabel Martha und Susan, Mabel und Martha und ein Vater. Da war kein Untergang da, da wo wahrer Seegang nicht war.

Martha: uninteressant.

Maryas: Ausgeschlossen.

Mabel: Und ein altes Fenster und blank.

Marius: Forderungen tauschen.

Maryas: Wenn noch dazu Reden geschwungen werden sind Reden erklungen, Reden eingeschlossen und aufgebaut und die auf sie vertrauen und Reden vertrauen und einbauen.

Martha: Lachen.

Mabel: Und noch hatte sie vor zu sing-sangen. Wir wissen sie sehr nahezu zu amüsieren.

Marius: Schlag Forderung auf Forderung und biete folglich Paroli und definiere wohl Battling Siki und hohes Niveau. Er rangiert höher als sie einräumen. Du weißt weshalb Perlen praller sind, damit sie ordentlich geordnet geordnet werden können.

Maryas und Martha: So ist es.

Maryas: Möglichst Dinge ergreifen die Dinge ergreifen die Dinge platzieren, die Dinge sortieren.

Martha: 1 Liste.

Maryas: 1 Liste.

Marius: 1 Liste.

Martha

Maryas: 1 Liste.

Martha

Maryas: 1 Liste vermisst.

Martha: 1 Liste vermisst erinnert sie an vermisstes Feuer. Rauch ist nicht schwer noch kehrst du den Rücken erlischt ein Feuer wenn du am Waldrand bist und reichlich Brennholz brichst.

Maryas: 1 Liste Vermisster erklärt nicht die Liste der sie verlustig ging noch die Ungleichheit von Schals und Ahlen. Heutzutage sprechen wir selten von Ahlen und Schals und doch wird die Ahle noch immer gewerblich genutzt und ein Schal wird immer noch benutzt noch benutzt und auch gewerblich genutzt. Schals sollte hier angemerkt werden leben von ihrer Vielfältigkeit. Es besteht eine große Vielfältigkeit in Kalkül und Lohn.

Marius: 1 Liste.

Mabel: 1 Liste.

Martha: 1 Liste.

Martha: Es besteht eine große Vielfältigkeit in der Befriedigung von Ansprüchen. Wir beanspruchen und du beanspruchst und ich beanspruche Entsprechendes.

Martha: 1 Liste.

Maryas: Und 1 Liste.

Mabel: Ich juchze vor Freude an der Majuskel.

Martha: Und betrachte sie als Floskel.

Maryas: Und respektiere ihn.

Marius: Und negligiere sie.

Mabel: Und sie akkumulieren sie als Lilien auf dem Felde hierzulande.

Martha: 1 Liste.

Maryas: Sechzehn bei sechzehn halte vier im Sinn, vier mehr, bei fünf mehr vier im Sinn für mehr wenn vier mehr vier im Sinn, wenn vier halte fünfzig mehr, wenn vier mehr fünfhundert und vier und für mehr als das, und vier mehr als vierundachtzig. Vier mehr für sechzehn bitte sehr wenns beliebt.

Martha: Sie weiß sehr wohl dass wenn fünf um einen Tisch sind und einer sich darauf stützt, das nichts macht.

Maryas und Martha: Beinahe alles davon hat beinahe alles davon gemacht. Beinahe alles davon hat beinahe alles davon gemacht.

Maryas und Martha: Beinahe alles davon hat beinahe alles davon gemacht beinahe alles davon gemacht beinahe alles davon gemacht.

Martha und Maryas: Beinahe alles davon hat beinahe alles davon gemacht.

Martha: Reichlich Zeit weil ein Schönling ebenso Vogel ist wie Blume Reis ebenso Vogel wie Zweig, Kuckuck ebenso Blume wie Vogel.

Martha und Marius: Ein Fall dessen wer zu zahlen vermag jeden Tag und wie du sagst tauschen wir erfolgreich Bänder gegen Bänder und Bilder gegen Bilder.

Marius: Schreibt sich wie gehabt.

Maryas: Sie bewahrten es auf warum bewahrten sie es auf sie bewahrten es als Telegramm auf. Hast du mich derart sagen hören haben sie es derart aufbewahrt, haben sie es aufbewahrt und wird es derart Verwendung haben.

Maryas und Martha: Maryas und Martha.

Maryas und Martha: Hast du mich sagen hören wolkenlos.

Maryas: Ja.

Maryas und Martha: Ja.

Maryas: Mag sein aber das bezweifle ich.

Martha: Es sei aber es wird zu bezweifeln sein.

Martha und Maryas: Mag sein aber ich zweifle. Es sei aber es wird zu bezweifeln sein.

Marius und Mabel: Erfreut zu erfreuen. Eine Freude Freude zu machen.

Marius: Zu erfreuen und Freude zu machen.

Marius und Mabel: Zu erfreuen und erfreut und Freude zu machen und Freude zu machen.

Marius: Zu erfreuen und Freude zu machen.

Marius und Mabel: Macht mir die Freude die Freude und macht mir Freude.

Marius: Macht mir Freude macht mir die Freude.

Marius und Mabel: Eine Freude zu erfreuen mit Freuden.

Marius: Ich bin sehr erfreut ich bin in der Tat sehr erfreut dass es Freude macht.

Martha: Wenn vier an einem Tisch sitzen und einer darauf liegt macht es nichts. Wenn Brot und Grenadinen auf dem Tisch liegen und vier um den Tisch sitzen und einer sich darauf stützt macht das nichts.

Martha: Es macht nichts dass vier an einem Tisch sitzen und einer sich darauf stützt.

Maryas: Wenn fünf an einem Tisch sitzen und darauf Brot ist und darauf Grenadinen sind und einer der fünf sich auf den Tisch stützt macht es nichts.

Martha: Wenn an einem Tag der wiederkehrt und denken wir uns den Tag als Wochentag dann kehrt er in der Tat wieder wenn an einem Tag der wiederkehrt und denken wir uns jeden Tag als Tag der wiederkehrt kehrt er dann wieder wenn zufällig wenn ganz zufällig jeder zweite Tag und jeder zweite Tag jeder zweite Tag und jeder zweite Tag der wiederkehrt und jeder Tag wiederkehrt wenn zufällig jeder zweite Tag wiederkehrt, jeder zweite Tag kehrt wieder und jeder zweite und jeder Tag kehrt wieder und zufällig und jeder Tag und kehrt er wieder, ein Tag kehrt wieder und ein Tag kehrt derart wieder.

Maryas: Zufällig am Morgen und danach jeden Morgen und zufällig jeden Abend und danach jeden Morgen und danach zufällig jeden Morgen und danach zufällig und danach jeden Morgen.

Maryas: Danach zufällig. Zufällig danach.

Maryas: Zufällig danach. Danach zufällig.

Maryas und Martha: Mehr Maryas und mehr Martha.

Maryas und Martha: Mehr Martha und mehr Maryas.

Martha und Maryas: Mehr und mehr und mehr Martha und mehr Maryas.

Marius: Derart spricht man davon.

Mabel: Derart spricht man davon.

Marius und Mabel: Das spricht man derart und davon spricht man derart.

Marius und Mabel: Derart spricht man davon.

Mabel: Ich spreche derart davon.

Marius: Ich habe davon derart gesprochen und spreche derart davon. Ich habe davon derart gesprochen.

Mabel: Ich spreche derart davon.

Mabel: Derart geschrieben.

Marius: Solcherart geschrieben.

Mabel: Derart geschrieben und solcherart geschrieben und davon derart gesprochen und davon solcherart gesprochen und derart ausgesprochen.

Martha: Derart. Wenn eine Familie in der einer frömmelt ein weiteres Familienmitglied kränkelt, andere auf Reisen sind und wieder andere im Krieg gefallen zum Ball lädt zu wessen Nutz und Frommen wird der Ball veranstaltet. Zu Nutz und Frommen der drei jungen Damen die das Haus noch nicht verlassen haben.

Martha und Maryas: Es war unerwartet aber Absicht, es war Absicht und erwartet, es war Absicht.

Maryas: Es war Absicht und in vernünftigem Maße und nicht zu Unrecht schätzte sie ihr Wertschätzen das Absicht war wie ihr Wertschätzen erwartet wurde wie sie zu schätzen erwartete wie sie zu schätzen beabsichtigte. Sie hatte durchaus die Absicht zu bleiben. Bedenke dass sie durchaus die Absicht hatte zu bleiben. Sie beabsichtigte so zu bleiben.

Martha: Nicht so munter für mich. Sie hatte dreiunddreißig Vögel. Sicher. Derart hat sie ein Maßstab, sie hält sich daran und obwohl sie vielleicht obwohl sie vielleicht obwohl sie gewiss verändert sein wird, wird sie sich ändern.

Maryas: Nicht zu lange.

Maryas und Martha: Nicht zu lange.

Maryas: Zu lange und zulangen.

Martha: Verlangen.

Maryas: Imstande zu verlangen imstande zu sein und sicher zu sein sicher imstande zu sein sicher zu sein gesehen zu sein imstande zu sein zu verlangen sicher zu sein sicher da und dort da zu sein. Imstande zu sein da zu sein. Zulangen. Wessen Verlangen nun.

Martha: Tausche Gesang gegen Sicherheit, schlag eine andere Tonart an für die Sicherheit. Tausche sicher den Gesang.

Maryas: Tausche Gesang und schlage andere Töne an und singe Schlager und schlage Singsang statt Songs an.

Martha: Nicht wie geht es.

Maryas: Noch nicht.

Maryas und Martha: Und noch nicht und nicht wie geht es dir und wie geht es dir nicht wie es dir geht.

Martha und Maryas: Und noch nicht nicht wie geht es dir und wo bist du und wie geht es und noch nicht wie und wo geht es dir und wir sind hier.

Maryas und Martha: Wo gehst du hin.

Maryas und Martha: Wie geht es dir.

Martha und Maryas: Wie geht es dir und wie geht es.

Marius: Als Veränderung.

Marius: Solcherart sich derart zu verändern und das zu ändern.

Marius: Derart.

Marius: Sich derart zu verändern.

Marius: Und wenn sie verschiedentlich unterschiedlich entschieden waren, und wenn sie entzückt waren, nein nicht entzückt, und wenn sie zufällig erleichtert waren und wiederholt willkommen und vorbehaltlich hereingelegt, wenn sie einzeln gerufen und abgesägt und respektvoll bedacht und regelmäßig vor geführt waren, in der Tat waren sie da in der Tat waren sie da und im Weg und weshalb fragten sie was soll das heißen wenn sie sagen dass Heu nicht fruchtbarer als Frucht ist und Vögel nicht zahlreicher als Scharmützel. Scharmützel werden hier und da arrangiert. Scharmützel werden arrangiert für hier und für da. Straßen sind nach ihnen benannt worden, jawohl, eine Straße könnte so heißen.

Mabel: Und wären sie hier und da und sie sind sehr häufig hier, sollte mich das etwa freuen.

Marius und Mabel: Wenn sie sehr oft hier und da sind und sie sehr oft hier sind und sie sind sehr oft hier.

Mabel und Marius: Sehr oft sind sie hier.

Martha: Ja und jein.

Maryas: Ja.

Martha: Jeder Tag übrigens jeder Tag hat eine Verbindung zwischen dem was geschah als sie kniete und dem was sie links ließ als sie zurückkehrte und kniete.

Maryas: Jeder Tag hat eine Verbindung übrigens jeder Tag hat eine Verbindung zwischen als sie ging und als sie allein erschien.

Martha: Jeder Tag hat eine Verbindung zwischen sechs und sieben am Morgen und der Störung der sicheren Veranlassung und der Störung des sicheren Anrufs und der Störung der sicheren Ankunft und der Störung der sicheren Angabe dass keine Adresse genannt war. Das ist eine seltsame Geschichte mit der Adresse die auftauchte und sich als von ihr genannt entpuppte und sie hatte die Angewohnheit ihre Adresse zu nennen. Notiert um Notiz genommen zu werden von. Wir kreiden sie dafür nicht an, das ist ihr nicht anzukreiden, das macht Flieder nicht weiß, was er meist ist wenn er im Winter steht.

Maryas: Im Winter steht, wenn er im Winter steht.

Maryas und Martha: Das ist kein Beispiel für Höflichkeit und Schliff.

Maryas: Achtzig und achtzig Seiten.

Martha: Acht und achtzig Seiten.

Martha und Maryas: Acht Seiten und achtzig Seiten.

Martha: Ein Beispiel und zum Beispiel, hat sie zum Beispiel ihren Schlüssel dagelassen und waren wir zum Beispiel erfreut zu sehen dass sie dazu kam bedächtig erfreut zu sein dass sie bedächtig dazu kam zu sein und bedächtig.

Maryas: Inhalt und Absicht. Ich beabsichtige mich vor dem Ascher dienstags und Knien und Preisen zu hüten. Ich beabsichtigte mich vor dem Knien dienstags Ascher und Preisen zu hüten.

Martha: Das haben wir berücksichtigt.

Maryas: Du sorgst so für mich vor.

Martha und Maryas: Tun wir werden wir und nicht ewig.

Marius: Wie schreibt man Marius.

Mabel: Wie schreibt man Mabel.

Mabel und Marius: Wir schreiben beides richtig.

Liste 1

Maryas Martha Marius Mabel

Maryas Martha Marius Mabel: 1 Liste kann abgehakt werden.

Maryas Martha Marius Mabel: Wenn 1 Liste abgehakt wird von fünfen, wenn fünf an einem Tisch sitzen wenn vier an einem Tisch sitzen und einer sich darauf stützt macht das nichts.

Marius Martha Maryas Mabel: Wenn fünf an einem Tisch sitzen und einer sich darauf stützt macht das nichts.

Marius Martha Maryas: Und wenn vier an einem Tisch sitzen und einer sich darauf stützt macht das nichts.

Maryas: Ein Beispiel dafür ist wie wir alle vorhatten gut gekleidet zu sein.

Maryas: Ein Beispiel dafür ist wie wir alle vorhatten gut gekleidet zu sein.

Maryas: Kleider na gut.

Martha: Ich weiß.

Maryas und Martha: Wir wissen wie.

Maryas Mabel Martha und Maryas: Wir haben das Knowhow.

Martha und Maryas: Ein Sektor ist ein Ausschnitt, ein Fragment ist ein Bruchstück und ein Artikel am Stück.

Maryas: Stile und Erfreulichkeit.

Maryas: Ich sehe ich sehe wie löblich und wenn sie stehen und sie steht und es Stände gibt.

Martha: Und wie löblich sie sich vorbereiten und sie vorbereitet und es das gibt wie es ist.

Maryas: Und wie löblich wenn ihnen daran liegt.

Martha: Sehr löblich denn wer könnte ihren Dank dafür teilen. Ja das ist es und wir finden es nicht aufregend.

Martha und Maryas: Wenn du es ihm nur sagen könntest.

Martha und Maryas: Wenn sie es tun und viele würden es.

Martha: Wenn wir es tun.

Maryas: Kannst du Platz für einen Pfeiler finden.

Martha: Und er dachte daran und sah es.

Martha und Maryas: Er dachte daran und sah danach.

Martha: Das was vermisst wird wird als Erstes zuerst geschickt.

Maryas: Und könnte das von mir vorhergesagt sein.

Martha: Extravagant sehr extravagant.

Martha und Maryas: Wir übersetzen dies in das und Mary ist so freundlich und Mary.

Martha: Eine zweite Liste macht einen Tag, eine zweite Liste macht irgendwann, eine zweite Liste macht Montag, eine zweite Liste macht Sonntag, eine zweite Liste macht mehr als einen Tag eine zweite Liste macht eines Tages und macht einen Tag.

Maryas: Wir küssten uns nie, wir haben uns nie geküsst.

Martha: Eine zweite Liste.

Martha und Maryas: Eine zweite Liste macht eine zweite Liste.

Marius: Wenn du bereit bist Oliven von den Olivenbäumen zu holen und Regen vom Regen und du in diesem Fall notwendigerweise an mir deine Freude hast meinst du es ernst wenn du sagst dass uns noch viele Freuden erwarten.

Mabel: Einhundertundeins macht eine zweite Liste da einhundert selbstverständlich die 1 abschließt, wahrscheinlich die erste.

Marius und Mabel: Wir könnten heiraten.

Maryas: Eine Autonomie.

Martha: Keine Monotonie weil ich Besuche mache. Du machst Besuche, ja ich tue weise daran Besuche zu machen wo mein Besuch willkommen ist.

Maryas: Ist Weisheit perfekt.

Martha: Und festlich.

Marius und Mabel: Ein Sonntag zeichnet sich als Sonntag aus.

Maryas: Derart perfekt.

Martha: Derart nicht sehr bedacht.

Marius und Mabel: Derart dürfen sie zurückschlagen.

Liste 3

Maryas: Texas.

Martha: Mary.

Maryas und Martha: Texas Cherie.

Maryas: Komm her komm her zu mir.

Martha: Komm her zu mir.

Martha und Maryas: Komm her zu mir.

Maryas: Beispiele mit Wolle.
Proben aus Wolle.
Proben aus Seide und Wolle. Schafen und Wolle.
Löwen und Wolle.
Löwen und Schafen und Wolle. Löwen und Schafen und Wolle und Seide. Seide und Schafen und Wolle und Seide. Seide und Schafen, Seide und Wolle, Seide und Schafen und Seide und Wolle und Seide. Schafen und Seide und Wolle und Seide und Schafen.

Martha: Wenn mit Feder eine Feder gemeint ist und wenn mit Feder eine Feder gemeint ist, wäre jeder bei jeder und es würde nichts machen. Was würde nichts machen. Mein Lieb es würde nichts machen.

Martha: Augenblick.

Marius Maryas Mabel: Und eine dritte.

Mary: Eine Drittelportion davon.
Eine vierte.

Eine Viertelportion davon.

Eine vierte.

Eine Viertelportion davon.

Martha: Augenblick und eine dritte eine Drittelportion davon.

Marius: Eine Drittelportion davon und Augenblick eine Viertelportion davon.

Mabel: Augenblick und eine Viertelportion davon Augenblick und eine Viertelportion davon.

Mary: Augenblick und eine Viertelportion davon, eine Drittelportion davon und Augenblick und eine Drittel- und eine Viertelportion davon.

Maryas: Wir beruhigen uns.

Martha: Wir können Silber Silber nennen.

Marius: Wir können Silber mit Silber vermengen.

Mabel: Wir können mehr Silber mit Silber vermengen.

Mary: Wir können mehr als Silber mit mehr als Silber vermengen.

Maryas Martha Marius Mabel und Mary: Wenn vier an einem Tisch sitzen und einer sich aufstützt macht es nichts.

Liste 4

Martha: Wenn ich nicht erfreut bin.

Martha: Man könnte sagen könnte man sagen dass ein Bruder sich spät vermählt hat.

Maryas: Derart.

Maryas und Martha: Mach draus gewählt.

Maryas: Uns verwirrt nicht eins vom anderen zu scheiden.

Martha und Marius: Wenn dich verwirrt wenn du entzweit bist durch Wirrnis, wenn du Stand gegen Stand tauschst, ich denke oft daran Stand gegen Stand zu tauschen.

Martha: Wer kann kann das wer für mich regeln.

Martha: Wir sind uns begegnet um im sicheren Hafen zu sein. Um knien gegen knien zu tauschen.

Martha und Maryas: Und bedenken.

Martha: Keineswegs mit Freuden.

Martha und Maryas: Ich habe exakt sie haben exakt sie haben sie alle hereingerufen.

Martha: Gleichermaßen.

Maryas: Gut zu wissen.

Martha: Ich habe dazu auch keinen aktuellen Anlass mehr.

Maryas: Gleichstand.

Martha und Maryas: Können wir sagen wir nicht.

Martha und Maryas: Vierzehn oder mehr sind inkonsequent.

Martha: Vierzehn oder mehr und sie werden womöglich, sie werden womöglich zu Misshandlungen neigen.

Martha: In der Tat sie und andere Bünde.

Martha und Maryas: In der Tat sie.

Martha und Maryas: Augenblick oder sehr nervös oder sehr nervös und Augenblick.

Martha: Nächst dem Schluss.

Martha und Maryas: Sie beließen es bei einer halben Stunde später.

Martha und Maryas: Retour zu mir.

Martha und Maryas: Zwei um halb zwei. Drei um halb zwei.

Martha und Maryas: Drei um halb vier.

Martha: Ich präsentiere gut.

Maryas: Ich repräsentiere gut.

Martha und Maryas: Wir freuen uns von ihnen für sie repräsentiert zu werden.

Martha: Was war da gesagt.

Maryas: Keine Geheimnisse.

Martha und Maryas: Keine Geheimnisse und keine Heimlichkeit.

Martha Marius Maryas und Mabel: Zu sehen und zu sehen.

Martha Marius Maryas Mabel und Mary: Zu sehen und zu sehen und zu sehen.

Martha: Wir sollen nicht sehen.

Maryas: Ich soll sehen wo ich hingehe und was ich mache.

Martha: Das tue du und tue ich.

Maryas: Tust du doch.

Martha und Maryas: Sie glauben dass keine Geheimnisse und nicht heimlich die Untersuchung leichter macht.

Liste 5

Martha: Auf diese Weise verklingt ein Stück leise.

Martha: Deine Zeilen preisen mich vermeintlich.

Maryas: Gewöhnlich in dieser Weise.

Martha und Maryas: Gewöhnlich preist du mich in der Weise wie du sagst dass du mich preist.

Martha: Mit Maßen. Um zu messen genau wie oft sechs und 1, wie sehr oft sechs und 1 oft da sind um halbwegs sicher sein zu können. Wie oft sind sie halbwegs sicher. Sechs und 1 und nicht 1 mehr als 1.

Maryas: Ich lächle für die Sicherheit.

Martha: Martin auch war sich sicher erkannt zu werden.

Maryas Mabel und Martin: Woran kennt man dich man kennt dich bei deinem Namen und deinem Teil. Teile zu gleichen Teilen.

Mabel Martha und Maryas: Regen vermengt sich mit Wasser und ein Baum kann süß sein und kannst du Wasser mit Regen vermengen und an einem Baum saugen.

Martha: Erwähnt den Ort.

Maryas: Sorgt für ausreichend Ähnlichkeit.
Mabel: Bedarf nur genügender Rufe.
Marius: Bedarf nur der Tätigkeitsteilung.
Martin: Nur der Mitteilung bedarf es hier.
Mary: Nur der Mitteilung bedarf es hier.

Martha und Maryas: Wenn sie mich auffordern sie zu verlassen und sie sie auffordern mich zu verlassen wenn sie mich auffordern sie zu verlassen und sie sie auffordern zu gehen wenn sie sie auffordern zu gehen und sie mich wenn sie mich auffordern auffordern und wenn sie sie auffordern, wenn sie sie auffordern und wenn sie sie fragen, und wenn sie sie fragen und wenn sie mich wenn sie fragen fragen sage ich ja das ist es.

Maryas: Sie sagten er sagte, sagte er, zwei Hauptrollen, zwei Hauptrollen, zwei Neben-, zwei Neben-, zwei Haupt-, und zwei Hauptrollen, und sie rollen, und ihr Haupt, es rollt, es rollte hier nicht.

Mabel: Mabel kleine Mabel mit der Nase am Fenster und mag wie gesagt Wehmut keine Wehmut mögen, sie kommen heute wieder und morgen reisen sie nach Amerika.

Martin: Genau wie Martin, und mag nützliche und vorläufige Ableger.

Marius: Zu erkennen am Namen nach Art der Erwägung und Körbe. Es werden hier und da mit viel Bedacht eine Menge Körbe erstellt, das heißt man kann sie in Auftrag geben und der wird dann in der Tat vielleicht erfüllt. Sie werden vielleicht sogar lernen offiziell Körbe zu geben und nicht phantastisch zu weben und flechten und derart werden sie viele Gewissheiten und viele Berge und eine Kuh haben, ich bezweifle, dass sie eine Kuh haben werden. Ich sage sie mit Bedacht und spreche in ganz anderem Sinne. Du verstehst.

Mary: Mary mag nein ich darf May sagen Mary. Damit die Ära anonym bleibt und in der Tat leicht da sie in der Stadt und auf dem Land Besitz haben.

1 letzte Liste

Marius: Ziehe es vor vorzuziehen du kannst nicht erwarten dass ich dich vorziehe.

Martha: Karotten und Artischocken Margeriten und Rosen. Wenn du es wiederholen kannst und es jemand vorzieht, jemand vorzeigt, jemand weiß. Wenn du es wiederholen kannst und es jemand weiß.

Maryas: Die Hälfte der Ehen, Valentinstage und die Hälfte der Ehen. Ich habe die Valentinstage geschafft und die Hälfte der Ehen.

Mabel: Ein kleines Mädchen ist fast ebenso groß wie es war sie war fast ebenso das große Los wie sie war und sagen wir ruhig aufgeregt.

May: Und Mary.

Martha Mabel Maryas und Mary: Vielleicht vermählen wir uns.

EINE BESCHREIBUNG VOM FÜNFZEHNTEN NOVEMBER: PORTRÄT T. S. ELIOT

▶ Im Herbst 1924 war Gertrude Stein in Paris zu einer Abendgesellschaft bei Lady Rothermere eingeladen worden, damit sie dort mit T. S. Eliot bekanntgemacht werden könnte. Überraschend jedoch suchte sie der Dichter zuvor in Begleitung der gemeinsamen Freundin in der rue de Fleurus auf, und Eliot und Stein führten eine »ernste Unterhaltung«, worauf Stein meinte, sich die Teilnahme an der Party sparen zu können; sie setzte sich stattdessen gleich an ihr »Porträt« Eliots, denn der skeptische Dichter hatte ihr – halbherzig – angeboten, etwas in der von ihm betreuten Literaturzeitschrift *The Criterion* zu veröffentlichen, sofern es eine neue Arbeit sei.

Stein versah ihren Text mit dem Datum der Komposition und setzte quasi Eliot mit Zeitdruck gleich. Der Text weist Elemente des Stein'schen Stils der zwanziger Jahre mit dem für diese Epoche neuen Interesse an struktureller Kohäsion auf; zu Anfang karikiert Stein die wortreiche Selbstgefälligkeit mancher Kollegen – wie Eliot. Im Gegensatz dazu stehen die lyrischen, beschwörenden Reimwiederholungen besonders am Schluss. Das »Porträt« erschien nicht, wie zunächst vorgesehen, im Oktober desselben Jahres, sondern 1925 in der Januar-Ausgabe des *Criterion*.

Es gibt online eine Originalaufzeichnung des von Stein selbst gelesenen Textes.

Am fünfzehnten November sagt man uns wird sie hier oder da erscheinen und in Gesellschaft von jemandem sich wiederfinden der sich bemühen wird behilflich zu sein in jeder erdenklichen schwierigen Lage deren Eintreten als auch nur im Geringsten wahrscheinlich angesehen werden kann. Dies für den Fall dass es wie gewöhnlich kein Nachlassen der Art gegeben hat in der jüngst alles wie zu erwarten Wiederholung war. Zweimal zu leugnen. Ein oder zweimal.

Am fünfzehnten November anstelle dessen was zweifellos ein Grund zum Befund war und folglich bestenfalls schwarz oder weiß ergab und bestens beinahe so viel wie ergänzt worden war. Um mit dem Ergebnis zufrieden zu sein.

Ich glaube das war ich.

Am fünfzehnten November sagen wir ein Jahr. Am fünfzehnten November gaben sie zu milde zurück. Am fünfzehnten November auch.

Der fünfzehnte November hat als Nutzen am bestem mehr als genug Tag. Es darf auch erwähnt werden dass der sechzehnte und jedermann Mobiliar sehen kann und weiter und weiter als das. Die Idee ist die dass da aus gutem Grund alles zur Wahl steht die Wahl daraus besteht dass die Wahl sich versteht.

Nach Widerspruch ist es wünschenswert.

Im Falle des Zufalls lassen sich kein Vorfall keine Wiederholung keine dunkleren Gedanken wieder vereinen. Wieder und wieder.

In vielen Fällen liegt in Einigkeit Stärke.

Kann einer der denkt was gegenwärtig ist als wäre es mitten in mehr Aufmerksamkeit kann einer der darüber nachdenkt wie es einfach zu gegenwärtigen wäre kann einer wirklich Teil daran haben es zu sagen. Kann das einer.

All dies so eifrig wie nicht.

Eine vollkommen andere Sache. Eine vollkommen andere Sache wenn alles davon schrecklich gut gewählt ist und gründlich korrigiert.

Er sagte wir, und wir.

Wir sagten er.

Er sagte wir.

Wir sagten er, und er.

Er sagte.

Wir sagten.

Wir sagten es. Wie wir es sagten.

Wir sagten dass vierzig dasselbe wäre wie das was wir hörten.

Es hängt vollkommen davon ob sofern endgültig sicher, sicher so viel wie.

Gefalle gefälligst. Gefalle ihnen gefälligst gefällig.

Die Hälfte gehört habend.

Gefallen gehabt habend habe gefälligst gehabt habend gefälligst die Hälfte gehabt habend.

Gefalle gefälligst der Hälfte.

Gefallen.

Ja und ein Tag.

Ein Tag und nichts gehört habend.

Vierzig extra.

Nichts gefällt mehr als zu haben was großen Gefallen findet.

Froh sagen zu können dass es ein Fehler war.

Wenn bei jedem Teil eines Teils und das ist im Ganzen das Beste von allem in dem was es hergibt und jegliche Befriedigung wenn bei jedem Teil weniger wenig und mehr als normal ist es nicht im Geringsten nötig dass etwas mehr hinzugefügt wurde am Tag. Es ist um einiges bereichert und ferner erledigt außerdem.

Das erwähnt mehr und mehr und von Erwähnung zu Erwähnung macht es dies mehr und mehr nötig zu erwähnen dass achtzehn auf drei erfolgt. Kann wiedergehen überraschend sein.

Am fünfzehnten November an Zuwachs wachsend wächst es wie gründlich überlegt. Er hat einen Sohn und eine Tochter und das ist in diesem Fall wichtig da wiewohl in sich eine Freude kann es eine Freude sein.

Glücklicherweise ersetzt Ersetzung ihre Sendung und glücklicherweise da sie gegebenenfalls senden wird falls welche da sind und eins zurück und eins weg und eins unterwegs es zu übernehmen sein. Übernommen. Zeitige Brauchbarkeit.

Erwähnt als Fehler. Keine Erwähnung unerwähnt um nicht zu erwähnen soll nicht sein und glücklicherweise. Es war ein Glück.

Käme Ruf von Anruf, ruft an und kommt. Dem Ruf nach wöchentlich.

In diesem Fall eine Beschreibung.

Vorwärts und zurück wöchentlich.

In diesem Fall absolut eine Frage in Frage.

Eingerichtet als Bedeutung geliefert.

Weiter zurück als weit zurück.

Um einiges weiter.

Einfach und einfach und einfach, einfach einfach da. Einfach so dass auf diese Weise, einfach auf diese Weise einfach so dass einfach so in dieser Weise.

November der Fünfzehnte und einfach so dass einfach so dass einfach darin einfach indem einfach so dass darin einfach indem einfach in dieser Weise einfach so dass einfach so dass in dieser Weise einfach in dieser Weise, einfach in dieser Weise so dass einfach so das einfach so das einfach einfach in dem, einfach indem so das Einfachso einfach so dass einfach darin, so dass einfach in dieser Weise.

Eigentlich der fünfzehnte November.

Gespielt und spielt und sagt und Zugänglichkeit. Spielt und gespielt und Zugänglichkeit und Eindrücklichkeit. Gespielt und Spiele und Zugänglichkeit und Umgänglichkeit und ein Fehler. Eigentlich der fünfzehnte November. Lass uns mindestens drei lassen. Ihr auch. Lass uns mindestens drei lassen. Ihr auch. Lass uns mindestens drei lassen. Drei und da macht drei gemachte und drei machen macht, da und drei macht, vierzehn sind einige.

Einige gesondert eher als sonders ausgesondert.

Da Leser Rot als Blässe ausmachen und einige als Leser Rot machen und ihr auch.

Sehr beinahe eigentlich und wahrhaftig.

Ein Geschäft in vielem so sehr Geschäft insofern als es viel ist. Habe es in petto gehabt. Um es in petto zu haben. Und hatte es in petto. Oder hatte es in petto gehabt. Oder hatte es in petto gehabt. Um es in petto gehabt zu haben. Tipp einen Baum tipp einen Baum damit an.

Eisen ergeben ein Eisen hier und da.

Will sagen.

Der fünfzehnte November kennt zum Glück einen Geburtstag. Und sehr zum Glück ein Geburtstag. Und sehr zum Glück ein Geburtstag. Der fünfzehnte November kennt, zum Glück, einen Geburtstag und sehr zum Glück einen Geburtstag, und sehr zum Glück einen Geburtstag.

Bis jetzt nicht um mal so zu fragen und so gefragt und bis jetzt, und wie letzthin nicht bis jetzt um mal so zu fragen wen und noch jetzt.

Bis jetzt nicht um mal so zu fragen und um zu fragen wie noch jetzt. Wie bis jetzt und wen jetzt und zu fragen und wen noch jetzt und aufzuziehen noch jetzt und bis jetzt und um mal so zu fragen und noch jetzt zu fragen wie bis jetzt, wie noch jetzt und zu fragen wie bis jetzt, und wie bis jetzt noch nicht zu fragen jetzt, und noch jetzt aufzuziehen wie bis jetzt nicht, wie noch jetzt nicht aufzuziehen bitte schön aufzuziehen wie bis jetzt um mal so zu fragen und wen und nicht jetzt. Bitte die Uhr aufzuziehen und noch jetzt und bis jetzt nicht. Bitte die Uhr aufzuziehen und jetzt nicht, bitte jetzt nicht bis jetzt.

Er sagte genug.

Genug dazu.

Er sagte genug.

Genug dazu.

Genug dazu.

Er sagte genug.

Er sagte genug.

Genug dazu.

Er sagte genug.

Nicht nur Wolle und wollene Seide und seiden nicht nur Seide und seidene Wolle und wollen nicht nur Wolle und wollene Seide und seiden nicht nur Seide und seidene Wolle und wollen nicht nur Wolle und wollene Seide und seiden nicht nur Seide und seiden nicht nur Wolle und wollen nicht nur Wolle und wollen nicht nur Seide und seiden nicht nur Seide und seiden nicht nur Wolle und wollen.

BRIEF VON T. S. ELIOT

▶ Gertrude Stein schickte »Eine Beschreibung vom fünfzehnten November« sogleich an *The Criterion*. Am 21. April 1925 schrieb T. S. Eliot aus London:

Sehr geehrte Miss Stein,

ich muss mich sehr für die späte Antwort entschuldigen;
meine Frau und ich waren schwer krank. Ich kann nun,

selbstverständlich, keinen Anspruch mehr auf Ihr Gedicht erheben, aber ich würde es gerne verwenden. Das wäre dann im Oktober, da unerwartete Einsendungen zweier Kollegen, die ich baldmöglichst zu veröffentlichen versprach, nun den Juni blockieren.

Mich interessiert alles, was Sie schreiben, sehr.

Ich hoffe, wir werden uns bald wieder begegnen.

Hochachtungsvoll,
pp. Criterion
T. S. Eliot

Kochen für Gertrude Stein. Rezepte und Geschichte. Alice B. Toklas. Ü: Frieda Grafe. Insel-Verlag: Frankfurt a. M., 1999

Gertrude Stein – Sachen Machen. Ein Buch von ABCs und Geburtstagen. Klaus Schmirler / Nina Pagalies, Achilla Presse: Bremen, 2000

Gertrude Stein. The first reader: three plays. Ulrike Draesner / Günter Brus, Ritter: Klagenfurt / Wien, 2001

Picasso. Sämtliche Texte 1909–1938. Ü: Roseli und Saskia Bontjes van Beek, Arche: Zürich, 2003

Zwei Jahre aus meinem Leben mit Gertrude Stein. Frieda Grafe, Brinkmann & Bose: Berlin, 2004

Geld, mehr über Geld, noch mehr über Geld, alles über Geld, ein Letztes über Geld. Ü: Michael Mundhenk, Friedenauer Presse: Berlin, 2004

Reread another : a play = Nochmal der Text ein anderer : Quartier / Gestell, überdacht oder im Freien, meinetwegen eine Schule. Gertrude Stein / Oskar Pastior, Urs Engeler Editor: Basel / Weil am Rhein und Wien, 2004

Tender Buttons / Zarte knöpft. Gertrude Stein / Barbara Köhler, Suhrkamp: Frankfurt a. M., 2004

Gertrude Stein. Winning His Way. A Narrative Poem of Poetry. Ulf Stolterfoht. wie man seine art gewinnt ein erzählgedicht über dichtung. Urs Engeler Editor: Basel / Weil am Rhein und Wien, 2005

Zwei Leben – Gertrude und Alice. Janet Malcolm. Ü: Chris Hirte, Suhrkamp: Frankfurt a. M. 2008

Neufundland. Barbara Köhler, Edition Korrespondenzen: Wien, 2012

Gertrude Stein. Lektionen für Baby – Texte 1913–1919. Friedhelm Rathjen, Edition Rejoyce: Emmelsbüll-Hörsbüll, 2017

219 Umschlag des für »Er und sie, Hemingwie« verwendeten Cahiers. Courtesy of the Gertrude Stein and Alice B. Toklas Papers, Beinecke Rare Book and Manuscript Library, Yale Collection of American Literature, New Haven, USA.

226 Einladung und Ticket für Carl Van Vechten zum ersten Vortrag von Gertrude Stein in den USA, 1934. Courtesy of the Gertrude Stein and Alice B. Toklas Papers, Beinecke Rare Book and Manuscript Library, Yale Collection of American Literature, New Haven, USA.

275 Steins dritter Entwurf für den Innenteil von *Lucy Church Amiably*. Courtesy of the Gertrude Stein and Alice B. Toklas Papers, Beinecke Rare Book and Manuscript Library, Yale Collection of American Literature, New Haven, USA.

293 Verlagsanzeige aus »The Publishers Weekly« 1933. Aus: Karen Leick: Gertrude Stein and the Making of a Celebrity. Routledge: New York and London, 2009.

386 Bühnenbild für die Aufführung von Steins Puppenspiel »Identität« 1936 mit Chor im Vordergrund und Menschlichem Geist in der Schwebe. Fotograf: Donald B. Vestal?; Datum unbekannt. Courtesy of the Gertrude Stein and Alice B. Toklas Papers, Beinecke Rare Book and Manuscript Library, Yale Collection of American Literature, New Haven, USA.

NAMENSVERZEICHNIS

Abdy, Sir Robert Henry Edward 294, 395, 487
Adams, John 449, 453
Aldrich, Mildred 477
Anderson, Sherwood 46, 218, 332, 482, 495, 504 f.
Anthony, Susan Brownell 31, 448 ff.
Apollinaire, Guillaume 395, 481
Aristoteles 467
Ashbery, John 461
Barney, Natalie 495
Beach, Sylvia 495
Berenson, Bernard 26
Beyer, Marcel 144 ff., 463, 506
Bookstaver, May 26, 478
Bowles, Paul 161, 480
Braque, Georges 9
Bridgman, Richard 207, 503
Bryher, Winifried 84
Cage, John 476
Cerf, Bennett 461
Cézanne, Paul 84, 466, 474, 492
Chalfin, Paul 132, 471
Cocteau, Jean 494
Cone, Claribel 487
Davidson, Jo 94, 373, 495
Djagilew, Sergei 485
Dodge, Mabel 93, 151, 225, 362, 468
Durham, Harry 161
Eliot, George 10, 449, 459, 465, 487
Eliot, Thomas Stearnes 16, 243, 248, 373, 463, 467, 479, 494 ff.
Emerson, Ralph Waldo 462, 470
Evans, Donald 151
Flanner, Janet 96, 461
Flaubert, Gustave 45, 189
Fletcher, Constance 449
Ford, Ford Maddox 16, 84
Gallup, Donald 449, 455, 467, 504
Gandalac, Lennard 295
Gass, William 462
Grant, Ulysses S. 376, 449, 485
Grosser, Maurice 161
Gwinn, Mary 26
Haas, Robert Bartlett 151, 462 f., 479, 501, 503, 506
Hapgood, Hutchins 82 f., 467
Hartley, Marsden 132, 471
Hemingway, Ernest 104, 207, 218 f, 478, 495
Hodder, Alfred 26
Hopwood, James Avery 225
Hubbell, Lindley 294
Hugo, Victor 218

James, Henry 10, 321, 462, 479, 485
James, William 14, 21, 26, 366, 491 f.
Jandl, Ernst 12, 144, 150, 462, 505
Joyce, James 11, 461, 474, 492, 496
Knopf, Alfred Abraham 94 f.
Köhler, Barbara 12, 151 ff., 507
Loeb, Harold 16, 464
Longfellow, Henry W. 334 f., 478
Mars, Ethel 104
Matisse, Henri 14, 84, 100, 492 f.
Maurer, Alfred Henry 132, 471
McAlmon, Robert 84
Moody, William Vaughn 21, 465, 491
Münsterberg, Hugo 491
Pastior, Oskar 12, 144, 146 ff., 505, 507
Pavese, Cesare 45, 466, 504
Picabia, Francis 485, 494
Picasso, Pablo 9, 45, 84, 94, 100 ff., 112, 220 ff., 274, 478, 492 f., 495
Poe, Edgar Allan 462
Pound, Ezra 494
Proust, Marcel 84, 382, 492, 496
Rathjen, Friedhelm 461, 464, 507
Rönnebeck, Arnold 132, 471
Rose, Francis 485, 496
Rothermere, Lady Patricia 243, 479
Royce, Josiah 21, 485
Russell, Bertrand 26
Santayana, George 21
Sedgwick, Ellery 480 f.
Shakespeare, William 307, 311, 330, 467, 470, 475, 481
Shelley, Percy Bysshe 23
Sitwell, Edith 253, 494
Skinner, Burrhus Frederic 14, 463
Squire, Maud Hunt 104
Stein, Leo 26, 84, 93, 118, 483, 491 ff.
Stieglitz, Alfred 100, 471, 493
Stolterfoht, Ulf 12, 280 ff., 480, 507
Sutherland, Donald 463, 503
Swift, Jonathan 169
Thomas, Martha Carey 26
Thomson, Virgil 17, 373, 448 f., 495, 497
Toklas, Alice Babette 13, 16 f., 96, 117 f., 164, 169, 220, 225, 274, 449, 464, 470 f., 476 ff., 493 ff., 502
Tourtebatte, Georges 164
Twain, Mark 462
Tzara, Tristan 395, 494
Van Vechten, Carl 46, 94 f., 151, 220, 225, 253, 395 f., 459, 468 f., 486, 494, 496, 504
Vestal, Donald 386, 485, 509

Washington, George 485
Webb, James Lindo 476
Whitman, Walt 331, 334, 462
Whittemore, Thomas 132, 471
Wilder, Thornton 485 f.
Williams, William Carlos 17, 463 f.
Wilson, Edmund 46, 104, 225, 467, 496
Woolf, Leonard 253, 479 f.
Woolf, Virginia 11, 253, 492 f.
Wright, Wilbur 485
Yeats, William Butler 395, 496
Zola, Émile 470

V TOPOGRAPHIE UND MEDITATION

KOMPOSITION ALS POSITION

► Im Dezember 1925 lud auf Betreiben Edith Sitwells der Cambridge Literary Club Gertrude Stein zu einem Vortrag ein. Sie lehnte zunächst ab, sagte aber schließlich zu, als Sitwell einen zweiten Termin in Oxford in Aussicht stellen konnte. Stein hielt den Vortrag am Abend des 4. Juni 1926. Mit einem Titel versah sie den Text erst für den vorgesehenen Abdruck in Leonard Woolfs Hogarth Press. Virginia Woolf war unter den Gästen der zu Ehren Steins ausgerichteten Party am Abend des 1. Juni 1926. Sie notierte in ihrem Tagebuch: »War auf der Party bei E. S. in Bayswater, um ›Miss Stein kennenzulernen‹, eine Dame sehr wie Joan Fry, nur massiger, in blau glitzerndem Brokat, geradezu beängstigend.«

Ihrem Freund Carl Van Vechten schrieb Stein bei der Rückkehr nach Paris: »Ich hatte Dir schreiben wollen, aber ich habe solche Abenteuer erlebt, dass ich etwas länger gebraucht habe. Ich hatte ein herrliches Erlebnis, eines der besten, so viel Wohlwollen, Verständnis und Begeisterung und so viele junge Bewunderer und meine Sache so gut, dass sie in der Essay-Reihe der Hogarth Press erscheinen soll. Ich war sehr geistreich und ich bin wirklich sehr zufrieden mit allem, hoffe es wird zu vielem anderen führen.«

Es gibt für sich nichts was einen Unterschied macht einen Unterschied zwischen Anfang und Mitte und Ende außer dass jede Generation auf etwas anderes sieht. Ich meine damit ganz einfach dass jeder weiß dass der Unterschied die Komposition ist die jede und alle anders als andere Generationen macht und sie es ist die alles anders macht sonst sind alle gleich und das weiß jeder weil es jeder sagt.

Sehr wahrscheinlich sind sich fast alle mal wirklich fast sicher

gewesen dass das was interessant ist sie interessiert. Können sie das sein und sind sie es. Es ist sehr interessant dass nichts in ihnen selbst, das heißt wenn man die sehr lange Geschichte dessen bedenkt wie sich jeder je verhalten oder gefühlt hat, ist es sehr interessant dass nichts in ihnen selbst ihnen allen sie einheitlich anders macht. Damit meine ich dies. Das einzige was von einer Epoche zur anderen anders ist ist das was gesehen wird und was gesehen wird hängt davon ab wie alle alles tun. Das macht das worauf wir sehen sehr anders und das macht das was diejenigen die es beschreiben daraus machen das macht es zur Komposition, sie bringt durcheinander, sie zeigt, sie ist, sie gleicht, sie gefällt sich wie sie ist, und sie macht das was gesehen wird wie besehen. Nichts ändert sich von einer Generation zur nächsten außer dem was gesehen wurde und das macht eine Komposition. Lord Grey hat bemerkt dass Generale als sie vor dem Krieg vom Krieg sprachen von ihm sprachen wie von einem Krieg des neunzehnten Jahrhunderts der allerdings mit den Waffen des zwanzigsten zu führen sein würde. Das liegt daran dass Krieg eine Sache ist die festlegt wie sie sein wird wenn sie sein muss. Sie ist vorbereitet und in dieser Hinsicht wie alle Denkschulen nicht etwas was gemacht ist indem es gemacht wird sondern eine vorbereitete Sache. Schreiben und Malen und dergleichen sind auch so, für die die sich damit beschäftigen und es nicht machen indem sie machen. Die paar wenigen aber die es machen indem sie machen, und es sollte an dieser Stelle angemerkt werden dass die Energischsten unter ihnen in der Regel ebenso vorbereitet sind wie die Welt um sie herum sich vorbereitet, machen es in dieser Weise und deshalb will ich wenn Sie erlauben erzählen wie das geschieht. Natürlich weiß keiner wie ihm geschieht bis lange nachdem es zu geschehen beginnt.

Kommen wir aber darauf zurück dass das einzige was anders

ist das ist was gesehen wird wenn es dem Anschein nach gesehen ist, mit anderen Worten, Komposition und Zeitgefühl.

Niemand ist seiner Zeit voraus, vielmehr ist seine spezielle Zeitkonstruktion eine die seine Zeitgenossen die ihre eigene Zeitkonstruktion haben nicht akzeptieren wollen. Und sie wollen sie aus einem ganz einfachen Grund nicht akzeptieren und zwar dass sie sie aus keinerlei Grund akzeptieren müssen. Sie selbst das heißt jeder der die moderne Position einnimmt und das tut er, wenn er sie nicht einnimmt ist er sozusagen ausgenommen also nimmt er sie ein. Nun gibt es bei den sagen wir mal Anstrengungen außer Konkurrenz wo wenn einer ausgenommen ist nichts verlorengeht gar nichts bis auf das was nicht kommt, natürlich die ganzen Ablehnungen, und was abgelehnt wird ist nur dann wichtig wenn es zufällig wider Erwarten jemand braucht. In der Kunst ist das ziemlich eindeutig. Diejenigen die wahrhaft die moderne Komposition erschaffen werden natürlich erst wichtig wenn sie tot sind denn dann wird die moderne Komposition weil sie Vergangenheit geworden ist klassifiziert und ihre Einordnung klassisch. Aus diesem Grund ist der Erschaffer der neuen Komposition in der Kunst in Acht und Bann geschlagen bis er zum Klassiker wird, es vergeht kaum Zeit dazwischen und das ist wirklich schade wirklich zu schade natürlich für den Erschaffer aber auch wirklich zu schade für die die profitieren, alle würden von dem Erschaffenen gleich nach seiner Entstehung so viel mehr profitieren als wenn es schon zum Klassiker geworden ist, aber es ist ganz einleuchtend dass es keinen Grund gibt weshalb Zeitgenossen sehen sollten, denn es würde keinen Unterschied machen weil sie ihr Leben trotzdem in der neuen Komposition leben, und da jeder von Natur aus träge ist sehen sie natürlich nicht. Aus diesem Grund steht wie bei dem Hinweis auf Lord Grey fest dass Nationen die nicht direkt bedroht sind

militärisch zumindest ein paar Generationen im Rückstand sind und demnach ästhetisch mehr als nur ein paar Generationen im Rückstand und es ist wirklich zu schade, es wäre so viel aufregender und befriedigender für alle wenn man Zeitgenossen hätte, wenn alle Zeitgenossen für einen Zeitgenossen wären.

Es gibt fast kein Intervall.

Eine sehr lange Zeit lehnen fast alle ab und dann fast übergangslos akzeptieren fast alle. In der Geschichte der Ablehnungen in der bildenden Kunst und in der Literatur ist das Tempo des Wandels stets erstaunlich. Das einzige Problem mit den Kehrtwendungen in der Kunst ist dies. Wenn die Akzeptanz da ist, wird das Erschaffene durch ebendiese Akzeptanz zum Klassiker. Es ist ein natürlicher Vorgang ein recht ungewöhnlicher natürlicher Vorgang dass eine akzeptierte Sache zum Klassiker wird. Und was zeichnet einen Klassiker aus. Den Klassiker zeichnet Schönheit aus. Nun trifft es natürlich durchaus zu dass ein Kunstwerk mehr oder minder ersten Ranges schön ist doch problematisch ist daran dass sobald dieses erstrangige Kunstwerk, einmal akzeptiert, zum Klassiker wird für die Mehrheit der Akzeptierenden die weit überwiegende Mehrheit, die geistig beweglichere Mehrheit der Akzeptierenden als einziges noch zählt dass es so wundersam schön ist. Natürlich ist es wundersam schön, nur solange es eine irritierende ärgerliche anregende Schöpfung ist wird dem Erschaffenen alle Schönheit abgesprochen.

Natürlich ist es schön aber erst wird ihm Schönheit restlos abgesprochen und dann restlos zuerkannt. Wären nicht alle so träge würden sie begreifen dass Schönheit auch dann Schönheit ist wenn sie irritiert und stimuliert nicht nur wenn sie akzeptiert und klassisch ist. Natürlich fällt es extrem schwer kaum etwas fällt schwerer als sich das noch nicht Schöne in Erinnerung zu

rufen sobald es schön geworden ist. Das macht es umso schwerer die Schönheit zu erkennen solange das Werk abgelehnt wird und macht es allen sobald das Werk akzeptiert ist unmöglich zu sehen dass sie einst fanden ihm sei die Schönheit abzusprechen. Automatisch stellt sich mit der Akzeptanz des Zeitgefühls die Anerkennung der Schönheit ein und ist erst die Schönheit zuerkannt entgeht die Schönheit niemandem mehr.

Wieder und wieder zu beginnen gilt natürlich selbst bei der Fortsetzung.

Wieder und wieder und wieder zu beginnen seine Position zur Komposition darzulegen ist natürlich.

Inzwischen versteht sich dass alles gleich bleibt bis auf die Komposition und die Zeit, Komposition und die Kompositionszeit und die Zeitkomposition.

Alles bleibt gleich bis auf die Komposition und da die Komposition anders ist und immer anders sein wird bleibt nicht alles gleich. Es ist nicht alles gleich wenn Kompositionszeit und Zeitkomposition anders sind. Die Komposition ist anders, das bleibt.

Die Komposition ist das was alle sehen die das Leben leben das sie leben, sie bilden die Komposition die zu der Zeit in der sie leben die Komposition der Zeit ist in der sie leben. Das macht das Leben zu dem was sie machen. Nichts sonst ist anders, dessen kann sich fast jeder sicher sein. Die Zeit für und von und in dieser Komposition ist das Grundphänomen der Komposition und dessen kann sich vielleicht jeder sicher sein.

Niemand denkt an dergleichen wenn er macht wenn er erschafft was zur Komposition wird, natürlich denkt keiner daran oder formuliert es bis das was zu formulieren ist erschaffen ist.

Komposition ist nicht da, sie wird und wir sind da. Das ist für uns natürlich etwas her.

Das einzige was von einer Epoche zur anderen anders ist das

was gesehen wird und was gesehen wird hängt davon ab wie alle alles machen. Das macht das worauf wir sehen sehr anders und das macht das was diejenigen die es beschreiben daraus machen, das macht es zur Komposition, sie bringt durcheinander, sie zeigt, sie ist, sie gleicht, sie gefällt sich wie sie ist, und sie macht das was gesehen wird wie besehen. Es ändert sich von einer Generation zur nächsten nichts außer dem was gesehen wurde und das macht eine Komposition.

Nun sind die paar wenigen die schreiben wie geschrieben wird und es sollte an dieser Stelle angemerkt werden dass die Energischsten unter ihnen diejenigen sind die ebenso vorbereitet sind dadurch dass sie vorbereiten wie die Welt um sie herum vorbereitet ist und sich darauf vorbereitet es in dieser Weise zu machen, und deshalb will ich wenn Sie erlauben noch mal erzählen wie das geschieht. Natürlich weiß keiner wie ihm geschieht bis lange nachdem es zu geschehen begann.

Jede Lebenszeit ist anders als jede andere Lebenszeit nicht in der Art des Lebens sondern in der Art wie das Leben gelebt wird und das wahrhaft gesprochen ist Komposition. Wenn das Leben in bestimmter Weise gelebt worden ist kennt das jeder aber niemand kennt es Stück für Stück, niemand kennt es solange es niemand kennt. Wer immer in der Kunst eine Komposition schafft kennt es ebenso wenig, er lebt und das macht die Komposition zu dem was sie ist, was ein Werk sich in ebendieser Weise komponieren lässt.

Ihr Einfluss und ihre Einflüsse gleichen denen ihrer Zeitgenossen nur muss man stets bedenken dass die Analogie nicht auf der Hand liegt bis wie gesagt die Komposition einer Zeit so ausgeprägt erscheint dass sie vergangen ist und ihre künstlerische Komposition zum Klassiker wird.

Um nun zu beginnen als würde begonnen. Komposition ist

nicht da, sie wird und wir sind da. Das ist für uns natürlich eine Weile her. Es gibt etwas nachzutragen.

Wie gut Sie mein Werk kennen weiß ich nicht. Ich denke es wird vielleicht besser sein Sie aufzuklären.

Als ich mit dem Schreiben begann schrieb ich das Buch *Drei Leben*, das war 1905. Ich schrieb eine Negergeschichte mit dem Titel »Melanctha«*. Darin gab es ein ständiges Wiederkommen und Beginnen es gab eine deutliche Ausrichtung in Richtung Gegenwärtigkeit obwohl ich natürlich Vergangenheit, Gegenwart und Zukunft gewohnt war, und warum, weil die Komposition die sich rings um mich her vorbereitete die einer Dehnung der Gegenwart war. Eine Komposition der Ausdehnung der Gegenwart ist eine natürliche Komposition in der Welt wie sie sich uns seit dreißig Jahren darbietet nämlich mehr und mehr als Ausdehnung der Gegenwart. Ich erschuf also eine ausgedehnte Gegenwart ich wusste natürlich nichts von Verlaufsformen aber sie ergaben sich ganz natürlich, es war einfach es war für mich klar und niemand wusste warum ich es so machte, ich selbst auch nicht obwohl es mir natürlich natürlich erschien.

Danach schrieb ich ein Buch mit dem Titel *The Making of Americans*** es war ein langes Buch von ungefähr tausend Seiten.

Auch dabei ergab sich alles für mich ganz natürlich und immer komplexer als Verlaufsform der Gegenwart. Eine Verlaufsform ist eine Zeitform der Gegenwart. Ich brachte es auf fast tausend Seiten Verlaufsform der Gegenwart.

Eine Verlaufsform der Gegenwart ist das eine und wieder und wieder beginnen etwas anderes. Beides ist etwas. Und dann gibt es noch alles zu verwenden.

---

* *Melanctha*, s. S. 45 ff.

** *The Making of Americans*, s. S. 84 ff.

Das führt uns zur Komposition zurück dieses alles Verwenden. Das Allesverwenden führt uns zur Komposition und zu dieser Art Komposition. Eine Verlaufsform der Gegenwart und alles verwenden und wieder beginnen. In den zwei genannten Büchern gab es Erkundungen der Komplexität des Allesverwendens und der Verlaufsformen der Gegenwart und des wieder und wieder und wieder Beginnens.

Im ersten Buch gab es das Tasten nach einer Verlaufsform der Gegenwart und nach der Verwendung von allem durch das wieder und wieder Beginnen.

Es gab ein Tasten nach der Verwendung von allem und es gab ein Tasten nach der Verlaufsform der Gegenwart und es gab ein unvermeidliches Beginnen des wieder und wieder und wieder Beginnens.

Indem sich das für mich natürlich ergab war ich natürlich irritiert als ich es las. Ich wurde wie andere die es lasen. Das werde ich nämlich, wissen Sie, nur verlor ich mich beim neuerlichen Lesen gleich wieder darin. Da sagte ich mir diesmal wird es anders und ich begann. Ich begann nicht etwa wieder ich begann.

Bei diesem natürlichen Beginnen machte ich sofort weiter und weiter, machte und sehr bald hatte ich Seiten und Seiten und Seiten zunehmender Erkundung die eine immer weiter laufende Verlaufsform schufen einschließlich mehr und mehr Verwendung von allem und laufend mehr und mehr Beginnen und Beginnen und Beginnen.

Ich machte weiter bis zu tausend Seiten.

Dabei fing ich für dieses natürliche Beginnen mit Porträts von allem und jedem an. Indem ich diese Porträts schuf erschuf ich natürlich eine Verlaufsform der Gegenwart einschließlich der Verwendung von allem und dem wieder und wieder und wieder Beginnen auf kleinem Raum. Das führte mich dazu aller- und

einerlei in einem zu komponieren. So war es natürlich ganz natürlich dass dieses Eine als etwas enorm Langes nicht alles war noch war etwas enorm Kurzes alles noch war alles daran eine Verlaufsform noch begann es immer wieder und wieder. Natürlich begann ich dann gleich wieder von neuem. Ich begann wieder ich begann natürlich. Natürlich begann ich. Das bringt mich auf vieles was begonnen hat.

Und danach was ändert sich was ändert sich danach, und danach was sich ändert was sich ändert und danach und danach und was ändert sich und danach und was ändert sich danach.

Das Problem wurde danach konkreter.

Es war alles so beinahe gleich dass es anders sein musste und es ist anders, es ist natürlich so dass wenn alles verwendet wird und es eine Verlaufsform der Gegenwart gibt und wieder und wieder begonnen wird wenn alles so gleich ist muss es einfach anders sein und alles einfach andere war fortan die natürliche Art zu erschaffen.

Diese natürliche Art also so zu erschaffen dass einfach alles anders weil immer gleich also einfach anders war, das führte weiter zu Listen. Listen natürlich eine Zeitlang und mit Listen meine ich Fortsetzungen. Mehr und mehr finde ich wenn ich Revue passieren lasse was entstand dass ich natürlich das einfach andere als Ziel beibehielt. Ob es oder ob es keine Verlaufsform gab irritierte mich nicht mehr es gab sie oder gab sie nicht, und alles zu verwenden irritierte mich nicht mehr wenn alles gleich ist konnte alles zu verwenden mich nicht mehr irritieren und wieder und wieder zu beginnen konnte mich nicht mehr irritieren denn wenn Listen unvermeidlich waren wenn Fortsetzungen unvermeidlich waren und das Ganze unvermeidlich war konnte mich wieder und wieder zu beginnen nicht mehr irritieren so dass ich, da mich nichts mehr irritierte sehr umfassend natürlich

begann da alles gleich ist alles so natürlich einfach anders zu machen wie möglich. Ich begann mit natürlichen Vorgängen oder was ich natürliche Phänomene nenne und natürliche Phänomene machen natürlich da alles gleich ist natürliche Phänomene machen alles natürlich einfach anders. Seinen Höhepunkt erreichte das später, zu Beginn begann es im Wesentlichen mit einem Durcheinander an Listen an Fortsetzungen an Landschaften an wiederkehrenden Porträts und mit praktisch häufig vier und drei und häufig fünf und vier. Man sieht leicht ein dass zu Beginn ein solches Konzept wie das alles natürlich anders sei sehr inartikuliert sein musste und erst langsam entstehen und Gestalt annehmen würde, und dann daraus natürlich sofern irgendwas was einfach anders ist einfach anders ist folgen würde was folgte.

Bis dahin war die Entwicklung meiner Vorstellungen die natürliche Entwicklung im Einklang mit meiner Zeit wie sich leicht feststellen lässt wenn Sie sich noch einmal die Ereignisse vor Augen führen die wir über die Jahre gesehen haben.

Wie ich zu Beginn sagte gab es die lange Geschichte dessen wie jeder sich je verhalten oder gefühlt hatte und dass nichts in ihnen selbst ihnen allen etwas einheitlich anders machte. Damit meine ich all dieses.

Das einzige was von einer Epoche zur anderen anders ist ist das was gesehen wird und was gesehen wird davon abhängt wie alle alles machen.

Inzwischen versteht sich dass alles gleich bleibt bis auf die Komposition und die Zeit, Komposition und die Kompositionszeit und die Zeitkomposition.

Alles bleibt gleich bis auf die Komposition und da die Komposition anders ist und immer anders sein wird bleibt nicht alles gleich. Also tastete ich als Zeitgenossin die die Komposition

schuf zu Beginn nach einer Verlaufsform der Gegenwart, nach der Verwendung von allem nach dem wieder und wieder Beginnen und da alles gleich war war alles ganz einfach alles natürlich einfach anders und so erschuf ich als Zeitgenossin da alles gleich war alles natürlich als natürlich einfach anders, da ja alles gleich war. Das war die Periode die mich zu der Periode zu Beginn des Jahres 1914 führt. Indem alles gleich war würde alles natürlich einfach anders sein und dann kam der Krieg und indem alles gleich und alles einfach anders war führte dieses alles einfach andere zur Romantik.

Romantik ist demnach wenn alles indem es gleich ist natürlich einfach anders ist und romantisch.

Dann war das vier Jahre lang mehr und mehr anders und obwohl das so war war alles gleich. Da alles gleich war war natürlich alles einfach anders und das ist und war Romantik und das ist und war Krieg. Indem alles gleich ist ist alles natürlich alles anders einfach anders natürlich einfach anders.

Also gab es das natürliche Phänomen das Krieg war, das, ehe Krieg war, gegenüber der zeitgenössischen Komposition mehrere Generationen im Rückstand war, weil es Krieg wurde und deshalb so unbedingt zeitgenössisch sein musste dass es unbedingt zeitgenössisch wurde und so die schließliche Anerkennung der zeitgenössischen Komposition schuf. Jeder kann man sagen jeder wurde sich dessen bewusst wurde sich der Position der Authentizität der modernen Komposition bewusst. Diese, die zeitgenössische Anerkennung machte jeden da das was theoretisch Krieg war zwangsläufig zeitgenössisch wurde nicht nur zum Zeitgenossen im Handeln nicht nur zum Zeitgenossen im Denken sondern zum Zeitgenossen im Bewusstsein machte jeden zum Zeitgenossen der zeitgenössischen Komposition. Und so durfte die künstlerische Erschaffung der zeitgenössischen

Komposition die normalerweise in Acht und Bann geschlagen worden wäre sogar etliche Generationen noch hinter den Krieg zurück, den Krieg der sozusagen auf den neusten Stand gebracht wurde, durfte das Kunstwerk sozusagen zwar nicht ganz auf dem neusten Stand sein, aber fast auf dem neusten Stand, mit anderen Worten sollten wir die wir die Ausdrucksformen der modernen Komposition geschaffen hatten anerkannt werden vor unserem Tod einige von uns sogar recht lange vor unserem Tod. Und so könnte man sagen dass der Krieg eine breite Anerkennung der Ausdrucksformen der zeitgenössischen Komposition um fast dreißig Jahre beschleunigt hat.

Und nun danach gibt es nichts mehr davon mit anderen Worten es herrscht Frieden und es kommt etwas und es folgt Kommendes.

Und jetzt gilt das Interesse eher einer Balance, womit natürlich Wörter wie auch Dinge und Verteilungen gemeint sind sowohl untereinander unter Wörtern einander und Dingen einander, eine Verteilung als Verteilung. Das macht Kommendes zu Kommendem und nun gibt es gute Gründe dafür dass es ein Arrangement geben sollte. Verteilung ist interessant und Balance ist interessant wenn eine Verlaufsform der Gegenwart und ein wieder und wieder und wieder Beginnen und die Verwendung von allem da alles gleich und alles natürlich einfach anders ist schon dagewesen sind.

Nach alledem gibt es dies dass es das gegeben hat dass es eine Komposition gibt und dass nichts sich verändert außer der Komposition der Komposition und der Kompositionszeit und der Zeitkomposition.

Die Kompositionszeit ist etwas Natürliches und die Zeitkomposition ist etwas Natürliches sie sind natürlich und sie sind zeitgenössisch.

Die Kompositionszeit ist die Zeit der Komposition. Das war zeitweilig etwas Gegenwärtiges das war zeitweilig etwas Vergangenes das war zeitweilig etwas Zukünftiges das war zeitweilig die Bemühung um Teile oder alle solche Aspekte. Zu Beginn meiner Bemühungen war es eine Verlaufsform der Gegenwart ein wieder und wieder und wieder und wieder Beginnen, es war eine Fortsetzung es war eine Liste es war ein Vergleich und da alles anders ist war das eine Verteilung und eine Balance. Das ist jederzeit von Zeit zu Zeit die Kompositionszeit.

Nun gibt es noch etwas anderes das Zeitgefühl der Komposition. Das ist stets eine Befürchtung ein Hadern und eine Entscheidungssache und eine Glaubensfrage. Die Eigenart einer erschaffenen Ausdrucksform, die Eigenart der Komposition gleich nach Fertigstellung zu zerfallen ist irritierend.

Die Zeitkomposition ist eine sehr irritierende Sache. Dass die Zeitkomposition sehr irritierend ist liegt daran dass es selbst wenn in der Komposition gar keine Zeit ist in der Komposition eine Zeit geben muss die in der Eigenart der Verteilung und in der Balance liegt. Zu Beginn gab es in der Komposition die Zeit die natürlich in der Komposition steckte aber die Zeitkomposition kommt erst jetzt und das ist das was jetzt jeden irritiert die Zeitkomposition ist jetzt Teil der Verteilung und der Balance. Zu Beginn gab es Verwirrung es gab eine Verlaufsform und später gab es Romantik die nicht Verwirrung war sondern ein Freimachen so dass es nun entweder Erfolg oder Scheitern gibt es muss Verteilung und Balance geben es muss Zeit geben die verteilt und ausbalanciert wird. Das ist das was gegenwärtig am irritierendsten ist und wenn gegenwärtig die Zeit am irritierendsten ist dann ist am irritierendsten am Zeitgefühl gegenwärtig das was die Gegenwart am irritierendsten macht. Es gibt gegenwärtig gibt es Verteilung damit meine ich Ausdruck und Zeit, und auf diese

Weise ist gegenwärtig Komposition Zeit weshalb gegenwärtig das Zeitgefühl irritierend ist weshalb gegenwärtig das Zeitgefühl der Komposition die Komposition ist das heißt was da ist zur Komposition zu machen.

Und danach.

Und das war's.

RAT ZU ROSEN

► »rat zu rosen« (*Advice on Roses*) aus dem Jahr 1929 und das etwa um dieselbe Zeit entstandene Gedicht »Erzählung« (*Narrative*) gehören zu den Texten, die erst posthum Eingang in die *Yale Edition of the Unpublished Writings of Gertrude Stein* fanden, und zwar 1956 als »Shorter Pieces« in den sechsten Band *Stanzas in Meditation and Other Poems 1929 – 1933*. Es sind Vorstudien, Lockerungsübungen für die absolute Poesie ihrer Langgedichte »Strophische Meditationen« (*Stanzas in Meditation*) (s. S. 294 ff.) und *wie man seine art gewinnt* (*Winning His Way*) (s. S. 280 ff.).

I

viele pflanzen jährlich rosen.

II

viele pflanzen rosen wie tee.

III

viele pflanzen rosen wie hunde. beinweiß

IV

viele pflanzen rosen.
das heißt. unter weisung.

V

viele pflanzen. rosen.
um. bei. einem umzug.

VI

viele pflanzen. rosen. im. zweifel.

VII

viele pflanzen. rosen mit. bedacht.
und sie gedeihen prächtig.

VIII

viele pflanzen. ihre rosen.

IX

viele pflanzen. rosen.
im herbst.

X

viele pflanzen. ihre rosen.
immer wieder. wie gehabt.

XI

sie erhielt den rat.
rosen zu pflanzen.

XII

sie erhielt rat.
wie und wann. sie. zu pflanzen. waren.

* * *

ERZÄHLUNG

Mag ich S sein
Sie möglicherweise der Grund bei
Ihm für mögliche Trägheit einst.
Möglichkeit entlehnt
Wenn

Insgeheim für
Die Übrigen
Sie möglichst froh ist
Sie übersehen zu können.

Er wirkt sich sehr wohl aus
Der Konnex mit
Connecticut
Sie mag er sein
Der fand das sei
Der mögliche Grund bei
Ihnen für ihre Aufforderung an ihn
Sie so oft aufzufordern
Wie sie es taten.

Wie wahrscheinlich

Ist jemand bekannt dass sie als Ausrede haben
Dass es meist fröhlich zu lassen ist wo immer sie wollen

Folge dem Befinden von dort.
Sie nutzte einen Vorwand
Indem sie ihn samstags
Zur Schlussfolgerung traf.

Sogenannt zehn sogenannt außerdem
Gab es viele Fremde auf der Straße
Sie stehen hinter dem was sie fragen es ist so leicht Tür für Schuh zu halten.
Sie gab den Vorzug
Den sie nicht
Annahm als das was war wie
Ihre Hoffnung es sah.
Sie wird nie sagen
Ich will.
Ja ich will.

Erzählung ist Teilen
Was sie aus
Versehen angehen

Es war einmal ein Krieg
Nach dem Krieg gab es Regen in London
Danach hatten sie Länder
Und danach
Werden sie niemand verblüffen.

Nach oder
Wer macht
Ihn glücklich
Oder ob

Er nicht
Glücklich ist
Inzwischen.
Indem er ein Haus hat
Mit wenig Hoffnung
Er ist nicht wütend
Wenn er tönt
Und lärmt
Er träumt
Und sie ihn anrufen
Um aufzuwachen
Aber das werden sie nicht.

Vergiss sonntags Hindus

Dies ist eine Einführung in friedliche Stunden.

Verließ er sie ungern
Die ihn erhört hatte

Hatte sie sich verrechnet.
Sie sagte aber ist
Das der Grund weshalb sie mir Gobelins singt.

Einmal stand er
Und sie warteten.

Teil II

Ihr gespendetes Lob
Lässt ihn in Perlen preisen
Schweißperlen
Diese Hoffnung
Wird ihn beflügeln

In Freuden

Sie machte ihm klar dass es glücklicherweise sie war die er war. Und kurios ist das nicht. Alles was nicht dies ist ist nichts weil nur zur Schau. Schau an. So schaut die Realität aus.

Ist sie nicht reserviert, hat sie reserviert. Das sei hier notiert. Wenn nicht mit ihr kann er keine Verse und das ist weil sie sakrosankt ist sogar.

Jetzt im Wind
Proben davon.
Sie ist nicht nur sondern alles.

Teil III

When this you see zählt für mich nur sie.

Teil IV

Erzählung nun weiß ich was zählt, es ist nicht kontinuierlich es muss implizieren was sie sich wünschen und sind und waren und ist dass sie sich neigen zu und einander.

Das ist Erzählen es muss nicht restlos sein es ist dass sie einschließen ein Schließen im Übrigen.

Das ist Erzählung ich weiß was Erzählen ist Erzählen schwingt keine Reden für Fährten es liegt in ihrer Häufung im nicht Auflauern. Lass mal sehen wie Erzählen fortschreitet. Es schreitet ohne gegenwärtige Schnitte fort. Erzählung ist dies. Spiel ist etwas anderes, Schauspiel ist lebhaft, Erzählen ist nicht lebhaft vor Liebe, eine Tragödie ist wenn womöglich etwas gewesen ist. Wie weiß ich was Erzählen ist ich weiß dass es Erzählen ist wenn es Mittel ist. Ein Mittel ist nicht Theater es ist da und im Theater ist es Zugabe.

Warum gehen wir später ins Bett.

Durch Arrangements von Gobelins.

Was ist der Grund.

Dass wir Hüte hatten.

Weil es so besser ist.

Es ist Vorbereitung zu ihrem Erzählen.

Sie wird sehr sorgfältig

Schlafen.

Das ist eine Freude.

Realiter.

Gefällt mir.

LUCY CHURCH AMIABLY

▶ Dieser Roman wurde als erster in dem von Gertrude Stein 1930 zusammen mit Alice B. Toklas gegründeten eigenen Verlag Plain Edition veröffentlicht. Zwar genoss sie inzwischen einige Anerkennung, fand aber dennoch keine Abnehmer für ihre vielen noch unveröffentlichten Werke. Sie verkaufte einen Picasso (*Frau mit Fächer*, 1905), um das Verlagsprojekt zu ermöglichen. Bei Plain Edition erschienen insgesamt nur fünf Titel (neben *Lucy Church Amiably* waren dies 1931 *Before The Flowers of Friendship Faded* und *How To Write*, 1932 *Operas and Plays* und 1933 *Matisse Picasso and Gertrude Stein*). Eine (unvollständige) Gesamtausgabe der Werke Gertrude Steins wurde erst posthum mit der achtbändigen *Yale Edition of the Unpublished Writings of Gertrude Stein* vorgelegt.

Hier folgen Steins Entwurf für den Innentitel von *Lucy Church Amiably* und die Ankündigung der Dedikationsseite.

GERTRUDE STEIN

A Novel of Romantic beauty and nature and which looks like an Engraving.

FIRST EDTION.

LUCY CHURCH AMIABLY

And with a nod she turned her head toward the falling water. Amiably.

~~PLAIN EDITION~~ PARIS..

13 Rue Mechain 13

1930

ANKÜNDIGUNG

Lucy Church Amiably. Es gibt eine Kirche und sie steht in Lucey und sie hat einen Turm und der Turm ist eine Pagode und es gibt dafür keinen Grund und er sieht aus wie anderes. Außerdem gibt es liebenswert und das kommt vom Absatz her.

Wähle dein Lied sagte sie und es geschah und dann sagte sie und es geschah mit einem Nicken und dann neigte sie den Kopf in Richtung des fallenden Wassers. Liebenswert.

Das macht insgesamt eine Rückkehr zur romantischen Natur das heißt es lässt eine Landschaft aussehen wie eine Radierung in der es einige Figuren gibt, schließlich finden sie sich wenn sie sich dort wiederfinden sollen so hübsch wie sie aussehen und das macht dass es einen Fluss hat eine Schlucht eine Flut und eine bemerkenswerte Menge Mahd die ist was immer sie verwenden nicht um Kühe zu füttern sondern zu betten. Lucy Church Amiably ist ein Roman von romantischer Schönheit und Natur und von Lucy Church und von John Mary und Simon Therese.

▶ Steins »Idylle«, unterteilt in – durchnummerierte! – Kapitel von zunächst rund fünfzehn bis fünfundzwanzig, dann immer weniger Seiten, bis das achtundvierzigste nur noch aus einem einzigen Satz besteht (»Lucy Church war störrisch«), gleicht einem somnabulen Tagebuch, es handelt von Landschaft und Leuten und:

Beginnt Mitte Mai
Einleitung

Es waren ebenso viele Stühle dort und es waren zwei Stühle wie sie überall zu finden sind ein Schaukelstuhl das heißt ein Schaukelstuhl findet man überall. Zwei dort einer an einem Ende und der andere am anderen Ende. Sie waren vor dem Haus und beim Sitzen und Schaukeln gab es eine leichte Abschüssigkeit vor dem Haus.

Der Mann war in England gewesen. Die Frau war von einer Familie erzogen worden die ihre Mutter dorthin geschickt hatte und das verlieh der Teilhabe dieses anmutigen Paars ein Air von Restauration. Mutter einer Tochter hatte sie einen Mann geheiratet der es seiner Verletzungen oder seines Charakters wegen unausweichlich machte dass sie straucheln musste und indem sie es bleiben ließ wurden ihr mehr als Mutter zwei Kinder für dies und jenes gebracht.

Keine Geschichte einer Familie schließt mit diesen und Schluss. Niemals wird er einzig und allein einzig und allein einzig und allein ihnen beistehen und verlassen und verschwendet lassen. Nachdem er sie mit Verbeugung sich hat setzen lassen.

Ein Genie sagt wenn er nicht erfolgreich sei werde er wie ein Genie zuvorkommend behandelt wenn er aber erfolgreich sei und so reich wie erfolgreich werde er von seiner Familie wie sonst wer behandelt. Aus diesem Grund glaubt er nicht dass eine Familie notwendig notwendigerweise eine Familie ist und eine Familie eine Mutter und ein Bruder und eine Schwester und eine Schwester und ein Neffe und Nichten und ein Schwager der Arzt ist. Das macht ein Genie zum Unterhalter das Beste was passiert und passieren kann so dass es als Geschenk gilt wie Fisch und Brot und Butter die mit erheblicher Verzögerung bestens aufgetragen werden. Wie oft sind sie wo sie unbedingt häufiger und später und nach eigenem Gutdünken hin wollten. Von einer Mutter erzogen und einem Vater unterrichtet der nicht als anderer bekannt ist und viele wählen andere Spezialgebiete. Was waren seine Empfindungen als er erwachte. Dass er ein Bild verloren hatte. Und das hatte er. Es war auf der selbigen Reise am selbigen Tag passiert. Und sein Gewissen bescheinigte ihm nicht die gleiche Freundlichkeit als er seinem Neffen die Gelegenheit zu dem Ortswechsel verweigerte die dieser sich wünschte. Um

es als Versetzen nicht nur von Flüssen sondern Gewässern und Elektrizität zu betrachten. Er konnte sich für solche Fragen nie interessieren.

Mr. und Mrs. Paul Daniel zogen in einen Teil des Landes der als er anscheinend geordnet war nicht nur akzeptabel sondern praktikabel erschien sie hofften dort ein Haus zu finden das ihnen zusagen würde und da dort nicht als familiär geltend wäre es besser sie nicht zu Besuch zu haben. Keinesfalls als Ballast. Es ist wohlbekannt dass diejenigen die sich nie zufrieden gaben mit besser auf sich beruhen lassen es gewohnt waren links liegengelassen zu werden. Es hat gleich verteilt mehr geradezu Überempfindlichkeit gegeben als sie oder die zugeben mögen. Zugegebenermaßen.

Es kann kein Erben des Schmucks geben wie des Kästchens selbst wenn beide verkauft worden sein und werden sollen. Und ersetzt durch Bronzen die zu keinerlei besonderen Sorge Anlass geben keinen besonderen Reden. Rosen erblühen.

Es gibt Mitte Mai oft viele Arten aufs Land zu fahren und wieder ab. Es gibt sehr viele fehlende Menschen die fehlen und die sehr gern zu dieser Zeit gesehen worden wären. Und nach einer gewissen Zeit konnte sehr oft entstehen was sie sich offenbar wünschten. Dies ist der Grund weshalb sehr oft ein Emailleur die Tochter eines Landarztes heiratet und umgekehrt.

Etwas nach eins und zwei trafen sie ein. Sie kamen rechtzeitig zu ihrer Mahlzeit weil weiter keine Vorbereitung vonnöten ist wenn die Landwirtschaft solche Bedeutung gewinnt. Macht glauben es sei das Beste dass wenn es vier Kinder gibt das jüngste ein Mädchen sein sollte.

Eine Familie kann Trophäe sein.

Holmer Arthur Elmer und Barber tragen allesamt Schürzen und sind meist hoffnungslos mit Kelchen vorübergehen und da-

mit die Chance in der Erbfolge vorzukommen wie als ob sie es wollten. Das macht eine Familie umso mehr nur geduldet.

Er sagte wenn einer totgesagt sei und das todsicher verkaufsträchtig wäre es das auch am Dienstag. Mitte Mai ist dieser Zustand.

Weiß und Wonne.

WIE MAN SEINE ART GEWINNT

▶ Gertrude Steins Langgedicht *Winning His Way* über »Dichtung und Freundschaft und Ruhm«, entstanden 1931 und erstmals 1956 veröffentlicht in der Yale Edition of the Unpublished Writings of Gertrude Stein, Band 6: *Stanzas in Meditation and Other Poems, 1929 – 1933*, stellt nach den Worten Ulf Stolterfohts das Bindeglied dar zwischen den beiden radikalsten Texten Gertrude Steins, den *Tender Buttons* (Zarte knöpft, s. S. 151 ff.) von 1914 und den *Stanzas in Meditation* (Strophische Meditationen, s. S. 294 ff.) von 1932. Aus Stolterfohts Übertragung des Gedichts stammen die hier aufgenommenen Auszüge.

wie man seine art gewinnt

oder ihre. um nicht zu frieren beschränkt
man sich häufig auf ihre. und auf sie nahmen ihren lauf. sie waren auserwählt für
stattgehabten arterwerb. wohlan. in dieser
art ward es getan. warum aber fort wenn
eigentlich dran. zu bleiben vor ort. es aber

dort. für einsam befunden. unumwunden.
willens willkommen zu sein. finden es fein.
sie sind gewillt in der lage zu sein. bitte sehr.
vierzehn tage her. oder mehr. gingen sie fort.
mit acht. in bedacht. saß ein mann auf einem
baum. und was tun die. singen mir vor. alle

im chor. er saß da. das zumindest war ihm
klar. obzwar. er wußte. rosen. sind. rot. und.
rosen. sind. weiß. und rosen. sind rosen. farben. das war lolo. und sein hund. seine mutter.
und sein haus. und sein haus. viel zu schick
für frederic. alle schallend. frederic. er nennt

keine namen. frederic rollt. james folgt. lolo stoppt. worauf herman besteht. daß es ihm heute bestens geht. und so waren sie froh. sich gemeinsam. um lolo. zu kümmern. im bunde der dritte ist prachtvolle sitte. machts leicht. genau wie drei auf einen streich. und wirklich dankbar dafür.

die freundschaft zwischen lolo und jedem war eng. so gab man bei besuchen acht daß keiner einen fehler macht. weswegen sies tun. ganz kommun. dort heißt offenkundig dort. rücksichtnahme ist das wort. und seltsam. und behaglich. und vergnüglich. darüber bricht die meinzeit an. selten bezeichnen

tunwörter starr. er starrt. beständige freundschaft braucht die bereitschaft. zu allgemeiner bekanntschaft. irgendwas in dieser art. sie dachten anstatt. oder vielleicht. ungleich. denen. im licht. viele stimmen insgeheim. überein. was sie etwa mögen müssen. so ungefähr. fühlen sie sich wie gepriesen.

sehr. unter bezug. auf auf und ab. gang. trau schau sonst. oft umsonst. rufen sie lauter. oder ihr mutter. damit wird es. freilich. vergeblich. habts gern. weil es abwechslung bedeutet. sich gewächse zur blume zu wählen. wir wechseln von freundschaft zu helllichtem tag. ganz wunderbar sieh. ziehen die. sich

gestrüpp. so verstreut wie hin und wieder auch. gelegentlich. sprich triftiger brauch. wie in dank. wie in schau. deren verzwergen. verströme entwöhnt. oder in schar. ist mehr als ein paar. erneuerte dank dir. dafür. gehabe. nach wunsch. und überhaupt. vorsicht beim borgen. keine sorge. man kennt. die.

farbe. einer nelke. oder schon. kurz davor. es
in trauben und birnen zu denken. alles klar. bis
jetzt. noch nicht. fest. und so hört freundschaft
auf. vorausgesetzt. den antwortfall. so sie. nun
hatte er erstens keine feinde noch dachte einer
aber er könnte. sicher von vorteil. zweitens kein

erfolg. zur genüge. ganz. recht. sie wäre. recht.
mässig. ergriffe. schamlos. besitz. oder. vielleicht. tuns die. drittens. blind band oder fand.
seiten. seiten. planlos verstreut. oder bestens
bekannt. übertrifft. vier. und deshalb. trat er
ihnen. schier. bei drei. war ihr klar mit fred

und frederic und freddy wohl keine fragerei. sei
einfach lieb zu ihnen. höchst anerkannt kann
dichtung sein. jetzt. wie mans von unsrer sagt.
an statt. und backt. und blättert. und kräftig. soll
man wunder. tüten. schütteln. sie kann glücklich
ausgewogen sein. von abweichend verschieden.

[...]

darüber. was nützlich sein dürfte. besteht keinerlei
zweifel. denn sobald. ihr abgang. bekannt ist. können sie schwerlich. verhindern. daß es. gemeingut
ist. nun stell dir vor. so viele. leute. einmal gesehen. vielleicht. sicher. wie kann sich. irgendeiner.
unterscheiden. in. zurückhaltung. nun. da. sie.

gemeingut sind. was. sie wohl. zweifellos. sind.
nun könnte man annehmen. es gäbe. durch sie.
löcher im boden. von erdhörnchen. gemacht. sind
nicht. von ihnen. beglaubigt. durch verheerte. erdbeeren. und rosen. was ist nun der unterschied.
zwischen solchen. die jeder. kennt. und den. an-

deren. wie mans tut. danke gut. eine fortsetzung
des. erzählgedichts. wie man seine. art. gewinnt. ein
gedicht über dichtung. und zeugs. und freundschaften.
das problem löst sich selbst. auf in dies. ob ein gedicht.
weitergeht. wegen. eines kusses. oder wegen. eines
großartigen schlusses. oder weil. es keinen grund

gibt. warum. sollten sie wünschen. zu wissen. warum sie. vorbereitet waren. so zu sein. wie sie waren.
so sieht es nämlich aus. dies ist das. problem. sie stehen. unter. beobachtung. und sie. waren nicht überrascht.
und doch. nicht noch. wer entschied. wer geht. das können sie fühlen. und niederknien. um herauszuziehen.

protzwinden. aus erdbeeren. sogar auf diese art. sich
selbst ermüdend. meinetwegen. es tut gut. es steht
einfach fest. wie es läuft. man sollte. sich ihnen
zufolge. verleiten lassen. sorgsam zu sein. um ver-
standen. zu werden. behutsam zu fragen. hinsichtlich
erwartung. zu keiner zeit. gibt es zwischen. zeit. und

existieren. müssen. dazwischen. und warten. zu sein.
un sinn. oft. hängts davon ab. vorher. vorher. zu sagen.
und sie. zu hüllen. in glanz. na prima. ich sage danke
schön. sie sollten belieben. zu wissen. in gewisser weise
wiederholt jeder. sie wußten. ruhm sei. vergänglich. ähnlich den tagen. ihres glanz. besitzes. es ist. keineswegs.

ein zufall. so sagen sie. und sie wissen. wers wußte. keiner wußte. sie wußten es. auch nicht. daß sie in maßen be-
fanden sie standen. im eigenen. glanz. das ist die art. ihres
starts. unverwundert. aber verweisend. auf etwas. das ist.
was ist. gewissermaßen durch. ihren glanz. dies jedoch
ganz. besetzt. durch namen. holt sie ab. nachklapp. sie

mehr. zu bewegen. überlegen sie. sehr. da er beschäftigt ist. damit. und das macht. einen niedlichen krach. aus papier. es ist deren niedlicher schied. immerhin probiert. wie ist es möglich. daß jeder weiß. wies nämlich. heißt. wenn. die zeit kommt. und so. vergelten sie. mit mehr. aufs mal. und glanz. danke schön. so viel. dazu.

ich hab das haben mögen. gern. das. was ich wirklich habe. dies. und das aus diesem grund. versteh ich. daß ich das. mit diesem. meinte. ich meine. daß es dazu kam. mein. zu sein. und so. denkst du nun. es ist. das. was sie haben. warum darum. man hätt es nicht. gedacht. es geschieht

zu dieser zeit. sie erwähnten. statt ihrer. ein ander. um. etwas. zu lindern. und zu beginnen. nicht unklug. zu beginnen. ihren. künftigen. zufug. gut in der zeit. zu sein. gesät. es ist. ziemlich erstaunlich. daß er sie quadratisch. pflanzte. an der ecke. von plätzen. danke. für antwort.

wenn gewinnen. ein weg ist. abzuwägen. war es leicht. ihn zufriedenzustellen. und dankbar. dafür. nicht hintergangen worden zu sein. von dieser. oder von jener. sache. und danken. für etwas. und so. ein gedicht. ist schon. in. vollem gang. ein erzählgedicht. fängt an. ein gedicht.

betitelt. wie man seine art gewinnt. ein gedicht. über dichtung. und freundschaften. wenn die zeit dafür kommt. das macht es ihnen eher klar. oder vielmehr. als zwar. könnte es ein umschlag sein. nur broschur. der sie. dazu bringt. weiter dran zu feilen. unsere sind. ganz bestimmt. gelungener.

oder doch trotz alledem gelegentlich. in echt.
deren darstellung. davon. machte es leicht. für
sie. ihnen. vergnügen zu bereiten. oder eher
noch. sicher zu sein. was bedeutet. ohne diese
nicht. nach bedarf. sie vielleicht vor. und zu
nahme. beinahe bereit. gerade dafür. erlaubnis

erteilt. oder dadurch. und gnädig. schluß aus. und
vorbei. mit rechnerei. oder vielleicht. all das. was
sie zählten. aus laut. sollten sie gerufen werden.
von mir. zurück. durch mich. oder. nicht. aber mit.
einem blick. dafür. ohn übertreff. sie sollten schreien.
vor züglichkeit. mit köder. keiner. braucht. anhauch.

nachzuahmen. sie mahnen. an. daß papier. auf. hun-
defüße. macht. wenns passiert. scheint es. als ob.
man. tapeten. überklebt. hier. und. dort. wie viele
rosen sind zulässig. um durch sie. zu sagen. daß
mans. billigt. aus kulanz. zu sagen. sie werden. zur
annahme gelangen. ganz offenbar. hat man sie. als.

maßstab. akzeptiert. hast dus kapiert. wir sonnen
uns. in. unserem erfolg. und sie bestimmen. den
namens. beginn. von. wie man seine art. gewinnt.
mit gestern. für heute. morgen. allmählich. zu
bleiben. oder. gewicht. kein zu williges erzählgedicht. ein gedicht. über dichtung. und. freundschaft.

[…]

ein erzählgedicht. über dichtung. und ruhm. drum kann. jeder wechsel. nämlich. sein. ein langes erzähl. gedicht. über
dichtung. und. über ruhm. wie man seine art gewinnt. ein
erzählgedicht. über dichtung. und freundschaft. und ruhm.
und. eine überlegung. inwieweit. es dasselbe ist. oder. eben
nicht. weder ihn. gehabt. noch. genug. davon. zu haben. unsre

damalige sicht. und es ist tatsächlich. nicht. für die. gemacht. was. tut sie. wenn sie. rübergeht. und. steht. sie wird sich. wieder. setzen. und das. sticken. fortsetzen. und. dies. ist keine erklärung. deren. vergnügen. deren ursache. deren. knäuel. ebensowenig. wie es. ein muster ist. es ist. die hoffnung. darauf. sie wären. auserwählt. für. ihren. einen. moment. es hilft. überhaupt.

nichts. zu. erzählen. daß. er seinen ball. fallen. ließ. und zurück. gegangen ist. zu einem stuhl. und. gegen den schreibtisch. knallte. und. es hat. auch keinen. unterschied gemacht. alle formen. von sich angelacht. bis. beigebracht. noch. ist es. wirklich. ein segen. das. schwarze huhn. sie ist. pflichtgemäß. verschwunden. und alles. bestens. danke. schön. dies. hat. nichts. zu tun. mit. wie

[...]

rosen. kommen unverhofft. und sie sind erhofft. einmal bestimmt. den ort. ihrer zucht. dann also. liegt. der unterschied. im garten. ruhm. ist erhofft. solang er. nicht. im. garten liegt. man hofft. rasen zu haben. wenn. es einen. garten gibt. ruhm. kommt unverhofft. wenn es sich. um erhofften. handelt. was bedeutet. daß. es keine. hoffnung gibt. auf irgendwas. in. ihrem tun. dank vernimmst. falls dies. stimmt.

nach und nach. nimmt ruhm zu. vielen dank. fürs heute abend. daran. denken. es sollte. weiter. gehen. als. sie möchten. wenn es. nämlich. platz. hat. bis sie geschwind. der meinung sind. den unterschied. zu kennen. er. eher nicht. sie setzen. einen baum. vor. trieb. das heißt. sie werden. den baum. ohne zu zögern. versetzen. dergestalt. daß sie es. bei ihrer. hochzeit. als unterbrechung. verlangen. aber nicht. be-

züglich ruhm. sie werden. an alles. denken. unverlangen. zu versäumen. nach. etwas. zu. suchen. das er hat. und was. nicht nur. nicht verräumt gewesen ist. sondern nicht einmal verloren. und auf diese art. findet keine. unterbrechung statt. ruhm kann weder furchtsam sein. noch. eine rose. die wunderschön. klettert. so wie sie. wenn. sie obacht. geben. danke. für alles. ein erzähl. gedicht. über dichtung. und freundschaft.

und ruhm. und wissen wollen. ob sie. kommt. sie werden gefällig sein. mit antwortschein. dem zieht er dieses kleine hundchen vor. jetzt. das stand mal fest. und sie. werden zünftig erwidern. daß sie. künftig. weiterlügen. dort. insgeheim. vielen dank. für dein interesse. ein langes erzählgedicht. hat begonnen. und. sei bereit. wenn du. dies siehst. bist du alles für mich. sprich. wie man seine art. gewinnt. sagst dus. geschwind.

erwiderst du. auf diese. art. dank. dir. am besagten tag. ein erzählgedicht. ist doch. mittwochs. gemacht. und am tag. der auf mittwoch folgt. und donnerstag. und fortgeschrieben weiterhin. tagtäglich. außer sonntags. das ist der tag. an dem die hochzeit. endet. montag. ein erzählgedicht. geht seinen gang. auch. weil. es sich. auf eine art. verhalten soll. wie ruhm. danke darum. dasselbe gebaren. bezüglich warten. auf den namen.

vergeben. an ruhm. sie sind berühmt. und das. ist die sage. sie richten. sie. an die. man kann dem entkommen. was. man. vernahm. es ist nicht vorgesehen. daß eine wolke. in. verschiedene richtungen. zieht. aus einander. es geht nur. in einklang. schneller. und umgekehrt. langsamer. das sieht dann aus. als ob. sie sich. einbahn. bewegen. und. umgekehrt. in gegenart. art. bedeutet. in diesem. wort. gebrauch. richtung. deshalb. kann. keine

wolke. einer anderen wolke. begegnen. nie. wie ich es bereits. in lucy. church amiably*. ausgeführt habe. oder. nehm ich das. zumindest an. es ist ein recht vergnüglicher beruf. jeden. glücklich zu sehen. mit dem. was man schuf. durch sie. für sie. ihr zustand. sei warten. und zufriedenheit. nicht nur. mit dem ergebnis. sondern mit dem. was passiert. und die. anderen. beschäftigen. sich selbst. mit der erledigung. von dem. was.

zur gegebnen zeit. zufriedenheit verspricht. und. so. hat man dann. einen. grund. fürs traurig sein. fürs. gebeten. werden. erfuhren sie. unterstützung. nicht mehr. als ungefähre. richtung. sie wissen. so. normalerweis. bescheid. nun denn. gemeinsam. füget an. an ruhend. einen kopf. der liegt. da. oberhalb. der sessel. lehne. so daß. im. ersatz. wiederholung. möglich. wäre. doppel. moppel. also nun. sag an. gibt es. eine bessere. art.

---

* *Lucy Church Amiably*, s. S. 274 ff.

[...]

eine sache würde ich gerne erwähnen wie folgt. man kann gegen ruhm keinen einspruch erheben. ein langes erzählgedicht. über dichtung. und freundschaft. wie man seine art gewinnt. ein. langes erzählgedicht. um zu sagen. daß. mans versteht. wenn sie. ersehnen. daß es. zum stillstand. kommt. zusammen sammeln. alles. ein schwelgen in. wofür. dies. in richtung richtig. ging. geübte geduld. fühlen.

sie könnten. den hügel. erklimmen. ruhm. wäre wie. heirat. mary. erheitert. einen hunds. arzt. zu mögen. beschwipst. dies. ist ruhm. sie wußte um. seinen. namen. ein weniges. mehr. brächte. beatrice. in die. engere wahl. gerne. besuchen wir. wöchentlich. eier. es gibt eine andere richtung. von dichtung. von ruhm. sie ist. ohne weiteres. eingeschlafen. mit. triumph. es ist ein vergnügen. davon zu hören.

dies. empfinden. sie begnügten. sich. damit. zunächst. will ich berichten. wies. zum ruhm. kam. ein langes erzählgedicht über ruhm. und dichtung. wenn. sie. nämlich erwähnen. warum. man sie. rügerisch. angeht. kein tadel. für deren. hiesige kunft. noch verschwinden sie. gerade. wenns. am schönsten. tatsächlich. zum. notort. dort. mögen. sie sich bescheiden. mit. ihrem. gespons. oh aber immer. was

immer. auch. bedeutet. ergebenst. getragen. von offenbarungs. bestreben. sei. beträchlich. erleichtert. er. sichtlich. womit. sie. wahr. schein. lich. besser. führen. un. offenbart. es ist. ungünstig. zu. viel aufs spiel zu setzen. indem man ihn reinruft. es ist. ein name. rundum gut. nämlich. ruhm. komm. häufe in huld. zählige. stunden. während derer. sie sorgen. glaub. an die eine. mit der. sie alles. belohnen.

[...]

wann immer. sie fragen. haben. bekommen sie antwort. wenn die frage. lautet. was ist das. bekommen sie. antwort. was ist das. das ist. ein. springhund. und sie werden. ihn mögen. immer mehr. werden ihn. sehr gerne haben. was richtung dichtung und berechnung führt. werden sie sich bescheiden. mit kleinigkeiten. das werden sie. bestimmt. gerinnt. in einem maß. auf eine art. sie bitten. um erwiderung. ja aber gern. denn. schließ-

lich. hilft es. mir. bei meiner art. dies ist dichtung. wohlproportioniert. straßennah. ists. wärmer. als auf den feldern. und die verwendete. mühe. auf bestimmte art. strapaziöser. es ist ganz natürlich. papier. zu verstören. einmal. begonnen. und wars das. nun ja. das wars. selbst wenn. mans wissenschaftlich. prüft. es wurde tatsächlich durch zufall. zum. zünder. ent. zündet. an. einer. zündholzschachtel. keinen. täuscht. ein geräusch.

sie gelangen. gemeinsam. zu einigem reichtum. genau. wie jedwed. und dann. passierts. ohne frage. hier. und dort. ohne zweifel. dazu. im stande. ruhm. zum vergnügen. des. betrachters. und sie werden. berühmt sein. am samstag. danke. für deren beharren. ein erzähl. gedicht. über dichtung. und. über ruhm. das. nun. erreicht ist. und. geschildert. eine beschreibung. dessen. was sie dachten. über sich. präzise. genug. über-

hastet. am ende. auf grund. ihrer. atzung. einfach ein wunderbarer tag. um. zu bleiben. es. unterdessen. zu betreiben. damit ihnen. warm ist. erfreulicher. weise. vielleicht. in der hitze des sommers. sommer. ist. sommer. gewesen. im juni. june. und sonnenwende. und gedeihlicher. wuchs. der tomaten. die niemals. erlahmen. werden sie sauber. nach oben gebunden. wir schätzen gespräche. mit erdbeern. und müttern.

[…]

… zu diesem anlaß. singt. einer. richtig. gut. ein langes erzählgedicht.

über dichtung. und ruhm. warum halten sie. sich. abseits. von. beschreibung. grund. los. noch hegen sie. die hoffnung. berühmt. zu sein. was sie. weil sie es. verdienen. sind. mag sein es liegt. ein fehler. im mißverständlichen. gebrauch. ihrer namen. sie werden. walter. william. lauten. haben. öfters. gedacht. sie bekommen es hin. richten sich ein. im verein. auf gegenseitigkeit. darum. gilt gleiches für ruhm. jedoch. nicht für sie.

noch. am anfang. allen schichtens. vermehrtes. verpflichten. sie sind zum ruhm verpflichtet. das ist. ihnen. zugedacht. danke dafür. an alles. gedacht zu haben. ein langes erzählgedicht. über ruhm. und dichtung. nimm. einen abnehmer ab. drehe. und. wende. ihr gedenke. auf ihre. bedeutung an. was ist. ruhm. sollte man. selbstherrlich sein. sie müssen achtsam sein mit. ihrer. mannschaft. dies kann. dazu führen.

daß. es heißt. gehn. bis. zehn. einer am tag. sitzt. im verschlag. dreie zugleich. sind gefragt. sechs auf einen streich. sind gleich neun. zwanzig dazu. läßt sie. geneigt sein. zum fein sein. zu. oder hauf. das ist ihre hoffnung. achtsam. mit. ängsten zu sein. und mögen. sie auch. ihren namen. erfragen. was bekanntlich. überflüssig ist. was ist ruhm. und was. man unter umschwung versteht. worums ihnen. mutmaßlich. geht.

[...]

was ist dichtung. das ist dichtung. sich nicht. zu verweigern. sie zu hören. noch. sich weiter drum. zu scheren. da wäre es nett. genauer. zu wissen. was dichtung ist. das. ist dichtung. zart gebaut. und erfreulich. für das auge. was ist ruhm. ruhm ist. nahme. ihres. anteils. es. reimt. auf die art feiner. vergnügen am wohlstand. ergibt. sonnenschein. und. vergnügen. am sonnenschein. ergibt. wohlstand. sie bekommen das wunder-

bar hin. indem sie. ihnen. vergnügen bereiten. was ist ruhm. sie haben drauf acht. ob. der. name. erwacht. weshalb. sie. zögern. mit mehr. als einem. ochsen. dann sprechen sie. vom entsprechend. ländlichen ochsen. und. sie sprechen. vom zögern. als hätten. sie. gewonnen. durch ihr. mit ihrem. beizeiten. vergnügen. bereiten. sie lassen es. all. zeit. reim. sein. dies ist. vergnügen. an dichtung. so oft. wie. nur je. als. maßstab. wer-

den sies. liefern. seis weil. sie möchten erreichen dergleichen. aufzuweichen. in ihrem bestreben. schätze. zu heben. was ist dichtung. das. wird von ihnen bestimmt. daß. sie nie. zu spät dran sind. was ist ruhm. daß. sie oft. hofften. geschwind. wie man seine art gewinnt. ein langes erzählgedicht. über dichtung und über ruhm. absolut kein erbarmen. falls sie. ihren. namen ahmen. er würde trinken wenn. er durstig wäre.

[...]

▶ Im Spätsommer 1933 brachte Harcourt Brace, nachdem seit Mai zur großen Genugtuung der Autorin bereits einzelne Kapitel im *Atlantic Monthly* vorabgedruckt worden waren, Steins *Autobiographie von Alice B. Toklas* heraus. Die erste Auflage, 5400 Stück, war bereits neun Tage nach Erscheinen ausverkauft. Daneben wurde im September eine eigene Büchergilden-Ausgabe vorgelegt; es gab bald schon englische, französische, italienische Ausgaben (letztere in der Übersetzung Cesare Pavesis). Fast über Nacht wurde eine notorisch übergangene Experimentatorin dank dieses modernistischen Märchens zur Bestsellerautorin. Aus der Perspektive ihrer Partnerin Alice B. Toklas erzählt sie mit verstellter, spöttelnder Stimme hochamüsant vom Leben der Pariser Avantgarde – den Genies, die in der rue de Fleurus ein- und ausgehen, von Atelier-Happenings, bei denen Rousseau zur Geige greift, Marie Laurencin singt und Frédéric Gérard aus dem Lapin Agile mit seinem Esel Lolo erscheint.

Die *Autobiographie* wurde Steins größter kommerzieller Erfolg, und man feierte seine Schöpferin nicht zuletzt für die vermeintliche Rückbesinnung auf herkömmliche Erzählstrategien. Sie selbst hingegen betrachtete das Unternehmen als eher peinliches Zugeständnis an den Buchmarkt, »Verrat« an ihrer wahren, ihrer experimentellen Arbeit. Tatsächlich aber ist auch dieser Text – schon durch das listige Spiel mit biographischen Konventionen – ungewöhnlich und in der amerikanischen Literatur ohne Beispiel.

Hier nur eine Verlagsanzeige aus dem *Publishers Weekly* 1933.

THE *Autobiography* OF ALICE B. TOKLAS

WHO WROTE IT. Alice B. Toklas really exists. She has been Gertrude Stein's intimate companion for 25 years, and she appears in this book as "I." But you find out on the last page that Gertrude Stein wrote it. Thus: "The other day Gertrude Stein said, I don't believe you are ever going to write that autobiography. You know what I am going to do. I am going to do it myself, as simply as Defoe did the autobiography of Robinson Crusoe. And she has and this is it."

WHAT IT'S ABOUT. It is about the life of Gertrude Stein, who has always been identified with the great revolution in the arts that came with the turn of the century. What LINCOLN STEFFENS' AUTOBIOGRAPHY tells politically, what Mary Austin's EARTH HORIZON does for the same period in American life, Gertrude Stein's story reveals, especially in its tales of her Paris home where she has lived for years, the forces and personalities that changed the world of art and letters.

THE PEOPLE IN IT. Before the war, they were revolutionaries; now they are bywords. And there are many others too, attracted to Gertrude Stein's *atelier* by her magnificent personality. A few of them are Picasso, Matisse, Sherwood Anderson, Hemingway, Cocteau, Edith Sitwell, Lytton Strachey, Louis Bromfield, Bernard Faÿ, Bertrand Russell, Ford Madox Ford, Wyndham Lewis, André Gide.

HOW TO SELL IT. A wide general audience (a good deal of which knows of the book from the *Atlantic Monthly* where only one third of it is being serialized) will read it and talk about it. It is a booklover's "inside story" and written, unlike Gertrude Stein's previous work, with amazing simplicity, with intimacy and humor, with a powerful directness which proves Gertrude Stein to be the master of a style that the "moderns" have learned from her and used to advantage.

HARCOURT, BRACE & COMPANY

September 1 *September Literary Guild Selection* *Illustrated, $3.50*

► Steins »Strophische Meditationen« (im Originalmanuskript mal *Stanzas in Meditation* bzw. *Meditation in Stanzas*, mal *200 Sonnets of Meditation*, mal *Stanzas of commonplace reflections*, *Stanzas of Poetry* bzw. *Reflexions*) entstanden 1932 parallel zur Niederschrift der *Autobiographie von Alice B. Toklas*. Anders als in *Winning His Way* (wie man seine art gewinnt, s. S. 280 ff.) erkundet Stein hier nicht die Frage, *warum* wir Gedichte schreiben, sondern die Möglichkeiten der Dichtung selbst.

Dem Freund Lindley Hubbell schrieb sie am 25. August 1931: »Ich möchte ein langes langweiliges Gedicht schreiben und zwar *ein richtig ödes.*« Sie verglich es mit den langatmigen von Wordsworth, die sie so schätzte. In den »Stanzas« begegnen wir jedenfalls einer vollkommen anderen Stein als der in der »Biographie« vorgeblich aus der Sicht und im Sprachkostüm einer anderen präsentierten. Nach dem Zugeständnis der lesefreundlichen *Autobiographie* sind die »Meditationen« sozusagen die Rückbesinnung auf die eigene Stimme.

Veröffentlicht wurden die fünf Teile des Zyklus mit 164 Strophen komplett erst 1956 im sechsten Band der *Yale Edition of the Unpublished Writings of Gertrude Stein*. Aus dem Vorhaben des Freundes Sir Robert Abdy (dem »Guten William« des Theaterstücks »Hört doch«, s. S. 395 ff.), die *Meditationen* herauszubringen, wurde nichts; es konnten lediglich im Winter 1936 in *Life and Letters To-Day* in London Auszüge erscheinen und 1940 im Februar-Heft der amerikanischen Zeitschrift *Poetry*).

Während die einen in Steins »Gobi-Sprache« kompositorische Grenzerkundungen sehen, meinen andere in dem Werk sehr wohl einen roten Faden und erkennbares Personal ausmachen zu können. Stein selbst bezeichnete ihre »Stanzas« als »realisierte Allgemeingültigkeit«. Sie thematisieren Schreiben, Resonanz und künstlerische Integrität; was sie anstrebe, teilte Stein am 27. Mai 1932 auf

Nachfrage dem Kanadier Lennard Gandalac mit, sei »Präzision des abstrakten Denkens und Dichtens durch Präzision und soweit möglich Entkörperung sage ich mal, so dass nur die äußerste Präzision sinngebend ist«.

Hier können nur Auszüge berücksichtigt werden.

Teil Zwei

VII

Was kümmert mich wie weiß ich
Wen sie für sich zurichten
Oder mehr als sie wollen wen unterstützen
Oder vielleicht hingehen aber widerstreben
Wegen des oft sorglos von ihnen laut Gemehrten
Oder für sie glücklicherweise Geregelten
Nicht nur was ihnen gefällt vielmehr wer.
Man könnte von viel Geschichte darin sprechen.
Sie mögen oft gegen ihn nicht kennen sein
Oder mögen offen sein für jeden Eindruck
Oder selbst wenn nicht oft besorgt
Vielleicht schlicht bedrängt
Von Ratlosigkeit machen sie es oft im Nachhinein gleich
Oder fortgesetzt wie spät angekommen
Es ist zwecklos zwei Wörter einzuführen zwischen einem
Und so müssen sie verbergen wohin sie laufen
Weil sie auf nichts Anspruch erheben können
Noch willens sind was sie haben zu ändern
Oja ich ergreife das. Aber nicht einen Sieg
Sie diktieren und verkaufen Raum
An dem sie keinen Anteil haben

Und so dem Erfolg folgen.
Dies ist zu sagen.
Einst wollten sie zusammengehen
Sie waren dumm nicht gut von sich zu denken
Was sie nicht taten waren willens
Wie so oft die Runde zu machen
Wenn sie gefragt wurden da sich im Klaren
Dass sie gut von ihnen denken könnten
Bedenkt dass als sie einst den Weg zu geben fanden
Nämlich mehr zu gehen als sie gingen
Womit sie meinten umgehend schneller
Ist das was sie immer laut beschwören
Möge ich gefallen ach möge ich gefallen.
Niemand weiß wem ich gefallen könnte.
So ihre Hoffnung indessen im Wünschen
Wenn sie nicht nur bedacht mit besten Wünschen
Vielmehr in der Tat nicht geneigt sie sorglos zu wissen
Auf dass sie oft mehr denn je dazu besonders
Sorglos zu denken gebracht werden könnten an Urlaub
Und ihnen dies weniger gefallen wird.
Möge ich hören auf mich nicht auf sie
Möge ich wohl auf und glücklich sein
Möge ich sein was immer sie gedeihen lassen
Oder gerade was nicht.
Sie denken nicht nicht nur nur
Vielmehr immer bevorzugt mit
Und deswegen gefällt mir was mein ist
Dazu nicht nur gewillt vielmehr willig
Weshalb es zählt.
Sie finden es eins in Einigung
In Einigkeit ist überleben

XI
So Howard so.
Rechtens bloß als doppelt modal
Ist besitzanzeigend Rümpfen
Doch könnten sie kollaborieren
Als nur im Wege
Von nicht nur nicht berühmt
Wie ist es oft
O wie ist es oft
Oder sollte
Sollte beizeiten.
Denk mehr was sie meinen
O denk mehr was sie meinen
So weiß ich wieso er so sagte
O nein.
Es ist wenn es ist.
Was ist der Unterschied.
Was ist der Unterschied zwischen dafür und da
Und mehr noch davor noch nicht da.
Sei es Abwesenheit besser als davor nicht.
Just darum versuchten sie es.

XII
Ich kenne nur Maßliebchen miss für mich
Was in Wünschen steckt vergiss es für
Nicht was nicht das was ist
Und ist was nicht das ist was mit
Dem ist was nicht jeder sich denken kann
Wieso sein ohne irgendeinen es kann einer

Begünstigt getönt sein nicht mit
Dem was ist nicht nur nicht weder nur ohne
Aber nur das ist so.
Ich mag nicht oft ohne meinen Namen sein.
Gar nicht
Sie werden sich nicht fragen welchen zur Zeit
Und möge es recht sein.
Sie können jeden vom Weg führen.
Nun rühr nicht daran.
Jetzt gehört zu haben zu hören
Sollte die ansprechen
Ohne starken Anschluss
Bereitwillig ausdrücken
Für sie vergiss
Wie leicht es Angst macht wen kommen zu hören.
Alle sehen alle gern gehen
Wohin oft keine Erwähnung von Rennen
Oder gehen oder nicht gehen
Oder nicht warum sie für ihn nicht reinfinden.
Warum sie nun sollten oder warum nun
Essen oder messen oder besser oder nicht klagen
Darf er sie klagen und anfangen und fragen
Wieso sie sich stürzen auf Klagen oder mein Sagen.
Wenn ist oft wenn es nicht gesagt ist
Dass daran zwei oder zu
Dem besser hinzufügt gesagt
Sei dass sie vorhaben
Ich mag es oft nicht bevor
Sie nicht oder nicht aufeinander hören
Oder durch Raten.
Es ist ebenso viel wie erlaubt

Weswegen sie dran tragen
Oder alle walten oder Wald oder wuchernd
Oder alles Wucher
Oder nicht Spuren oder allein Anblick
Von Wasser wessen oder wem
Oder wohl nicht Idyll
Oder nicht fluchtend
Oder alle und weg
Oder kapital
Oder tun oder tröstend
Oder nicht
Ruhm.
Sie werden sagen Seiten der Zeiten.
Mir gefällt was ich tu was es auch sei
Strophe zwei.

Teil Vier

XXIV
Es ist leicht unsres auszubauen.
Oder das wofür sie einen Ort brauchen werden zu sein
Könnten sie danken wenn nicht denken dass sie ordnen
In gewisser Weise wüten in gewisser Weise
Wenn sie könnten mehr noch wenn sie Erbsen ernten
Finden sie es nicht recht sie zu bepreisen
Noch was sie was wenn sie noch bleiben.
Die teilen müssen bleiben beim Vertreiben
Derer die öffentlich ausschlagen werden
Was ist wenn sie das wünschen
Oder sein wollen wozu sie becircen wenn sie wünschen
Oder nicht sind wie abonniert

Mich stört nicht sie nicht zu erfreuen
Sie sollten dran finden oder an Erfindung Gefallen finden
Sie könnten rufen oder werden für wollen vielleicht
Doch nicht nur dieses Mal sein vielmehr was sie regeln.
Es ist in Teilen ein Grund für ihr Wohlbefinden
Noch könnten sie mehr inbegriffen sein.
Glücklicherweise finden sie es richtig
Es nicht zu geben indem
Sie es denen geben als Verbrämung.
Es kommt nicht oft vor dass sie stets recht haben
Es kommt nicht oft vor dass sie stets recht haben
Vielmehr eine Wut oder Mutmaßungen
Oder Zusätze erbitte oder Fragen.
Oder bitte oder bitte oder bitte
Oder und eine Folie von nah und Ort und welche Natur
Sie mit nicht abzustimmen planen auf den Punkt.
Wünsche niemandem den Unterschied zwischen Punkt und Ort
O doch tust du o tust dus.
Das was ich tue oder dazu vorhabe zu erfahren
Könnten sie oder rufen oder wenn es ein Ort ist
An dessen Platz die Sonne die nicht alles
Ist nicht so warm wie gesagt wenn nicht kalt
Vielmehr sehr warm was sie wenn geneigt ist.
Ich könnte wenn ich wüsste es zu tun verweigern.
Oder just wenn ihnen nach dem Versuch ist sie abweisen
zudem wenn sie mein Haus umlagern
Kommen um zu bleiben und gehen wie sie wollen.
Nicht nur nicht weil.
Wünschen ob Gemüse die Sonne braucht
Oder wenn nicht nur nicht die eine vielmehr keine
Auch wünschen wenn sie wünschen gleiche Reife und

Nur was wenn ein Wunsch wäre dem sie entgegenkommen
Sie nicht nur notwendig vielmehr für das Beste halten.
Das was ich bedenke ist das was sie gern tun
Sie mich gern tun sehen
Oder aber oder wohl oder gut daran tue zu tun
Damit sie gern tun wenn ich gern tu was ich tu
Und zwar ganz enorm.
Findet daran was ihr wollt mir braucht ihr das nicht zu sagen
Ich wünsche zu gehen oder sofern wünsche ich zu gehen
Mich hat oft fasziniert wie sie vergessen zu gehen
Auch hat mich fasziniert ob sie zu gehen wünschten
Was ich besser habe erkennen können.
Nicht nur indes vielmehr was immer sie wollten
Wenn es teils gesagt war
Dass sie Madame Roux noch nicht dazu kommt
Was dennoch nicht stört weil ich gern herum
Überlege warum sie hier sein wird
Das sorgt für Abwechslung in den Gesichtern
Ihres wechselt ständig von nah oder fern
Oder gar nicht oder in Teilen fern.
Es ist nicht in Teilen was sie teilen
Können weshalb es sein soll wie irgendwer.
Ich glaube ich kenne den Teil
Zu gleichen Teilen ist allein
Und nicht wo ganz eingemeindet.
Sie ließ sich oft täglich ein wenig zur Empathie bewegen.
Es könnte indes sie sein die alles
Was sie empfinden mehr als sie vermochte
Im Hinblick auf Empathie im Ausdruck.
Nun da ich an sie denken sollte an dies.
Kommt er kommen sie kommt sie dazu hereinzukommen.

Das dazu weshalb ihnen gefällt wohl wissend dass ich
Es sagen soll nicht nur gut vielmehr sehr gut
Weshalb ich leicht für alle für mich bin.
Eben drum.
Ich vergesse nicht nur nicht vielmehr nicht nur.
Sie werden es eine Chance nennen.
Wegen des viel-leicht deswegen.
Was nicht nur ich sein werde vielmehr bin
Für mich selbst in mir nicht nur bin
Nicht nur nicht bin wie es gefällt nicht nur nicht bin
Sie werden es zufrieden sein zufriedenzustellen.
Nun nicht nur nicht vielmehr wird es ihr Wort sein
Dann zu kommen wenn sie es angekündigt haben.
Ich sagte ich würde es hervorragend
Sagen was sie zu führen planen
Was sie selbstverständlich aufzuführen planen
Inwiefern es besser wäre kein Blau zu setzen als
Dieses kein Blau sonst und die Meinung zu ändern
Das Ohr und ohnehin jede Verbindlichkeit.
Überlege ein weiteres Mal zweimal.
Es ist sehr schwer sich vier Seiten vorzunehmen.
Vier Seiten hängen ab davon wie viele du noch verwendest.
Du musst aufpassen nicht zu verprassen.
Es ist ein möglicher Weg vorwärts zu prassen
Das braucht Seiten zweimal auf einmal auf für vier
Und wenn sie neben der Tür auf und ab gehen
Tun sie es eben.
So denk ich mir wie sie spielen
Was sie und wen sie spielen und zu spielen vorhaben
Was übereinstimmt mit dem wobei
Sie erwischt worden zu sein gedacht werden können

Oder als nahezu dem Nächsten Nächstes vorhabend von Mal
Zumal es sehr wohlwollend erwogen wurde
Dass sie ihnen überall entgegenkommen würden.
Entsinne dich wie wir sie nicht stören durften
Es ist entscheidend ihn nicht zu stören
Es ist auch entscheidend zu bedenken
Nicht ob sie ihn stören
Vielmehr ob sie ihn tatsächlich stören werden
Oft denk ich oder nicht es wird Zeit mit dem Ende anzufangen
Sie könnten acht einführen oder arrangieren
Nicht deswegen erfreuen sie oder fügen wahllos hinzu
Sie werden keine Verwendung haben für das was sie sagten.
Nun wünsche ich alle möglichst schaudernd
Darüber ob wenn sie ein und aus
Wenn sie ein und ausgingen
Was die Einigung nützte zwischen diesem mit diesem.
Sie werden allenfalls jedwedes Wort anfügen.
Wenn sie viel sagte wenig oder gar nicht
Wenn sie viel sagte oder gar nicht
Wenn sie ein wenig viel oder gar nicht sagte
Wer gewinnt na die Antwort lautet natürlich sie.
Wenn ich sage ich weiß alles über möge sie mein sein
Ist sie es ist sonders dafür Sorge zu tragen
Zu genügen dass sie als Kompromiss anbietet
Zu stets gebraucht worden zu sein habe ich nicht nur
Nicht meine Meinung geändert.
Nun lasst uns nicht nachlässig denken
Nicht stets darüber uns nicht ändern zu dürfen oder stoßen.
Meide Missverständnisse.
Ich sage das werde ich ungeachtet tun
Ich sage auch ich sollte sagen was ich tu

Und tunlichst habe ich Anteil an jeder vorigen Rose.
Einer Rose die wuchert. Wird ihnen das gefallen.
Ihr wird es gefallen.
Wir haben beschlossen dass nur eine Dahlie schön ist
Salate überflüssig
Und dass sie bei Stiefmütterchen nachsichtig war.
Wie kannst du deine Meinung ändern.
Dies kennen sie als Sammlung.
Eine Sammlung ist der Grund für die Platzierung hier.
Ich denke oft daran wie gefeiert ich bin.
Es fällt schwer nicht dran zu denken wie gefeiert ich bin.
Und wenn ich daran denke wie gefeiert ich bin
Wissen die die es wissen wie neu ich bin
Das heißt mir ist nicht neu wie gefeiert ich bin
Was letzten Endes selbst mich verblüfft.

Teil Fünf

XIII
Möglich sind Rosa mit Weiß oder Weiß mit Rosa
Möglich sind Weiß mit Rosé und Rosa mit Lila
Oder womöglich sogar Weiß mit Gelb und Gelb mit Blau
Oder gar wenn es schon Rose ist mit Weiß und Blau
Also kommt Gelb nicht vor außer aus Versehen.

XXIII
Oft denke ich im Gehen

XXIV
Was nicht heißt dass ich anders denke.

XXV

Was vielleicht wenn es da ist
Das ist was mein Gefallen findet
Nicht dass etwas Gefallen findet.
Das was wenn es mein Gefallen findet.
Ich habe es gespürt was mir gefällt.
Was dann mehr wird.
Will sagen es freut mich.

XXIX

Eine Strophe sei gedacht
Und wenn sie wozu sie gedacht
Gut macht ist es gut
Gemacht wenn es zusagt.

LI

Hier nun eine lange Strophe
Selbst dann selbst wenn sie nicht gut beginnt
Weil wie sie es auch immer anstellen
Gut zu denken tut es
Not mich zu erinnern was ich anführe
Darf ich dies so seltsam planen
Darf ich darf nicht mal heiraten
Darf ich weiterkommen als womit ich kam
Darf ich ganz fühlen darf ich klagen
Darf ich für sie alle da sein.
Darf ich die Seiten wechseln
Darf ich nicht vielmehr wünschen
Darf ich nicht viel mehr wünschen.

LXXXIII

Warum bin ich wenn ich zweifle ob Argumente reichen.
Bleibsel bleiben heischen zu weilen bereit.
Beiläufig ruf ich die Tür ist offen
Die kann sollten sie sie nicht öffnen wollen
Niemand so leicht mehr zuschmeißen.
Mögen sie denn mein sein.
Jeder weiß was ich erreicht.
Ich will daher dafür ehe ich sie überreiche.
Will dafür bieten daher bieten dies.
Was wenn ich nicht missen will misslich sei nur mir.
Ich werde angekommen sehr willkommen sein.
Denn ich komme.
Ich komme angekommen zweifellos.
Mit diesen Strophen ist nun Schluss.

► Zu keiner Zeit setzte sich Gertrude Stein so intensiv mit Ansatz und Absichten ihrer experimentellen Arbeit auseinander wie in den Jahren 1934 und 1935. In einer Reihe von Texten unternahm sie den Versuch, ihre Poetik – metapoetisch – zu erläutern. Zu diesen gehörten die für ihre Vortragsreise in den USA verfassten *Lectures in America* – »What is English Literature«, »Pictures«, »Plays«, »The Gradual Making of the Making of the Americans« (Das allmähliche Machen von The Making of Americans, s. S. 349 ff.), »Portraits and Repetition« und »Poetry and Grammar« (Poesie und Grammatik). Den letztgenannten Vortrag hielt Gertrude Stein erstmals am 6. November 1934 an der New School for Social Research der Princeton University und im Laufe einer Rundreise mit Terminen an Hochschulen in 22 Bundesstaaten noch weitere zwölf Mal. Sie stellt darin Überlegungen an zu Wesen und Wechselspiel von Wörtern, Sätzen und Absätzen, Satzgliedern und -zeichen und zu dem, was sie in Poesie und Prosa vermögen und was nicht.

Was ist Poesie oder wenn Sie wissen was Poesie ist was ist Prosa.

Es hat keinen Sinn mehr zu sagen als wir wissen, nein nicht einmal wenn wir es nicht wissen.

Ich habe unlängst gesagt dass Wörter in der dramatischen Dichtung lebendiger sind als dieselben Worte desselben Dichters in anderen Arten von Poesie. Das stimmt unzweifelhaft für Shakespeare, es stimmt unweigerlich für alle. Das müssen wir wissen. Ich habe gesagt dass Wörter in einem Drama in Prosaform als Wörter nicht so lebendig sind wie prosaische Worte anderer Texte vom selben Autor. Das stimmt für Goldsmith und ich denke es stimmt für fast jeden Autor.

Da haben wir auch wieder etwas Wissenswertes.

Eines was zu wissen auch sehr interessant ist ist wie wir uns innerlich zu den Wörtern stellen die aus uns heraus nach draußen wollen.

Sind unsere Gefühle gegenüber dem Klang wenn Wörter aus uns herauskommen immer dieselben oder nicht. Das alles hat so viel mit Grammatik und mit Poesie und mit Prosa zu tun.

Alles hängt in der Poesie und in der Prosa an Wörtern und manche Autoren verwenden beim Schreiben eher Artikel und Präpositionen und manche finden man müsse substantivisch schreiben, und natürlich muss man an alles denken.

Ein Substantiv ist ein Name für irgendwas, warum sollten wir wenn etwas benannt ist darüber schreiben. Ein Name genügt oder genügt nicht. Wenn er genügt warum sollten wir ihn dann immerzu nennen, wenn nicht dann wird es nichts nützen den Namen zu nennen.

Namen machen ob Sie es glauben oder nicht manchmal Leute. Nennen Sie jemanden Paul wird er ein Paul nennen Sie jemanden Alice wird sie vielleicht oder vielleicht auch nicht zu einer Alice werden, da ist etwas dran, aber im Allgemeinen macht der Name wenn die Dinge erst benannt sind nichts mehr mit ihnen wozu also substantivisch schreiben. Substantive sind Namen für alles und jedes und einfach Namen zu nennen mag noch angehen wenn wir sie zum Appell rufen wollen aber nützt das in irgendeiner Hinsicht sonst, wobei einzuräumen ist dass man Appelle in Europa und in Amerika vielerorts schätzt.

Ein Substantiv ist wie gesagt der Name für irgendwas, und deshalb werden wir mit der Zeit wenn wir spüren was dieses Irgendwas eigentlich ist es nicht mehr bei dem Namen nennen unter dem es bekannt ist. Wir alle kennen das von dem wie wir sind wenn wir verliebt sind und wer schreibt sollte diese Gefühls-

intensität bei allem haben worüber er schreibt. Und deshalb und ich betone es hier noch mal verwenden wir mehr und mehr keine Substantive.

Nun was gibt es neben Substantiven sonst, es gibt neben Substantiven vielerlei Dinge.

Wenn wir zur Schule gehen und Grammatik lernen ist die Grammatik sehr aufregend. Ich weiß wirklich nicht ob ich je wieder etwas so aufregend gefunden habe wie Baumgraphen für Sätze. Vermutlich sind andere Dinge für andere aufregender wenn sie zur Schule gehen aber für mich war als ich zur Schule ging zweifellos dies das vollends Aufregende die Erstellung von Baumgraphen für Sätze und das ist für mich seither eine vollends aufregende und vollends sich vollendende Sache. Ich mag das Gefühl das unaufhörliche Gefühl von Sätzen die sich verzweigen.

In dieser Weise verfügen wir über etwas vollends und zudem uns selbst. Nun gibt es in diesen Baumgraphen für Sätze natürlich auch Artikel und Präpositionen und wie gesagt Substantive aber Substantive als Nomen sind wie gesagt schon per definitionem vollends uninteressant, dasselbe gilt für Adjektive. Adjektive sind nicht wirklich und wahrhaftig interessant. Eigentlich sollte das allen klar sein und es ist allen immer schon klar, denn Adjektive betreffen natürlich Substantive und da Substantive nicht wirklich interessant sind ist was eine nicht sehr interessante Sache betrifft notwendigerweise nicht interessant. Eigentlich wissen das wie gesagt alle weil natürlich das Erste was alle dem entnehmen was jemand schreibt die Adjektive sind. Sie wissen von sich selbst wie wahr es ist was ich da gerade sage.

Neben den Substantiven und den Adjektiven gibt es Verben und Adverbien. Verben und Adverbien sind interessanter. Erstens haben sie eine sehr hübsche Eigenschaft und zwar dass sie so

täuschen können. Es ist ganz wunderbar welchen Täuschungen ein Verb unterliegt und das gilt ebenso für sein Adverb. Substantive und Adjektive unterliegen keinen Täuschungen sie täuschen nie während das bei Verben endlos so ist, sowohl im Hinblick auf das was sie tun wie in dem wie sie mit dem übereinstimmen oder dem widersprechen was sie tun. Dasselbe gilt für Adverbien.

So dürfte jeder einsehen können dass Verben und Adverbien interessanter sind als Substantive und Adjektive.

Abgesehen davon dass sie Täuschungen unterliegen und täuschen können Verben sich verändern und sich selbst gleichen oder etwas anderem, sie sind sozusagen in Bewegung und Adverbien bewegen sich mit und beide sehen sich gar nicht als Ärgernis aber sehr oft ziemlich getäuscht. Aus diesem Grund müsste jedem gefallen was Verben tun. Dann kommt das was vor allen anderen Dingen am stärksten Täuschungen unterliegt und das sind die Präpositionen. Präpositionen können ihr Leben lang nichts wirklich gar nichts anderes sein als täuschend und das macht sie ärgerlich wenn uns Täuschungen ärgern aber fraglos zu etwas was wir kontinuierlich verwenden und unaufhörlich genießen können. Ich mag Präpositionen am allerliebsten, und wir werden uns gleich noch eingehender mit ihnen befassen.

Dann gibt es noch die Artikel. Artikel sind interessant während es Substantive und Adjektive nicht sind. Und weshalb sind sie interessant während es Substantive und Adjektive nicht sind. Sie sind interessant weil sie tun was ein Substantiv tun könnte wenn ein Substantiv nicht leider so vollends leider der Name von irgendwas wäre. Artikel erfreuen, einer, eine, eines und der, die, das erfreuen in einer Weise wie es der Name der folgt nicht vermag. Sie, die Namen das heißt die Substantive können nicht erfreuen, denn schließlich wissen wir genau dass es das ist was

Shakespeare meinte als er von der Rose sprach die dufte wie sie auch heiße.

Ich hoffe also dass sich niemand mehr Illusionen über Substantive macht und die Adjektive zu den Substantiven.

Doch ein Artikel ein Artikel bleibt als delikate und vielschichtige Angelegenheit und alle die Artikel schreiben wollen und sie zu verwenden wissen werden immer die Freude kennen an der Verwendung von so etwas Vielschichtigem und Lebendigem. Das sind Artikel nämlich.

Daneben gibt es Konjunktionen, und eine Konjunktion ist zwar nicht vielschichtig aber sie hat eine Kraft die niemanden im Zweifel darüber lässt dass sie keineswegs langweilig ist. Konjunktionen leben durch ihre Leistung. Sie leisten und indem sie leisten leben sie und selbst wenn sie nicht leisten und heutzutage leben sie nicht immer durch ihre Leistung leben sie dennoch.

Sie werden also verstehen dass ich beim Schreiben Präpositionen und Konjunktionen und Artikel und Verben und Adverbien gern verwende aber ungern Substantive und Adjektive. Wenn Sie lesen was ich schreibe werden Sie sehen was ich meine.

Dann gibt es natürlich noch die Pronomen. Pronomen sind nicht so schlimm wie Substantive weil sie erstens praktisch keine Adjektive vertragen. Das allein macht sie schon besser als Substantive.

Dann sind sie natürlich abgesehen davon dass sie keine Adjektive vertragen nicht wirklich Namen für irgendwas. Sie vertreten irgendwas oder irgendwen aber sie sind nicht sein oder ihr Name. Indem sie nicht sein oder ihr Name sind haben sie bereits mehr Möglichkeiten alles Mögliche zu sein als wenn sie Substantiv und damit Name von irgendwas wären. Nun sind konkrete Eigennamen von Menschen lebendiger als Nomen die Name von irgendwas sind und ich denke dass das daran liegt dass

schließlich ebendieser Name einer Person schon bei der Geburt verliehen wird, das hat immerhin etwas von bewusster Wahl immerhin etwas von Wandlung und dass jeder so ziemlich machen kann was er will, er kann als Walter geboren werden und zu Hub werden, insofern sind sie nicht wie ein Substantiv. Ein Substantiv ist schon so sehr lange der Name von etwas.

Genau deswegen gibt es den Slang nämlich um die Substantive zu verändern die schon so lange Namen sind. Ich sage es noch einmal. Verben und Adverbien und Artikel und Konjunktionen und Präpositionen sind lebendig weil sie alle etwas tun und solange irgendwas etwas tut bleibt es am Leben.

Ich hätte meiner Liste Interjektionen hinzufügen können aber im Grunde haben Interjektionen nichts mit irgendwas zu tun nicht einmal mit sich selbst. So viel dazu. Und nun kommen wir zur Frage der Interpunktion.

Es gibt Interpunktion die interessant ist und es gibt Interpunktion die es nicht ist. Fangen wir mit den Satzzeichen an die es nicht sind. Von diesen ist das eine und erste und am meisten vollends uninteressante das Fragezeichen. Das Fragezeichen ist in Ordnung wenn es ganz allein steht wenn es als Brandzeichen für Vieh verwendet wird oder wenn es als Dekor dienen soll aber beim Schreiben ist es vollends und zwar ganz vollends uninteressant. Es versteht sich dass wenn wir eine Frage stellen wir eine Frage stellen und wer immer überhaupt lesen kann weiß wann eine geschriebene Frage eine Frage ist. Ich frage Sie deshalb weshalb wir es verwenden sollten das Fragezeichen. Außerdem passt es von der Gestalt her nicht zum normalen Druckbild und erfreut daher weder das Auge noch das Ohr und ist daher wie ein Substantiv, einfach ein überflüssiger Name für irgendwas. Eine Frage ist eine Frage, das begreifen alle dass eine Frage eine Frage ist also weshalb sollten wir daran ein Fragezeichen hängen

wenn es bereits da ist wenn die Frage bereits da ist im Schriftbild. Deshalb konnte ich mich nie dazu überwinden Fragezeichen zu setzen, ich fand sie immer geradezu abstoßend, und heute setzt man tatsächlich wenige. Ausrufezeichen bereiten die gleichen Schwierigkeiten und eben Fragezeichen, sie sind überflüssig, sie sind hässlich, sie verderben den Fluss von Text und Druck und überhaupt was nützt es, wenn wir nicht begreifen dass eine Frage eine Frage ist was nützt dann die Frage. Dasselbe gilt für einen Ausruf. Und dasselbe gilt für ein Zitat. Als ich zu schreiben begann war es mir schlicht nicht möglich Fragezeichen und Anführungszeichen und Ausrufezeichen zu setzen und heute sehen das alle so. Vielleicht wird man es eines Tages anders sehen aber heute kann und wird es jedenfalls jeder so sehen.

Das also sind die uninteressanten Fälle der Interpunktion uninteressant in vollkommen augenfälliger Weise, also brauchen wir das nicht zu vertiefen. Daneben gibt es den Gedankenstrich und gibt es Auslassungspunkte, und das könnten interessante Pausen sein vielleicht interessante. Könnten wenn wir sie so sähen.

Ein weiteres Satzzeichen das Ansichtssache sein kann ist der Apostroph der Genitivform. Nun dazu können Sie sich stellen wie Sie wollen, ich jedenfalls sehe und sehe ein dass der Genitivapostroph für viele für manche eine sanfte Andeutung darstellt die es einem schwermacht definitiv darauf verzichten zu wollen. Man kommt ohne aus, ich jedenfalls, komme fast immer ohne aus, aber ich kann nicht verhehlen dass es mich von Zeit zu Zeit reut und ich von Zeit zu Zeit einen Apostroph setze um einen Genitiv anzuzeigen. Ich mag ihn ganz und gar nicht isoliert wenn er hinter einem Wort steht das im Plural steht, nein dann absolut und definitiv mag ich ihn nicht und reut es mich nicht ihn wegzulassen, in dem Fall ist er unnötig und schmückt nicht, aber

zwischen dem Wort und seinem s mag es angehen, mag seine Schwäche an die eigene Schwäche appellieren. Zumindest lasse ich ihn jedenfalls von Zeit zu Zeit unbehelligt wenn er schon da ist und manchmal ist er da. Ich kann nicht verhehlen dass ich ihn doch von Zeit zu Zeit da sein lasse.

Und damit kommen wir zu den eigentlich entscheidenden Satzzeichen, zu Punkt, Komma, Kolon, Semikolon und dann zu Groß- und Kleinschreibung.

Ich blicke auf eine lange und komplizierte Geschichte mit ihnen allen zurück.

Nehmen wir zuerst die die ich zuallerletzt verwende und das sind Kolon und Semikolon, und ergänzend könnte ich sagen Kommas.

Als ich zu schreiben begann fand ich dass Schreiben weitergehen sollte, ich finde immer noch dass es weitergehen sollte aber als ich überhaupt zu schreiben begann war ich vollkommen besessen von der Notwendigkeit Schreiben immerzu weitergehen zu lassen und wenn Schreiben weitergehen sollte was hatten dann Kolons und Semikolons damit zu tun, was hatten Kommas damit zu tun, was hatten Punkte damit zu tun was hatten Klein- und Großschreibung damit zu tun mit dem Schreiben zu tun das weiterging was damals für mich beim Schreiben zutiefst notwendig war. Was hatten Kolons und Semikolons damit zu tun was hatten Kommas damit zu tun was hatten Punkte damit zu tun.

Was hatten Punkte damit zu tun. Unweigerlich ganz gleich wie unbedingt ich das Schreiben weitergehen sehen wollte, musste es faktisch immer wieder irgendwann aussetzen und wenn ich doch immer wieder aussetzen musste irgendwann dann musste es Punkte geben. Außerdem mochte ich immer wie Punkte aussehen und ich mochte was sie tun. Irgendwann auszusetzen hin-

derte mich nicht wirklich weiterzumachen, es störte nicht, es geschah einfach, und da es als ganz natürliches Geschehen geschah, glaubte ich an Punkte und setzte sie. Ich hörte eigentlich nie auf sie zu setzen.

Außerdem mochten Punkte irgendwann später vielleicht ein Eigenleben entwickeln und anfangen das Geschriebene willkürlich aufzubrechen, und so ist es mir jüngst in einem Gedicht ergangen das ich geschrieben habe und das *Winning His Way** heißt, ich werde Ihnen nachher ein bisschen daraus vorlesen. Als ich dieses Gedicht vor etwa drei Jahren verfasste hatten Punkte für mich längst ein Eigenleben entwickelt. Sie konnten sich aufführen als wüssten sie es besser und ich konnte das was ich schrieb mit ihnen unterbrechen das heißt nicht unbedingt das Schreiben damit unterbrechen aber im Schreiben willkürlich innehalten gelegentlich innehalten und dazu waren sie gut zu gebrauchen und brauchte ich sie. Punkte bekamen auf diese Weise Gewicht und sie konnten auf diese Weise ein Eigenleben entwickeln. Sie dienten nicht auf die servile Weise der Kommas und Kolons und Semikolons. Ja, Sie verstehen was ich meine.

Punkte haben ein Eigenleben eine Eigenberechtigung einen Eigensinn und eine eigene Zeit. Und dieser Sinn dieses Lebens diese Berechtigung diese Zeit drücken sich in einer unendlichen Vielfalt aus um derentwillen ich den Punkten treu geblieben bin in einem Maß wie gesagt dass ich jüngst das Gefühl bekam dass ich sie mehr brauchen könnte als ich sie je gebraucht habe.

Sie sehen also wie grundlegend sich ein Punkt von einem Komma, einem Kolon oder einem Semikolon unterscheidet.

Es gibt zwei Arten das Kolon und das Semikolon zu betrachten wir können sie als Kommas betrachten und als solche sind

---

* *wie man seine art gewinnt*, s. S. 280 ff.

sie vollkommen servil oder wir können sie als Punkte betrachten und dann kann uns ihre Verwendung abenteuerlich erscheinen. Ich kann mir vorstellen dass man sie als Punkte betrachten könnte aber ich selbst habe es nie getan, ich empfand sie bedauerlicherweise von Anbeginn an als Kommas und Kommas sind servil sie haben kein Eigenleben sie sind abhängig von ihrer Verwendung und Bequemlichkeit und sie werden aus rein pragmatischen Gründen gesetzt. Semikolon und Kolon hatten für mich von Anbeginn an diesen Charakter hatten den Charakter von Kommas und nicht den Charakter den ein Punkt hat und daher habe ich sie grundsätzlich nicht verwendet. Doch langsam erscheint mir so dunkel wie deutlich dass sie doch möglicherweise dass sie in sich womöglich etwas von dem Charakter des Punkts haben und dass es abenteuerlich hätte sein können sie zu verwenden. Ich glaube es eigentlich nicht. Ich denke wie lebendig sie auch immer sein mögen oder wie sehr sie zu täuschen vermögen sind sie doch sind sie definitiv mehr Komma als Punkt also kann ich es nicht wirklich bedauern sie nie verwendet zu haben. Sie sind mächtiger und imposanter sind protziger als Kommas aber es sind trotzalledem Kommas. Ihnen wohnt wirklich im Innersten grundsätzlich innen das Wesen des Kommas inne. Und was tut ein Komma und was hat es zu tun und warum ist mein Verhältnis zu ihm was es ist.

Was tut ein Komma.

Ich habe sie so oft abgelehnt und sie so viel weggelassen und bin so kontinuierlich ohne ausgekommen dass ich ihnen gegenüber schließlich gleichgültig geworden bin. Mir ist heute gleich ob sie da sind oder nicht aber lange Zeit hatte ich zu ihnen eine klare Haltung und wollte mit ihnen nichts zu tun haben.

Kommas sind wie gesagt servil und sie haben kein Eigenleben, und ihre Nutzung ist kein Nutzen, sie ist eine Art Ersatz

für eigenes Interesse und entschieden lieber ist mir mein Eigeninteresse lieb mein eigenes Interesse an dem was ich mache. Ein Komma indem es uns weiterhilft uns den Mantel hinhält und uns die Schuhe anzieht hält uns davon ab unser Leben so aktiv zu führen wie wir es führen sollten und ich fand jahrelang und finde noch heute nur beachte ich sie heute nicht mehr so, ihr Dasein geradezu erniedrigend. Lassen Sie mich Ihnen erklären was ich finde und was ich meine und was ich fand und was ich meinte.

Als ich die langen Sätze von *The Making of Americans* schrieb, wurden Verben Aktivverben im Präsens mit langen Adverbialsätzen mir zur Leidenschaft. Ich habe Ihnen bereits gesagt dass ich Verben und Adverbien gestützt von Präpositionen und Konjunktionen und Pronomen beim Schreiben als Lebensquell betrachte.

Komplikationen machen letztlich einfach und so habe ich Adverbialsätze immer geschätzt. Ich habe Adverbialsätze wegen ihrer vielfältigen Abhängigkeiten und Unabhängigkeiten geschätzt. Sie müssen einsehen dass die Liebe zu den Verwicklungen der Komplikationen Kommas erniedrigend macht. Warum sollte ich wenn ich mich mit Genuss darauf stürzte etwas durch exzessive Komplikation einfach zu machen mir künstlich helfen lassen wollen es einfach zu machen. Verstehen Sie nun weshalb meine Haltung zum Komma ist wie sie war und ist.

Denken Sie an Ihre Lieblingsbeschäftigungen und Sie werden verstehen was ich meine.

Wenn es wirklich schwierig wird wollen wir einen Knoten lieber entwirren als durchschlagen, so werden es jedenfalls alle sehen die mit Fäden arbeiten, so werden es alle sehen die mit Werkzeug arbeiten so werden es alle sehen die Sätze schreiben oder sie lesen wenn sie geschrieben sind. Und was macht ein Komma, ein Komma macht schlicht etwas einfach was wenn

man es genügend achtet auch ohne Komma einfach genug ist. Ein langer komplizierter Satz sollte sich uns aufdrängen, sollte uns bewusst machen dass wir ihn verstehen und das Komma, nun das Komma ist bestenfalls ein schwacher Punkt indem es uns erlaubt innezuhalten und Atem zu holen aber wenn wir Atem holen wollen sollten wir selber wissen dass wir Atem holen wollen. Es ist kein richtiges Aussetzen wie es ein Punkt fordert aussetzen hat mit weitermachen zu tun, aber Atemholen nun wir holen ständig Atem und weshalb sollten wir den einen Atemzug mehr betonen als den anderen. Jedenfalls empfinde ich es so und ich habe es sehr sehr entschieden so empfunden. Also setzte ich fast nie Kommas. Je länger, je komplizierter der Satz je größer die Zahl der gleichartigen Wörter die ich aufeinander folgen ließ, je mehr je sehr viel mehr ich davon hatte desto dringender empfand ich das Bedürfnis sie für sich selbst sorgen zu lassen und ihnen nicht zu helfen und sie etwa zu schwächen indem ich ein Komma setzte.

So sieht es also für mich mit der Interpunktion in der Prosa aus, in der Poesie ist es ein bisschen anders aber umso mehr so und ich werde später darauf zurückkommen. Aber so sah es für mich jedenfalls mit der Interpunktion in der Prosa aus.

Ein anderer Aspekt der Interpunktion ist die Groß- und Kleinschreibung. Damit können es eigentlich alle halten wie sie wollen und für die englischsprachige Druckkunst kann man sagen dass sie es stets auch getan haben.

Wenn wir ältere Werke lesen sehen wir dass mit Groß- und Kleinschreibung ziemlich nach Belieben verfahren wurde und mir selbst ging es auch immer so dass ich mit Groß- und Kleinschreibung ziemlich nach Belieben verfuhr. Manchmal finden wir dass Italienisch großgeschrieben sein sollte und manchmal klein, das können wir bei fast allem finden. Ich selbst finde das

bei Eigennamen nicht, ich sehe bei ihnen gern den Großbuchstaben aber ich kann gut verstehen dass andere das nicht so sehen. Kurzum in der Prosa haben Groß- und Kleinschreibung nicht so viel mit dem Innenleben der Sätze und Absätze zu tun wie andere Satzzeichen wie ich sie eben erläutert habe.

Wir haben dennoch Groß- und Kleinschreibung und werden sie wahrscheinlich noch eine ganze Weile haben aber tatsächlich geht der Trend hin zu stetig weniger Großschreibung und zwar ganz zu Recht denn das Gefühl das mit ihr einhergeht ist immer weniger ein Gefühl und so wird langsam und unausweichlich wie das Zugpferd die Großschreibung verschwinden. Sie wird von Zeit zu Zeit zurückkehren aber vielleicht nie wirklich permanent.

Vielleicht ja vielleicht nein aber tatsächlich und unausweichlich eigentlich wird es eigentlich keinen Unterschied machen.

Dagegen werden uns und zwar solange wie es Menschen gibt und sie ein Vokabular haben, Sätze und Absätze bleiben und daher werden uns unausweichlich und tatsächlich Punkte bleiben und genau von diesen Dingen die uns in der Prosa und der Poesie unausweichlich bleiben werden weil Prosa und Poesie uns ebenfalls immer immer bleiben werden will ich Ihnen nun sagen was ich weiß.

Sätze und Absätze. Sätze sind nicht emotional aber Absätze sind es. Das kann ich so oft sagen wie ich will und es wird immer sein wie es ist, etwas was eben so ist.

Ich habe gesagt das hätte ich ursprünglich begriffen als ich meinen Hund Basket trinken hörte. Und alle die einem Hund einmal beim Trinken zugehört haben werden verstehen was ich meine.

Als ich *The Making of Americans* schrieb habe ich versucht diese Verbindung aufzubrechen indem ich enorm lange Sätze baute die so lang sein sollten wie der denkbar längste Absatz

um zu sehen ob es wirklich und wahrhaftig diesen Wesensunterschied zwischen Absätzen und Sätzen gab, wenn ich es damit weit genug triebe mit der Konstruktion von Sätzen so lang wie jeder x-beliebig lange Absatz und ihnen so das Gewicht eines Absatzes verliehe und nicht eines Satzes, weil natürlich das Gewicht eines Absatzes nicht dasselbe Gewicht wie das Gewicht eines Satzes ist.

Wir brauchen nur irgendetwas zu lesen um das zu begreifen. Wenn ich nun sage es sei mir gelungen meine Sätze so lang zu machen dass sie in sich das Gewicht von beidem sowohl von Sätzen wie von Absätzen hatten, was dann.

Es ist mir mit manchen Sätzen in *The Making of Americans* tatsächlich gelungen das zu tun ein Gewicht zu erlangen das weder das Gewicht eines Satzes noch das Gewicht eines Absatzes war und mir dämmerte als ich es tat dass ich etwas getan hatte das zu nichts führte denn schließlich verzichtet keiner auf zwei Dinge um eines zu gewinnen denn dann wäre was geschrieben wird höchstens weniger vielfältig.

Das wäre zum einen zu sagen zu dem was ich machte. Es gibt aber noch etwas anderes und sehr Wichtiges, und zwar was ich machte ich kreierte etwas was weder das Gewicht eines Satzes noch das Gewicht eines Absatzes hatte sondern ein Gewicht ein neues Gleichgewicht das mit einem Gefühl von Bewegung in der Zeit in einem gegebenen Raum zu tun hatte und das ist wie ich bereits sagte definitiv etwas Amerikanisches.

Der Amerikaner kann den Raum durch die Bewegung der Zeit füllen indem er unerwartet alles und jedes anbringt und doch in dem gegebenen Raum alles unterbringt was er unterbringen wollte.

Ein junger Franzose er ist ein rothaariger Nachfahre der Nichte von Madame Récamier fuhr überraschend zwei Wochen

nach Amerika und ich fragte ihn was ist dir dort drüben am meisten aufgefallen. Nun sagte er zunächst erschienen sie mir nicht so sehr anders als wir Franzosen wie ich es erwartet hatte aber dann sah ich dass sie es doch waren sie waren anders. Und inwiefern, fragte ich, nun sagte er, wann immer ein Zug so sehr schnell vorbeibrauste und wir mit dem Hut winkten ließ der Lokführer eine Glocke so nachlässig Ting Ting Ting läuten wie es jemand tun würde der spielt, nicht so offiziell wenn Sie verstehen was ich meine. Vielleicht sehen Sie die Verbindung zwischen dem Gesagten und meinen Sätzen die nicht mehr das Gewicht von Sätzen hatten weil sie weder Teil eines Absatzes waren noch waren sie ein Absatz sondern sie stellten weil sie so lang geworden waren und durch das eigene Gewicht das sie erlangt hatten etwas dar was ein Ganzes war und dadurch hatten sie ein Gewicht das das Gleichgewicht eines nicht vollends ausgefüllten sondern durch eine Bewegung geschaffenen Raums war die nicht Bewegung ist wie sie ist vielmehr wie Bewegung sein sollte. Wie gesagt hatte Henry James in seinem Spätwerk eine leise Ahnung dass es genau das sei was er machen müsste.

Und daher stellt sich obwohl ich behaupte es müsse immer Sätze und Absätze geben wahrhaftig die Frage ob es immer Sätze und Absätze geben muss ob es nicht möglich ist für sich und nicht durch Sätze und Absätze eine Verbindung zu erreichen in der Sätze nicht emotional sind Absätze aber wohl.

In einem Buch mit dem Titel *How To Write* habe ich mich eingehend damit befasst zu ergründen was genau das Gewicht das unemotionale Gewicht eines Satzes ausmacht und was das emotionale Gewicht eines Absatzes ausmacht und ob es möglich sei selbst in einem kurzen Satz die beiden zu vereinen. Ich glaube es ist mir ein paarmal gelungen. Hören Sie sich doch vielleicht ein, zwei Sätze an bei denen ich finde mir das gelungen ist.

Er sieht aus wie ein junger Mann alt.

Es sieht aus wie ein Garten aber er hatte sich versehentlich verletzt.

Ein Hund den du vorher nicht hattest seufzte.

Einmal als sie fast fertig waren befahlen sie seine Schließung.

Wenn ein Laut entsteht der lauter wird und dann aufhört wie oft kann er wiederholt werden.

Schlachten werden benannt weil es Hügel gab die in der Schlacht einen umkämpften ergaben.

Eine Bucht und Hügel Hügel werden dadurch umzingelt dass ihre Entfernung zu nahe liegt.

Pappeln in der Tat werden und könnten in der Tat geschlagen werden und werden zersägt werden und in der Tat als Brennholz verwendet werden und dürfen als Brennholz verwendet werden.

Zu bedenken ist dass wenn es nicht wenn es nicht das ist zu dem es ihnen überlassen zu haben sehr wahrscheinlich macht so wahrscheinlich wie sie es nach alledem nach all dem Vorziehen vorziehen pünktlich hier zu sein.

Obwohl ich vorhatte von Grammatik und Poesie zu schreiben schreibe ich immer noch von Grammatik und Prosa, aber und das mag oder mag nicht zutreffen wenn Sie dahinterkommen was Prosa im Wesentlichen ist und was im Wesentlichen Poesie könnten Sie dann nicht etwas ebenso Aufregendes erleben wie ich es mit Sätzen und Absätzen erlebt habe.

Schließlich ist die natürliche Art zu zählen nicht dass eins und eins zwei sind sondern immerzu eins zum anderen zu zählen wie es die Chinesen tun wie es alle tun wie es die Spanier tun und wie es meine kleinen Tanten getan haben. Eins und eins und eins und eins und eins. Das ist die natürliche Art aufzuzählen.

Was hat das aber mit Poesie zu tun. Es hat viel mit Poesie zu tun.

Alles hat viel mit Poesie zu tun alles hat viel mit Prosa zu tun.

Und hat Prosa irgendetwas mit Poesie zu tun und hat Poesie irgendetwas mit Prosa zu tun.

Und was haben Substantive mit Poesie zu tun und Punkte und Großbuchstaben. Die anderen Satzzeichen brauchen wir nie wieder zu erwähnen. Die Leute mögen mit ihnen nach Belieben verfahren aber wir brauchen sie nicht zu erwähnen. Doch Substantive müssen erwähnt werden weil viel passiert und passiert ist wenn wir Substantive meiden wollen. Das ist ein Aspekt dessen was in einem Buch passiert ist das ich *Tender Buttons** genannt habe.

In *The Making of Americans* einem langen einem sehr langen Prosabuch aus Sätzen und Absätzen und etwas Neuem was weder Satz noch Absatz allein noch im Verbund je geschafft hatten sagte ich hätte ich Substantive und Adjektive dadurch weitgehend abgeschafft dass das Geschriebene in den Adverbien in den Verben in den Pronomen lebte, in ausformulierten oder implizierten Adverbialsätzen und in Konjunktionen.

Nachdem ich aber diese langen Sätze und Absätze die zu etwas anderem führten so weit vorangetrieben hatte wie möglich schrieb ich sehr kurze Sachen und in diese sehr kurzen Sachen schrieb ich resolut Substantive und beschloss sie nicht zu umgehen sondern mich ihnen zu stellen, sie zu bezwingen kurzum zu verwerfen indem ich sie verwendete und damit begann meine eigentliche Berührung mit der Poesie.

Ich will versuchen etwas klarer und ausführlicher zu schildern was eigentlich geschah und weshalb es wie natürliches Zählen war, das heißt Zählen mit eins eins eins eins eins.

Substantive sind wie Sie alle wissen die Namen von irgendwas und als Namen von irgendwas haben wir sie natürlich verwenden

---

* *Zarte knöpft*, s. S. 151 ff.

müssen. Und was haben sie getan. Und was haben wir alle mit ihnen getan. Das muss man wissen. Da gibt es könnte man sagen könnte ich sagen eine Menge zu erfahren.

Substantive sind die Namen von irgendwas und irgendwas wird benannt, das haben Adam und Eva getan und wenn Sie wollen ist es das was alle tun, aber fahren sie etwa fort den Namen zu verwenden bis sie nicht wissen was der Name bedeutet oder sie wenn sie wissen was der Name bedeutet nicht kümmert was der Name bedeutet. Das geht selbstverständlich geht es. Und was hat Poesie hiermit zu tun und was hat Prosa hiermit zu tun und wenn alles was wie ein Substantiv was wie ein Name von irgendwas ist zu meiden ist was geschieht damit. Und was hat das mit Poesie zu tun. Eine ganze Menge scheint mir und das alles hat auch noch mit anderem zu tun mit kurzen und langen Zeilen und Reimen.

Aber zunächst einmal was ist Poesie und was ist Prosa. Ich weiß nicht ob ich Ihnen dazu sehr viel sagen kann.

Wir wissen inzwischen ein bisschen was darüber was Prosa ist. Prosa ist das Gewicht das emotionale Gewicht das die Realität von Absätzen ausmacht und das unemotionale Gewicht das die Realität von Sätzen ausmacht und wenn wir begreifen ganz und gar begreifen dass Sätze nicht emotional sind während Absätze es wohl sind, kann Prosa das wesentliche Gleichgewicht sein das im Innern dessen entsteht was Satz und Absatz verbindet, Beispiele habe ich Ihnen vorgetragen.

Wenn nun das das ist was Prosa ausmacht und das ist unzweifelhaft das was Prosa ausmacht sehen Sie dass Prosa echte Prosa wirklich große Prosa zwangsläufig mehr aus Verben Adverbien Präpositionalphrasen und Konjunktionen besteht als aus Substantiven. Das Vokabular in der Prosa ist natürlich wichtig Vokabular ist wenn Sie so wollen immer wichtig, tatsächlich gehört zu den Dingen die wir erfahren und mit denen ich in *How to Write*

recht viel experimentiert habe dass Vokabular in sich und für sich interessant sein kann und Sinn ergibt. Das wird jedem klarwerden der an Wörter denkt. Es ist erstaunlich wie unmöglich es ist dass ein Vokabular keinen Sinn ergibt. Aber das ist normal ja unausweichlich weil das per definitionem ein Vokabular ausmacht, und da das so ist ist das Vokabular bei der Prosa weniger wichtig als es Wortarten und das innere Gleichgewicht und die Bewegung im gegebenen Raum sind.

Wir sehen also dass wir doch wissen was Prosa ist.

Aber was ist Poesie.

Ist es schwerer oder ist es weniger schwer zu verstehen was Poesie ist. Ich habe manchmal gedacht es sei schwerer zu verstehen was Poesie ist aber inzwischen da ich verstehe was Poesie ist und wenn ich verstehe was Poesie ist dann ist es keineswegs schwerer zu verstehen was es ist als zu verstehen was Prosa ist.

Was ist Poesie.

Poesie hat im selben Maße mit Vokabular zu tun wie Prosa das nicht hat.

Sie sehen also dass Prosa und Poesie sich gar nicht gleichen. Sie sind vollkommen verschieden.

Poesie ist wie gesagt wesentlich im selben Maße Vokabular wie Prosa das wesentlich nicht ist.

Und was ist das Vokabular aus dem absolut die Poesie besteht. Es ist ein Vokabular das im selben Maße ganz auf Substantiven beruht wie die Prosa wesentlich und bestimmt und energisch nicht auf Substantiven beruht.

Poesie hat mit dem Gebrauch, dem Missbrauch, dem Abschütteln Suchen Verweigern der Vermeidung der Vergötterung der Ersetzung von Substantiven zu tun. Das betreibt sie betreibt sie immer, betreibt sie und betreibt sie ausschließlich. Poesie betreibt nichts anderes als das Abschütteln Verweigern Umschmei-

cheln und Verraten und Hätscheln von Substantiven. Das tut die Poesie, das muss die Poesie ganz gleich welcherart Poesie. Und es gibt vielerlei Arten von Poesie.

Als ich sagte.

Eine Rose ist eine Rose ist eine Rose ist eine Rose.

Und daraus später einen Kranz machte schuf ich Poesie und was tat ich ich hätschelte wahrhaftig hätschelte und hofierte ein Substantiv.

Denken wir an Poesie jedwede Poesie alle Poesie und schauen wir ob das etwa nicht der Fall ist. Selbstverständlich ist es der Fall also ist es für alle offensichtlich.

Ich habe gesagt ein Substantiv sei der Name von irgendwas das ist es per definitionem und ein Name von irgendwas ist nicht interessant denn kennen wir erst den Namen ist es mit der Freude der Benennung vorbei und deshalb sind Namen wenn wir Prosa schreiben sprich Substantive vollends uninteressant. Aber und das bleibt zu bedenken wir können einen Namen lieben und wenn wir einen Namen lieben dann lieben wir ihn nur umso mehr wenn wir den Namen unzählige Male nennen, glühender obsessiver schmerzlicher. Wir alle kennen das dass jemand den Namen derer die er liebt ruft. Und das ist Poesie wirklich den Namen von irgendwas zu lieben und nicht Prosa, Ja, Sie alle wissen das.

Poesie hat wie die Prosa vieles durchlebt. Alle und alles haben allerlei durchlebt. Mal gehört dazu alles und mal nur leben selbst und es kann in diesem Leben mehr oder weniger allerlei geben.

Natürlich gehörte zur Poesie in ihren frühesten Anfängen alles es gehörten dazu Geschichten und Gefühle und Aufregungen und Substantive so viele Substantive und alle Emotion. Es gehörten dazu Geschichten aber heute gehören dazu keine Geschichten mehr.

Ich frage mich oft wie ich jemals alles was zu erfahren ist über

das Geschichtenerzählen erfahren soll. Das Erzählen ist für mich ein Problem. Ich grübele in letzter Zeit viel darüber nach und ich will darüber noch nicht schreiben oder sprechen, weil ich noch zu sehr grübele darüber nachgrübele was das ist und wie es ist und wo es ist und wie es geht und wie es wird was es ist. Weil ich aber im Augenblick sagen muss dass ich es nicht weiß will ich darauf nicht näher eingehen. Dazu nur so viel dass was die Poesie betrifft sie schon seit geraumer Zeit nichts mit Geschichten darin zu tun hat.

Vielleicht ist es ein Fehler vielleicht nicht dass das nicht mehr so ist.

Ich selbst glaube es wird etwas anderes mit den Geschichten geschehen und ich arbeite viel daran gegenwärtig oder arbeite weniger als dass ich grübele. Grübeln ist vielleicht das bessere Wort für das was ich gegenwärtig mit dem Geschichtenerzählen tue. Aber erst einmal zurück zur Poesie.

Zur Poesie gehörte also zu Anfang alles und das war normal weil damals alles einschließlich dessen was geschah jedem vergegenwärtigt werden konnte allein durch die Benennung dessen was geschah mit anderen Worten indem geschah was in der Poesie immer geschieht nämlich dass sie von Substantiven lebt.

Substantive sind die Namen von irgendwas. Denken Sie an die ganze frühe Poesie, denken Sie an Homer, denken Sie an Chaucer, denken Sie an die Bibel und Sie werden sehen was ich meine, Sie werden wahrhaftig begreifen dass alles trunken war vor Substantiven, zu benennen zu wissen wie man Erde Meer und Himmel und alles darin nennen sollte genügte um die Menschen in Namen leben und lieben zu lassen, und genau das ist Poesie sie ist eine Art Namen zu kennen und fühlen. Das weiß ich heute aber ich bin zu dieser Erkenntnis erst durch langes Schreiben gelangt.

Das also machte wie gesagt die Poesie aus nur hatte langsam als alle die Namen von allem kannten die Poesie immer weniger mit allem zu tun. Poesie wandelte sich nicht, Poesie wandelt sich nie, von Anbeginn an bis heute und bis in alle Zeit wird die Poesie sich mit den Namen der Dinge befassen. Die Namen mögen auf verschiedene Art und Weise wiedergegeben sein und darauf werde ich gleich näher eingehen aber jetzt und immer wird Poesie durch das Nennen von Namen von irgendwas erschaffen den Namen von jedem den Namen von allem. Substantive sind die Namen von etwas und daher sind Substantive die Basis der Poesie.

Bevor wir hier weitermachen gibt es noch etwas anderes. Warum sind die Zeilen der Poesie kurz, so viel kürzer als Prosa, warum reimen sie sich, warum müssen sie um sich zu vollenden mit dem abschließen mit dem sie anfingen, warum ist all dies das was das Wesen der Poesie ausmacht selbst wenn die Poesie einst lang war selbst wenn die Poesie heute von anderer Gestalt ist.

Wieder ist die Antwort dieselbe und zwar dass diese Ausdrucksform normal ist wenn man sich ausdrückt indem man die Namen von allem liebt. Denken Sie an das was Sie tun wenn Sie es tun wenn sie den Namen von irgendwas lieben wirklich den Namen lieben. Sie werden sich zwangsläufig in dieser Form ausdrücken, nämlich nach Art der Poesie das heißt in kurzen Zeilen in der Wiederholung dessen womit Sie angefangen haben um es noch mal zu tun. Denken Sie daran wie Sie ansprechen wofür der Name für Sie neu ist eine Liebe ein Baby ein Hund oder ein neues Land oder einen Landstrich. Wiederholen Sie dann nicht unweigerlich das was Sie ausrufen und besteht dieser Ausruf nicht notwendigerweise aus kurzen Zeilen. Denken Sie darüber nach und Sie werden verstehen was ich meine mit dem was Sie empfinden.

Poesie ist also wie gesagt die Entdeckung, die Liebe, die Leidenschaft für den Namen von irgendwas.

Zurück nun zu der Frage woher ich weiß was ich über Poesie weiß.

Ich schrieb *The Making of Americans*, ich war vollkommen besessen von dem Innenleben von allem auch ganzen Generationen von Leben und ich schrieb Prosa, Prosa die zu tun hatte mit der Herstellung des Gleichgewichts des inneren Gleichgewichts von allem. Das habe ich Ihnen bereits alles erzählt.

Dann passierte etwas und ich entdeckte die Namen der Dinge, das heißt entdeckte nicht die Namen sondern entdeckte die Dinge die Dinge die zu sehen waren die Dinge die anzusehen waren und als das so war musste ich sie natürlich benennen nicht ihnen neue Namen geben aber erkennen dass ich an ihren Namen oder indem ich die Namen ersetzte feststellen konnte dass sie da waren. Wie ging das. Sie hatten ihre Namen und selbstverständlich nannte ich sie bei den Namen die sie hatten und indem ich das machte indem ich begann sie zu betrachten nannte ich sie, nannte ihre Namen mit Leidenschaft und das ergab Poesie, es war nicht meine Absicht daraus Poesie zu machen aber es wurde Poesie daraus, es wurde *Tender Buttons* daraus, und *Tender Buttons* war sehr gute Poesie es ergab viel Poesie, und ich will nun mehr und mehr davon sprechen und wie es geschah.

Ich entdeckte also alles und die dazugehörigen Namen entdeckte es mit den dazugehörigen Namen. Ich hatte das alles immer gekannt und die dazugehörigen Namen aber ich entdeckte es dennoch.

Ich entsinne mich sehr gut wie ich als ich klein war und ich und mein Bruder wie es Kinder nun mal tun die Liebesgedichte unseres sehr sehr viel älteren Bruders entdeckten. Dieser ältere Bruder hatte gerade eines geschrieben und darin stand dass er

oft dagesessen und auf irgendeinen Flecken Gras geblickt habe der einfach ein Flecken Gras war wie es Gras nun mal ist, aber jetzt war er verliebt und so war der kleine Flecken Gras voller Vögel und Bienen und Schmetterlinge, der Unterschied war das was Liebe ausmacht. Das Gedicht war ulkig wir und er wussten dass das Gedicht ulkig war aber er hatte recht, verliebt zu sein ließ ihn Poesie erschaffen, und die Poesie ließ ihn die Dinge und ihre Namen fühlen, und deshalb sage ich noch mal Substantive sind Poesie.

Also schuf ich in *Tender Buttons* Poesie, aber und das brachte mich ernstlich ins Grübeln, ich ahnte dunkel dass Substantive Poesie schufen aber wenn ich in meiner Prosa die Hilfe der Substantive schließlich nicht mehr brauchte, brauchte ich dann in der Poesie die Hilfe von Substantiven wirklich. Gab es nicht eine Möglichkeit Dinge zu benennen ohne Namen finden zu müssen, dabei aber Namen zu meinen ohne sie zu nennen.

Mich hat immer sehr beeindruckt von Kindesbeinen an weil es mir gesagt wurde und dann später weil ich es selbst spürte dass Shakespeare mit dem Wald von Arden einen Wald erschaffen hatte ohne zu benennen was einen Wald ausmacht. Man spürt das alles aber er nennt nicht die Namen.

Also das war etwas das zu erschaffen auch ich ein Bedürfnis hatte als etwas was genannt werden konnte ohne den Namen zu nennen. Schließlich kannte man den Namen jeden Namen schon so lange dass der Name nicht neu war aber das Ding weil lebendig war immer neu.

Was sollte ich tun.

Ich versuchte also in *Tender Buttons* etwas in der Art zu tun. Ich machte weiter und weiter mit dem Versuch. Ich entsinne mich bei der Niederschrift von *An Acquaintance with Description* Dinge betrachtet zu haben bis etwas was nicht der Name

des Dings war sondern irgendwie das Ding selbst geschrieben werden konnte.

Natürlich, und man könnte sagen dass das zu Walt Whitman führte, natürlich führte das zum Wandel in der Gestalt der Poesie, dazu dass wir die wir die Namen so lange kannten uns nicht mehr daran begeistern konnten sie einfach zu kennen. Wir das heißt alle Menschen die gegenwärtig leben müssen zwangsläufig die Dinge spüren alle Dinge die da sind, aber die Namen der Dinge aller Dinge sind nicht länger etwas was irgendwen begeistert außer Kinder. Da aber alle poetisch sein müssen, was war zu tun. Das was ich hier gerade beschrieben habe, die Erschaffung ohne zu nennen, war das was die starren Formen der Substantive aufbrach die schlicht substantivische Poesie nun aufbrach.

Natürlich wissen Sie alle dass wenn ich von der Nennung der Dinge spreche ich neben Dingen auch Gefühle meine.

Da waren wir also und was sollten wir tun. Weitermachen, natürlich weitermachen was sonst, also tat ich es, ich machte weiter.

Nun könnten Sie natürlich sagen warum nicht neue Namen erfinden neue Sprachen aber das geht nicht. Es bedarf einer extremen inneren Notwendigkeit um auch nur ein einziges Wort zu erfinden, man kann Klänge für Bewegungen und Gefühle finden, und in der poetischen Sprache einiger Sprachen sehen wir das, die deutsche Sprache als Sprache leidet darunter, was die Wörter bedeuten klingt zu sehr nach dem was sie tun, und Kinder erreichen das durch die eine oder andere Art von Erfindung aber das hat eigentlich nichts mit der Sprache zu tun. Sprache ist konkret sie ist nicht Nachahmung von Klängen oder Farben oder Gefühlen sie ist eine geistige Schöpfung und daran besteht gar kein Zweifel und sie wird das weiterhin sein solange Menschsein irgendwas bedeutet. Also muss jeder bei der Sprache bleiben seiner eigenen Sprache wie sie gesprochen und geschrieben wird

und die in sich die gesamte Geschichte ihrer geistigen Schöpfung trägt.

Und so bestand für mich das Problem mit der Poesie und zwar beginnend mit *Tender Buttons* darin beständig ein Ding jedwedes Ding so umzusetzen dass ich das Ding neu erschaffen konnte. Ich rang verzweifelt mit der Neuerschaffung und der Vermeidung von Substantiven als Substantiven obwohl doch da Poesie Poesie ist Substantive Substantive sind. Lassen Sie mich einige Ausschnitte aus »Portrait of Sherwood Anderson« und »The Birthplace of Bonnes« vorlesen damit Sie sehen was ich meine.

Sieht irgendwer auf einen Blick welches Tuch der Koch benutzt.

GANZ GUTER VALENTINSGRUSS
Mein Valentinsgruß ist gut.
Ganz gut und ganz du.
Ganz du ist mein Valentinsgruß ganz du und ganz gut.
Ganz gut ist mein Valentinsgruß und du, ganz gut ganz du und ganz gut ist mein Valentinsgruß.

Bündel für sie

Eine Geschichte bündelweiser Gaben

So konnten wir feststellen dass jede auf ihre Art ein Bündel zu tragen hatte, sie waren ihnen nicht lästig noch waren es immer Bündel da einige davon Hühner waren einige Fasane einige Schafe und einige Bündel, sie waren ihnen nicht lästig und zudem hörten wir dass es ihr Hauptvergnügen war und sie so gebündelt dass sie nicht verschenkt wurden, und heute wurden sie verschenkt.

Ich werde nicht hinsehen nie wieder.

Sie werden sie hier nicht mehr suchen nie wieder.

Sie haben sie hier nie mehr gesehen nie wieder.

Sie sind dort drin und wir hören sie wieder.

In welcher Weise sind Sterne heller als sie es sind. Wenn wir zu dieser Entscheidung gelangt sind. Wir erwähnen vieltausend Knospen. Und wenn ich die Augen schließe sehe ich sie.

Wenn du sie schnarchen hörst.

Geschieht es nicht ehe du sie liebst.

Du liebst sie so dass ihr Beau zu sein lieblich ist.

Sie ist allerliebst da und ihr lockiges Haar ist lieblich.

Sie ist allerliebst da und ich bin ihr nah und das ist lieblich.

Sie ist meine liebe Fee und streckt die kleinen Zeh was ich gern seh es ist lieblich.

Ihr zartes Näslein zwischen den Äuglein die zufallen ist lieblich.

Sie ist lieblich und ist mein Lieb was lieblich ist.

Ich stellte fest dass ich in den längeren Texten von *Operas and Plays* und *Portraits and Prayers* und in dem Roman *Lucy Church Amiably** oder dem Band *An Acquaintance with Description* der Vermeidung von Namen bei der Neuerschaffung näherkommen konnte.

Das bringt uns zu der Frage wird Poesie weiterhin notwendig kurz sein wie bisher wie es wirklich gute Poesie seit sehr langer Zeit ist. Vielleicht nicht und warum nicht.

Wenn wir genügend neu zu benennen oder nicht zu benennen finden, und beides kommt auf dasselbe heraus, können wir dann lange genug weitermachen. Ja ich denke schon.

Also ist die Poesie bis zu unserer gegenwärtigen Zeit eine Poesie der Substantive gewesen eine Poesie der Nennung der

---

* *Lucy Church Amiably*, s. S. 274 ff.

wirklich leidenschaftlichen Nennung vollends leidenschaftlichen Nennung der Dinge beim Namen.

Langsam und besonders im Laufe des neunzehnten Jahrhunderts des englischen neunzehnten Jahrhunderts waren die Namen von allem was wir beim Namen nannten allen zu gut viel zu gut bekannt.

Das geschah unausweichlich. Und was hätten wir machen sollen. Wir mussten weitermachen wie bisher, das heißt alles leidenschaftlich beim Namen nennen nur konnten wir denn wenn wir wie gesagt die Namen zu gut kannten einfach die Namen so nennen. Das konnten wir mit der Zeit nicht mehr.

Und dann kam Walt Whitman. Er wollte wollte wirklich die Dinge ausdrücken und sie nicht nur beim Namen nennen. Er arbeitete sehr hart daran, und er nannte das *Leaves of Grass* weil er einen so wenig bekannten leidenschaftlich aufzurufenden Namen wie möglich haben wollte. Ich weiß ganz und gar nicht ob Whitman klar war dass er das wollte aber genau das wollte er ganz zweifellos.

Ganz auf der anderen Seite haben Sie einen Dichter wie Longfellow, ich nenne ihn weil ein durchschnittlicher Dichter einem eher und klarer aufzeigen kann genau was die Basis der Poesie ist als ein besserer. Und Longfellow kannte sich wirklich aus mit dem Anrufen der Namen, er tat es im Ganzen ohne Leidenschaft aber er tat es sehr gut.

Es hat natürlich in der Geschichte der Poesie viele gegeben die ebenfalls versucht haben Dinge zu benennen ohne die Namen zu nennen, aber das hier ist keine Geschichte der Dichter es ist eine Darstellung dessen was ich von der Poesie weiß.

Da ich dies alles also über die Poesie wusste hatte ich mehr und mehr mit ihr zu kämpfen. Ich sage ich wusste dies alles von der Poesie aber ich wusste dies alles nicht wirklich damals schon von

der Poesie, ich lernte damals damals als ich schrieb allmählich was ich jetzt von der Prosa weiß aber ich wusste damals nicht wirklich viel von dem was ich jetzt von der Poesie weiß.

Also rang ich in *Tender Buttons* und weiter und weiter darum mich der Substantive zu entledigen, ich wusste dass zur Poesie Substantive gehören wie sie zur Prosa gehört hatten wenn irgendwas was überhaupt was war etwas bedeuten sollte.

Also fuhr ich fort mit diesem außerordentlichen Ringen darum zu erfahren wirklich zu erfahren was Dinge waren sie wirklich zu kennen alles zu kennen was ich sah was ich empfand so dass der Name etwas sein konnte, so dass es durch den Namen zu einem Ding an sich werden konnte wie es war und nicht nur irgendwas als einfach nur Name sein würde.

Ich frage mich ob Sie wirklich verstehen was ich meine.

Was ich meine mit dem was ich eben sagte ist das Folgende. Ich musste alles und jedes was es für mich gab so intensiv empfinden dass ich es schriftlich fixieren konnte als Ding für sich ohne überhaupt unbedingt den Namen verwenden zu müssen. Der Name des Dings mochte für sich etwas sein wenn er real genug wurde aber nur als Name war er nicht genügend etwas. Jedenfalls sah ich es so und sehe ich es noch so.

Also ließ ich mich auf ein sehr langes Ringen ein und bei diesem Ringen brachte mich das Geschichtenerzählen zum Grübeln das Erzählen dessen was geschah oder geschehen konnte.

Die Zeitungen berichten uns in den Nachrichten davon aber sie berichten es uns in Form von Substantiven berichten es uns das heißt benennen es, und indem sie es nennen ist es als Geschichte schon nichts mehr. Das ist die Definition der Nachricht so wie Definition des Substantivs der Name ist.

Und so begriff ich allmählich ein bisschen was davon was Poesie ist. Und es stellte sich die folgende Frage wenn man in der

Poesie das Substantiv loswerden konnte wie ich es bereits wirklich und wahrhaftig in der Prosa losgeworden war gäbe es dann noch einen Unterschied zwischen Poesie und Prosa. Als sich das bei mir erneut zum Zweifel auswuchs begann ich sehr hart an der Poesie zu arbeiten.

Zu dieser Zeit schrieb ich »Before the Flowers of Friendship Faded Friendship Faded« und darin kehrte ich wieder zu einer mehr oder weniger normalen Form zurück um zu sehen ob ich innerhalb dieser normalen Form tun konnte was wie ich fand getan werden musste und auch um herauszufinden ob Prosa und Poesie letzten Endes eins waren oder nicht eins.

Bei diesem Gedicht stellte ich fest dass ich sehr vergnügt sein konnte ich konnte in der Poesie sehr lebendig sein, ich konnte sehr wenige Substantive in der Poesie verwenden und in der Poesie fast keine Namen aufrufen und doch Poesie wirklich wie Poesie sich anhören und anfühlen lassen, aber war das wirklich das was ich getan haben wollte. Während es für mich nichts entschied half es mir in gewisser Weise doch weiter.

XII

Ich bin sehr hungrig wenn ich trinke,
ich muss es lassen wenn ich gehabt habe,
Sie werden weiß sein vor dem was sie zu sehen wissen, dass dunkler es für mich zur weißen Farbe macht, weiß ist nicht gezeigt wenn ich dunkel bin tatsächlich im Roten Grund wer kommt wer kümmert sich darum dass sie mich liegen lassen werden wie ich jetzt gern lüge ich lebe gern ich sterbe gern ich lüge gern und lebe und sterbe und lebe und sterbe und nach und nach lebe ich gern und sterbe und nach und nach müssen sie nähen, der Unterschied ist dass nähen es bluten*

* *Radcliffe-Texte*, s. S. 21 ff.

lässt und solches mit ihnen nach Art der Samen und sähen und sehnen und sie werden was mein ist und nicht ganz mein wer kann für neugierig gehalten werden auf dieses von alledem was gemacht ist und führ es und wieg es und bewein und besetz es kenn es als Reife ohne alles im Stich zu lassen was davon ohne was davon nicht geboren war. Ach nein nicht durstig sein vor Durst auf Hunger nicht allein zu wissen dass sie schlicht und aßen oder zu wünschen. Alle Kleinen sterben für Milch.

XIV

Es zeigte sich sehr hübsch
Dass Tauben je ein Herz haben,
Jedes muss allein immerzu darben,
Ein kleiner See macht Fontänen
Und Fontänen haben keinen Fluss,
Und eine Taube muss fliegen
Und Wasser kann sinken,
Lass mich jetzt Schluss.
Sie pochen Woche für Woche
Bis der Schnabel halb offen stochert.
Ich mag Gemälde an einer Taubenwand
Und was tun sie dann
Die Herzen haben
Sie darben
Kleine Tauben sind possierlich
Nur nicht wenn sie klein und darin übrig sind.

Ich beschloss und *Lucy Church Amiably* war ein solcher Versuch, ich beschloss dass wenn ich das Substantiv definitiv vollkommen durch das Ding an sich ersetzte, daraus allmählich Poesie würde und nicht Prosa die sich mit allem herumschlagen müsste was

nicht Bewegung im Raum war. Es durfte nicht länger die Form irgendetwas entscheiden, eine Geschichte ist nicht die Zeitungsgeschichte sondern das wahre Geschichtenerzählen muss notwendig von jedem stammen der begriffen hat dass das Substantiv ersetzt werden muss nicht durch ein inneres Gleichgewicht sondern durch das Ding an sich und das wird letztlich zu allem anderen führen. Ich arbeite daran und was wird das bewirken das weiß ich nicht aber ich hoffe dass ich es noch wissen werden. In *Four in America* beginne ich weiterhin aber ich bin mir sicher dass darin steckt was notwendig getan werden muss wenn wir irgendwas oder alles tun wollen. Verstehen Sie was ich meine. Nun jedenfalls sehe ich es zurzeit so, und mehr weiß ich nicht, und ich lege doch sehr Wert darauf zu wissen was ich weiß von der Prosa und der Poesie. Der Rest wird sehr viel später kommen.

▶ Steins Gedicht »Danach« (*Afterwards*) markiert eine Zäsur und einen – neuerlichen – Neubeginn nach der Kraftanstrengung der »Strophischen Meditationen«. Es erschien erst 1956 als eines der »Shorter Pieces« im sechsten Band der Yale Edition of the Unpublished Writings of Gertrude Stein (*Stanzas in Meditation and Other Poems 1929 – 1933*).

Warum sollte sie sich weigern weiter zu machen was sie nicht tut. Was weiß sie noch. Sie sagt sie vergisst nie irgendwas.

Weiter macht sie auf diese Weise.

Es war einmal da sah sie dass ihre Namen amerikanisch waren. Und sie sagte sie seien ihr bekannt.

Sie waren es in gewisser Weise.

Es ist seltsam eben hast du nie von ihnen gehört und tags drauf leben sie intim bei dir daheim und so weiter. Es ist ulkig.

Gedicht I

Mir gefällt ein häusliches Leben zuhause
Mir gefällt mein Gefallen an dem was ich habe
Mir gefällt es fort und hervorzutun was ich habe
Mir gefällt es Geld auszugeben.

II

Dass mir gefällt was ich habe heißt
Dass ich mitunter laut prahle
Und eigentlich nicht hadere noch je getan habe
Dass ich von allem was ich tu Ertrag erwarte
Ruhm und Reichtum dazu.

III

Mir gefällt es grundsätzlich Geld auszugeben.
Mir gefällt es aus und gefällt einzugehen
Mir gefällt es sie emsig zu sehen und gefällt sie
Hier bei mir zu haben und draußen ebenso
Genau so machen sie mich froh.
Tun sie sowieso.

IV

Mir gefällt ganz gut immer mal ein Wechsel.
Wenn ich plötzlich wechsle ist das tipp-topp
Denn wechsle ich plötzlich muss ichs nicht doppelt.
Lieber einmal plötzlich als doppelt gemoppelt.
Ein plötzlicher Wechsel
Erspart mir doppeltes Wählen.
Erspart uns doppeltes Wählen.

V

Mir gefällt mein Gefallen wenn ich nicht bange
Ich bange weder noch dränge
Wenn ich dränge ist mir nicht bange
Und nicht bange wenn ich nicht bange
Und kein Bangen mich bedrängen kann

VI

Bitten um Gefallen an meinem Gefallen spielt keine Rolle
Wenn es keine Rolle spielt zur Hölle damit
Wohl aber wenn es einen Erfolg gibt
Den sie erringen wenn sie auf ihn sinnen
Den Sieg.

VII

Es war als ich eine Kusine traf
Und wusste dass ich ja sagen würde zu dem
Worauf von dem was ihnen missfiel sie bestanden.
Doch ich lade sie ein weil ich nicht anders kann
Da sie die nicht zu Männern machen werden.
Oder nicht was sie aber gleichermaßen sind.
Er versagt zum ersten Mal irgendworin.

VIII

Und was mir gefällt was aber
Wir häufig zu sein vorgeben
Nicht nur warum sie weshalb
Sondern was in hübsch
Halbgarem dem Gift innewohnt
Oja Gift innewohnt.

IX

Ob es gefällt oder nicht so wie mir.
Wenn ich zu benennen hätte was sie hier
Tun aber nennen als sagten sie wer übel nimmt
Mir verübelt dass er seinen Namen vernimmt.

X

Wie das was ich tu
Dir gefällt wenn ichs tu.
Wenn mir dazu
Gefällt was ich tu.

XI

Um zurückzukommen auf sie.
Sie sind wo sie waren oder sind eben
Sie wurden nicht fertig vor sieben.
Das lag daran dass er aus war vor sieben
Was er hoffte nicht häufig zu müssen.
Würde er es doch häufig müssen
Würden wir wissen was wir davon zu halten hätten
Wenn er es täte wenn er mehr getan hätte wenn
Sie ihm half sie fertig zu machen die Männer.
Die bekanntermaßen nicht auf einen Nenner
Zu meinen sind immer.
Es gefällt nicht nur ihnen denn
Ebenso sehr könnten sie wenn.

XII

Sie sagte mir der Vogel habe einen Namen
Und er kenne den Namen
Und der Vogel komme ohne Angabe von Namen
Und ein Kind wasche seine Hände so folgsam
Wie sittsam.
Doch der Vogel sei furchtsam und tot ohne Scham.
Gleich seinem Namen.
Untröstlich gleichsam
Vier Tage lang.

Dies wurde samstags gesagt von einem Mann.
Der stand während sie saß
Und Bilder wirkte und spann
Dass es ihr nur so
Von den Fingern rann
Weil sie schnell damit fertig sein will.
Sonst stünden die Hände nie still
Gäbs an der Stelle von Ruhe nur Unbill.
Auch ohne ständigen Drill
Nein es gibt natürlich den Drill.

Teil II

Denk nur wie viele an wie viele Tage denken,
Gleich welche sie denken und wie sie verdutzen
Allein in dem was sie befeuert
Werden sie Erste sein oder nicht, bereuen
vielleicht sich scheuen.
Pferde scheuen aber unterdessen
Nicht mehr da alle Pferde die umgehen
Mit Kühen umzugehen wissen
O wie kann sie denken dass es recht war,
Das täglich sich zu genehmigen vor der Zeit
In die Erde zu geben den Samen bereit
Zu glauben mit Inbrunst bewege sie ihn
Und nun weiß sie alles Unsinn
Es ist besser zu planen damit genügend Saat
Wie sie sagt ausgebracht werde und nicht offenbar
Wird dass sie kaum erfolgreich vorgehen könnten
Nicht nur bekennen müssten sondern nicht bekannt
Würde dass es Unsinn wäre wenn sie die Saat ausbrächten

Ohne den Boden ringsum bereitet zu haben.
Oje wie viel stets wechselt gesagt getan.
So sehr sie auch dir zugetan
Und sich nicht vertan haben
Sieh an sieh an sieh an
Sei es gesagt sei es getan
Obstbäume angepflanzt fortan.
Heute nicht gepflanzt
Werden sie feucht
Werden sie doch gesetzt
Ist es perfekt
Aber sie weiß ja nun
Wie viel eine Kuh
Die Ruhe nicht stört
Noch tun es Häuser
Für dich jedenfalls weniger
Denn werden sie erst leiser
Braucht es keiner.

I

Halt es damit wie es gefällt.
Ihnen könnte gefallen was du tust.
Halte es so wenns dir gefällt.
Sie werden nicht mehr dagegen haben
Wenn sie wollen als bevor
Sie es tun.

II

Ein Gedicht ist wofür
Es wäscht eine Tür
Jede Tür wusch jemand zuvor

Und nun ist jede Tür
Eine gewaschene Tür
Danach und davor.

III

Mir gefällt sie reden zu hören
Mir gefällt sie da zu haben
Mir gefällt es mich gar nicht zu fragen
Was sie da zu suchen haben.
Ich weiß oft nicht
Wann sie mal wieder der Hafer sticht
Aber es freut mich
Und ich bring ans Licht
Dass ihnen gefällt was sie tun.
Und auch uns nun.

IV

Stell dir Regen vor ist er nass
Nicht unbedingt zwischendrin.
Wenn der Wind weht stört es bis auf das dass
Es besser ist als wäre es nass
Aber längst nicht so sehr wie sie es gern hätten
Was sie aber freut wenn sie überredet werden können
Dass es unerheblich ist sich zu freuen
Weil wir wenn wir uns freuen gern erfreuen
Indem wir hören was er sagt sie sagt.
Sie sagt er sagt.
Eines Tages in großer Ferne
Werde ich nicht einen Mond gerne
Malen sondern wie es ihnen gefällt hier
Wo sie sein können hier
Wo sie sind.

V

Hat sie ihre Orange aufgegessen
Hat sie ihre Zigarette aufgeraucht
Kaum.
Hat sie gewartet oder wartet
Was davon übrig ist
Wenn es nicht nur daran dass sie können sondern haben
Was immer noch besser war.
Weshalb es auf keinen Fall.
Lohnt zu warten.

VI

Einst als sie rein und raus waren nur hin und wieder.
Einst und wieder
Wünschte ich ich könnte beschreiben wie es ist
Zu meinen dass es nicht ist nur wenn es ist.
Mit ihnen beiden.

VII

Aber was sie tun oder wie
Es um sie zu tun ist oder wie
Mir zu wissen gefällt was wenn sie aufpassen
Wie sie es tun wie es um sie zu tun ist wie nun.
Ich könnte nicht beschreiben was ich sah
Weder ob ich eins oder das andere sah.
Ob ich entweder sah oder
Wie oft sie wussten wie sie sahen
Entweder oder Türen wuschen.
Denke freundlich wie zwei Italiener
Eine Köchin und der andere der Ehemann
Einer Butler und die andere seine Frau

Alle beide lieber aber ich höre es als ob
Ich es noch nie doch nie gehört hätte
Wie ich zuvor sah
Dass beide zwei Hände hatten
Mit denen sie die Tür waschen konnten
Mit denen sie eine Tür waschen zu wollen helfen konnten.
Wie gekonnt.
Langsamer als die Tür.
Was ist der Unterschied zwischen langsam und lebhaft
Sie sollen nicht fragen was
Gar nicht was nicht nur nicht fragen
Nicht was.
Dann kann ich ertappt werden bei einem Blick.
Er trinkt die Milch aus meinem Krug
Aber das meine ich nicht.
Sie kennt den Mittelweg nicht
Wenn ob ich ob meine.
Treu mag dir morgen sein
Und Mario und Pia Pia und Mario obendrein.

VIII

Sie glaubt gerne es könne wieder geschehen.
Oja. Sie glaubt gerne es könne wieder geschehen
Aber sie weiß wenn sie geht
Glaubt sie gern es könne wieder geschehen.

IX

Zum gegenwärtigen Zeitpunkt haben wir dies
Er kann haben was er empfindet und sie ist dunkel.
Nicht dunkel wie düster und nicht nur dunkel nur dunkel
Und sie ist nahezu vollkommen und sie lauscht ihm

Und er ist nicht dunkel und nie gewesen
Welche Farbe haben sie.
Ach sie haben die Farbe die uns gefällt.
Dunkel und licht.
Und was werden sie tun.
Sie putzen alles noch dazu
Nicht allzu gut aber sehr gut
Und was geschieht nun.
Er weil er zu viel gegessen und seine Füße gewaschen hat
Hat im Bett bleiben müssen auf ein Nickerchen.
Das er nicht hatte sondern haben musste
Und so sagte sie
Sie wäre nachsehen gegangen was er im Bett sucht
Aber sie wusste es schon wie sie es sagte.
Sie sagte sie hätte sich Sorgen gemacht aber nie wieder
Sie half ihm zu bleiben und wir verrieten ihr wie.
Wir waren es zufrieden.

X

Wenn sie gesund war und er gesund
Putzten sie alles so rundum
Dass es eine Freude war überall
Selbst überall.

XI

Und so ist für jeden mal Zeit für einen Wechsel
Und wir sind sehr dankbar bis zu dem Wechsel.
Doch diesmal sind wir zugleich fast wirklich erfreut.

DAS ALLMÄHLICHE MACHEN VON THE MAKING OF AMERICANS

▶ Über »Das allmähliche Machen von The Making of Americans« sprach Gertrude Stein auf ihrer Vortragsreise durch die Vereinigten Staaten erstmals am 2. November 1934 an der Columbia University in New York, und sie hielt den Vortrag im Laufe ihrer monatelangen Tour insgesamt noch achtmal. Sie skizziert darin sowohl ihren persönlichen Werdegang als auch ihre Erkundung neuer literarischer Formen. Der Text enthält Auszüge aus dem 925-seitigen Roman *The Making of Americans* (s. S. 84 ff.), der 1925 erschienen war, und aus ihrem gerade veröffentlichten Buch *A Long Gay Book* von 1933.

Ich werde vorlesen was ich für diese Vorlesung geschrieben habe, weil es im Allgemeinen leichter wenn auch nicht unbedingt besser ist und im Allgemeinen besser wenn auch nicht unbedingt leichter vorzulesen was geschrieben steht als zu sagen was nicht geschrieben steht. So kann man es jedenfalls sehen.

Und ich will Ihnen von der Art erzählen wie ich allmählich *The Making of Americans* gemacht habe. Ich habe das Buch sehr allmählich gemacht und ich habe dafür fast drei Jahre gebraucht, aber das meine ich mit allmählich nicht. Was ich mit allmählich meine ist was das Buch mit mir machte. Auch wenn es in meiner Darstellung klingt, als wäre das längst Geschichte ist es in Wahrheit keineswegs Geschichte weil ich mich noch gut erinnere. Ich erinnere mich. Das heißt dass ich mich erinnern kann. Und wenn wir uns erinnern können, mag etwas zwar vergangen sein aber nicht Geschichte.

Vorausschicken möchte ich dass ich stets die einzige zu sein

scheine die redet wenn ich irgendwo bin aber trotzdem höre ich sehr wohl auch zu. Ich höre immer zu. Ich habe schon immer zugehört. Ich habe in dieser Weise immer gehört wie alle erzählen was sie zu sagen haben. Mit anderen Worten habe ich stets auf meine Art zuzuhören zugehört bis sie es mir sagten und zwar sagten bis ich es wirklich wusste, das heißt wusste wie sie sind.

Dem Anschein nach das gebe ich zu rede natürlich ich aber reden kann eine Art zuhören sein jedenfalls wenn man das dringende Bedürfnis hat zu hören und sehen was alle erzählen.

Und ich habe im Leben sehr früh angefangen unaufhörlich zu reden und zuzuhören. Jedenfalls scheint es mir so.

Ich kann mich nicht entsinnen nicht unaufhörlich geredet und dabei doch das Gefühl gehabt zu haben dass ich während ich redete während ich sah nicht nur zuhörte sondern sah während ich redete und auch das Verhältnis zwischen meinem Wissen darum dass ich redete und denen mit denen ich redete und denen ich übrigens zuhörte das Gefühl gehabt zu haben dass sie mir allmählich alles erzählten und alles auf ihre Weise erzählten darüber was sie zu dem machte was sie waren.

Diejenigen unter Ihnen die *The Making of Americans* gelesen haben werden das gewiss verstehen.

Als ich jung war und ich meine damit eine Zeit noch bevor ich aufs College ging war das Reden teils durch den Wunsch getrieben nicht nur zu hören was andere auf ihre Art sagten sondern auch ihnen zu helfen, sie zu verändern und ihnen zu helfen sich zu verändern.

Ich hatte zu der Zeit sehr feste Überzeugungen und ich dachte damals dass ich die Leidenschaft mit der ich wissen wollte indem ich redete und zuhörte genau wie die anderen immer alles aus sich heraus erzählten sie zu genau denen machte die sie waren, dass dieser leidenschaftliche Wunsch auf den Grund der

Wesensart von allen zu kommen bei mir da war weil ich ihnen helfen wollte sich zu verändern damit sie werden könnten die sie sein sollten. Die Veränderung sollte sich natürlich nach meinen Vorstellungen vollziehen und ihren, ihren ebenso sehr wie meinen damals.

Also wollte ich seinerzeit wissen was an den anderen sie zu denen machte die sie waren und ich war fest überzeugt dass ich das wissen müsste um ihnen helfen zu können etwas zu verändern.

Dann ging ich aufs College und dort hatte ich eine Zeitlang enorm damit zu tun herauszubekommen was in mir mich zu der machte die ich war. Ich glaube das geht einem in dem Alter einfach so. Es ging mir schon vor dem College so aber aufs College zu gehen verstärkte das. Und so sehr damit zu tun zu haben was mich im Innersten zu der machte dle ich war führte zwar nicht unbedingt dazu dass ich aufhörte zu reden aber ich hörte eine Zeitlang auf zuzuhören.

So erscheint es mir jedenfalls heute im Rückblick.

Als ich am College war und Studentin der Philosophie und Psychologie interessierte ich mich mehr und mehr für die geistigen und psychischen Vorgänge bei mir selbst und weniger für die der anderen und was immer ich in dieser Zeit darüber lernte was Leute zu dem machte was sie waren bezog ich mehr aus der Erfahrung und nicht aus dem Reden und Zuhören.

Dann interessierte mich wie gesagt zunehmend die Psychologie, und was ich unter anderem machte war dass ich die Reaktionen typischer Collegestudenten unter normalen Anforderungen und bei Überforderung nach Prüfungen untersuchte. Es sollte mir um ihre Reaktionen zu tun sein aber ich stellte bald fest dass das nicht der Fall war sondern dass es mir stattdessen ganz enorm um die unterschiedlichen Charaktertypen zu tun war oder was ich damals schon als Grundwesen empfand, und

als ich im Mai 1898 meinen Teil des Forschungsberichts über diese Experimente schrieb, drückte ich das folgendermaßen aus:

Aus den Fallbeschreibungen geht deutlich hervor dass die Aufmerksamkeitsmuster den ganzen Charakter des jeweiligen Probanden widerspiegeln.

Dann war das vorbei und ich ging an die medizinische Fakultät wo ich mich langweilte und wo ich mich erneut mehr für mich selbst und meine eigenen Erfahrungen interessierte als das Leben in den anderen.

Aber bald fing ich wieder an zuzuhören, ich hatte das Medizinstudium aufgegeben und hatte vorläufig nichts anderes zu tun als zu reden und zu sehen und zuzuhören, und das tat ich ausgiebig.

Dann fing ich abermals an mir Gedanken über das Grundwesen anderer zu machen, ich begann mich brennend dafür zu interessieren wie alle mit nur minimalen Variationen wieder und wieder dasselbe sagten bis ich so intensiv hörte dass ich das Auf und Ab hörte und alles darüber wusste was in ihnen war weniger dank der konkreten Worte oder der Gedanken als dank der Bewegung ihrer immer gleichen und immer anderen Gedanken und Wörter.

Vieles also kommt in der Wiederholung zum Vorschein die aus allen eine Geschichte macht für alle die immerzu zuhören. Aus alledem kommt vieles zum Vorschein und während wir ihnen zuhören und allem was sich in ihnen wiederholt, wird jedenfalls so viel über sie klar, ihre Geschichte die Geschichte ihres Grundwesens, des Wesens oder der Wesen die sich in ihnen vermengen und das Ganze in der Art und Weise ausmachen wie sie sich vermengen. Manchmal wird das eine Geschichte von allem und jedem geben.

Wenn wir andere langsam von Anfang bis Ende zur Gänze erfas-

sen, die Wiederholung in ihnen, die verschiedenen Arten und Weisen wie zu verschiedenen Zeiten diese Wiederholung zum Vorschein kommt, die ganzen verschiedenen Dinge und Vermengungen in ihnen allen, werden wir alle wenn wir genau hinsehen bei allen und jeden die in unserem Umfeld leben erkennen dass die Geschichte von allen und jeden eine lange sein muss. Eine Geschichte von allen muss eine lange sein, sie kommt allmählich zum Vorschein von Anfang bis Ende, allmählich sehen wir in ihnen das Wesen und die Vermengungen in ihnen, allmählich kommt sie bei ihnen allen in der speziellen Art der Wiederholung ihrer verschiedenen Anteile und Arten zu leben zum Vorschein, allmählich kommt bei ihnen ihre Geschichte zum Vorschein, allmählich können wir alle wenn wir bei allen genau hinsehen ihre ganze Geschichte erkennen. Manchmal wird es die Geschichte von allen sein. Fast jede Geschichte wird eine lange sein. Allmählich kommt sie bei allen zum Vorschein, allmählich werden alle die hinsehen die Geschichte jedes Teils des Lebens von allen in der Geschichte der Gesamtheit von allen und jeden erkennen die es irgendwann von allen geben wird.

Wiederholung gibt es also in uns allen, bei jedem einzelnen kommen Sein und Gefühle und die Art alles und jedes zu sehen und das ganze Wesen in der Wiederholung zum Vorschein. Und mehr und mehr also wird jemand jemandem klar.

Allmählich wird einem jeder in der ständigen Wiederholung bis in die kleinste Variation klarer. Jeder der je gelebt hat oder lebt oder leben wird wird gelegentlich von jemandem klar gesehen. Irgendwann wird es eine zuordenbare Geschichte von allen geben. Allmählich wird jeder Typ zuordenbar kenntlich. Mehr und mehr wird es dann wunderbar am Leben die kleinsten Variationen klarer zuordenbar kenntlich zu haben, bis alle bestimmten Typen zuzuordnen sind, Arten von Männern und Frauen. Wiederholung ist also in jedem, jeder wird also irgendjemandem gelegentlich klarer, gelegentlich wird

es also eine zuordenbare Geschichte eines jeden geben der je gelebt hat oder lebt oder leben wird.

Bald interessierte ich mich sehr für Ähnlichkeiten, für Ähnlichkeiten und geringe Unterschiede zwischen einzelnen. Ich begann Diagramme der Beziehungen aller Menschen anzulegen die ich je gekannt oder gesehen hatte oder getroffen oder mir in Erinnerungen gerufen.

Jeder hat immerzu damit zu tun, nicht einer von ihnen will es wissen dass jeder jemand anderem ähnelt und man es sieht meist hören die Leute das ungern. Es ist mir sehr wichtig das immer zu wissen, immer zu sehen wer anderen ähnelt und es zu sagen.

Ich schreibe für mich und Fremde, ich tue es um meinetwillen und um derjenigen willen die wissen dass ich weiß dass sie anderen ähneln, dass sie für sich sind und doch immer eine Wiederholung. Es gibt die denen es gefällt dass ich weiß dass sie vielen anderen gleichen und das wiederhole, es gibt viele denen es nie wirklich gefallen wird.

Alle sind für sich einzig für sich, alle erinnern jemand an jemand anderen der gelebt hat lebt oder leben wird. Alle neigen wir dazu von allen zu sagen sie ähnelten diesen und jenen wir erkennten sie in ihnen wieder, alle neigen dazu von allen zu sagen sie ähnelten diesen und jenen das sagt uns die Erinnerung. Und so geht es immer weiter im Leben, alle erinnern sich immer an diese und jene die diesen und jenen ähneln die sie gerade sehen. Also wiederholen sie sich, alle sind in sich sie selbst und alle ähneln für andere anderen und das ist immer interessant.

Das ging mir am College auf da sah ich es als ich so viele Studenten sah dass das langsam Gestalt annahm. Ich fand es sehr auf-

regend. Ich bekam das Gefühl dass ich wenn ich nur lange genug weitermachen könnte und genug reden und zuhören und hinsehen und sehen und fühlen und das lange genug dass ich schließlich jedes menschliche Wesen beschreiben wirklich beschreiben könnte das je gelebt hatte lebte oder leben würde.

Ich war davon ganz in Anspruch genommen. Und ich begann mit *The Making of Americans.*

Ich lese Ihnen nun ein paar Passagen vor um Ihnen einen Eindruck davon zu geben wie leidenschaftlich und wie verzweifelt es mir darum zu tun war.

Mir sinkt ganz der Mut. Mir sinkt gerade ganz und gar der Mut. Ich beschreibe weiterhin Männer und Frauen.

Ich bin sehr froh mich geirrt zu haben. Es fällt mir manchmal sehr schwer mich dazu durchzuringen mir einzugestehen dass ich mich mit etwas geirrt habe. Ich handele mir viel Leid ein.

Ich war überzeugt dass das Rätsel des Universums irgendwie auf diese Weise gelöst werden könnte. Dass letztlich alle Beschreibung Erklärung ist, und wenn ich weit genug immer und immer weitermachte ich jeden Menschen beschreiben könnte der existierte. Ich machte dann auch tatsächlich so lange weiter wie ich konnte.

Irgendwann also wird es jegleiche Art Geschichte eines jeden geben der jemals leben könnte oder lebt oder gelebt hat oder leben wird. Irgendwann wird es also eine Geschichte eines jeden von seinen Anfängen bis zu seinem Ende geben. Irgendwann wird es also eine Geschichte von allen geben, von allen Arten und allen Typen, von jedermann, von jedem bisschen Leben das sie je im Leib hatten, von

jedermann selbst wenn es von allen nicht mehr als einen Anfang gibt, von allen aller Arten, von allen mit wenig Anfang aber einem Ende, dann wird es irgendwann eine Geschichte von allen geben es wird eine Geschichte von allem geben was sie je ausgemacht hat oder ausmacht oder ausmachen wird, von allem was jeden und alle was von allen alles ausmacht. Irgendwann wird es also eine Geschichte von jedem geben oder allen oder allem was sie oder Teile von ihnen sind und irgendwann wird es eine Geschichte dessen geben wie irgendwas oder alles bei allen zum Vorschein kommt, bei jedem oder jedwedem von Anfang bis Ende zum Vorschein kommt von dem Wesen in ihnen. Irgendwann wird es also eine Geschichte geben von jedwedem der je gelebt hat oder lebt oder leben wird. Wenn wir sie erleben in ihren Leben, im Lieben, Sitzen, Essen, Trinken, Schlafen, Gehen, Arbeiten, Denken, Lachen, wenn sie irgendwer alle von Anfang bis Ende sieht, sie sieht wenn sie Kleinkinder sind und größere Kinder und junge Erwachsene und alternde Männer und Frauen und alte Männer und Frauen dann weiß er dass es irgendwann eine Geschichte von ihnen allen geben wird, dass sie alle irgendwann die letzten Abrundungen im Wesen erfahren werden die ihre Geschichte ihnen geben kann, irgendwann wird es also eine Geschichte von allem und jedem geben, aller Typen und Arten, einer jeden Art und Weise wie irgendjemand sie kennen kann, einer jeden Art und Weise wie jeder und jede im Innersten ist, einer jeden Art und Weise wie bei ihnen irgendetwas zum Vorschein kommt. Irgendwann wird es also eine Geschichte von allen und jedem geben und dann werden alle und jede im Wesen die letzte Abrundung erfahren haben die eine Geschichte von allem und jeden einem geben kann.

Selbstverständlich passierte in der Zwischenzeit allerhand, ich meine im Hinblick auf das was ich hörte und sah und fühlte. Ich stellte fest dass jedes Mal wenn ich glaubte und allen Grund hatte

mir sicher sein zu können dass ich in meinem Wissen über alle alles berücksichtigt hätte irgendwas anderes auftauchte was zu berücksichtigen war. Mir sank ganz und gar nicht der Mut mich interessierte das alles im Gegenteil mehr und mehr. Und ich darf sagen dass es mich immer noch mehr und mehr interessiert ich entdecke heute genauso viele Dinge die noch zu berücksichtigen wären wie eh und je was die Sache unendlich interessant macht. Ich widmete mich immer und immer intensiver der Vorstellung jedes nur mögliche Individuum beschreiben zu können wirklich zu beschreiben.

Während ich dies alles tat übte zugleich unterbewusst die Frage der Zeitformen und Sätze eine zunehmende Faszination auf mich aus.

Während ich zuhörte und hörte und dem Rhythmus eines jeden nachspürte dämmerte mir allmählich wie schwer dieser wiederzugeben war. Typen konnte ich wiedergeben aber das Gefühl da und dort eines kompletten Menschen, das heißt im Moment da er erlebt wurde, das in Worte zu kleiden war sehr schwer.

Und so trieb mich ungefähr mitten in *The Making of Americans* dieses sehr konkrete Problem sehr konkret um.

Es kommt sehr häufig vor dass ein Mann zu etwas imstande ist, dass ein Mann etwas tut, dass er es sehr häufig tut dass er vieles tut, als junger Mann als alter Mann, als älterer Mann. Einer von denen die diesem Typus angehören hatte einen kleinen Jungen und der, der kleine Sohn wollte Schmetterlinge und Käfer sammeln und das fand er absolut aufregend und es wurde alles ermöglicht und da sagte der Vater zum Sohn bist du dir sicher dass es nicht grausam ist was du da vorhast, Lebewesen zu töten für deine Sammlungen, und da war der Sohn ganz verstört und sie sprachen miteinander darüber und sie

sprachen mehr und mehr darüber und da war der Junge schließlich überzeugt dass es grausam wäre und er sagte er würde es doch nicht tun und sein Vater sagte der kleine Junge sei ein hochherziger Junge auf die Freude zu verzichten wenn es eine Grausamkeit wäre. Der Junge ging darauf zu Bett und der Vater entdeckte als er frühmorgens aufstand einen wunderschönen Falter im Zimmer und er fing ihn und tötete ihn und spießte ihn auf und weckte dann seinen Sohn und zeigte ihn ihm und er sagte zu ihm sieh nur was für ein guter Vater ich bin dass ich ihn gefangen und getötet habe, da war der Junge bei sich ganz durcheinander und da sagte er er werde mit dem Sammeln doch anfangen und das war das Ende der Diskussionen und das ist ein kleines Beispiel für etwas was einmal geschah und es ist sehr interessant.

Womit wir bei der Grammatik wären. Ich will nun ein wenig über Grammatik sprechen.

Sie wissen inzwischen dass ich obwohl ich sehr wohl zuhöre sehr wohl sehe sehr wohl höre sehr wohl fühle in der Tat viel rede.

Die englische Grammatik ist interessant weil sie so einfach ist. Wer einmal gelernt hat Baumgraphen für Sätze zu erstellen es wirklich gelernt hat, der weiß im Grunde alles was er je über die englische Grammatik wird wissen müssen. Kurz gesagt wird jedes Kind von dreizehn Jahren wenn es gut geschult ist in dem Alter alles wissen was man über die englische Grammatik wissen kann. Was machen also alle für ein Aufhebens. Nun sie machen es.

Genau deshalb ist Englisch eine so lebendige Sprache weil nämlich die Grammatik so einfach ist und alle so ein Aufhebens um sie machen.

Als ich mich mit der Schwierigkeit herumschlug meinen kom-

pletten Eindruck von irgendjemandem wiederzugeben, den gesamten Rhythmus einer Persönlichkeit den ich mir allmählich angeeignet hatte indem ich zuhörte sah fühlte wie auch durch Erfahrung, stand ich vor dem Problem dass ich mein Wissen allmählich erworben hatte und es zugleich wenn ich es komplett hatte auf einen Schlag hatte. Nun mag das für Sie nie ein Problem gewesen sein aber für mich war es ein schlimmes Problem. Und ein Großteil von *The Making of Americans* bestand in dem Ringen ebendarum, nämlich darum die komplette Präsenz von etwas sichtbar zu machen das zu erkennen eine ganze Weile gebraucht hatte, während es als Ganzes in mir da war und als solches gesagt werden musste.

Das damals und seither macht einen Gutteil meiner Arbeit aus und ist der Grund weshalb ich auf so viele Arten versucht habe meine Geschichte zu erzählen.

In *The Making of Americans* habe ich es auf vielerlei Art versucht. Und meine Sätze wurden länger und länger, gedachte Nebensätze wurden dauernd wieder geopfert, ich rang mit den Beziehungen zwischen ihnen, und schließlich kam ich auf ein Verhältnis zwischen den Zeiten das manchmal fast zu funktionieren schien. Und ich machte weiter und weiter und dann nachdem ich tausend Seiten geschrieben hatte machte ich eines Tages, das war 1908 einfach nicht mehr weiter.

Ich fing aber sehr wohl wieder an. Ich fing *A Long Gay Book* an, das noch länger sein sollte als *The Making of Americans* und noch komplizierter sein sollte, aber dann geschah in mir etwas und ich sagte in »Komposition als Position«* *So war es natürlich ganz natürlich dass dieses Eine als etwas enorm Langes nicht alles war noch war etwas enorm Kurzes alles noch war alles daran eine*

---

* *Komposition als Position*, s. S. 253 ff.

Verlaufsform der Gegenwart noch begann es immer wieder und wieder.

Ich meinte *The Making of Americans.* Ein Buch von tausend Seiten, und ich arbeitete drei Jahre daran, und ich hoffe es Ihnen hier etwas anschaulicher gemacht zu haben.

Ich fing wie gesagt *A Long Gay Book* an und das sollte noch länger sein als *The Making of Americans* und es sollte nicht nur jede mögliche Art von Individuum beschreiben sondern jedes mögliche Menschenpaar und alle möglichen Dreier- und Vierer- und alle möglichen Gruppenkonstellationen. Ich wollte das Buch als »lange Vergnügung« machen und zugleich schrieb ich einige kürzere Sachen die *A Long Gay Book* ergänzen sollten, eines mit dem Titel *Many Many Women* ein anderes mit dem Titel *Five*, dann wiederum *Two* und G. M. P., *Matisse Picasso and Gertrude Stein*, aber das Hauptwerk sollte *A Long Gay Book* sein und zwar als Art irgendwie weiterzumachen und weiterhin weiter und vorher weiterzumachen und es begann so.

Wenn sie noch sehr klein sind fast noch Babys kannst du nicht wissen wer einst eine Dame sein wird.

Es gibt manche die wenn sie im Innern spüren dass es bei ihnen so war dass es einst so wenig von ihnen gab, dass sie ein Baby waren, hilflos und ohne bewusstes Empfinden, dass sie nichts wussten damals wenn sie geküsst und gehätschelt und versorgt wurden von anderen die sie kannten als sie von sich und dem Drumherum nichts wussten, manche beziehen aus alledem was einst bestimmt mit ihnen geschah mit allem was sie damals ausgemacht hat, es gibt manche die wenn sie das später im Innern spüren dass sie einst so waren und dass das alles war was von ihnen da war, es gibt manche die von diesem Wissen im Innern eine seltsame unsichere Art von Gefühl kriegen dass dieses So-wenig-gewesen-zu-Sein und Nichts-gewusst-zu-Haben die Welt

in ihnen zerbricht, ihnen das unvergängliche Gefühl raubt: und sie verbringen ihr Leben auf allerlei Art, und immer versuchen sie für sich ein neues unvergängliches Gefühl herzustellen.

Eine Möglichkeit es herzustellen könnte sein selbst etwas Kleines hervorzubringen, klein wie das Baby das einst das ganze eigene Sein war und einem das unvergängliche Gefühl geraubt hat. Manche können es allein durch das Gefühl herstellen, das Kleine muss nicht kommen um es ihnen zu geben.

Und so gibt es immer ein Anfangen und für manche dann einen Verlust des unvergänglichen Gefühls. Dann machen sie ein Baby um für sich einen neuen Anfang zu schaffen und so für sich ein neues unvergängliches Gefühl zu erringen.

Ich hatte als ich *The Making of Americans* schrieb festgestellt dass es möglich war jede Art Männer und Frauen zu beschreiben.

Ich fragte mich daher ob es möglich wäre zu beschreiben wie sich jedweder Mensch gegenüber jedwedem anderen Menschen verhielte und fühlte und ich dachte wenn es machbar wäre würde es »eine lange Vergnügung« ergeben. Es ist natürlich vergnüglicher zu beschreiben was alle gegenüber allen anderen fühlen und tun als zu beschreiben was sie sind was sie einfach für sich sind.

Und da ich es natürlich lebendiger fand, wurde ich selbst zu dieser Zeit lebendiger. Das ist so wissen Sie wenn man zu dem Schluss gelangt dass was jemanden ausmacht nicht alles an dieser Person ist. Ich wurde, daran gibt es gar keinen Zweifel, lebendiger sowohl was mein Inneres anging wie auch was das Innenleben aller anderen anging. Diese innere Lebendigkeit nahm ständig zu und Sie werden daher einsehen dass es ganz natürlich war dass *A Long Gay Book* nicht so weitergehen konnte wie es begann. Konnte es weitergehen wenn es wirklich lebendig war.

Machen wir wenn wir wirklich lebendig sind und ich war damals wirklich sehr lebendig machen wir weiter und machen wir wenn wir wirklich sehr lebendig sind begnügen wir uns dann damit zu beschreiben was in einem selbst und in allen anderen vorgeht.

Jedenfalls passierte dann das Folgende und das kann jeder der diese Sachen liest, *A Long Gay Book*, *Many Many Women* und *G.M.P.*, feststellen, dass sich etwas veränderte, immer weiter veränderte bis es schließlich zu etwas ganz anderem führte etwas sehr Kurzem und Lebendigen zu dem Porträt »Mabel Dodge at the Villa Curonia« und dem kleinen Buch mit dem Titel *Tender Buttons* aber dazu später mehr. Kehren wir zunächst zu *The Making of Americans* und zu *A Long Gay Book* zurück.

Sie dürfen nicht vergessen dass das Leben obwohl es lang scheint sehr kurz ist, dass die Zivilisation obwohl sie lang scheint gar nicht so lang ist. Wenn Sie überlegen wie viele Generationen, wenn Sie davon ausgehen dass zwischen Ihrem Großvater und Ihnen hundert Jahre liegen, wenn Sie sich das klarmachen, ist es bemerkenswert wie sehr kurz die Geschichte der Welt in der wir leben ist, der Welt die die Welt ist in der es für uns eine Welt gibt. Das ist wie mit den Generationen der Bibel, so sehr lange brauchen sie gar nicht. Wenn wir nun beginnen alles zu begreifen, ist das eine Sache die nicht verwirrend ist sondern eine Sache die wenn man so will einerseits sehr lang und zugleich gar nicht lang erscheint. Fünfundzwanzig Jahre vergehen so rasch und beim Schreiben können sie zweierlei, sie können entweder schneller vergehen oder weniger schnell.

Als ich *The Making of Americans* schrieb vergingen sie weniger schnell. Als ich *A Long Gay Book* schrieb vergingen sie überhaupt nicht, und deshalb ging es damit nicht weiter sondern führte das zu *Tender Buttons* und vielem anderen. Es könnte sogar zum Krieg geführt haben aber das nur nebenbei.

The Making of Americans verging sehr langsam, es waren bloß drei Jahre aber sie vergingen langsam und das ist unvermeidlich wenn man alles als in einem selbst vorhanden auffasst. Natürlich ist immer alles in einem selbst vorhanden, das weiß jeder aber von welcher Art man im Inneren ist ist entweder ganz in einem gegeben oder zum Teil nicht gegeben. Wenn wir beginnen alles zu begreifen und das geschieht eben, das wissen Sie selbst, wenn alles zu begreifen zu beginnen was in uns ist durch Beschreibung verstärkt wird. Darum ging es für mich in *The Making of Americans*, es verstärkte es dehnte alles aus was im Innern war. Das können Sie nennen jünger sein oder nicht wie Sie meinen aber das Wesentliche daran ist dass wenn alles in einem verinnerlicht ist dass es länger braucht es zu erkennen als wenn es nicht so vollkommen verinnerlicht ist.

Es braucht also länger alles zu wissen wenn in einem alles verinnerlicht ist als wenn das nicht so ist. Nennen Sie es jung sein wenn Sie wollen, oder nennen Sie es nicht mit aufnehmen was nicht gleich alles ist. Da ist es kein Unterschied ob Sie jung oder jünger oder älter oder sehr viel älter sind. Das spielt keine Rolle weil wie gesagt die Zivilisation nicht sehr alt ist wenn wir in Intervallen von hundert Jahren rechnen und uns klarmachen dass zwischen uns und unseren Großvätern sogar viel mehr als hundert Jahre liegen können im günstigen Fall.

Und so sage ich und sah ich dass eine vollständige Beschreibung von allen Menschentypen die je leben konnten oder würden keine so sehr umfangreiche Sache wäre weil sie schließlich im Einzelnen aufgehen kann und so letztlich machbar ist.

Als ich *The Making of Americans* schrieb war das für mich also eine sehr lange Sache alle zu beschreiben aber allmählich nicht mehr so eine lange Sache alle zu beschreiben. Denn schließlich ist die Zivilisation wie gesagt keine lange Sache, fünfundzwan-

zig Jahre vergehen so schnell und viermal fünfundzwanzig Jahre sind hundert Jahre und das ist die Spanne zwischen Großvater und Enkelin. Uns alle interessiert es wenn das jemandem geschieht, weil es lang macht und kurz macht. Und deshalb vollzog sich zwischen *The Making of Americans* und *A Long Gay Book* und dann *Tender Buttons* notwendig eine Veränderung.

Ich will Ihnen an dieser Stelle einige kurze Passagen vorlesen die das zeigen. Ein paar Auszüge aus *A Long Gay Book* die verdeutlichen, was sich veränderte, zwischen *The Making of Americans* und *Tender Buttons* veränderte.

Es ist einfach sich sicher zu sein dass es bei Männern und Frauen Typen gibt. Es ist einfach und fortan braucht keinen zu kümmern ob irgendwer irgendwer ist. Es ist einfach sich sicher zu sein dass alle einem Typus angehören und als solche so jemand sind, machen, tun, denken, fühlen, zurückdenken und vergessen, lieben, ablehnen, zürnen, lachen, essen, trinken, reden, schlafen, wachen wie alle die zu diesem Typus gehören. Es gibt genügend Arten von Männern und Frauen dass wir alle uns dafür interessieren können dass es bei Männern und Frauen Typen gibt.

Vrais sagt gut, gut, ausgezeichnet. Vrais hört zu und wenn er zuhört sagt er gut, gut, ausgezeichnet. Vrais hört zu und sagt weil er Vrais ist wenn er zugehört hat gut gut, ausgezeichnet.

Vrais hört zu, weil er Vrais ist hört er zu.

Alles ist zweierlei. Vrais war erfreulich treu. Er war erfreulich treu geblieben. Alles ist zweierlei.

Er ist erfreulich treu gewesen. Er war einer der einer war der wäre er weiterhin dieser eine gewesen nicht einer gewesen wäre der weiterhin erfreulich treu geblieben wäre. Er war einer der weiterhin dieser eine war, er war nicht weiterhin erfreulich treu. Indem er weiterhin

dieser eine war war er einer der sagte gut gut, ausgezeichnet aber als weiterhin dieser eine musste er glauben können dass er versuchte einer zu sein der weiterhin imstande wäre zu sagen gut gut, ausgezeichnet. Er war einer gewesen der sagte gut gut, ausgezeichnet. Er war dieser eine gewesen.

Wenn die Zunahme der Unratsamkeit die Rücknahme der nachmittäglichen Begrüßung hervorruft dann wird es am Abend mehr Vorbereitung geben und das wird das Blatt wegnehmen das offen dagelegen hat. Die ganze Art der Alterung einer jüngeren Generation gehört zu der Art die allem ähnelt was nicht verschwindet. Es ist nicht in Ordnung weil Farben auf Entgegenkommen bestehen. Sie haben eine Art die identisch ist.

Entschuldigt die mürrische Autokratin die Missfallen äußert. Entschuldigt das Farbaquarell das verbrannt ist. Entschuldigt die Intonation der schweren Art. Entschuldigt den Aristokraten der nicht zu Besuch kam. Entschuldigt die Misshandlung die begann. Entschuldigt das gelbe Ei das nicht lief. Entschuldigt noch nichts, entschuldigt Jour fixe, entschuldigt die Eröffnung und schließt die Tür wieder.

Ein Privatleben ist der lange dicke Baum und ein Privatleben ist mein Lebenstraum. Ein Baum der Stumpf ist ist ein Baum der stumpf ist. Ein Leben das privat ist ist nicht das was da ist. Zeiten die kommen sind Zeit zum Singen, der Sang den ich singe sind Melodien die ich summe. Ich singe und ich singe und die Melodien die ich summe sind die Melodien die mir dann kommen wenn ich singe. Ich singe ich singe.

Sollte sein, sollte sein mit Seidenbettwäsche und Schatten und einem Silberservice Wasser wenn es so sein sollte.

Als ich bei William James studierte lernte ich eines sehr gründlich, dass es der Wissenschaft ständig um die vollständige Beschreibung eines Gegenstands zu tun ist, letztlich um die vollständige Beschreibung jedes beliebigen Gegenstands letztlich um die vollständige Beschreibung aller Gegenstände. Sollte das tatsächlich möglich sein die vollständige Beschreibung aller Gegenstände was bleibt dann noch. Wir könnten vielleicht sagen nichts, aber und das ist der Grund weshalb doch alles weiterhin etwas ist, dass nämlich, da relativ wenige Menschen ihre ganze Zeit damit verbringen beliebige Gegenstände zu beschreiben es so kommt dass sie auch mal aufhören und in der Zwischenzeit da alles weitergeht andere anfangen und weitermachen können. Also ist Beschreibung eigentlich unendlich. Als ich mit *The Making of Americans* begann wusste ich wirklich dass eine vollständige Beschreibung möglich war, und eine vollständige Beschreibung ist wirklich möglich. Da sie aber möglich ist kann man auch aufhören dieses alles und jedes zu beschreiben. Da landen wir dann bei der Philosophie, die beginnt wo jemand aufhört weiterhin alles beschreiben zu wollen.

Das war also die Geschichte der Entstehung von *The Making of Americans* und der Grund weshalb ich *A Long Gay Book* anfing. Ich sagte ich würde in *A Long Gay Book* weiterhin alles beschreiben wollen, aber da wir tatsächlich unweigerlich aufhören alles zu beschreiben weil wir schließlich restlos überzeugt sind dass eine Beschreibung von allem möglich ist war es unvermeidlich dass ich in *A Long Gay Book* allmählich aufhörte alles zu beschreiben.

Trotzdem wäre es hübsch tatsächlich alle Arten von Männern und Frauen beschrieben zu haben, und es wäre wirklich nicht so schwer zu machen aber es würde unweigerlich nicht *A Long Gay Book* geben sondern ein *Making of Americans.*

Aber ich möchte nicht wieder beginnen oder mit dem weitermachen was mal begonnen war weil ich schließlich weiß wirklich weiß dass es machbar ist und wenn es machbar ist warum machen, besonders da wie gesagt die Zivilisation doch gar nicht so sehr lange besteht wenn Sie in Hundertjahrschritten zählen, und zu jeder Zeit hat es Zivilisationen gegeben die nicht so lange überdauert haben wenn Sie in Hundertjahrschritten zählen, was eine Epoche macht die Sie mit anderen verbindet.

Ich hoffe Ihnen sagt zu was ich sage.

Also wurde *The Making of Americans* gemacht. Sie müssen bedenken dass es ob sie nun Chinesen oder Amerikaner sind immer dieselben Arten von Männern und Frauen sind und sie sich alle beschreiben lassen. Das hätte ich tun können.

Ich fing stattdessen *A Long Gay Book* an. Sobald ich mit *A Long Gay Book* angefangen hatte wusste ich unumkehrbar dass daraus nicht die Fortsetzung dessen werden würde was mit *The Making of Americans* begonnen hatte. Und weshalb nicht. Deshalb weil mein Leben mein Innenleben war, während ich zugleich erkannte zu erkennen begann dass selbst wenn alles beschrieben wäre dies nicht mehr aussagen würde als alles was ich über jedes und alles wüsste und weshalb sollte ich alles was ich über alles und jedes wusste sagen wenn ich doch alles wusste was ich über irgendwas wusste.

Also sagte ich ich würde neu beginnen. Ich würde nicht wissen was ich alles wusste über alles und jedes was ich über überhaupt irgendwas wusste.

Und so veränderte sich *A Long Gay Book* allmählich von einer Beschreibung von jedem von allem und jedem was da war und was zu wissen war über jeden zu dem was wenn nicht nicht zu wissen war über jeden und alles. Und so wurde es notwendig hinzukommen zu lassen was zufällig kam weil schließlich Wis-

sen das ist was wir wissen aber was geschieht geschieht zwangsläufig zufällig.

Und das führt uns zu anderen Dingen.

In meinen Ausführungen zur englischen Literatur habe ich erklärt dass das zwanzigste Jahrhundert das Jahrhundert nicht der Sätze war wie das achtzehnte nicht das der Wendungen war wie das neunzehnte sondern der Absätze. Und ich habe erklärt dass Absätze unvermeidlich waren weil Sätze als das neunzehnte Jahrhundert zu Ende ging nicht mehr mit Bedeutung gefüllt waren und eine Zeit anbrach da als einziges das Ganze da war. Reihungen unmittelbar davor und danach machten das jedem klar. Und so war es nur natürlich dass ich als ich *The Making of Americans* schrieb begann meine Absätze zu erweitern um alles unterzubringen. Was hätte ich sonst tun sollen. Tatsächlich ließ ich meine Sätze und meine Absätze dasselbe erzeugen, ließ sie ein und dasselbe sein. Das war unvermeidlich weil das neunzehnte Jahrhundert das von Sätzen gelebt hatte das Gefühl für Sätze verloren hatte, und zuvor in der englischen Literatur waren Absätze nie Selbstzweck aber jetzt zu Beginn des zwanzigsten Jahrhunderts waren sie ein Ganzes aus Bestandteilen ein Ganzes war also ein Absatz. Sie sehen dass ich genau das in *The Making of Americans* machte, ich ließ einen Absatz so sehr ein Ganzes sein dass er einen ganzen Satz als Ganzes enthielt. Da dämmert Ihnen was nicht wahr.

Und genau dies war *The Making of Americans.* Allmählich genügte mir ein Ganzes als Absatz nicht mehr und ich werde noch sehr viel mehr dazu zu sagen haben wie das kam aber mit *The Making of Americans* habe ich das so weit vorangetrieben wie es sich vorantreiben ließ meiner Meinung nach, einen ganzen Absatz zum Ganzen zu machen.

Zugleich stellt sich die Frage der Zeit. Dem Zusammenfügen

einer Sache zum Ganzen und diese Ganzen ergeben wiederum eine Reihe, doch darüber hinaus ist das Wichtige und das sehr Amerikanische das jeder kennt der Amerikaner ist wie viele Sekunden Minuten oder Stunden so ein Ganzes ausmachen. Es ist in sich dieser Sinn für Kombinationen innerhalb eines Zeit- und Raumempfindens was das Amerikanische zum Amerikanischen macht, und dieses Zeit- und Raumempfinden muss den Ganzen ebenso innewohnen wie dem vollendeten Ganzen.

Das spürte ich, ich bin Amerikanerin und ich spürte es, und ich bemühte mich beständig das mit jedem Absatz zu machen den ich in *The Making of Americans* schrieb. Und aus diesem Grund ist das Buch ein amerikanisches Buch ein essenziell amerikanisches Buch, weil es eine essenziell amerikanische Sache ist dieses Zeit- und Raumempfinden und wie viel Zeit dieser Raum in einer Weise einnimmt dass es unausweichlich dieses Zeit- und Raumempfinden gibt und alle Amerikaner empfinden die Zeit in diesem Raum und so tun sie was sie eben in dieser Zeit und in diesem Raum tun, und so ist das letztlich verinnerlicht. Ob ich Ihnen wohl auch nur annähernd klarmachen kann was ich damit meine. Ich werde es auf jede mir mögliche Art und Weise zu sagen versuchen so wie ich es in allem versucht habe was ich je geschrieben habe. Ich versuche ständig es zu sagen, dass dieses Zeit- und Raumempfinden dem Amerikaner wesentlich und natürlich ist als das worin er sich immerzu bewegt. Denken Sie woran Sie wollen, an Cowboys, an Filme, an Detektivgeschichten, an jeden der irgendwohin geht oder daheim bleibt und Amerikaner ist und Sie werden sehen dass das etwas rein Amerikanisches ist das Empfinden von Raum voller Bewegung, Zeit und Raum die voll sind, immer voller Bewegung und mein erster ernstzunehmender Versuch das auszudrücken was so amerikanisch ist begann mit dem Schreiben von *The Making of Americans.*

VI SCHREIBEN UND WIRKLICH SCHREIBEN

UND NUN

▶ »Und nun« erschien im September 1934 in der *Vanity Fair*, damals neben *The New Yorker* die wichtigste Kulturzeitschrift Amerikas. Man hatte bereits 1917 einen ersten Stein-Text abgedruckt (»How They Attacked Mary. He Giggled«). Ihm folgten im Jahr darauf, zusammen mit Texten von Aldous Huxley, T.S. Eliot, Ferenc Molnár und Djuna Barnes, das Gedicht »*The Great American Army*«, 1923 ihr »Portrait of Jo Davidson« sowie »Miss Furr and Miss Skeene« (s. S. 104 ff.) und 1924 »If I Told Him. A Completed Portrait of Picasso« (s. S. 220 ff.). Mit dem Abdruck von »And Now« – Untertitel »And so the time comes when I can tell the story of my life« (während er im Yale Catalogue »Confessions« lautet) – reagierte man auf die enorme Popularität Steins nach dem Erscheinen der *Autobiographie von Alice B. Toklas*, die gerade ihre 5. Auflage erlebte, nach dem Broadway-Erfolg ihrer gemeinsam mit Virgil Thomson erschaffenen Oper »Four Saints in Three Acts« und angesichts des Interesses an ihrem bevorstehenden USA-Besuch, dem ersten nach gut dreißig Jahren.

Stein liefert gewissermaßen einen Lagebericht nach dem Überraschungserfolg der *Autobiographie von Alice B. Toklas* – der ihr zu schaffen machte und sogar zu einer vorübergehenden Schreibblockade führte.

Das andere Buch war vergnügt, dieses wird nicht so vergnügt sein. Das andere hatte Frieden und Krieg. Dieses hat Frieden und nur Frieden und so wird es nicht so vergnügt sein. Es wird eher traurig sein. Hat es einen langen Frieden gegeben nachdem es einen langen Krieg gab, hat man Monotonie und quasi ein Stöhnen. Da stehen wir heute. Es lässt sich recht viel zu dem sagen wo wir heute stehen und was täglich vorgeht.

Was ist seit den Tagen da ich die *Autobiographie* schrieb bis heute vorgegangen und was halte ich von alledem, was tagtäglich vorging.

Ich verbeuge mich nach allen Seiten.

Ich habe stets mit sehr vielen jungen Männern gestritten und worum ich mit ihnen vor allem stritt war darum dass sie sobald sie einen Erfolg landeten unproduktiv wurden, es ging nichts mehr weiter. Und ich machte ihnen das zum Vorwurf. Ich sagte es sei ihre Schuld. Ich sagte Erfolg in allen Ehren aber wenn in euch etwas steckt darf der Erfolg den Strom nicht versiegen lassen nicht wenn in euch etwas steckt. Nun weiß ich es besser. Er lässt in der Tat den Strom versiegen nur wenn du nicht mehr ganz so jung bist und der Schreck groß genug ist kannst du noch mal von vorn anfangen aber wenn du jung bist oder jung warst als der Erfolg kam dann wird es wenn du einen Schreck kriegst schlimmer nicht besser.

Das ist der Vorteil wenn du schon älter bist wenn du erschrickst dass der Schreck dich anspornt, wenn du aber jung bist und erschrickst lähmt er umso mehr. Denken Sie nur an Tiere und Kinder und Sie werden verstehen.

Was mit mir geschah war Folgendes. Als der Erfolg sich einstellte und es war ein Erfolg kam ich mir abhanden ganz und gar abhanden. Sie kennen doch den Kinderreim, ich bin ich denn mein kleiner Hund kennt mich. Verstehen Sie, ich kannte mich nicht mehr, ich verlor mich als Person aus dem Blick. Die war stets vollkommen in mir begriffen gewesen meine Person wie es jede Person von Natur aus ist, und dann plötzlich, war ich nicht mehr nur ich wo so viele Menschen mich kannten. Es war das genaue Gegenteil von ich bin ich denn mein kleiner Hund kennt mich. Da mich nun so viele Menschen kannten war ich nicht mehr ich und zum ersten Mal seit ich zu schreiben begonnen

hatte konnte ich nicht mehr schreiben und was noch schlimmer war es kümmerte mich nicht dass ich nicht schreiben konnte und was auch noch schlimmer war ich begann darüber nachzudenken wie das was ich schrieb für andere klingen mochte, wie ich mich verständlich machen könnte, ich die ich immer in mir gelebt hatte und im Schreiben. Und da plötzlich sagte ich, das ist es also was los war mit den ganzen jungen Männern deren Strom versiegte, und nun sitze ich genauso da wie sie. Sie waren jung und ich bin es nicht aber wenn es dich trifft ist es ganz gleich, der Strom versiegt.

Es schreckte mich nicht, ich hatte Vergnügen ich gab Geld aus so wie sie Geld ausgegeben hatten die ganzen anderen Maler und Schriftsteller denen ich Vorwürfe gemacht hatte und die ich verurteilt hatte und da machte ich es nun ganz genauso. Und dann fiel der Dollar und das erschreckte mich dann doch, erschreckte mich sehr, erschreckte mich zutiefst so wie es sie alle erschreckt sehr erschreckt hatte in vergangenen Jahren, aber zu meinem Glück hat mich die ich älter bin der Schreck zum Schreiben getrieben. Ich sage zu meinem Glück weil ich gern schreibe. Es ist mein Liebstes. Es ist mir noch lieber als Geld auszugeben obwohl kaum etwas erfreut wie die Freude daran Geld auszugeben aber die Freude am Schreiben hält länger an. Das lässt sich nicht leugnen.

[...]

Und nun. Paris hat sich verändert und ich habe mich verändert und ich bin nicht mehr erschrocken und ich werde mich sehr wahrscheinlich wieder verändern aber im Augenblick ist alles ohnehin sehr verändert.

Ich schreibe wie ich früher in *The Making of Americans* geschrieben habe, ich schweife umher. Ich kehre heim und ich schreibe, ich schreibe in ein Heft und ich übertrage was ich

schreibe in ein anderes Heft und ich schreibe und schreibe. Im Augenblick schreibe ich über Amerika, Glauben und Grant, Ulysses Simpson Grant, und bin zurückgekehrt zu dem wie ich früher geschrieben habe und zwar deshalb weil nun alles was vorgeht wieder im Innern vorgeht, das Außen führt nicht weiter, wenn man das Außen sieht sieht man nur was man ansieht und das ist nicht mehr interessant, das sagen alle oder jedenfalls tun alle so und sie haben recht weil es jetzt nicht mehr weiterführt etwas nur zu sehen. Wenn es sich verändert ist es nicht von Interesse und wenn es sich nicht verändert ist es nicht von Interesse wozu also hinsehen, alles was man sieht ist das worauf kein Mensch sieht und deshalb geht so wie früher alles im Innern vorging auch jetzt wieder alles im Innern vor. Übrigens, es gibt einen neuen jungen Maler und sobald ich mehr von ihm weiß werde ich von ihm berichten.

Und so kommt nun die Zeit da ich die Geschichte meines Lebens erzählen kann.

WIE GESCHRIEBEN WIRD WAS GESCHRIEBEN WIRD

▶ Diesen Titel wählte Gertrude Stein für die Betrachtungen, die sie am 12. Januar 1935 ausschließlich dieses eine Mal an der renommierten Choate School in Wallingford, Connecticut, anstellte. Der Text, nur als Mitschrift des Hörers Dudley Fitts erhalten, wurde 1938 in der *Oxford Anthology of American Literature* abgedruckt.

Er erscheint hier um die Passagen gekürzt, die sich eingehend mit *The Making of Americans* befassen, da Stein darin einiges wiederholt, was bereits in anderen Vorträgen wie »Poesie und Grammatik« (s. S. 307 ff.) oder »Das allmähliche Machen von The Making of Americans« (s. S. 349 ff.) ausgeführt wurde.

Worüber ich heute Abend mit Ihnen sprechen will ist ganz allgemein wie geschrieben wird was geschrieben wird. Das ist ein Riesenthema, lässt sich aber schnell abhandeln. Vorweg etwas was alle wissen sollten: Jeder ist Kind seiner Zeit. Ein sehr schlechter Maler sagte einmal zu einem sehr großen Maler: »Du kannst dich auf den Kopf stellen, aber wir sind und bleiben Zeitgenossen.« Das gilt auch für das Schreiben. Sie alle hier sind einander Zeitgenossen, und die Sache mit dem Schreiben ist eben die dass sie in dieser Zeitgenossenschaft stattfindet. Jede Generation muss in ihr leben. Das Entscheidende aber ist dass niemand weiß was Zeitgenossenschaft ist. Anders gesagt, keiner weiß wo es hingeht, ist aber unterwegs.

Jede Generation hat mit dem zu tun was man das tägliche Leben nennen könnte, und wer schreibt, malt oder überhaupt etwas erschafft ist keineswegs seiner Zeit voraus. Er ist Kind

seiner Zeit. Er kann nicht in der Vergangenheit leben, denn die ist vorbei. Er kann nicht in der Zukunft leben, denn die kennt niemand. Er kann nur in der Gegenwart seines täglichen Lebens leben. Er drückt aus was alle anderen im täglichen Leben der Zeit auch ausdrücken. Sie müssen bedenken dass alle ein kontemporäres tägliches Leben leben. Der Schriftsteller lebt es auch und drückt es unausgesprochen aus. Es bleibt dabei: im Leben muss jeder kontemporär leben. Aber in der Kunst, in der Literatur muss man nicht kontemporär leben, weil es nicht entscheidend ist, also lebt man etwa vierzig Jahre hinter der Zeit. Das ist die wahre Erklärung dafür warum der Künstler, der Maler von seinen Zeitgenossen nicht akzeptiert wird. Er drückt das Zeitgefühl seiner Zeitgenossen aus, aber das interessiert niemanden so recht. Wenn dann die neue Generation dran ist, die Enkel, sozusagen, nimmt der Widerstand ab, weil neue kontemporäre Ausdrucksformen zu bekämpfen sind.

Das ist eigentlich das Entscheidende an der Zeitgenossenschaft. Wenn ich hier in die Runde sehe, und einige von Ihnen eines Tages kontemporäre Ausdrucksformen finden sollten, dann werden Sie etwas machen womit sich die meisten Menschen nicht werden befassen wollen. Der Großteil von Ihnen aber wird so sehr damit beschäftigt sein, das kontemporäre Leben zu leben dass es Ihnen ergehen wird wie sehr strapazierten Geschäftsleuten: in geistigen Dingen werden Sie Vertrautes vorziehen. Außerdem wären Sie wenn Sie nicht kontemporär lebten, ein Ärgernis. Deshalb leben wir kontemporär. Wenn einer in New York im Schnee mit Pferd und Wagen die Straße hinabzieht, ist dieser Mann ein Ärgernis, und das weiß er, also lässt er es. Sonst ginge er nicht mit der Zeit: Er wäre im Weg, er wäre ein Bremsklotz.

Mich kann die Welt heute akzeptieren weil es schon wieder die

aus *Ihrer* Generation gibt, die sie ablehnt, und deshalb akzeptiert sie mich weil ich lange genug ehemals kontemporär bin dass sie mich nicht mehr ablehnen muss. Das heißt dass ich in weiteren dreißig Jahren richtig angekommen sein werde. Und das Gleiche wird wieder passieren; es ist der Grund warum jeder Generation dasselbe passiert. Die Geschichte wird sich immer wieder wiederholen, weil sich immer wieder die gleiche Lage ergibt. Das Zeitgenössische in der Kunst und Literatur ist das was für die Menschen der Zeit nicht so entscheidend ist dass sie es annehmen oder ablehnen müssten.

Viele von Ihnen kennen das dass sie auf seltsame Weise Ihren Großeltern näher sind als Ihren Eltern. Weil es diese Zeitgenossenschaft immer gibt, wird niemandem klar, dass man ihr nicht nachgehen kann. Das ist die Erklärung dafür dass die Menschen feststellen – diejenigen die sich für das interessieren was andere machen –, dass sie ihre Zeitgenossen nicht verstehen. Wenn Sie als junge Generation anfingen zu schreiben, könnte ich das was Sie schreiben schlecht beurteilen, weil ich der dritten Generation angehöre. Was Sie eines Tages machen werden weiß ich so wenig wie andere. Aber ich habe eine Bewegung begründet deren Enkel Sie sind. Zeitgenossenschaft ist die Bedingung der man nicht entkommt. Das ist entscheidend beim Schreiben.

Das andere was Sie bedenken müssen ist dass jede Zeit nicht nur auf ganz eigene Weise kontemporär ist, sondern auch ihr eigenes Zeitgefühl besitzt. Die Welt bewegt sich von einer Generation zur nächsten schneller, langsamer oder anders. Nehmen Sie das neunzehnte Jahrhundert. Das neunzehnte Jahrhundert war grob gesagt das Jahrhundert der Engländer. Und ihre Methode besteht im »Durchwurschteln«, wie sie es im Ernstfall selbst nennen. Sie fangen an dem einen Ende an und hoffen am anderen herauszukommen. Ihre Grammatik, Satzteile, Rede-

arten folgen diesem Prinzip. Für die Vereinigten Staaten brach eine andere Zeit an als sie nach dem Bürgerkrieg feststellten, dass sie aus innerer Notwendigkeit heraus eine andere Lebensweise begründet hatten. Sie schufen das zwanzigste Jahrhundert. In den Vereinigten Staaten hatte man das Gefühl nicht an einem Ende anzufangen und ans andere zu gelangen, sondern die Vorstellung aus den Teilen ein Ganzes zu fügen, das Ganze das das zwanzigste Jahrhundert in Bewegung setzte. Das zwanzigste Jahrhundert dachte sich sozusagen das Automobil als Ganzes und schuf es dann, baute es aus seinen Einzelteilen zusammen. Das war eine ganz andere Perspektive als die des neunzehnten Jahrhunderts. Das neunzehnte Jahrhundert hätte die Teile gesehen und sich durch sie zum Automobil vorgearbeitet.

Das beschreibt auf ulkige Art und Weise mit anderen Worten den Unterschied zwischen der Literatur des neunzehnten und der des zwanzigsten Jahrhunderts. Denken Sie an Ihre Lektüre. Blicken Sie aus der Zeit Chaucers darauf, dann werden Sie sehen, dass das was man die »Binnengeschichte« einer Nation nennen könnte immer ihre Literatur prägt. Sie sorgt für einen Unterschied im Ausdruck, im Wortschatz, selbst im Umgang mit der Grammatik. Wenn Vanderbilt in der amüsanten Geschichte in Ihrem *Literary Magazine* davon spricht, dass er es leid ist Anführungszeichen zu setzen und erklärt dass er es nicht mehr tun wird, dann meint er das scherzhaft, aber als ich zu schreiben begann war die Frage der Interpunktion eine entscheidende. Verstehen Sie, ich hatte eine neue Vorstellung: ich hatte die Vorstellung eines ganzen Absatzes, und bei *The Making of Americans* hatte ich die Vorstellung eines Ganzen. Wenn Sie aber an zeitgenössische englische Schriftsteller denken, dann verhält es sich nicht so. Sie stellen sich Teile vor, die zusammen ein Ganzes ergeben, während ich es mir als Ganzes dachte aus seinen Bestandteilen.

Ich wusste damals ebenso wenig was ich machte wie Sie heute, aber ich machte es als Reaktion auf die Erfordernisse meiner Zeit eben so. Aus diesem Grund kam ich mit Leuten zusammen, die ohne sich darüber im Klaren zu sein das Gleiche machten. Sie hatten den Sinn des zwanzigsten Jahrhunderts für das Ganze.

[…]

Normalerweise leben die Romane des neunzehnten Jahrhunderts von der Assoziation; sie rufen für gewöhnlich andere Bilder hervor als das Bild das sie bieten. Ich wollte nicht, wenn ich »Wasser« sagte, an fließendes Wasser denken müssen. Also begann ich mein Vokabular zu begrenzen, weil ich alles bis auf das Bild im Rahmen loswerden wollte. Ich wollte beim Schreiben nicht dass ein Wort das ich verwendete zu viele andere Assoziationen weckte. Ich wollte es so weit wie irgend möglich exakt machen, so exakt wie die Mathematik, wenn also eins und eins zwei sind, wollte ich Wörter von ebendieser Exaktheit. Sie sollten wenn ich sie hinschrieb diese Eigenschaft haben. Die ganze Geschichte meines Schreibens, von *The Making of Americans* an, ist die Geschichte genau hiervon. Ich machte sehr viele Entdeckungen, aber was ich unentwegt versuchte war ebendas.

Eines was mir aufging war dass das zwanzigste Jahrhundert ein Gefühl von Bewegung vermittelt und im Grunde kein Gefühl für Ereignisse hat. Für das zwanzigste Jahrhundert sind Ereignisse unwichtig. Das sollten Sie wissen. Ereignisse sind nicht aufregend. Ereignisse verlieren für die Menschen an Interesse. Wir lesen sie mehr wie ein Tonikum, und wenn wir sie im Radio hören regen wir uns kaum noch auf. Es geht so weit, dass Ereignisse so wundersam sind dass sie nicht aufregen. Nun müssen Sie aber bedenken dass es die Aufgabe des Künstlers ist aufregend zu sein. Wenn eine Sache richtig Leben hat, muss das Ergebnis aufregend sein. Das fiel mir im Krieg auf: ein be-

liebiger Soldat der an der Straßenecke herumstand und nichts tat (und der nachdem er nichts getan hatte sagte, »Dann geh ich mal wieder«) war für die Leute viel aufregender als Soldaten im Einsatz. Die Bevölkerung war leidenschaftlich an ihrem Herumlungern an Straßenecken interessiert, mehr als an dem Angriff auf Saint-Mihiel. Und das ist ganz natürlich. Ereignisse waren so allgegenwärtig geworden dass die Tatsache dass Ereignisse eintraten niemanden mehr bewegte. Drei Männer zu sehen, Fremde, stillstehend, drückte ihr Wesen für den Europäer viel stärker aus als alles andere was sie taten. Das machte mir großen Eindruck. Aber der Roman der erzählt was geschieht interessiert niemanden. Es ist sehr typisch dass in *The Making of Americans*, bei Proust, im *Ulysses* nicht besonders viel geschieht. Die Leute interessieren sich für die Existenz. Zeitungen sind für die Leute wenig aufregend. Manchmal bricht eine Persönlichkeit in den Nachrichten durch – Lindbergh, Dillinger – sofern diese Persönlichkeit voller Leben ist. Nicht das was Dillinger *tat* war für irgendjemanden aufregend. Es ist ein ganz einfaches Gefühl. Sie sehen es in meinen *Four Saints.* Heilige sollten gar nichts tun. Die Tatsache dass es um Heilige geht ist für alle ausreichend. Die *Four Saints* habe ich so statisch geschrieben wie ich nur konnte. Die Heiligen unterhielten sich etwas, und das alles bewirkte etwas. Es bewirkte mehr als es ein Theater vermeintlicher Ereignisse vermocht hat. Für unsere Zwecke, für unsere zeitgenössischen Zwecke, sind Ereignisse nicht wichtig. Ich will damit nur sagen dass Ereignisse seit etwa dreißig Jahren nicht wichtig sind. Sie machen sehr viele Menschen unglücklich, sie mögen in der Geschichte Umwälzungen bringen, aber im Hinblick auf das was aufregend ist, existiert die Art von Aufregung nicht mehr die das neunzehnte Jahrhundert noch aus Ereignissen zog.

Was ich Ihnen also nahezubringen versuche ist dass jeder

zeitgenössische Schriftsteller herausfinden muss was das innere Zeitgefühl seiner Zeit ist. Der Schriftsteller oder Maler oder was immer spürt diese Sache lebhafter, und er hat den unbezwingbaren Drang sie festzuhalten, und genau das macht Kreativität. Er verbringt sein Leben damit diese eine Sache festzuhalten von der er nicht weiß dass sie eine zeitgenössische Sache ist. Hält er nicht das Zeitgenössische fest, ist er kein großer Schriftsteller, denn dann lebt er in der Vergangenheit. Das meine ich mit »alles ist zeitgenössisch«. Die weniger bedeutenden Dichter einer Epoche oder die pretiösen Dichter der Epoche sind Leute die im Schatten der Vergangenheit stehen. Einer der eine Revolution macht muss zeitgenössisch sein. Eine weniger bedeutende Person kann in der Vorstellung leben. Das ist so ziemlich die ganze Geschichte.

Die Frage der Wiederholung ist sehr wichtig. Sie ist wichtig weil es Wiederholung nicht gibt. Jeder und jede erzählt jede Geschichte in etwa der gleichen Weise. Sie wissen genau dass wenn Sie und Ihre Kommilitonen etwas erzählen, Sie dieselbe Geschichte in etwa der gleichen Weise erzählen. Aber die Sache ist die. Jeder und jede erzählt die Geschichte zwar in der gleichen Weise. Wenn Sie aber genau hinhören, dann werden Sie feststellen dass nicht alles an der Geschichte gleich ist. Es gibt immer kleine Variationen. Es kommt jemand herein und Sie erzählen die Geschichte noch mal. Jedes Mal wenn Sie die Geschichte erzählen wird sie ein bisschen anders erzählt. Mein gesamtes frühes Werk bestand darin den vielen Leuten genau zuzuhören wenn sie ihre Geschichten erzählten, und ich kam auf eine Idee die, interessanterweise, dieselbe ist wie im Film. Der Film arbeitet nach dem gleichen Prinzip: jedes Bild ist infinitesimal anders als das vorige. Wenn wir genau hinhören, Sie sagen etwas, ihr Gegenüber sagt etwas, aber jedes Mal verändert es sich ein klei-

nes bisschen, bis Sie schließlich an den Punkt gelangen wo Sie ihr Gegenüber überzeugen oder nicht. Ich hörte immer sehr genau zu was die Leute redeten. Es drängte mich zu kennen was ich ihr »Innerstes« nannte. Und in *The Making of Americans* habe ich das geschafft, aber es gibt aus meiner Sicht natürlich keine Wiederholung. In den frühen Porträts zum Beispiel, und in vielen von denen in einem bestimmten Buch (*Portraits and Prayers*) können Sie sehen dass wann immer über irgendjemanden irgendwo eine Feststellung getroffen wird, diese Feststellung anders ist. Hätte ich wiederholt, würde niemand zuhören. Niemand würde es mit jemandem in einem Zimmer aushalten der dasselbe wieder und wieder und wieder sagte. Er würde alle verrückt machen. Es muss eine leichte Veränderung geben. Hören Sie genau darauf wie Sie reden und Sie werden es jedes Mal ein kleines bisschen verändern. Diese Veränderung war für mich eine sehr wichtige Entdeckung. Sie werden sehen dass ich wenn ich immerzu sagte dieses und jenes sei dieses und jenes oder jemand sei jemand es ein kleines bisschen veränderte bis ich ein ganzes Porträt hatte. Ich hatte die Vorstellung eines allmählichen Aufbaus. Sie beruhte darauf dass jeder aufbaut. Worauf ich hinauswollte war Unmittelbarkeit. Ein Einzelfoto gibt sie nicht her. Das wollte ich also, und deshalb gibt es aus meiner Sicht keine Wiederholung. Das Einzige was Wiederholung ist ist wenn Ihnen jemand sagt was er gehört hat. Egal wie wir es sagen, wir sagen es anders. Das hat mich in meinem gesamten frühen Werk geleitet.

Verstehen Sie, ich wollte, als ich das so vollständig gemacht hatte wie ich konnte, es sofort wieder, wie es meine Art ist, einreißen. Da ging ich die Sache anders an. Ich hörte den Leuten zu. Ich komprimierte auf etwa drei Worte. Und so werden Sie, wenn Sie die späteren Porträts lesen, sehen dass ich drei oder vier Wörter nehme statt daraus Film zu machen. Ich wollte es so

weit als möglich komprimieren und umstellen, bis man die Bewegung eines Menschen bekam. Wenn ich von Ihnen hier ein Bild machen wollte, würde ich warten bis ich von jedem von Ihnen als Individuum ein Bild hätte und dann würde ich das ändern bis ich ein Bild von Ihnen als Gesamtheit hätte.

Ich schrieb die Porträts, und dann wollte ich Stücke machen. Ich hatte die Porträts so fest im Kopf dass ich fast hätte sagen können wie der eine sich vom anderen unterscheidet. Ich hatte Lust Stücke zu schreiben und schrieb sie mit nur wenigen Worten. Ich wollte sie in dieser Weise schreiben, und ich begann Stücke zu schreiben und ich schrieb davon eine ganze Menge. Das neunzehnte Jahrhundert hat eine Menge Stücke hervorgebracht, und heute liest man sie nicht mehr, weil das neunzehnte Jahrhundert versuchte Romane auf die Bühne zu bringen. Ein Stück ist umso besser je statischer es ist. Sobald Sie versuchen ein Stück zum Roman zu machen, funktioniert es nicht mehr. Das war der Grund für mein Interesse an Stücken.

An diesem Punkt gibt es keinen wesentlichen Unterschied mehr zwischen Prosa und Poesie. Das ist im Wesentlichen das Problem mit dem Ihre Generation wird ringen müssen. Wir sind an dem Punkt angelangt da Poesie und Prosa sich der Stasis annehmen müssen. Das ist Ihre Aufgabe.

▶ Donald Vestal, ein Puppenspieler, den Stein im November 1934 auf ihrer Amerikareise in Chicago kennengelernt hatte, schrieb ihr am 13. August 1935 und fragte, ob sie nicht ein Puppenspiel schreiben könne. Stein fand die Idee interessant, und sie komponierte noch im selben Jahr aus kürzeren Passagen ihres Werks *The Geographical History of America or The Relation of Human Nature to the Human Mind* den Text »Identität«. Das Stück wurde Anfang Juni 1936 in Chicago zunächst in kleinem Kreis gegeben und erlebte seine Uraufführung am 9. Juli 1936 in Detroit. Es ist eines von nur fünf Stücken Steins, die zu ihren Lebzeiten inszeniert wurden.

Stück 1

Ich bin ich denn mein kleiner Hund kennt mich. Die Figur wandert alleine weiter.

Der kleine Hund erscheint nicht denn täte er es gäbe es nichts zu fürchten.

Unbekannt ist ob nicht irgendwer der wer ist allein ist und wenn allein wie kann der kleine Hund da sein und wenn der kleine Hund nicht da ist ist er dann allein. Der kleine Hund ist nicht allein weil kein kleiner Hund allein sein kann. Wäre er allein wäre er nicht da.

Also muss das Stück so sein.

Die Person und der Hund sind da und der Hund ist da und die Person ist da und wo ach wo ist ihre Identität, ist die Identität dort irgendwo.

Ich sage zwei Hunde aber sagen wir ein Hund und ein Hund.

Der menschliche Geist.	Der menschliche Geist spielt durchaus.
Der menschliche Geist.	Spielt weil er viel durchspielt.
Menschliche Natur.	Spielt nicht weil sie nicht mitspielt.

Sie mag etwas wollen aber sie spielt nicht mit.

Um also Aufregung und nicht Nervosität ins Spiel zu bringen.

Und dann mit nur dem menschlichen Geist zu spielen.

Lasst uns versuchen.

Das Spiel mit der menschlichen Natur zu machen und nichts von menschlichem Geist.

Pfingstrosen riechen wie Magnolien
Hunde riechen wie Hunde
Menschen riechen nach Mensch

Und Gärten riechen zu verschiedenen Jahreszeiten verschieden.

Stück 2

Probiere das Spiel.
Spielen und spielen lassen.
Neues Spiel.
Es gibt irgendeinen Unterschied zwischen rasten und warten.
Rastet ein kleiner Hund.
Wartet ein kleiner Hund.
Was tut der menschliche Geist.
Was tut die menschliche Natur.

Ein Stück

Es gibt in dem Spiel kein Zwischen.
Ein Spiel kann genauso zwei meinen.
Dann könnte es reichen
Es könnte wirklich reichen müssen.

Der Hund.
Der menschliche Geist.
Menschliche Natur.

Was könnte er tun.
Und der menschliche Geist nun
Der menschlichen Natur ist
nicht darum zu tun.

Was kann ein Hund tun beim Warten noch dazu.
Doch gibt es wenn dir befohlen wurde nicht zu weinen.
Niemand weiß was der menschliche Geist ist bei Trunkenheit.
Alle die einen Großvater haben haben einen Urgroßvater gehabt und dieser Urgroßvater hat einen Vater gehabt. Das stimmt tatsächlich für eine Großmutter die eine Enkelin war und deren Großvater einen Vater hatte.

Und jeden Hund.

Jederzeit kann jeder der schreiben kann jedem schreiben.

Nicht aber Hund.

Ein Hund kann nicht seinerseits schreiben.

Anderes Spiel

Aber. Aber ist die Stelle an der sie aufhören sie zu belasten.

Anderes Spiel

Es spielt keine Rolle was mit jemandem geschieht wenn es keine Rolle spielt was ihm geschieht.

Das kann kein Hund sagen.

Nicht ein Hund kann nie sagen wenn er spielt.

Und so haben Hunde und die menschliche Natur keine Identität.

Es ist erstaunlich dass du wenn du eine ganze Familie kennst sie vergessen kannst.

Anderes Spiel

Ein Mann im Anmarsch.

Ja ein Mann im Anmarsch ist von einigem Nutzen aber wird er überhaupt kommen und sofern er kommt herkommen.

Wie gefällt es euch wenn er kommt und so dreinschaut. Keinesfalls später. Nun jedenfalls kommt er tatsächlich und wenn es ihm gefällt wird er wiederkommen.

Später wenn ein anderer Mann kommt

Kommt er nicht.

Es kommen Mädchen. Mädchen die kommen sind von wenig Nutzen.

Nun jedenfalls kommt er tatsächlich und wenn es ihm gefällt wird er wiederkommen.

Teil IV

Die Frage der Identität

Stück

Ich bin ich denn mein kleiner Hund kennt mich.
Welcher ist es.
Kein welcher ist es.
Sagt es mit Tränen, kein welcher ist es.
Ich bin ich warum.
Habt ihr davon.
Ich bin ich wovon.

I. Akt III. Szene

Ich bin ich denn mein kleiner Hund kennt mich.

I. Akt Szene

Dies ist die Spielart meines Spiels.
Aber ganz und gar nicht wie eins nicht eins ist.

I. Akt I. Szene

Welche ist ich bin ich oder eine andere.
Wer ist eine und eine oder eine ist eine.
Mir gefällt ein Spiel des so und so Tuns und ein Hund mein Hund ist jeder von keinem.
Aber wir wir in Amerika werden nicht ersetzt von einem Hund o nein nein keinesfalls keinesfalls falls ersetzt von einem Hund.

I. Szene

Ein Hund würgt an einem Ball weil es ein Ball ist der jeden würgt.

I. Teil I. Szene

Er hat vergessen dass er an einem Ball würgte nein nicht vergessen weil der nicht der ist der jeden würgt.

I. Szene I. Akt

Ich bin ich denn mein kleiner Hund kennt mich, aber vielleicht auch nicht und wenn wäre ich nicht ich. O nein o nein.

I. Akt Szene

Wenn ein Hund klein ist macht er einen schlauen Eindruck.
Doch später nun später ist der Hund älter.
Also zieht der Hund umher er kennt die er kennt aber macht das einen Unterschied.
Ein Spiel ist genauso.

Chor Es gibt kein links oder rechts ohne Erinnern.

Und Erinnerung.
Es heißt es gebe kein links oder rechts ohne Erinnern.

Chor Aber es gibt im menschlichen Geist kein Erinnern.

Tränen Es gibt im menschlichen Geist keinen Chor.

Das Land ist flach von oben gesehen und für die die ziehen.

Chor Keiner der einen Hund hat vergisst ihn. Lässt ihn aber vielleicht zurück.
Oja lässt ihn womöglich zurück.

Chor Es gibt im menschlichen Geist kein Erinnern.

Und die Folge davon
Mag sein und die Folge
Wenn ich ich bin dann kennt mein kleiner Hund mich.
Der Hund horcht wie sie Essen kochen.
Essen könnte mit dem menschlichen Geist verbunden sein ist es aber nicht.

II. Szene

Und wie gefällt euch was ihr seht
Und wie seid ihr was ihr seid
Und was hat das mit dem menschlichen Geist zu tun.

Chor Und hat das mit dem menschlichen Geist zu tun.

Chor Und ist die menschliche Natur gar nicht interessant.

Ist sie nicht.

II. Szene

Ich bin ich denn mein kleiner Hund kennt mich.

Chor Das sagt über dich nichts aus nur den Hund.

Chor Natürlich kann sich niemand für die menschliche Natur interessieren.

Chor Tut auch niemand.

Chor Niemand interessiert sich für die menschliche Natur.

Chor Nicht mal ein Hund

Chor Hat irgendetwas mit der menschlichen Natur zu tun das Geringste mit irgendetwas zu tun.

Chor Nicht mit einem Hund

Tränen Nicht mit einem Hund.

Chor Ich bin ich denn mein kleiner Hund kennt sich aus

Chor Ja seht ihr sag ich doch die menschliche Natur ist uninteressant.

III. Szene

Und der menschliche Geist.

Chor Und der menschliche Geist

Tränen Und der menschliche Geist

Chor Ja und der menschliche Geist.

Aber ja der menschliche Geist

Hat er irgendetwas zu tun mit ich bin ich denn mein kleiner Hund kennt mich.

Was soll der Chor.

Chor Was soll der Chor.

Jedenfalls stellt sich die Frage der Identität.

Was nützt es ein Junge zu sein wenn du doch zum Mann wirst.

Chor Nein der Hund ist nicht Chor.

II. Szene

Jede Szene kann die II. Szene sein

Chor Und der II. Akt

Nein jeder Akt kann erster und zweiter Akt sein.

II. Szene

Ich bin ich denn mein kleiner Hund kennt mich selbst wenn der kleine Hund ein großer ist und doch macht dass ein kleiner Hund mich kennt mich nicht zu ich nein nicht wirklich denn schließlich hat da ich ich bin ich bin ich nicht wirklich viel damit zu tun dass der kleine Hund mich kennt, er ist mein Publikum, aber ein Publikum beweist dir nie dass du du bist.

Und macht ein kleiner Hund der Lärm macht den gleichen Lärm.

Er kann fast das w in wuff sagen.

Da irre ich mich nicht.

Chor In manchem nicht und in manchem.

I. Szene

Ich bin ich Ja Sir bin ich ich.

Ich bin ich Ma'am bin ich.

Wenn ich ich bin bin ich ich.

Und mein kleiner Hund ist nicht dasselbe wie ich bin ich.

Chor Oder doch.

Mit tränenfeuchten Augen oder doch.

Ma'am oder bin ich ich.

Da haben wir es

Bin ich ich.

Und wenn ich ich bin weil mein kleiner Hund mich kennt bin ich ich.

Sir bin ich ich.

Der Hund antwortet ohne zu fragen denn der Hund ist die Antwort auf alles was ebender Hund ist.

Aber nicht ich.

Tränenlos aber nicht ich.

I. Akt I. Szene

Die Notwendigkeit eines Endes ist nicht die eines Anfangs.

Chor Schön gesagt ist das.

II. Szene

Das Ende des Spiels ist nicht Tages Abend.

IV. Szene

Nachdem es gegeben.

HÖRT DOCH

▶ Das Stück »Hört doch« (*Listen To Me*) aus dem Jahr 1936 ist eines von vielen, die Stein ab 1913 (*LadyStimmen*), vor allem aber in der Zeit zwischen den Weltkriegen, verfasste, der Zeit des Wirkens von Maeterlinck, Pirandello, Brecht, Lorca, Witkiewicz, Girandoux und Kaiser, den Iren Shaw, O'Casey und Yeats, der Zeit aber auch, da Marinetti, Majakowski, Chlebnikow, Tzara, Apollinaire, Schwitters, Breton und Aragon Wort und Bild revolutionierten. Ein Stück, fand Stein, müsse keine Geschichte erzählen, entscheidend sei das unmittelbare Geschehen, seien Vorgänge im Innern, Präsenz und Präsens. Die Bühne war Spielfeld und dramatische Landschaft, performativer Raum mit vielen Fokussen. »Hört doch« hat Züge von einem Krimi: Figuren kommen abhanden, sie fragen sich, wie viele Akte, Szenen, Figuren es eigentlich gibt, sie sind – bis auf den »guten William« und seine »Lillian« (Steins kunstsinnigen, wohlhabenden Freunde Sir Robert und Lady Diana Abdy, potentielle Herausgeber der »Strophischen Meditationen«, die auch in einem ihnen gewidmeten Porträt desselben Jahrs diese Namen tragen) anonym, sind Abstraktionen. Beziehungen zwischen Autor, Text, Leser bzw. Zuschauer geraten in Unordnung, ebenso das Verhältnis von Wissen und Welt, Taten und Untätigkeit (»ein Mensch ist dass er gern hört dass es wohlgetan ist. Ist es nicht wohlgetan ist er tot«).

BRIEFWECHSEL STEIN/VAN VECHTEN

An Carl Van Vechten schrieb Gertrude Stein am 25. März 1936 aus Paris dazu:

»Mein liebster Papa Woojums … Ich arbeite viel, enorm viel, ein Buch und zwei Stücke, das eine ist fertig, ich glaube ganz gut,

über den Guten William und seine Lillian und es heißt Hört Doch, ich habe versucht es wie meine Erinnerungen an die Kirafly-Brüder und ihre Löwenbändiger zu machen, und dann war ich bange dass es zu viel Bedeutung haben könnte aber Mama Woojums gefiel es …«

▶ Aus New York antwortete Carl Van Vechten am 13. April 1936:

Baby Woojums Engelchen,

Dein Brief an W. C. (!) Van Vechten hat mich wohlbehalten erreicht und nicht wenig verblüfft … Ich bin überglücklich und erregt und entzückt aber NICHT überrascht von Deinen Triumphen … Hört Doch klingt immer besser. Es ist ein großartiger Titel; Walt Disney und die Marx Brothers wären von den Socken, ganz zu schweigen von Nietczhe (ich weiß nie wie man den schreibt). Ich bin mir SICHER, dass sie es in eurem französischen Theater machen werden und es wahrscheinlich den Krieg verhindern wird … *Küsschen Euch beiden, Papa Woojums*!

Ein Stück

Es gibt drei Figuren.

Die erste sagt. Kein Nomen wird Omen
Die zweite sagt. Ohnedies alles Luft
Die erste sagt. Wir brauchen Luft
Die dritte sagt. Ohne, dies hat damit wenig zu tun.

Sie kichern

Und dann bleiben sie nicht bei dreien.

Und dann werden sie feierlich und wissen die Welt wird.

Wenn sie wissen die Welt wird.

Ist es nicht üblich dass nottut wo.

Drei Figuren.

Es sind immer mehr als drei Figuren da Luft ist.

Nun frage ich euch wenn ihr mich hört würdet ihr sagen Luft ist.

Also sagen nicht mehr drei Figuren vielmehr alle die da sind.

Hört doch

Soliloquium

Eines Tages ist nicht was sie sagen es ist dort ein Mensch und es ist wohlgetan. Ob er mag oder nicht es ist wohlgetan. Sie hören gern dass es wohlgetan ist. So ist der Mensch er hört gern es ist wohlgetan. Was ist ein Mensch ein Mensch ist dass er gern hört dass es wohlgetan ist. Ist es nicht wohlgetan ist er tot und sie hören gern dass er tot ist wenn es wohlgetan ist. Das ist das eine was ist dass es nun so ist dass er tot ist und es wohlgetan ist.

Sind in einem Stück drei Figuren ist es im Weg.

Es gehen nie mehr als vier Figuren weg.

Ein Chor aus drei Figuren und dann ein Chor aus vier Figuren aber die Figuren die drei Figuren sind sind nicht dieselben Figuren wie die Figuren die vier Figuren sind.

Vier Figuren kommen nun zusammen und denken à part. Sie denken nicht also denken sie apart.

Die vier Figuren.

Erste Figur. Da es nirgends sonst Menschen gibt als hier auf Erden geschieht es nicht leicht dass Menschen sind.

Zweite Figur. Hört doch und das tun sie.
Es ist normal dass es viele gibt
Es ist normal dass es wenige sind
Eine Stadt sagt Wie geht es
Oder eine nur oder zwei.

Die dritte Figur hat ein französisches Gedicht. *Un ecrivain a*
un ecrivain une
amie a un ami
Les années fait
des années.
Si non oui.

Die vierte Figur. Immerhin vergnügten sie sich
Und wenn nicht immerhin hatten sie
Vergnügen.

Nachdem vier Figuren apart gedacht haben und zusammen waren müssen sie es sich stets gegenseitig sagen.

Und das tun sie nun.
Hört doch
Das tun sie nun.
Und folglich nun
Hören sie.

Ein Motto

Warum sollte ach fast nichts sein.

Jeder der nicht zusieht würde sagen

Alles kann die ausführliche Geschichte dessen sein wie sie sich vergnügten wenn es so war.

Vorhang.

Es gibt nie fünf Figuren in hört doch. Warum das.

Der gute William hatte Genie also suchte er es nicht. Er suchte allerdings Lillian und dann hatte er Lillian.

Was zeigt dass fünf Figuren es nicht sind.

Drei vier sieben Figuren ja weil sieben gleich sieben.

Wie hübsch von sieben sieben zu sein.

Die letzte von ihnen spricht als erste.

Wovon spricht sie. Sie spricht von der großen Schwierigkeit wovon zu handeln.

Handelt. Er sagt. Handelt.

Wovon. Er sagt. Und worum geht es.

Darum was vorgeht.

Was vorgeht führt ein anderes Wort ein und das ist so gut wie ja.

Es sind sieben Figuren und die letzte gesprochen.

Nun wird die vorletzte sprechen.

Alles was in ihm steckte dem guten William erwies sich als nicht in ihm vielmehr hochzuhalten damit jeder der zusähe sähe. Der liebe gute William.

Die drittletzte spricht nun was nicht dasselbe ist wie die gegenwärtig spricht. Ist aber.

Er sagt. Ich bin nun vierzig ulkig nicht. Ich bin nun vierzig und das ist ulkig.

Die viertletzte hat keinen Grund nicht ohne Gefühle zu sein. Er muss immerzu daran denken dass er sie vorher nicht hatte.

Tja wer ist das Genie sagte er und sie sagte tja. Die vierte vor der am Ende wäre das die dritte naja die vierte sagte nicht tja wer ist das Genie.

Die fünfte vor der am Ende sagte. Was ist ein Genie sagte sie und er sagte was ist ein Genie, und sie antworteten beide gleich wer ist ein Genie. Als sie beide gleich antworteten sagten sie tja was ist ein Genie.

Dann dann sprach die zweite von vorne langsamer und sagte.

Es ist stets gut darzutun was getan wird.

Und die erste die erste von den sieben sagte in Gedanken. Was ist ein einsilbiges Wort ist es leichter zu verstehen als eines von mehreren. Das frage ich mich, jedenfalls ist alles und jedes die Geschichte allen und jeden Lebens. Keine Geschichte ist interessant obwohl ich sie immer höre und sie müssen ein Ende erfinden und wenn es einen nicht zum Weinen bringt und sie bringt nichts zum Weinen weil niemandem gelingt sie zum Weinen zu bringen und es so kein Ende gibt. Das macht Geschichten zu dem was sie sind und nun will ich eine erzählen. Das sagt die erste von den sieben gegenwärtig, doch just in dem Moment müssen sie alle tun was man ihnen sagt.

Und so sagen sie insgesamt, ich wünschte einsilbige Worte wären so gewaltig wie alt. Ich werde in einsilbigen Worten sagen was immer zu sagen ist nicht sehr gut aber eben gut.

Und so gab es keinen Vorhang.

Vorhang ist ein Wort aus zwei Silben.

Wirklich.

Und da sie gerade niemand störte konnten sie hören und so hörten sie dies.

Der gute William hatte also Genie und konnte deshalb ausführlich eine Geschichte dessen erzählen wie sie sich vergnügten. Aber er hatte nicht seine Lillian, er suchte Lillian und des-

halb konnte er nicht die ausführliche Geschichte dessen erzählen wie sie sich vergnügten.

Vorhang.

Danach vergaß der gute William nie was. Vergessen ist sich nicht erinnern aber sich erinnern ist nicht vergessen.

Erster Akt

Der gute William und Lillian

Und so war der gute William nervös wie es seine Art war.

Und der gute William sagte da der gute William sagte.

Es ist immer gut darzutun was getan worden ist.

Und dann sah der gute William seine Lillian und sie sagten.

Er hatte an seinem Geburtstag Geburtstag.

Und er sagte

Alles was in ihm steckte dem guten William erwies sich als nicht in ihm vielmehr hochzuhalten damit jeder der zusähe sie sähe.

Der gute William.

Geseufzt wird nicht.

Lillian

Not ist nicht beliebter als Notnagel.

Guter William

Und Kraut zu jäten ist nicht beliebter als Nesseln.

Guter William

Was wir sehen ist nicht dann wenn wir was tun.

Lillian

Was.

Und sie legte sich auf ein Sofa.

Alle fünf Figuren stürzten herbei.

Aber es sind nicht fünf

Nicht mal nicht künftig.

Der gute William machte jederzeit an jedem Weg Halt.

Lillian Lillian ist nicht bleibend oder geblieben wie der gute William.

Nun stellt euch eine Szene hier auf Erden vor und es entstehen so viele wie da sind und nicht sind. Sie waren mit ihrem Gepäck so sorglos und Gepäck verringert sich allmählich, zumindest fanden sie eine Stelle wo weiteres unterzubringen war so dass es anderswo weniger gab.

Das hatte Lillian als Segen.

Und der gute William, der Gute hatte Lillian.

Also redeten so oft wie jedermann alle Figuren durcheinander.

Reden ist angenehm wenn es aussieht wie geschrieben.

Das sagten drei als sie fünf waren.

Aber es sind nie fünf.

Keiner buchstäblich keiner muss sich an irgendetwas erinnern.

Sie müssen gedanklich alt sein und sie dürfen sich an nichts erinnern.

Was alles sofern allmählich sich wenn es langsam geht langsam vollzieht.

O möge ich Euch bleiben.

Guter William.

Er erweckt den guten William.

Vorhang.

Alle sagen es gebe keine Lillian für den guten William.

Und der gute William

Der gute William sagt es gibt keinen guten William für den guten William.

Alles hat sich verändert.

Es gibt keinen guten William.

Alles hat sich verändert

Es gibt Lillian.

Und dann die Säume von Gewändern alle sieben breiten Gewänder aus wo Gewänder waren.

Der gute William. Es ängstigt nicht der gute William zu sein.

Und nun ist die ganze Welt voller Menschen das heißt sie ist überzogen mit ihnen und niemand weiß wie irgendwer aussieht und das ist kein Problem für einen guten William.

Der gute William sagt genug ist genug aber er meint es nicht. Täte er es wäre Lillian dann Lillian.

Täte er es wäre Lillian.

Und so ist die ganze Welt überzogen mit gutem William nicht gutem William.

Die Welt ist überzogen mit Lillian allseits Lillian.

Und wie sollte es eine Welt geben wegen dem guten William.

Niemand antwortet genügend.

Es gibt eine Beschreibung der Welt überzogen mit gutem William.

Vorhang.

Sehr wahrscheinlich muss sich niemand derzeit erinnern.

Der gute William.

Sie kamen um zu sehen zu sagen zu sagen lieber lieber guter William.

Sie gingen nicht fort um Lillian sein zu müssen.

Und so bedeutet zu guter Letzt dem guten William nichts.

Denn wenn die Welt überzogen ist dann ist nichts wenn kein guter William mehr ist.

Aber der gute William ist

Der gute William hatte sein Genie und suchte Lillian.

Er hatte seine Lillian.

Nun mochte die Welt mit dem überzogen sein was sie ist.

Sie mochte.

Und wenn sie es wäre wäre wäre.
Ist sie.
Wäre
Das Ist.
Und wenn sie ist.
Wäre.
Nun wenn sie ist.
Wäre wenn sie ist.
Nun wisst ihr es.
Fünf
Drei
Acht
Wisst ihr schon
Habt ihr vergessen dass es drei vier und sieben waren.
Nun ich würde schmunzeln wenn Schmunzeln dem guten William und seiner Lillian zu Gesicht stünde.
Und so ist die Welt überzogen mit gutem William.
Und seiner Lillian.
Mit dem guten William und seiner Lillian.
Und so macht es keinen Unterschied
Der sich lieber erinnern sollte sich zu erinnern.
Und der lieber vergessen sollte zu vergessen
Dass es keinen Unterschied macht
Hört doch
Lieber guter William und Lillian.

Vorhang.

Zweiter Akt

Die drei Figuren und manchmal zwei kommen zusammen und gucken ohne sich zu setzen grimmig.

Erste Figur. Warum tut ihr was ihr tut.

Zweite Figur. Wenn die Erde nicht mit Wasser überzogen ist was ist Wasser.

Dritte Figur. Wenn die Luft nicht mit Luft durchzogen ist wieso erdreistet er sich.

Zwei sagen zusammen dass sie mit allem Schluss machen.

Drei und zwei sind nicht fünf weil fünf eine Zahl ist die sie nicht benutzen also sind drei und zwei sechs.

Erste Figur. Die erste Figur ist nicht einsam wenn aus Schach Dame wird.

Aber sagte die andere diese Wörter kann niemand benutzen weil diese Wörter sich wandeln.

O sagte die andere können Wörter sich wandeln.

Nun sagte die andere Wörter können sich nicht wandeln aber jeder irgendwas wegtun.

Wohin sagte die andere kann wer was tun.

Warum nicht wenn er es doch tut.

Wird von nicht mehr als einer auf einmal gesagt.

Das richtet alles so gut ein dass sie sehr bald und umgehend nicht mehr würdigen können was ihnen gefällt.

Die erste Figur. Was gefällt ihnen.

Sie alle.

Nun klingt das nicht nach dem guten William.

Was würde ihnen gefallen.

Dem guten William hat nichts gefehlt.

Niemand ist gewagter also ist der gute William nie nervös.

Alle die alt sind sind älter.

Fünf Figuren. Denkt daran dass sie nie sind.

Spielt es eine Rolle dass es keine fünf Figuren gibt wo so viele Nationen gehorsam sind.

Der gute William hat Nationen nie gekannt.

Und Lillian,

Lillian hat nie etwas von etwas gespalten und so ist die Erde die Erde und die Erde die die Erde ist ist die Erde wie sie ist, es gibt ein Zögern nicht inner- sondern außerhalb, was, es gibt kein Zögern inner- wie außerhalb, was heißt, es möge euch nicht gefallen was nicht gefallen kann, innerhalb, sehr leise treten fünf ein.

Innerhalb kürzester Zeit ist keine Zeit.

Was hatten die zwei und die drei schließlich getan, und was die vier und die sechs. Manche können bis acht zählen aber hatten sie es je versucht.

Der gute William sagte das hätten sie nicht.

Vorhang.

Es ist ganz hübsch dass die ganze Erde überzogen ist mit Menschen und wo alle zählen kann keiner fünf zählen. Sie können zwei zählen und drei und vier und sechs und sieben aber sie können nicht fünf zählen und acht nicht wirklich fünf und nicht wirklich acht.

Und allenfalls täglich.

Erste Figur. Manche zählen acht täglich.

Zweite Figur. Niemand bestreitet dass die Erde überzogen ist mit Menschen und da es keine Menschen gibt außer auf dieser Erde sind Menschen Menschen.

Dritte Figur. Und wie ist das mit dem Zählen.

Alle. Was tun wir wenn wir nicht tun was wir tun.

Weder der gute William noch Lillian ist verloren.

Alle zusammen. Wie sollten sie verlorengehen wo die Erde mit Menschen überzogen ist.

Der gute William und Lillian. Mit Menschen.

Alle zusammen alle Figuren zusammen. Die ganze Erde ist überzogen mit Menschen und so ist keiner verloren weil da die

ganze Erde überzogen ist mit Menschen Menschen Menschen sind.

Plötzlich beginnt inmitten des Schweigens jemand zu reden.

Der gute William hat nichts gehört.

Die erste Figur. Ich bitte um Geduld, denn ich gehe.

Zweite Figur. Wohin

Dritte Figur. Dorthin wohin ich gehe.

Vierte Figur. Und warst du dort schon

Fünfte Figur. Ich bin dort.

Oja sagte die erste Figur ich war dort.

Der zweiten Figur gefällt was immer geschieht.

Gelegentlich geschieht nichts.

Dritte Figur. Was ist der Unterschied zwischen dem was erlaubt ist.

Die zweite Figur ist nervös.

Der gute William war ist es aber nicht mehr.

Da nicht alles das geschehen ist wird es Zeit sich umzusehen, keine der Figuren sagt es noch muss es sonst jemand sagen aber dennoch geschieht genau das, es geschieht ebenso oft wie mehr beinahe bereit alles ist als einst.

Und der gute William ist sehr glücklich wie nicht da er nun nicht mehr nervös sein muss und sehr oft ist er sehr wahrscheinlich nicht mehr nervös. Ist er es dann ist er es und ist er nicht länger nervös.

Was also obwohl niemand es sagt geschieht nun eigentlich wirklich.

Es geschieht das sagt zwar niemand aber es ist so es geschieht.

Es fällt kein Vorhang weil es wirklich geschieht.

Naja es geschieht aber naja ist ein Zögern und da es ein Zögern gibt sagen sie naja.

Also sagen sie doch etwas.

Alle zusammen sagen sie

Naja.

Weiß irgendjemand genau wie viele Figuren es gibt.

Das ist eine Frage.

Und da die Erde mit Menschen überzogen ist ist es keine Frage denn hört doch weiß irgendjemand mit Sicherheit wie viele Figuren es gibt.

Erste Figur. Zählen kann ich sie.

Zweite Figur. Zähl sie.

Dritte Figur. Ich zähl sie

Vierte Figur. Es hat keinen Zweck sie zu zählen

Fünfte Figur. Dazu musst du sie zählen

Vorhang.

Es ist wunderlich aber alle sagen der ersten Figur nach sie sei apart.

Erste Figur. Ich weiß ich bin

Zweite Figur. Wer sagt das

Dritte Figur. Was haben sie dir gesagt

Vierte Figur. Wenn sie es dir gesagt haben hast du es gewusst oder hast du nur gewusst dass sie es dir gesagt haben.

Fünfte Figur. Am besten erkennt man die erste Figur wenn man guckt.

Alle zusammen. Wer die erste Figur ist.

Alle zusammen. Die erste Figur.

Nach einer kleinen Pause sagt die erste Figur, Was spielt es schließlich für eine Rolle.

Danach sagt die erste Figur.

Aber schließlich spielt es doch eine Rolle.

Die erste Figur. Keinen Gedanken daran es zu sagen.

Die erste Figur. Nein, keinen Gedanken daran es zu sagen

Die erste Figur. Keinen Gedanken daran irgendetwas zu sagen.

Die erste Figur. Nein keinen Gedanken daran irgendetwas zu sagen.

Vorhang.

Es fällt sehr leicht am Morgen nicht sonderlich lebendig zu sein weil die Erde vollkommen überzogen ist mit Menschen.

Vorhang.

Jeder Vorhang ist ein Vorhang aber kein Vorhang probt den Vorhang als Vorhang.

Ein Vorhang ist alt wenn ein Bett dahinter vermutet wird und plötzlich niemand weiß weshalb ein Vorhang entfällt.

Erste Figur. Es gibt keinen Ort wo Tische sind weil die Erde aus Gold gemacht ist.

Zweite Figur. Weil die Erde aus Gold ist scheint kein Glück so alt.

Dritte Figur. Hört doch auf andere nicht

Vierte Figur. Keine Mutter auf die andre

Fünfte Figur. Wenn die Erde überzogen ist mit Menschen und das ist sie und sie überziehen wie sie es tun die ganze Erde wie sie ist dann hat weder der eine noch ein anderer das Problem miteinander allein zu sein wo sie sind.

Denkt daran dass es nirgends eine fünfte Figur gibt.

Chor der Figuren. Denkt daran

Chor der Figuren. Dass es nirgends eine fünfte Figur gibt.

Indem ihr gelegentlich daran denkt dass es eben so viele Menschen gibt.

Nirgendwo als auf dieser Erde gibt es so viele allerlei Menschen und nirgendwo als auf dieser Erde gibt es einen guten William der sein Genie hatte und dann seine Lillian suchte.

Erste Figur.	Wenn du irgendetwas suchen müsstest auf dieser Erde was würdest du tun.
Guter William.	Zu zählen beginnen.
Lillian.	Wie viele würdest du zählen.
Erste Figur.	Eine beliebige Million.
Zweite Figur.	Wenn du millionenfach zähltest ergäbe es dann eine Billion.
Dritte Figur.	Nicht nötig wenn es nie weniger sind als sechs oder zwei.
Vierte Figur.	Nicht fünf oder acht
Fünfte Figur.	Keine fünf wird künftig leben.
Sechste Figur.	Zählen zählt nicht zählen lassen.
Siebte Figur.	Und so wird die Einzahl gezählt.
Achte Figur.	Keine von mir.
Alle Figuren zusammen.	Es gibt keine achte Figur.

Da seufzt der gute William.

Seufzen ist nicht allein normal vielmehr nie normal für den guten William.

Der gute William meint nicht den guten William er meint nur dass die Erde ganz überzogen ist mit Menschen und alles so wie es der gute William sagt, es der gute William macht der gute William ist der gute William.

Guter William

Es ist unnötig dass der gute William sagt dass die ganze Erde überzogen ist mit gutem William aber der gute William weiß dass der gute William weiß dass er dass er weiß dass der gute William der gute William ist.

Und so werden alle Verfechter des Fechtens.

Was ist ein Gefecht.

Erste Figur.	Was was ist ist Licht

Zweite Figur. Was was ist ist Macht.

Dritte Figur. Hörte ich etwas von einsilbigen Worten.

Vierte Figur. Ja das mag sein

Fünfte Figur. Wenn es einsilbige Wörter gibt gibt es vielleicht eine Figur fünf.

Alle Figuren. Es gibt keine fünfte Figur.

Die sechste Figur. Ich kann einsilbige Wörter in solche aus zweien verwandeln

Siebte Figur. Und das tat er

Achte Figur. Tat er nicht

Alle Figuren. Es gibt eine neunte Figur.

Neunte Figur. Und er tat gut daran.

Der gute William hört nicht er lauscht.

Er lauscht und während er lauscht stehen alle bereit die Erde vollkommen zu überziehen und die Erde keiner weiß es aber auf der Erde ist viel Wasser, keiner weiß etwas davon das ist so als wüsste niemand davon und Lillian, Lillian macht aus dem Quell sehr schön so viel Wasser wie da ist.

Der gute William nicht nein der gute William nicht.

Das klingt nach Konfusion aber Konfusion hat mehr als zwei Silben.

Jeder kann sonst was zählen er kann Silben zählen und Menschen und ein jedes ist jedes aber der gute William ist nie der gute William und Lillian ist Lillian selbst Lillian.

Die dritte Figur unterbricht die Erde und die Erde ist vollkommen überzogen mit Menschen.

Jeder kann sorgsam sein bei dem was er tut.

Sagt der gute William und Lillian.

Und sind sie es nicht was tun sie dann.

Was tun sie dann sagt der gute William und sagt Lillian.

Vorhang.

Fünfzehn Figuren husten zusammen.

Was haben sie gesehen.

Sie haben gesehen was sie sagten

Was haben sie gesagt

Sie haben gesagt was sie sahen.

So geschah es den fünfzehn.

Und nach einer Weile.

Es gibt für fünfzehn keine Weile.

Noch für sechsundvierzig.

Es gibt keine Weile für sechsundvierzig.

Also ist zählen traurig.

Figur. Und jeder zählt.

Zweite Figur. Und wer ist König

Dritte Figur. König ist eine Herrschaft mit Namen

Vierte Figur. Und wie lautet der Name

Fünfte Figur. Der Name ist König.

Alle Figuren. Dann gibt es eine fünfte Figur.

Fünfte Figur. Ja weil sie zählen kann.

Vorhang.

Dritter Akt

Die Welt ist ganz überzogen mit Menschen.

Da die Menschen die Welt ganz überziehen ist die Welt ganz überzogen mit Menschen.

Und keiner glaubt was er hört.

Keiner hört dass die Welt ganz mit Menschen überzogen ist aber das ist sie. Und jeder kann zählen und tut es.

Erste Figur. Ich wünschte der gute William und seine Lillian könnten zählen.

Alle folgen der ersten Figur herum und er geht nicht verloren. Wenn sie verlorengeht ist sie verwirrt gewesen weil der gute Wil-

liam nervös war. Der gute William ist nervös und das ist auch Lillian aber Lillian ist nicht nervös kein bisschen nervös und das ist auch der gute William.

Auf diese Weise geht die erste Figur verloren.

Als die erste Figur sich verliert findet sie die zweite Figur sie verlieren die zweite Figur und dabei fragt sich wie geht das wo die Erde doch ganz überzogen ist mit Menschen und wie können sie da die zweite Figur verlieren.

Hört doch

Wie können sie die zweite Figur verlieren.

Welche Figur haben sie verloren.

Sie haben die zweite Figur verlegt.

Vorhang.

Sobald sie wissen dass sie die zweite Figur verloren haben gibt es keinen Vorhang und sie wissen dass sie die zweite Figur nicht verlieren können weil die Erde überzogen ist mit Menschen.

Die zweite Figur. Es gibt eine zweite Figur
Die dritte Figur. Es gibt eine dritte Figur
Die vierte Figur. Es gibt eine fünfte Figur
Die fünfte Figur. Es gibt keine fünfte Figur

Vorhang.

Der gute William plante Grün.
Der gute William plante Tümpel.
Tümpel zwei Silben
Grün eine
Der gute William plante was da war.
War eine Silbe
Da eine Silbe
Was eine Silbe
Plante. Zwei Silben

Der gute William plante Grün und Brunnen und bewunderte sein Werk.

Der gute William plante weiterhin Grün und Brunnen und bewunderte sein Werk weiterhin.

Der gute William hatte sein Genie.

Der gute William hatte seine Silben

Der gute William hatte Wasser aber kein Wasser in seinen Gewässern der gute William hatte Wasser in seinen Wasserfällen

Wasserfall Drei Silben aus zwei Silben und einer

Und so kam der gute William dazu.

Zu zwei Silben

Kam eine Silbe

Um die andere

Dazu eine zu sein

Heute hat niemand etwas dagegen dass irgendetwas zusammen kommt.

Der gute William hatte sein Genie und er suchte seine Lillian.

Wusste Lillian dass die Welt vollkommen überzogen ist mit Menschen wie sie es ist

Lillian hatte nichts mit Silben zu tun. Silben sind nicht so

Und nun gibt es Handlung.

Handlung hat zwei Silben

Vorhang.

Handlung just so wie es so ist

Vorhang.

Jeder der heute zählt zählt nicht einmal täglich. Das würde Lillian sagen wäre der gute William nicht im Weg.

Der gute William kann nicht weg. Wie kann der gute William bleiben wenn sie heute zählen oder nicht zählen.

Keineswegs ist jeder Tag eine Wortart

Vorhang.

Der gute William kann erstaunlicherweise nicht weg.

Vorhang.

Der gute William ist nicht von irgendetwas umgeben die Erde ist es die überzogen ist mit Menschen und der gute William hat einen Brunnen.

Er hatte sein Genie aber jetzt hat er seinen Brunnen und er hat hat hat eine Silbe hat seine Lillian gehabt Zwei Silben

Bereitet euch nun auf den Plan vor ein- und abzutreten. Ein und umher.

Treten zwei Silben

Ein eine Silbe

Und eine Silbe

Ab eine Silbe

Umher zwei Silben.

Und alles verblüffend.

Drei Silben.

Ihr seht warum der gute William es oft ist. Sehr oft.

Alle sehen es alles kommen.

Vorhang.

Der gute William gelegentlich auf Rechnung.

Alle drei starren.

Wenn ihr sagt dass die Erde über und die Luft überall durchüberzogen ist dann ist nichts zu machen außer es so zu machen. Und das machen sie.

Der gute William wenn er Genie hätte und das hatte er hätte ebendas zu tun. Er hatte auch nach Lillian zu suchen.

Die Szene ist die vollkommen mit Menschen überzogene Erde und die Luft und nirgends sonst.

Natürlich nicht weil da die Luft und die Erde sind und vollkommen überzogen mit allem sonst.

Was also sollen sie tun sie können nicht mehr auf die Erde zurückkehren.

Erste Figur. Nicht tun

Zweite Figur. Was sie zu tun haben.

Dritte Figur. Weil sie es zu tun nicht haben.

Vierte Figur. Weil es getan.

Fünfte Figur. Was ist getan

Sechste Figur. Die Erde und die Luft daran.

Alle zusammen. Oje die Erde und die Luft und ich dachte sie wäre überall sonst.

Siebte Figur. Nein nicht überall sonst

Achte Figur. Keineswegs weil überall sonst Menschen sind

Alle Figuren zusammen. Ob es gefällt oder nicht überall sonst sind sie auf der Erde und in der Luft.

Neunte Figur. Alle übergehen das Wasser.

Alle zusammen. Niemand ist ganz überall sonst
Wohin du also starren kannst.

Guter William. Und was ist ein Genie

Lieber guter William. Wo ist das Genie

Lieber guter William. Wieso ist das Genie

Lieber guter William. Wann ist das Genie

Lieber guter William. Der gute William hatte sein Genie und er suchte seine Lillian.

Erste Szene dritter Akt ist nun zu Ende und die zweite Szene hat begonnen, in der zweiten Szene ist es keine Frage dass nichts zu machen ist.

Zweite Szene
Der Mond

Erste Figur. Kein Hund bellt den Mond an.

Zweite Figur. Der Mond scheint und kein Hund bellt

Dritte Figur. Nein nirgends auf der Welt.

Vierte Figur. Weil überall irgendwo Lichter sind und so weiß kein Hund von einem Mond irgendwo

Fünfte Figur. Also bellt heute kein Hund den Mond an nein nirgendwo auf der Welt.

Erste Figur. Und der Mond macht niemanden irre nein nirgendwo heut auf der Welt.

Zweite Figur. Weil allerorts so viele Lichter sind.

Dritte Figur. Dass das Licht das der Mond gibt nichts gilt.

Vierte Figur. Also ist niemand irre allerorts.

Fünfte Figur. Weil allerorts so viel Lichter sind.

Erste Figur. Also spielt es dort keine Rolle

Zweite Figur. Die Sonne ja die spielt ja eine Rolle

Dritte Figur. Aber der Mond der Mond spielt keine Rolle

Vierte Figur. Weil allerorts so viele Lichter sind dass jeder Hund weiß dass allnächtlich allerorts Lichter sind.

Fünfte Figur. Also bellt allerorts kein Hund den Mond an.

Alle Figuren. Das ist erkannt
Und uns bekannt
Weil wir uns fragten warum,
Warum bellten die Hunde den Mond nicht an.
Was sie nicht taten aber warum
Eben darum
Weil überall allerorts Lichter sind.
Und ebendas meinten sie mit nie gestern.

Dritte Szene

Nach kurzer Zeit übernehmen alle Figuren ihren Part.

Wie viele Figuren gibt es.

So viele es gibt

Und wie wissen sie dass es keinen Mond gibt.

Sie wissen dass es einen Mond gibt aber eben viele Lichter die größer sind

Er ist da der Mond.

Aber darauf kann kein Hund

Was geben.

Und tut es eben auch nicht.

Vierte Szene

Nun kommen sehr feierlich alle Figuren nicht zusammen.

Erste Figur. Wie sollten sie wenn die Erde überzogen ist mit allen und jedem.

Zweite Figur. Und was würden sie schon groß tun wenn sie's täten

Dritte Figur. Es ist nie besser eine Figur weiter kommen zu lassen da die Erde insgesamt überzogen ist und jede Lichtquelle heller als der Mond.

Vierte Figur. Oja größer und heller

Fünfte Figur. Als der Mond.

Fünfte Szene

Was geschah als die Erde gänzlich überzogen war was sie war

Es geschah dies dass es nie ein Gestern vor dem Heute gab und kein morgen nach gestern.

Erste Figur. Und alle sagten ja ja

Zweite Figur. Und alle sagten obzwar

Dritte Figur. Und sie sagten
Vierte Figur. Es gebe nicht Frage und Antwort.

Wie ihr seht existiert die fünfte Figur nicht und das ist normal o so normal wenn die Welt überzogen ist mit allen und jedem.

Jetzt wo diese Szene stattfinden soll findet sie nicht statt keine Szene hat statt aber sie soll hier und da stattfinden.

Wenn hier und da findet sie da nicht statt.

Das weiß jeder Hund nun vom Mond.

Und diesmal soll es fünf Hunde geben die nicht den Mond anbellen und der fünfte spielt keine Rolle noch tut es sofern das eine Rolle spielt einer der anderen vier.

Alle Hunde. Es ist sehr nötig dass sie nicht bellen und es begibt sich dass der Mond nichts gilt weil da so viel hellere Lichter sind.

Und so wird jeder Hund wissen dass luna mit lunatisch nichts mehr zu tun hat.

In dieser Szene soll überdies die Erde gänzlich überzogen sein und kein Hund soll den Mond anbellen.

Fünfte Szene

Es gibt keine fünfte Szene.

Sechste Szene

Sobald was geschieht keine Rolle mehr spielt essen alle und jeder besser und so soll in dieser Szene gekocht werden.

Es wird die Zubereitung von Apfel- und Bananen-Beignets geben und Butterscotch-Keksen, und sobald nichts geschieht essen alle besser.

Essen hat nichts mit gestern oder morgen zu tun oder damit dass die Erde all überall überzogen ist mit Menschen oder Hunde nicht den Mond anbellen wegen der so viel helleren Lichtquellen

und das Wort lunatisch nichts darüber aussagt dass der Mond scheint hernach.

Siebte Szene

Kochen.

Erste Figur. Butter

Zweite Figur. Eier

Dritte Figur. Hühner

Vierte Figur. Fleisch

Fünfte Figur. Alles was sonst eine Rolle spielt

Und nun machen sich alle Figuren ans Essen.

Was unnötig ist wenn hernach noch etwas geschehen soll aber ach überaus nötig wenn danach nichts mehr geschehen soll und da demnach nichts geschehen soll machen sich alle Figuren ans Essen.

Vierte Figur. Essen heißt essen

Zweite Figur. Es gibt kein hernach

Dritte Figur. Es gibt keine Butter

Vierte Figur. Keine Butter

Fünfte Figur. Zu essen.

Sechste Figur. Es gibt Butter

Siebte Figur. Zu essen

Achte Figur. Und es gibt nichts.

Neunte Figur. Danach.

Eine Figur. Die Erde ist mit lauter Menschen überzogen

Alle Figuren. Ja ja

Vorhang.

Guter William
Lieber guter William
Es gibt keine Figuren außer dem guten William
Der gute William sagt
Was wer tun kann
Einsilbig
Was wer tut
Einsilbig obwohl es nicht so klingt
Was wer tun kann
Es gibt keine Figuren außer dem guten William
Der gute William ist nie ganz allein
Also gibt es keine Figuren wo ein guter William ist

Der gute William. Auf einmal ist Krieg
Auf einmal hat drei Silben
Es gibt Krieg
Alles einsilbig

Der gute William. Auf einmal ist Krieg.

Der gute William. Was ist auf einmal ist Krieg.

Der gute William. Die Erde ist überzogen mit Menschen wenn dies der Fall ist dann ist nicht auf einmal Krieg.

Denn wenn nun mal die Erde mit Menschen überzogen ist dann ist auf einmal nicht einmal.

Der gute William. Auf einmal ist Krieg

Der gute William. Wenn die Erde was sie ist allerorts überzogen ist mit Menschen dann gibt es auf einmal nicht mehr auf einmal.

Der gute William weint nie und spricht sich nie aus
Der gute William weint nie
Der gute William spricht sich nie aus.
Auf einmal ist Krieg.

Ist die Erde wie sie es ist überzogen mit allen und jedem wie sie es sind dann wird es nie wieder auf einmal auf einmal geben.

Was heißt das für uns

Alles einsilbig

Der gute William. Was heißt uns.

Der gute William hatte sein Genie und suchte seine Lillian.

Der gute William.

Vorhang.

Der gute William hatte Genie und er suchte seine Lillian.

Es gibt kein auf einmal mehr.

Der gute William

Der gute William hatte sein Genie und er suchte seine Lillian.

Es gab Menschen da und dort allerorten.

Der gute William. Es gibt Menschen dort und da allerorten.

Lillian. Es gibt Menschen da und dort allerorten.

Auf einmal hatte der gute William sein Genie und er suchte seine Lillian.

Vorhang.

Auf einmal gibt es auf einmal nicht.

Es gibt Menschen allerorts.

Der gute William. Welcherorts

Lillian. Allerorts.

Der gute William. Und gefällt mir das.

Lillian. Es gefällt dir nicht.

Der gute William. Vororts.

Vorhang.

Das ist ein Wort.

Es sind Menschen auf Erden allerorts.

Auf einmal ist nicht einmal mancherorts.

Der gute William. Gefällt mir auf einmal dass es das mancherorts nicht gibt.

Der gute William. Gefällt mir vororts dass es Menschen allerorts auf Erden gibt.

Der gute William. Allerorts.

Lillian. Vielerorts.

Der gute William. Kein Krieg wird von neuem begonnen denn Krieg ist auf einmal und an keinem Ort denn es gibt allerorts Menschen auf Erden.

Der gute William. Habe ich es gesagt wie ich schon sagte.

Der gute William. Ausgesagt.

Der gute William. Gesagt wenn es was sagte

Der gute William. Etwas zu sagen hatte.

Der gute William. Habe ich etwas zu sagen gehabt.

Der gute William hatte sein Genie und suchte seine Lillian.

Der gute William. Sagte es wäre besser nicht vorherzusehen was zu sagen wäre.

Der gute William. So.

Auf einmal war wo vorher keiner war Krieg
Fast alles einsilbig.
Auf ein Mal
Alles einsilbig
Auf einmal.
Meistenteils
Keine Einsilber
Auf ein Mal
Alles einsilbig.

Der gute William störte sich nicht an einsilbigen Worten noch vielmehr mehr Silben.

Den guten William störten Kriege nicht.

Der gute William. Störten sie.

Der gute William. Eher nie

Eher ist ein kleines Wort hat aber zwei Silben.

Kleines Wort mit zwei Silben

Eher.

Der gute William. Nicht ehe er sich störte.

Nachdem die Erde überzogen war allerorts mit Menschen was sie ist.

Der gute William. Daher nicht

Der gute William. Seither nicht

Der gute William. Seither eher

Kleine Wörter zwei Silben.

Eher daher seither.

Es gibt daher kein seither im Krieg daher keinen Krieg.

Daher seither eher nicht.

Der gute William hatte sein Genie und seine Lillian.

Der gute William hatte sein Genie

Der gute William hatte seine Lillian

Der gute William

Hatte sein Genie

Der gute William

Hatte seine Lillian.

Der gute William sprach e nie von sich e hat keine Silbe nicht einmal eine.

Kann ein Buchstabe einsilbig sein.

Der gute William fragte nicht alle und jeden.

Wie kann jemand alle und jeden fragen wenn die Erde allerorts überzogen ist mit allen und jedem.

Der gute William fragte jemanden.

Der gute William.

Der liebe gute William

Vorhang und Ende des Dritten Akts.

Erste Figur. Noch mehr

Zweite Figur. Wenn du es noch mal sagst sag es noch mal

Dritte Figur. Sag es noch mal

Vierte Figur. Nein sag es noch mal

Fünfte Figur. Hört doch wie ich es noch einmal sage

Sechste Figur. Sag es sag es noch mehr

Siebte Figur. Sag es mehr und mehr

Achte Figur. Sag was du sagst

Die einsilbigen Worte.

Noch mal

Alle Figuren.

Wählten sagen als zu sagendes Wort weil es zu sagen das ist was sie sagen.

Der gute William war nicht da war er nie noch war es Lillian

Vorhang.

Es ist Sonntagnachmittag und die Vögel singen manche in kleinen Verkaufskäfigen.

Erste Figur. Sie machten die erste zur Witzfigur

Zweite Figur. Die zweite zur Witzfigur zu machen fiel leicht

Dritte Figur. Eine auf einmal es ist leicht eine auf einmal zu sein.

Vierte Figur. Da jeder weiß was jeder weiß.

Fünfte Figur. Denkmäler werden oft gut sichtbar errichtet

Sechste Figur. Es ist schade dass die sechste Figur nach der fünften kommt.

Alle Figuren. Der gute William hatte sein Genie und er suchte seine Lillian, wir hoffen wir hoffen zu wissen dass er seine Lillian gefunden hat und dass der gute William Genie hat.

Alle Figuren. Wäre es ein Sonntagnachmittag käme der Sonntag vor dem Montag.

Der gute William. Sonntag ist Sonntagnachmittag kommt aber nicht nach dem Samstag noch vor dem Montag.

Lillian. Der gute William hat seine Lillian gefunden.

Vorhang.

Die Erde ist allerorts mit Menschen überzogen und sie kümmert das nicht mehr.

Alle Figuren die hier sind sagen sie waren es vorher nicht.

Erste Figur. Vorher

Zweite Figur. Niemand weiß vorher.

Mehr als einsilbige Worte.

Dritte Figur. Fang am anderen Ende an

Vierte Figur. Das andere Ende hat vorher angefangen.

Fünfte Figur. Wie kann es ein anderes Ende geben wenn die Erde rund ist.

Alle Figuren in Tränen. Wenn die Erde rund ist und allerorts überzogen mit Menschen.

Nach kurzem Schweigen weint niemand.

Nach weiterem Schweigen meint es niemand zu dürfen.

Dann setzen sich alle zusammen hin.

Die Erde ist allseits überzogen mit Menschen und sie sitzen alle.

Erste Figur. Es werden weitere Vorbereitungen getroffen

Zweite Figur. Zum Aufstehen

Dritte Figur. Nein zum Platznehmen.

Vierte Figur. Platznehmen hat so viele Silben.

Fünfte Figur. Gar nicht wahr

Sechste Figur. Die fünfte Figur versteht nichts von Silben.

Siebte Figur. Gar nicht wahr

Achte Figur.	Es ist so oft geschehen dass alle tot sind.
Neunte Figur.	Gar nicht wahr
Alle Figuren.	Die Erde ist allseits überzogen mit Menschen.
Alle Figuren.	Gar nicht wahr
Der gute William.	Alles soweit
Lillian.	Ich denke nie um.
Der gute William.	Soweit.
Alle Figuren.	Der gute William
Alle Figuren.	Und Lillian
Alle Figuren.	Gar nicht

Nach kurzem Schweigen herrscht kein Schweigen herrscht kein Schweigen seither oder eher.

Alle Figuren.	Wie das nicht
	Einsilbig
Alle Figuren.	Weil es kein Seither und Eher gibt.

Zwei Silben.

Der gute William

Und so wächst allmählich dieses Verständnis der Silben.

Was keine ist hat mehr als eine Silbe zwei oder mehr. Seither und eher.

Seither ist kein Schweigen.

Schweigen. Zwei Silben.

Zwei Silben Schweigen

Jeder sollte es besser wissen als Silben sollte es besser wissen.

Der gute William. Silben müssen sein

Es gibt keinen Streit der es besser macht daher lacht sie.

Vierte Figur.	Silbe eins
	Einsilber
	Sie lacht
Zweite Figur.	Man arrangiert sich.

Sie die Menschen alle allerorts auf der Erde und es gibt Menschen allerorts auf der Erde setzen sich alle hin.

Das sind Arrangements

Drei Silben in Arrangements

Und das bringt sie nie zu Ende.

Oja das sehe ich

Dass du mich siehst

Und wenn du siehst

Dass ich dich sehe

Dann musst du doch sehen

Dass du mich siehst

Was du auch tust.

Das führt zu einer Krise im Leben des guten William.

Vorhang.

Lillian insgesamt Lillian.

Es gibt keinen Grund zu einem guten William.

Ein dunkler Tag da geh weg unbekannt war.

An nichts kann man nie genug haben.

Der gute William sagte nie was.

Der gute William. Sagte wieso kommst du nicht.

Der gute William. Sagte wieso

Der gute William sagte wieso kommst du nicht wenn du doch kommst.

Der gute William fügte hinzu.

Fügte hinzu den guten William.

Es war kein dunkler Tag und es gab einen Gehweg.

Der gute William. Sehr ausgesprochen war es sehr viel besser.

Der gute William. Wann war es sehr viel besser

Der gute William. Es war nicht sehr viel besser.

Der gute William hatte nichts damit zu tun dass es ein dunkler Tag war und kein Gehweg da und ein hellerer Tag ohne Gehweg.

Er interessierte sich sehr für Gehwege konnte sich jedoch nie dazu durchringen Tümpel wo es Wasser oder nicht gab für wirklich für sich zu halten aber von größerer Bedeutung.

Zwischenzeitlich war nicht noch mal.

Er hatte vergessen dass dies die allerorts mit Menschen überzogene Erde war aber vergessen vergessen zu haben war keine Erinnerung.

Gleich hatte er einen hellen Gedanken.

Ihm kam der Gedanke dass wenn er kein Wasser als Tümpel hätte und natürlich hatte er das ebenso wie wenig würde er sein würde er nichts wahrscheinlicher machen können und doch wenn keineswegs wahrscheinlich wäre dass die Erde wäre wenn nicht wieso nicht und wieso nur überzogen allerorts mit Menschen. Auf den Gedanken wäre er nie gekommen dass besser nicht.

Der gute William war oft hoffnungsfroh.

Was ist die Erde. Der gute William fragte das meinte aber nicht.

Der gute William. Was ist die Erde

Der gute William. Mir gefällt es das nicht zu wissen.

Der gute William. Mir gefällt nicht zu wissen wo es keinen Unterschied gibt.

Unterschied hat so viele Silben.

Der gute William ist nie entmutigt.

Wie die Erde kann er dafür sorgen dass es sie nie wieder gibt.

Der gute William. Doch wird er nie ermutigt

Der gute William. Würde hoffen dass ihm gefiele dass es nie dazu käme dass sie alle Menschen nie da wären.

Der gute William. Es gibt niemanden weil es mir gefällt.

Der gute William. Weil es mir gefällt gibt es niemanden gibt

	es keine Erde und ist sie nicht allerorts mit Menschen überzogen.
Lillian.	Es gibt einen Wunsch
Lillian.	Es gibt ein Pferd
Lillian.	Es gibt einen Kopf
Lillian.	Es gibt ein Auge
Lillian.	Es gibt ein Knien
Lillian.	Es gibt den Wunsch wenn ich im Auge des Pferds knie und wünsche.

Der gute William war nicht da.

Vorhang.

Fünfter Akt

Alle Figuren sind im fünften Akt.

Es ist interessant wenn es stimmt dass alle Figuren im fünften Akt sind.

Aber es gibt die Fünf nie.

Erste Figur.	Nie
Zweite Figur.	Nie eine Fünf
Dritte Figur.	Jeder kann nach Belieben wählen was es nie gibt.
Vierte Figur.	Wählen

Fünfte Figur (sehr wie fünfte Figur). Keine Wahl.

Sechste Figur.	Es gibt keinen fünften Akt aber eine fünfte Figur.
Siebte Figur.	Für sich allein bedeutet alles.
Achte Figur.	Hin und wieder meinen sie dass sie sich wünschten bei ihnen wäre alles gut.
Neunte Figur.	Sehr gut
Zehnte Figur.	Sehr sehr gut.

Vorhang.

Ist die Erde allerorten allseits überzogen mit Menschen sieht niemand sie alle.

Erste Figur. Und wenn jemand wieso nie.

Alle Figuren. Am Ende ist es im Grunde so.

Alle Figuren. Am Ende geschieht nie wieder.

Alle Figuren. Ist es so.

Alle Figuren. Vielleicht ist die Figur Dreisilber.

Alle Figuren. Vielleicht

Alle Figuren. Und spielt eine Rolle

Alle Figuren. Vielleicht

Alle Figuren. Dass es die Erde gibt und Menschen sie allerorts überziehen.

Alle Figuren. Vielleicht.

Alle Figuren. Warum gibt es keinen guten William der Genie hat und seine Lillian sucht im Fünften Akt.

Alle Figuren. Warum nicht.

Alle Figuren. Wegen des nicht.

Alle Figuren. Warum gibt es keinen Fünften Akt

Alle Figuren. Versteht sich

Alle Figuren. Versteht sich dass sich versteht dass nicht

Alle Figuren. Kein Fünfter Akt

Alle Figuren. Nein nie.

Alle Figuren. Versteht sich.

Alle Figuren. Es könnte jede Zahl sein.

Alle Figuren. Versteht sich nicht.

Alle Figuren. Versteht sich dass es jede Zahl sein kann

Alle Figuren. Wie die

Alle Figuren. Versteht sich

Alle Figuren. Versteht sich nicht nicht.

Alle Figuren. Folglich stimmt dass insgesamt jede Zahl unstimmig sein kann.

Alle Figuren. Gern so arrangieren dass es keine Nummer fünf gibt.

Und so zählen sie.

Alle Figuren. Wenn sie und wir

Alle Figuren. Die Erde allerorts allseits mit Menschen überzogen ist und niemand fünf zählt.

Alle Figuren. Niemand

Alle Figuren. Zählt fünf

Vorhang.

Sechster Akt

Der gute William erscheint just zum Stelldichein.

Vorhang.

Alle Akte. Mit jedem beliebigen Akt

Was ist Spiel.

Erster Akt. Was ist Spiel.

Erster Akt. Spiel ist was sie wieder tun.

Erster Akt. Oja zweifellos Spiel

Erster Akt. Oja zweifellos ist Spiel was sie wieder.

Erster Akt barsch. Oja Spiel ist zweifellos Spiel was sie wieder tun.

Zweiter Akt. Was ist die Erde

Zweiter Akt. Die Erde ist alles in allem mit und ohne Wasser.

Zweiter Akt. Mit und ohne Donner

Zweiter Akt. Nein mit und ohne Wasser.

Zweiter Akt. So ist die Erde mit und ohne Wasser.

Dritter Akt. Und was sind Menschen.

Dritter Akt. Menschen sind über und über

Dritter Akt. Meinst du dir über

Dritter Akt. Nein ich habe sie nicht über.

Dritter Akt. Meinst du also nicht du meinst nicht über.

Dritter Akt (nicht sehr bekümmert). Nein ich meine nicht über und über alles überall und selbst wenn würde ich es nicht einmal dann wenn ich es über und über hätte.

Dritter Akt. Warum nicht

Dritter Akt. Wegen des nicht

Dritter Akt. Weil wenn die Erde über und über mit Menschen überzogen sie einem nicht über sein können

Dritter Akt. Nicht über

Bedenken Sie bitte dass über zwei Silben hat und es deswegen Ärger gibt. Ärger hat auch zwei Silben.

Vierter Akt. Und was ist die Luft.

Vierter Akt. Die Luft ist überall sonst.

Vierter Akt. Die Luft ist was sonst ist.

Bedenken Sie bitte dass alles einsilbig ist und daher nützlich. Es erzeugt kein Gefühl, es verspricht viel, es ist eine Freude, es geht von alleine, es ist allerhand.

Vierter Akt. Die Luft ist allerhand

Vierter Akt. Versteht sich sie ist allerhand

Vierter Akt. Allerhand was

Vierter Akt. Allerhand ist das.

Vierter Akt. Die Luft ist allerhand

Vierter Akt. Versteht sich dass sie allerhand ist.

Vierter Akt. Versteht sich dass

Vierter Akt. Die Luft

Vierter Akt. Allerhand

Vierter Akt. Ist.

Fünfter Akt. Und der gute William
Fünfter Akt. Und seine Lillian
Fünfter Akt. Sagt
Fünfter Akt. Fand der liebe gute William
Fünfter Akt. Denn seine Lillian.
Sechster Akt. Der gute William hatte sein Genie
Sechster Akt. Und suchte seine Lillian
Sechster Akt. Der liebe gute William hat Genie.
Sechster Akt. Und er suchte seine Lillian
Sechster Akt. Die Vergangenheit hat nichts stets nichts mit dem guten William zu tun.
Sechster Akt. Denn
Sechster Akt. Es kann nie genug nichts geben.
Sechster Akt. Nicht für den lieben guten William
Sechster Akt. Nicht für die Suche nach seiner Lillian
Sechster Akt. Guter William lieber guter William
Und nun drohte der sechste Akt zu vergessen.
Sechster Akt. Es ist nicht leicht sich zu erinnern was man vergisst.
Sechster Akt. Nicht aber für den guten William.
Sechster Akt. Der gute William muss sich nie zu vergessen erinnern.
Sechster Akt. Lieber guter William
Sechster Akt. Und seine Lillian

Vorhang.

Alle Akte zusammen beginnen nun laut vorzulesen, sie haben nicht erfahren was sie wissen und sie haben nicht gehört was sie hören aber ganz gelegentlich lesen sie zusammen laut vor und hören am Ende ganz gelegentlich was sie sagen.

Hört doch wie alle Akte gemeinsam hören was sie sagen.

Sie hören nun.

Alle Akte zusammen.

Soliloquium.

Denn egal ob oder nicht
Anzunehmen ist oder nicht
Dass Silben sich ändern
Babys sich untereinander
Verständigen über
Ob oder nicht.
Wer hinguckt sieht dass es so ist.
Denkt an Silben
Denkt so ist es
Das woraus allgemein Akte bestehen.
Akt
Einsilbig
All
Einsilbig
Gemein
Mehr als ein
Aber fasse oder erfasse nie niemals einsilbig.
Und so wissen die Akte allgemein
So als sagten sie es im Verein.
Dass zusammenfassen zu fassen
Nicht einsilbig sein kann.

Akte allgemein. Und so
Akte allgemein. Die Erde

Akte allgemein. Allerorts überzogen mit allen
Und so
Einsilbig
Und so
Einsilbig
Ist es so
Einsilbig

Die Akte allgemein sagen es nicht allgemein obwohl sie im Allgemeinen wissen dass es so ist.

Akte allgemein. So kam es
Dass die Erde
Da ist

Erster Akt. Ja

Zweiter Akt. Ja

Akte allgemein. Sie kam
Nicht um zu gehen
Sondern zu gehen
Und zu kommen

Dritter Akt. Einsilber sind nicht Wege

Dritter Akt. Aus diesem Grund habe ich gesagt es sei nicht gut ein- und an der Nase herumgeführt zu werden.

Vierter Akt. Bestimmung

Fünfter Akt. Manche sagen sie schauen hin ehe sie handeln sie schauen nicht um zu sehen was sie gesehen haben sie schauen um zwei zu eins zu zählen.

Fünfter Akt. Zwei zu eins macht fünf.

Akte allgemein. Triumph für Akt Fünf

Akt Eins. Wenn ich es tue

Akt Zwei. Aber tust du doch nun

Akt Drei. Was soll ich tun
Akt Vier. Was du eben tust

Fünfter Akt.

Ich hatte meinen Triumph um zu triumphieren muss es mehr als eine Silbe geben.

Fünfter Akt

Triumph

Vierter Akt

Ich hatte einen Triumph

Akte allgemein. Alle skandieren
Hinfort mit dir.
Triumph und hinfort haben zwei Silben.
Fünfter Akt. Mir gefällt was ich hab
Akte allgemein. Fünf einsilbig
Und dann sagen sie unbetrübt dort
Akt Fünf kann niemals fort.
Weil er nie da war
Akt Fünf lieber fünfter Akt
So nackt.

Während all dies ängstlich geschieht, ist der gute William in Vergessenheit geraten. Ihm gefällt es wissen zu lassen dass es keine Weide ist wenn der Weg durchgeht es ihm gefällt im Dunkeln zu lassen dass es ebenso oft neu gemacht wird.

Lieber guter William Dürften wir erfahren was wir haben.
Lieber guter William Bedenkt dass Ähnlichkeit nichts damit zu tun hat sie wandeln sich nicht sie kümmert es nicht, sie haben es nicht nötig hinter anderen herzulaufen denn so

der liebe gute William was wäre für sie
der bessere Weg.

Der gute William geht stets behutsam mit ihren Gefühlen um selbst wenn er weiß wie leid es ihm tut. Es tut ihm sehr leid dass er behutsam mit ihren Gefühlen umgeht selbst wenn er weiß wie leid es ihm tut.

So ist der gute William er ist sehr behutsam mit Gefühlen es tut ihm sehr leid es tut ihm sehr leid wie behutsam er mit Gefühlen ist so ist der gute William er leidet.

So ist der gute William.

Es ist nicht schade dass William zwei Silben hat gar nicht.

Der gute William hütet sich zu sagen dass Akte allgemein sind er sagt mit Nachdruck dass es ihm nicht sonderlich leid tut dass er mit Nachdruck sagt dass er nicht sehr behutsam mit ihren Gefühlen umgeht er geht behutsam um mit ihren Gefühlen es tut ihm sehr leid dass er sagte dass Akte nicht allgemein sind. So ist der gute William er sagt mit Nachdruck dass Akte nicht allgemein sind.

Akte allgemein. Alle Akte sind nie zusammen nichts ist je zusammen es gibt keinen ersten Akt keinen zweiten Akt keinen dritten Akt keinen vierten Akt keinen sechsten Akt aber einen fünften Akt.

Akt fünf
Nein fünf Akteure
Agieren
Fünf Akteure
Agieren
Ja im fünften Akt
Nach kurzer Zeit antwortet der gute William.
Ja ich bin hier.

Also gut.

Wer ist da.

Wer ist da

Ich bin es.

Der gute William antwortet dass er sich hütet jemandes Gefühle zu verletzen und es ihm leid tut.

Erste Figur. Der gute William hatte sein Genie und er suchte seine Lillian

Fünfter Akt

Es ist keine Last der fünfte Akt zu sein

Vorhang.

Das Stück endet nun detektivisch, sie sehen sich ähnlich und sie sehen nacheinander und sie finden sich.

Erste Figur. Wenn ich die erste Figur bin woher wissen sie dass ich nicht die zweite Figur bin.

Zweite Figur. Wer denn.

Zweite Figur. *Nicht so laut.* Wer denn.

Dritte Figur. Wenn ich einem Fremden begegne wie weiß ich dass er fremd ist.

Vierte Figur. Wer denn

Zweite Figur. *Genauso laut.* Wer denn.

Dritte Figur. Wenn ich ausschaue wie die neunte Figur wie schaue ich aus

Erste Figur. Wer kann ausschauen

Alle Figuren. Wir können ausschauen

Die neunte Figur. Wenn ich ausschaue

Achte Figur. Wenn du ausschaust

Fünfte Figur. Was siehst du wenn du ausschaust.

Vierte Figur. Der eine von dem ich weiß ist keiner der es wissen sollte.

Dritte Figur. Nein
Vierte Figur. O nein.
Erste Figur. Es gibt kein nein im nein.

Alle Figuren die ausgeschaut haben sehen den guten William der nirgends zu sehen ist. Sie zählen acht er ist zu sehen sie zählen fünf und sehen ihn nicht sie zählen eins und sehen ihn nicht.

Der gute William ist nicht zu sehen.

Sie zählen fünf hintereinander weg er ist weg.

Vorhang.

Der ersten Figur scheint es zu gefallen.

Der zweiten Figur scheint es bei nochmaligem Überlegen zu gefallen.

Die dritte Figur gesteht schließlich dass sie wahrscheinlich nicht genommen wird

Die vierte Figur will nicht wissen wozu genommen sondern ob es Ärger gibt.

Die fünfte Figur zwingt alle alle in Ruhe zu lassen

Die sechste Figur befindet recht zufrieden dass sowie jemand eintritt es der ist den er sah.

Die siebte Figur sagt gut so.

Alle Figuren zusammen. Am Ende gibt es oder gibt es nicht jemanden der eintritt und jemand anderen empfiehlt obwohl es zu keiner Zeit nicht mehr als einen gibt.

Da wünschen sich alle Figuren dass sie ermittelten.

Also die erste Figur.

Es spielt keine Rolle wer der andere ist weil nicht mehr als einer.

Die zweite Figur. Weil niemand
Die dritte Figur. Der wer ist
Die vierte Figur. Weder noch.

Die fünfte Figur. Doch wenn sie kämen
Die sechste Figur. Sie kommen aber doch
Die siebte Figur. Nur niemand niemand niemand
Die achte Figur. Ja in der Tat ich sah sie

Also was war die ganze Zeit diese ganze Zeit.

Nun selbst wenn wir nie zusammen waren wären wir zusammengekommen.

Selbst wären wir nie zusammen gewesen
Ja zusammen
Selbst wären wir
Nie zusammengekommen.
Selbst wären wir also nie zusammen gewesen.

Vierte Figur. Sind wir
Zweite Figur. Zusammengekommen
Dritte Figur. Nicht versammelt
Vierte Figur. Allesamt.
Fünfte Figur. Nicht zusammen
Sechste Figur. Noch nicht zusammengekommen.
Alle Figuren. Und so geschieht es. Was geschieht ist dass von den Figuren keine zusammen sind wenn sie jetzt noch nicht zusammengekommen sind keine der Figuren ist mit anderen zusammengekommen keiner der Akte ist mit keiner der Figuren zusammengekommen und wenn sie nicht zusammengekommen sind dann sind sie jetzt noch nicht zusammen.

Und der gute William.
Der gute William ist nicht zusammengekommen
Der gute William ist noch nicht zusammengekommen
Der liebe gute William ist nicht noch nicht zusammengekom-

men. Der liebe gute William ist noch nicht nicht zusammengekommen und Lillian nun Lillian Lillian ist zusammengekommen. Ist Lillian zusammengekommen ja Lillian ist zusammengekommen doch der gute William der liebe gute William und Lillian nur Lillian und die Figuren von denen keine bisher zusammengekommen sind und alle Akte die allesamt noch nicht nicht zusammengekommen sind bislang.

Und der Vorhang. Der Vorhang ist zusammengekommen noch nicht zusammengekommen und der Vorhang ist zusammen.

Der Vorhang ist zusammen.

Vorhang.

Nach dem Vorhang.

Ich mag Vorhänge weil ein Vorhang immer einen Vorhang zu sehen bekommt.
Wer den Vorhang sieht weiß dass es danach nicht ein zwei drei ist.

Ein Vorhang hat zwei Silben und ist als solcher Vorhang.

Einsilbig.

Wie würde mir das gefallen es könnte so sein man könnte sagen dass es wahr ist dass eins zwei ist und zwei drei und drei vier und fünf zwei und eins eins ist und ein Vorhang kommen und kommen kann, eines der wenigen Wörter hier das zwei Silben hat ist Vorhang, eines der wenigen Wörter mit zwei Silben ist William eines der wenigen Wörter mit zwei Silben ist Lillian eines der wenigen Wörter mit drei Silben ist Figuren, der Akt hingegen ist einsilbig.

Agieren
Vorhang
Figuren
Figuren
Vorhang

Gibt es den Akt
Es gibt keinen und einen
Niemand ist mit jemand anderem zusammengekommen
Der Vorhang Kann Kommen.
Vorhang.

▶ Gertrude Stein schrieb drei »Kinderbücher«: *Die Welt ist rund* (1938), die Lesefibel *The First Reader* und das Abc-Buch *To Do: Alphabets and Birthdays* (1948 und 1957 posthum veröffentlicht). Von diesen war *Die Welt ist rund* bei weitem das erfolgreichste. Die von William R. Scott 1939 in New York verlegte, auf wunderbar leuchtend rosa Papier gedruckte und von Clement Hurd illustrierte Ausgabe ist der »französischen Rose« Rose Lucy Renée Anne d'Aiguy gewidmet, Tochter von Nachbarn Steins in Bilignin. Die beliebten Hurd-Illustrationen inspirierten das Kaufhaus W & J Sloane 1939 sogar zu eigenen Teppichdesigns: den »Nursery Steins«.

»Rose ist ein junges Mädchen, das einen Berg besteigt. Sie hat einen blauen Klappstuhl bei sich und ein Taschenmesser. Mit ihm ritzt sie in die Rinde eines Baumes ihren Namen. Und weil der Baum rund ist, ritzt sie weiter. Rose ist eine Rose ist eine Rose. Eine einfache Geschichte um einen einfachen Satz. Sie handelt von Rose und ihrem Cousin Willie, von Billie dem Löwen und Liebes dem Hund, von Sternen, Gipfeln, Regenbögen und einem jungen Mädchen, das gern singt.«

Aus Platzgründen kann hier nur das erste Kapitel wiedergegeben werden.

I
Rose ist eine Rose

Vor langer Zeit war die Welt rund und du kamst auf ihr rings herum.

Allerorts war ein Dort und allerorts waren Männer Frauen Kinder Hunde Rinder Wildschweine Kaninchen Katzen Eidechsen und Tiere. So war das. Und sie alle Hunde Katzen Schafe

Kaninchen und Eidechsen und Kinder sie alle wollten allen alles davon erzählen und sie wollten alles von sich erzählen.

Und dann war da noch Rose.

Rose war ihr Name und sie wäre selbst dann Rose gewesen wäre ihr Name nicht Rose gewesen. Sie dachte das und bedachte das.

Wäre sie Rose gewesen wenn ihr Name nicht Rose gewesen wäre und wäre sie Rose gewesen wäre sie Zwilling.

Rose war trotz alledem ihr Name und der Name ihres Vaters war Bob und der Name ihrer Mutter Kate und der Name ihres Onkels war William und der Name ihrer Tante war Gloria und der Name ihrer Großmutter war Lucy. Sie alle hatten Namen und ihr Name war Rose aber wäre sie, darüber weinte sie manchmal wäre sie denn auch Rose gewesen wäre ihr Name nicht Rose gewesen.

Ich sage euch damals war die Welt ganz rund und du kamst auf ihr rings rund herum.

Rose hatte zwei Hunde einen großen weißen der Liebes hieß, und einen kleinen schwarzen der Pépé hieß, der kleine schwarze gehörte ihr nicht aber sie behauptete das, er gehörte einem Nachbarn und mochte Rose nicht und das hatte seinen Grund, denn als Rose klein war, jetzt war sie neun und neun war nicht mehr so klein, nein Rose war nicht klein, wie dem auch sei sie hatte als sie klein war eines Tages den kleinen Pépé dabei und sie sagte ihm er solle das und das tun, Rose sagte gern allen was sie zu tun hatten, jedenfalls tat sie das gern als sie klein war, jetzt war sie fast zehn also sagte sie nicht mehr allen was sie zu tun hätten aber damals tat sie es und eben auch Pépé und Pépé wollte nicht tun was sie sagte, er wusste nicht was sie wollte aber selbst wenn er es gewusst hätte hätte er es nicht tun wollen, niemand will einfach tun was ihm andere sagen, also tat Pépé es nicht, und Rose sperrte ihn ein. Der arme kleine Pépé er hatte gelernt nie

drinnen zu machen was er draußen sollte aber er war so nervös da ganz allein dass er doch machte, der arme kleine Pépé. Und dann kam er frei und es waren reihenweise Leute dabei aber der kleine Pépé ließ sich nicht beirren er lief stracks zwischen den vielen Beinen durch bis er die von Rose fand und dann ging er hin und biss sie ins Bein und dann lief er weg und das kann man ihm schlecht verdenken, oder. Nie hatte er sonst wen gebissen. Und nie wieder sagte er Rose guten Tag und Rose sagte seither Pépé sei ihr Hund obwohl er es nicht war, damit sie vergessen könnte dass er ihr nie guten Tag sagen wollte. Denn wenn er ihr Hund war war nichts dabei dann musste er ihr nicht guten Tag sagen aber Rose wusste Bescheid und Pépé wusste Bescheid oja sie wussten beide Bescheid.

Rose und ihr großer weißer Hund Liebes waren nett miteinander sie sangen zusammen Lieder dies waren die Lieder die sie sangen.

Liebes trank sein Wasser und das Trinken das ging so, genau wie ein Lied ein lustiges Lied und wenn er das tat sang Rose ihr Lied. Dies war das Lied.

Ich bin ein kleines Mädchen und mein Name ist Rose, Rose ist mein Name.
Wieso bin ich kleines Mädchen
Und wieso ist mein Name Rose
Und wann bin ich kleines Mädchen
Und wann ist mein Name Rose
Und wo bin ich kleines Mädchen
Und wo ist mein Name Rose
Und welches kleine Mädchen bin ich bin ich das kleine Mädchen mit dem Namen Rose welches kleine Mädchen mit dem Namen Rose.

Und sie sang ihr Lied und sie sang es während Liebes trank.

Wieso bin ich kleines Mädchen
Wo bin ich kleines Mädchen
Wann bin ich kleines Mädchen
Welches kleine Mädchen
Bin ich

Und das zu singen machte sie so traurig dass sie anfing zu weinen.

Und weil sie weinte weinte auch Liebes er hob den Kopf zum Himmel und begann zu heulen und er und Rose und Rose und er heulten und weinten und weinten und heulten bis sie es ließen und ihre Tränen versiegten.

Und die ganze Zeit über blieb die Welt einfach rund.

► Als der Alice M. Ditson Fund der Columbia University 1945 bei Virgil Thomson eine Oper in Auftrag gab, fragte dieser Gertrude Stein, ob sie Interesse an einer neuerlichen Zusammenarbeit habe. Stein bejahte, und man traf sich im Oktober in Paris. Thomson interessierte sich für die politischen Verhältnisse im Amerika des 19. Jahrhunderts; Stein, nicht eben als erklärte Frauenrechtlerin bekannt, schlug ihm als Stoff das Leben der amerikanischen Suffragette Susan Brownell Anthony vor.

Sie machte sich sogleich ans Werk, recherchierte in der American Library in Paris und ließ sich auch aus New York Material schicken. Im März 1946 überreichte sie Thomson das von ihr als »Historienspiel« bezeichnete Libretto, das ihm offenbar gut gefiel. Im Mai setzten Komponist und Librettistin sich noch einmal zur Bearbeitung zusammen. »Unser aller Mutter« sollte Gertrude Steins letzte Arbeit werden; sie starb am 27. Juli 1946. Die Oper wurde am 7. Mai 1947 in der Brander Matthews Hall der Columbia University uraufgeführt. Weitere Aufführungen gab es 1956 Off-Broadway, 1976 in Santa Fe, 1979 in London (europäische Uraufführung), 2000 an der New York City Opera und 2003 an der Oper in San Francisco.

Auch wenn Stein nicht im engeren Sinne Feministin war, so ist die Wahl der Figur Susan Anthonys (s. a. *Fernhurst,* S. 31) so verwunderlich nicht: Stein hatte nach ihrer einstigen starken und fast ausschließlichen Identifizierung mit männlichem Genie im Laufe der Jahre zu einer eigenen weiblichen Identität gefunden und fühlte sich Anthony gewiss verbunden – immerhin eine starke, unabhängige Persönlichkeit, die lange, wie Stein selbst, um Anerkennung hatte kämpfen müssen und schließlich doch noch, durch ihre Schriften wie auch gezielte Aktionen, entscheidenden Einfluss auf die amerikanische Politik nahm. Der Verfassungszusatz (Anthony Amendment), der den Frauen das Wahlrecht sicherte, wurde allerdings erst 1920 verabschiedet und ratifiziert.

Neben Anthony führt Stein, unbekümmert anachronistisch, historische Figuren aus den verschiedensten Epochen ein: den konservativen Politiker und Befürworter der Sklaverei Daniel Webster, der – wie seine Gegenspielerin Anthony – aus eigenen Reden zitiert, den 17. Präsidenten der Vereinigten Staaten Andrew Jackson, den Abolitionisten Thaddeus Stevens, den Initiator amerikanischer Zensurgesetze Anthony Lovestock, den sechsten amerikanischen Präsidenten John Quincy Adams, den Bühnenstar Lillian Russell und nicht zuletzt den Unionsbefehlshaber und 18. Präsidenten der Vereinigten Staaten Ulysses S. Grant, der über den Lärm und über seinen – viel späteren – Nachfolger Dwight D. Eisenhower lästert. Auch Freunde Steins treten in der Oper auf: Virgil Thomson selbst, die amerikanische Bühnenautorin Constance Fletcher, der französische Maler Jean (»Herman«) Atlan und Donald Gallup, Bibliothekar in Yale, der Steins posthumes Werk herausgeben sollte. Auch »Jo der Störer« (der Journalist Joseph Barry) und seine Verlobte Indiana Eliot (nach der von Stein bewunderten George Eliot und George Sands Werk »Indiana«) haben reale Vorbilder. Susan B. Anthony und ihre Gefährtin Anne wiederum sind zweifellos Alter Egos von Gertrude Stein und Alice B. Toklas.

Steins Blick auf den langen Kampf Anthonys fällt eher nüchtern aus: Im Lichte der einstigen Hoffnungen erscheint das Erreichte dürftig. Als ihre Weggefährtin (Dr. Anna Howard Shaw) ihr versichert, der Tag werde kommen, da auch die Frauen wählen würden, erwidert Anthony: »Bis dahin wird es ihnen nichts mehr nützen, wenn sie durch das Wahlrecht werden wie Männer.«

[…]

Zweiter Akt Zweite Szene

Susan B. Werde ich es bedauern geboren worden zu sein, werde ich es bedauern geboren wor-

	den zu sein, soll und will, will und soll, bedaure ich geboren worden zu sein.
Anne.	Ist Henrietta M. eine Schwester von Angel More.
Susan B.	Nein, einst fand ich Schwestern sollten Schwestern sein, und Schwestern sollten Schwestern vorziehen, und mich.
Anne.	Ist Angel More die Schwester von Henrietta M. Ich muss es unbedingt wissen muss es unbedingt.
Susan B.	Ja unbedingt.
Anne.	Eine Indiana Elliot gibt es andere Elliots außer Indiana Elliot. Ich muss es unbedingt wissen, ganz unbedingt.
Susan B.	Sollten wir uns erregen oder sollten wir die Erregung dämpfen damit sie später umso lauter hervorbricht, sollten wir uns erregen sollten wir das.
Anne.	Gibt es noch andere Elliots außer Indiana Elliot, hatte sie Schwestern oder Kusinen, ich muss es unbedingt wissen muss es ganz unbedingt.
Susan B.	Ein Leben wird nie für ein Leben gegeben, wenn ein Leben gegeben wird ist ein Leben verloren, wenn kein Leben verlorengeht gibt es keinen Platz für mehr Leben, Leben und Kampf, ich gebe mein Leben, will sagen, ich lebe täglich mein Leben.
Anne.	Und Isabel Wentworth, ist sie älter oder jünger als sie war ich muss unbedingt genau wissen wie alt sie ist. Ich muss eine Liste

erstellen das muss ich wie alt alle sind ich muss es unbedingt wissen.

Susan B. Ich bin bereit.

Anne. Wir haben vergessen wir haben Jenny Reefer vergessen, ich weiß nicht einmal wer sie ist, ich muss unbedingt wissen wer Jenny Reefer ist muss es unbedingt.

Susan B. Und vielleicht müssen wir unbedingt wissen wer Lillian Russell ist, vielleicht müssen wir das unbedingt.

Anne. Wir müssen nicht wissen wer Lillian Russell ist.

Susan B. Also weißt du es.

Anne. Ich muss nicht unbedingt wissen wer Lillian Russell ist.

Susan B. Ich muss wählen ich wähle, Männer und Frauen Frauen und Männer wählte ich. Ich muss wählen farbig oder weiß weiß oder farbig ich muss wählen, ich muss wählen, schwach oder stark, stark oder schwach muss ich wählen.

(Alle Männer treten gemeinsam vor)

Susan B. Ich muss wählen.

Jo der Störer. Kampf Kampf Kampf zwischen dem Nigger und dem Weißen.

Chris Zivilist. Und den Frauen.

Andrew J. Ich möchte an dieser Stelle anmerken dass kleine Männer größer sind als große, dass sie zu trinken verstehen und betrunken zu sein. Man sagt ich sei ein kleiner Mann verglichen mit jenem großen Mann, es kann

niemand behaupten was er behauptet kann niemand.

Chor der Männer. Niemand kann, das finden wir auch, nein das kann niemand.

Andrew Johnson. Wirst du betrunken wenn du kannst wirst du ein größerer Mann als der große Mann das kannst du.

Chor der Männer. Das kannst du.

Andrew J. Ich glaube oft, ich bin ein größerer Mann als ein größerer Mann. Ich glaube oft dran.

(Andrew J. geht umher und erblickt sich in einem Spiegel)

Es kann niemand behaupten ich wäre so klein ich bin nicht größer als jemand Größeres größer ist (*und flüsternd*) größer als er größer als er.

Jo der Störer. Kampf Kampf zwischen den Großen und Großen nie zwischen den Kleinen und Großen.

Chris Zivilist. Sie kämpfen nicht.

(Virgil T. versammelt alle um sich)

Virgil T. Hört doch sagt er hört die Befriedigung die ich in jeder Weise erlange, ich sitze ich stehe ich gehe umher und ich bin großartig, und ihr alle wisst es.

Chor der Männer. Ja wir wissen es alle. Und das wars.

Und sagte Virgil T. Ich werde euch nacheinander aufrufen und dann werdet ihr wissen wer wer ist, was ich weiß, ich mache euch bekannt. Also dann, Henry B.

Henry B. tritt vor. Ich dachte schon ich wäre Tommy ich dachte es fast dachte fast ich wäre Tommy W. aber

wenn ich Tommy W. wäre würde ich nicht mehr erscheinen, nicht wenn ich mich verbessern könnte nein nicht wenn ich es besser hätte.

Virgil T. Unnütz. John Adams. *(John Adams tritt vor)* Sag mir dass du der wahre John Adams bist denn manchmal habe ich meine Zweifel also nicht lauter Zweifel aber leise.

John Adams. Würdest du schweigen würde ich sprechen.

Jo der Störer. Kampf Kampf Kampf zwischen Tag und Nacht.

Chris Zivilist. Was ist Tag und was ist Nacht.

Jo der Störer. Pscht. Wer.

John Adams. Ich frage dich Virgil T. liebst du die Frauen, ich schon. Ich liebe die Frauen aber ich lasse mich von ihnen nicht unterkriegen.

Virgil T. Der taugt nichts. Andrew J. und Thaddeus S. sollten lieber gemeinsam antreten.

Jo der Störer. Er will den Kampf Kampf Kampf zwischen.

Chris. Zwischen wem.

Jo der Störer. Zwischen den Toten.

Andrew J. Ich sage euch ich bin größer größer ist nicht der Größere ist nicht der Größte. Ich bin größer und bis zur letzten Sekunde, beharre ich, besser beharren als sterben, besser Juckreiz als Weinen, ich habe es alles probiert.

Virgil T. Du sagst es.

Thaddeus S. Mag man mich mit den Füßen voraus wegtragen bis dahin geb ich nicht auf.

Jo der Störer. Und nun zu Bett, da alles gesagt zu Bett alle Mann, hören wir uns die Frauen an.

Chris Zivilist. Kampf Kampf zwischen dem Nigger und dem Weißen und den Weibern.

(Andrew J. und Thaddeus S. geraten heftig in Streit)

Sag sagte Virgil T. sag dass ich aus Missouri bin.

(Alle verstummen plötzlich)

(Daniel schreitet Hand in Hand mit Henrietta M. herein)

Daniel. Meine Damen und Herren darf ich vorstellen darf ich Ihnen Henrietta M. vorstellen wo in dieser konfliktbeladenen Welt fände man eine Dame ohne Nachnamen so köstlich und irritierend, meine Damen und Herren darf ich vorstellen Henrietta M.

Vorhang.

Zweiter Akt Dritte Szene

Susan B. Ich weiß nicht schlafe oder wache ich, wache oder schlafe, schlafe oder wache. Weiß ich es.

Jo der Störer. Ich weiß, du wachst Susan B.

(Eine Schneelandschaft. ein Neger und eine Negerin)

Susan B. Neger würdest du wählen wenn nur du könntest nicht sie.

Neger. Und wie.

Susan B. Ich habe dafür gekämpft dass du wählen kannst würdest du wählen wenn sie mich nicht ließen.

Neger. Zum Schießen.

Susan B. *zieht durch den Schnee.* Wenn ich glaube recht zu haben und recht habe wenn sie glauben dass

sie recht haben und sie haben unrecht, macht was in eurer Macht steht.

Neger und Negerin folgen. Ganz recht Susan B. ganz recht.

Susan B. Wie sollten wir dann die Hoffnung aufrecht erhalten dass sie sich anders verhalten werden, wir mögen Treu und Glauben vorgeben aber es wird keinen Glauben an uns geben.

Donald Gallup. Lass mich dir helfen Susan B.

Susan B. Und wenn du es tust und hast deswegen Verdruss was wirst du tun.

Donald Gallup. Aber ich will dir helfen Susan B.

Susan B. Ich frage dich wenn du es tust und hast nur Verdruss was wirst du tun.

Donald Gallup. Ich frage mich ob dir zu helfen ist Susan B.

Susan B. Frage mich.

(Andrew G., Thaddeus und Daniel Webster treten auf)

Wir sind der Chor der V.I.P.s für alle dies hören und sehen, wir sind der Chor der V.I.P.s

Susan B. Ja, das sind sie. Ich bin wichtig aber nicht in der Weise, nicht in der Weise.

Die drei V.I.P.s Wir, versteht ihr, wir V.I.P.s sind wichtig für alle dies hören und die ihr seht, nur wir wies aussieht unter vielen nur wir drei wies aussieht, wie es so ist wir sind der Chor der V.I.P.s für jeden der hört und sieht.

Susan B. Meine steten Gedanken und Gebete heute gelten der Hoffnung dass kein Wort keine Tat meinerseits die Macht dieses Landes mindern möge zu Wahrheit und Recht.

Chor der V. I. P.s	
Daniel Webster.	Wenn alle auf mich hören.
Thaddeus S.	Wenn alle auf mich hören.
Andrew J.	Wenn alle auf ihn hören, mit ihn meine ich mich.
Daniel Webster.	Mit ihn meine ich mich.
Thaddeus S.	Man muss nichts meinen als nur dies ob ich ob er, ob er wies aussieht bin ich V. I. P.
Die Drei.	Wir sind die V. I. P.s wir haben besondere Rechte, uns fragt man zuerst auf uns wartet man zuletzt und wo immer wir sind nun sind wir dies und dies wissen alle, wir sind V. I. P.s wie man sieht.

[…]

Zweiter Akt Siebte Szene

(Susan B. Anthony emsig bei der Hausarbeit)

Anne *tritt ein.*	Ach es war großartig, großartig, auf niemanden hören sie so wie auf dich.
Susan B.	Ja es ist großartig dank meiner Bemühungen war beim Wahlrecht zum ersten Mal in der Verfassung der Vereinigten Staaten nur von Männern die Rede. Großartig.
Anne.	Aber
Susan B.	Ja aber, was ist männlich, was sind Männer, was sind sie. Ich sage ja nicht dass sie nicht gutherzig sind, wenn ich ohnmächtig zu Boden sinke, eilen sie herbei um mich aufzurichten, wenn mein Haus brennt, eilen sie herbei, um die Feuersbrunst zu löschen und mir zu helfen, ja, sie sind gutherzig

aber sie fürchten sich, fürchten sich, sie fürchten sich fürchten sich. Sie fürchten die Frauen, sie fürchten einander, sie fürchten ihre Nachbarn, sie fürchten andere Länder also fassen sie sich ein Herz indem sie sich zusammenrotten und einander folgen, und wenn sie sich zusammenrotten und einander folgen sind sie Ungeheuer, wie Tiere bei kopfloser Flucht, also haben sie *männlich* der Verfassung der Vereinigten Staaten eingeschrieben, weil sie die Schwarzen fürchten weil sie die Frauen fürchten, weil sie sich fürchten sich fürchten. Männer fürchten sich.

Anne *zaghaft.* Und Frauen.

Susan B. Ach Frauen haben oftmals kein Gespür für Gefahren, schließlich krakeelt ein Huhn wenn der Habicht kommt nur um der Küken willen, Männer fürchten um sich, das ist der eigentliche Unterschied zwischen Männern und Frauen.

Anne. Aber Susan B. warum sagst du sowas nicht laut.

Susan B. Warum, weil sie wenn ich es täte nicht hören würden sie nicht nur nicht hören vielmehr sich rächen würden. Männer sind gutherzig solange sie nichts fürchten müssen aber sie fürchten sich fürchten sich fürchten sich. Ich sage sie fürchten sich aber wenn ich es ihnen sagte würde ihre Herzensgüte umschlagen in Hass. Ja die Quäker haben recht,

sie fürchten sich nicht weil sie nicht kämpfen, sie kämpfen nicht.

Anne. Aber Susan B. du kämpfst und du fürchtest dich nicht.

Susan B. Ich kämpfe und ich fürchte mich nicht, ich kämpfe aber ich fürchte mich nicht.

Anne. Und du wirst gewinnen.

Susan B. Was gewinnen, was gewinnen.

Anne. Das Wahlrecht für die Frauen erringen.

Susan B. Ja eines Tages eines Tages werden die Frauen wählen und dann.

Anne. Eines schönen Tages.

Susan B. Eines schönen Tages wird es ihnen nichts nützen weil sie wenn sie erst das Wahlrecht haben wie Männer werden werden, sie werden sich fürchten, das Wahlrecht zu haben wird sie das Fürchten lehren, ach ich weiß es, aber ich werde um dieses Recht kämpfen, für ihr Recht zu wählen selbst wenn sie dann werden wie Männer, sich fürchten werden wie Männer, wie Männer werden.

[...]

GRUSS VON GERTRUDE STEIN

▶ Dieses Grußwort verfasste Gertrude Stein kurz vor ihrem Tod für den schon 1936 geplanten, aber erst zehn Jahren später zusammen mit ihrem langjährigen Freund Carl Van Vechten realisierten und von diesem herausgegebenen Auswahlband *Selected Writings of Gertrude Stein*. Das Buch befand sich bereits im Druck, als Stein am 27. Juli 1946 starb, und erschien noch im selben Jahr.

Ich wollte schon immer historisch sein, fast von Kindesbeinen an lag mir daran, und Carl war einer der Ersten der mir die Gewissheit gab dass ich es wirklich sein würde. Mit ungefähr vierzehn sagte ich mir gern die schrecklichen Zeilen von George Eliot vor: Möge ich dereinst eine der unsterblichen irgendwas sein, ich habe das Gedicht nicht zur Hand und obwohl ich damals wusste wie es geht weiß ich es heute nicht mehr, und später wenn ich gefragt wurde wann ich nach Amerika zurückkehren würde, sagte ich, erst als Löwe, ich war mir nicht ganz sicher dass ich einer sein würde aber da bin ich nun, und vielen Dank auch. Wie ungemein aufregend all das hier war, erst das Machen und das starke Gefühl dass es Sinn hatte, dann die Zweifel und dann wiederum das Gefühl dass es doch Sinn hatte. Carl war es der für *Tender Buttons* einen Verlag fand, er kannte alles und wie gut tat sie diese Kenntnis eines anderen, also sollte natürlich er auswählen und vorstellen weil er der erste war der feierlich einen Vertrag schloss und auch wenn der Verleger letztlich abhandengekommen ist, geschah es nicht vor Druck und Auslieferung des Bands, herrliche Zeiten, und so kam nach und nach alles zusammen und unermüdlich schrieb Carl mir und schrieb ich ihm und

er wusste unweigerlich, und es tat stets gut und nun legt er hier alles was er darüber weiß was ich gemacht habe dar und das tut sehr gut. Außerdem gibt es nun auch meinen ersten kommerziellen Verleger der sagte dass er auch dann verlegen werde wenn er nicht verstehe und nichts verdiene, was nach Märchen klingt aber stimmt, Bennett sagte, Ich werde jedes Jahr ein Buch mit Ihnen machen egal was es ist und das hat er getan und oft machte ich mir Sorgen aber er sagte immer es gebe keinen Grund zur Sorge und es gab keinen. Und nun freue ich mich hier sind die *Selected Writings* und natürlich wollte ich mehr, aber ich kann doch sagen dass alles drin ist was ich am meisten drin haben wollte und vielen vielen Dank dafür.

GERTRUDE STEIN
Paris. 18. Juni 1946

9 **Tochter des Enthusiasmus**: Selbstcharakterisierung Steins, n. Claudia Franken: *Gertrude Stein, writer and thinker*, HSAA Bd. 7, 2000, S. 21

9 **Subtext ihres Lebens:** Friedhelm Rathjen: Amerika in der Mache. Schreibheft 36 (1990), S. 168

9 **Alle Antworten auf alle Fragen**: Janet Flanner in ihrem Vorwort zu *Mrs. Reynold and Five Earlier Novelettes* (1931–1942), Yale Edition of the Unpublished Writings of Gertrude Stein, Vol. II, New Haven 1952

9 **in einem ihrer Gedichte**: »Eine Sonatine dann die andere«, s. S. 182

10 **propagierte**: *If you enjoy you understand if you understand you enjoy*, beteuerte Gertrude Stein am 12. November 1934 in New York in einem Interview mit William Lundell für NBC Radio. Möglicherweise dachte sie dabei nicht zuletzt an die Joyce-Werbekampagne ihres Verlegers Bennett Cerf: »How to *Enjoy* James Joyce's great novel Ulysses.«

10 **Hört man Miss Stein selbst**: zit. n. Stephen Meyer. Gertrude Stein. A Radio Interview. The Paris Review (116) 1990, S. 86

10 **Hymne an die Möglichkeit**: John Ashbery, *The Impossible.* Poetry 90:4, 1957, S. 250

10 **vierzig Jahre lang**: »Wenn man eine halbe Stunde am Tag schreibt kommt dabei mit den Jahren eine Menge Schreiben heraus.« *Jedermanns Autobiographie.* Suhrkamp, Frankfurt a.M. 1986, Ü: Marie-Anne Striebel, S. 78

10 **571 Einzeltitel**: über 9000 Seiten

10 **»für Fremde«**: *The Making of Americans. Being a History of a*

Family's Progress. Foreword by William H. Gass. Introduction by Steven Meyer. Dalkey Archive Press. Normal / London 1995, S. 212

11 **Sprachexperimente**: In *Narration* schreibt Stein allerdings, diese Sache sei »in Wirklichkeit kein Experimentieren, Experimentieren heißt eine Sache auf eine Weise zu tun versuchen die ein Resultat bewirken kann das ein von der Person die es tut erwünschtes Resultat ist aber etwas erzählen ist nicht ein Experiment es ist eine Sache die getan werden muss da jeder ausnahmslos jeder unweigerlich etwas erzählen muss und etwas auf die Weise erzählen muss die es fühlen lässt dass dieses Etwas das ist was diese Sache ist«. (*Erzählen.* Ü: Ernst Jandl, Suhrkamp, Frankfurt a. M. 1971, S. 58).

11 **Raster**: In einem ihrer Merkhefte notiert sie: »Alle große Kunst ist Anarchie.« (Yale Collection of American Literature, Beinecke Rare Books and Manuscript Library, Yale University Library, Heft »MA«, S. 47)

12 **Versprachlichung**: »Vor langer, ach sehr langer Zeit, lange bevor ich auch nur im Traum an die Sachen dachte, die es wahrgemacht haben, sagte ich das was Amerika und die amerikanische Literatur ausmacht ist eine Art Entkörperung, und ich sagte, es hat Emerson gegeben und hat Hawthorne gegeben und es hat Edgar Poe gegeben und dann hat es Walt Whitman gegeben und es hat, auf ulkige Art, Mark Twain gegeben und dann, dann hat es Henry James gegeben und dann kam – vielmehr bin – ich.« (»I Came and Here I Am« [1935] in *How Writing is Written.* Vol. II of the previously uncollected writings of Gertrude Stein. Ed. Robert Bartlett Haas, 1974, S. 72)

12 **zum ersten Mal**: etwa »Eine Sonatine dann die andere«, »1 Liste«, »Er und sie. Hemingwie«, das Porträt »Eine

Beschreibung vom fünfzehnten November« (T. S. Eliot), die Gedichte »rat zu rosen« und »Erzählung«, die Auszüge aus dem »Roman« *Lucy Church Amiably*, und aus den »Strophische Meditationen«, das Stück »Hört doch«

13 **voller möglichkeiten:** Barbara Köhler in *Tender Buttons / Zarte knöpft*. Gertrude Stein / Barbara Köhler. Suhrkamp, Frankfurt a. M. 2004, S. 152

13 **eher ein Setzen:** so Marcel Beyer in dem wunderbaren vielstimmigen Band *Gertrude Stein. Spinnwebzeit. Bee Time Vine und andere Gedichte*. Hrsg. und mit einem Nachwort von Marcel Beyer, Barbara Heine und Andreas Kramer. Arche Verlag, Zürich 1993, S. 119

13 **Curie im Labor des Vokabulars**: Stein-Gedicht von Mina Loy

13 **ersten definitiven Schritt**: *Autobiographie von Alice B. Toklas*, Roseli und Saskia Bontjes van Beek, Arche, Zürich / Hamburg 2006, S. 74

14 **Konnotationen zu zerschlagen**: William Carlos Williams, »A 1 Pund Stein«, in: *Selected Essays*. New Directions 1969, S. 163

14 **B. F. Skinner**: »Has Gertrude Stein a Secret?« im *Atlantic Monthly*, January 1934. In *Jedermanns Autobiographie* geht sie darauf ein: »Es ist sehr viel über diese Experimente mit automatischem Schreiben gesagt worden …« (aaO S. 292 ff.)

14 **spanischen Periode**: so Donald Sutherland u. a.

15 **Kammermusik:** *A Primer for the Gradual Understanding of Gertrude Stein*. Ed. by Robert Bartlett Haas. Black Sparrow Press, Los Angeles 1973, S. 81

16 **direkten Beschreibung**: In der Mitschrift einer ihrer Vorlesungen von Hal Levy aus dem Jahr 1935 heißt es: »Sie

hat ihren Geist so geschult dass sie sich auf einen Gegenstand konzentrieren kann, bis er Gestalt annimmt. Dann befreit sie ihren Geist von Wortkonnotationen und -bedeutungen und schreibt. Sie schreibt nicht, wie ihr der Gegenstand erscheint, sie schreibt nicht über oder zu oder um den Gegenstand. Sie schreibt ihn.« (In: *How Writing is Written.* Volume II of the Previously Uncollected Writings of Gertrude Stein. Ed. by Robert Bartlett Haas, 1973, S. 7)

16 **Harold Loeb**: ist derjenige, der Stein aufforderte, wieder etwas »so gut wie Melanctha« zu schreiben, worauf sie prompt ihren – experimentellen – Text »As Fine As Melanctha« verfasste.

16 **Jahre auf die Publikation**: Sie führt akribisch Buch über Anzahl, Aufbewahrungsort und Umfang ihrer Manuskripte und pflegt Listen derer, die Exemplare erhalten – und abgelehnt – haben.

16 **listigen Maskerade**: Alice B. Toklas' viel später veröffentlichtes Kochbuch belegt eindrucksvoll, wie gut Stein den spitzen, spöttelnden Ton der Geliebten getroffen hatte.

16 **»frühen Pop-Ereignis«**: Rathjen, aaO S. 169

17 **in jeder erdenklichen Richtung**: *Erzählen*, aaO S. 35

17 **vom Flugzeug aus**: William Carlos Williams, »The Work of Gertrude Stein«, in *Selected Essays of William C. Williams.* New Directions, 1969, S. 119

17 **Ein herrlicher Abend**: 1935 bei Mortimer Adler von der University of Chicago. *Gertrude Stein in Chicago: What Is Remembered … And What Was Forgotten.* Chicago Daily News Panorama

21 **Im Roten Grund**: 42 Jahre später erinnerte Stein an diesen frühen Aufsatz: »Darüber schrieb ich am Radcliffe College

eine kleine Geschichte, und da ich noch sehr von George Eliot beeinflusst war, nannte ich sie ›Im Roten Grund‹.« (*Gertrude Stein – Form and Intelligibility. The Radcliffe Themes.* Rosalind S. Miller. Exposition Press 1949, S. 110)

22 **Mansfield**: Paraderolle des englischen Schauspielers Richard Mansfield

23 **ich fürchte ihn noch jetzt**: Anmerkung des Kursleiters: »Etwas störend sind die unorthodoxen Formulierungen, die gequälte Syntax und gelegentliche Übertreibungen bis hin zu unangenehmem Pathos. Überarbeiten! W. V. Moody« (Miller ebda.)

26 **nie in Betracht**: »Das darf in kein Buch. / Warum nicht. / Darf eben nicht. / Ja Sir.« – heißt es in »Bonne Annee« (*Geography and Plays*)

26 **Polemik gegen Frauencolleges**: 1889 hatte sich Stein in ihrem Vortrag »The Value of College Education for Women« noch für die Hochschulausbildung von Frauen stark gemacht.

27 **mit anderen Namen versehenen Text:** aufgenommen in die Geschichte der Martha Hersland (Martha III)

27 **in ihr Großprojekt *The Making of Americans***: Dort merkt sie an: »Manche empfinden leise Scham wenn sie ein altes Textfragment verwenden. [...] Kategorien die einmal für einen wirkliche Bedeutung hatten können einem später hohl erscheinen. Es ist seltsam dass Worte die etwas bedeutet haben für unsere Gedanken und Gefühle später in sich für uns so gar keine Bedeutung haben können. Das geschieht sehr oft fast allen die sich annähernd über ihre Gefühle im Klaren sind, über ihre Gedanken, über ihre Vorstellungen von den Wörtern die sie ständig verwenden. Das ist also sehr verbreitet bei vielen die sich für sich annähernd im Klaren sind über die Bedeutung der Wörter die sie verwenden. Wie gesagt können

Kategorien die für manche einmal wirklich Bedeutung hatten später für ebendie gar keine Bedeutung mehr für die haben.«

31 **Susan B. Anthony**: Steins letzte Arbeit, ihr Libretto für die Oper »Unser aller Mutter«, war Susan B. Anthony gewidmet (s. S. 448 ff.).

45 **Cesare Pavese im Vorwort**: zu Steins *Drei Leben.* Arche, Zürich 1985, S. 7

45 **Melanctha**: »Bis dahin bestand die Komposition in der leitenden Bildidee, alles andere war Beiwerk und separat, aber nicht von gleichem Gewicht, und Cézanne entwickelte dann die Vorstellung, dass in der Komposition eins so wichtig sei wie das andere. Die Teile waren so wichtig wie das Ganze, und das machte mir großen Eindruck, und zwar so, dass ich mit dieser Idee *Drei Leben* schrieb, und mich interessierte vor allem die Komposition als sprachliches Fundament, eine Folge meiner Lektüre. Ich war besessen von dieser Idee der Komposition, und die Negergeschichte Melanctha war die Quintessenz.« (Stein in dem 1946 von Robert Bartlett Haas arrangierten und mit William S. Sutton durchgeführten »Transatlantischen Interview« (*A Primer for the Gradual Understanding of Gertrude Stein*, aaO S. 15)

45 **der erste definitive Schritt**: *Autobiographie von Alice B. Toklas*, aaO

46 **»Wiederholung« oder vielmehr »Insistenz«**: vgl. Steins Ausführungen zur Wiederholung in dem Vortrag »Wie geschrieben wird was geschrieben wird«, S. 353 f., 383 f.

46 **fast ohne Punkt und Komma**: »Kommas sind wie gesagt servil und sie haben kein Eigenleben, und ihre Nutzung ist kein Nutzen, sie ist eine Art Ersatz für eigenes Interesse und entschieden lieber ist mir mein Eigeninteresse lieb

mein eigenes Interesse an dem was ich mache.« (»Poesie und Grammatik«, S. 316 f.)

46 **Obwohl *Drei Leben* keine große Verbreitung fand**: Edmund Wilson, *Axels Schloss. Studien zur literarischen Einbildungskraft 1870–1930. W. B. Yeats, Paul Valéry, T. S. Eliot, Marcel Proust, James Joyce, Gertrude Stein und Arthur Rimbaud.* Ü: Wolfgang Max Faust, Bernd Samland, Hanser München 1977, 163 f.

46 **unbelastet war von jedem Rassenbewusstsein**: In »An Elucidation« gibt es die Zeilen: »Braun und weiß. Nigger und Nacht und vermeintlich gemein. Das habe ich nicht gemeint.« Siehe hierzu auch die Debatte in »Unser aller Mutter«, S. 454 ff.

51 **Bridgepoint:** Schauplatz der Geschichten in *Drei Leben* ist Baltimore, wo Stein von 1892–1902 lebte.

82 **Hutchins Hapgood**: *The Flowers of Friendship – Letters written to Gertrude Stein.* Ed. by Donald Gallup, Knopf 1953, S. 31

85 **Einst schleifte ein zorniger Mann**: eine Adaption des Lehrbeispiels Aristoteles in der *Nikomachischen Ethik*, Siebtes Buch, Siebtes Kapitel, Unenthaltsamkeit bzgl. Lust und Zorn (»Ebenso sagte ein anderer zu seinem Sohne, der ihn an den Haaren fortschleifte, er solle ihn nicht weiter als bis zur Türe schleifen, denn er habe auch seinen Vater nur so weit geschleift.«)

85 **die eigenen Sünden gespiegelt**: William Shakespeare, *König Richard II.*, IV/1: »lesen will ich / Genug, wenn ich das rechte Buch erst sehe, / Wo meine Sünden stehn, und das – bin ich. (*Der Bediente kommt zurück mit einem Spiegel.*)«

90 **die wir uns als alt oder als sehr klein denken**: Gertrude Stein, *The Making of Americans*, aaO S. 3 ff.

91 **und ihren Enden**: aaO S. 289 f.

91 f **was ich schreibe**: aaO S. 539 f.

93 **Mabel Dodge**: *The Flowers of Friendship*, aaO S. 52.

94 **Carl Van Vechten:** *The Letters of Gertrude Stein and Carl Van Vechten (1913–1946)*, Vol. I, New York, University of Columbia Press, 1986, S. 90. Den Autor und späteren Fotografen Carl Van Vechten, damals Musikkritiker der *New York Times*, hatte Stein 1913 in Paris kennengelernt. Er wurde ein treuer Freund und nach Steins Tod einer ihrer literarischen Nachlassverwalter.

96 **das erste der Einzelporträts Gertrude Steins**: »Hier, ich möchte dir etwas zeigen«, heißt es in der *Autobiographie von Alice B. Toklas* (aaO S. 150). »Trotz meiner Proteste und obgleich das Essen abkühlte musste ich lesen. Ich sehe noch heute die vorn und hinten beschriebenen winzigen Seiten des Notizbuchs. Es war das ›Ada‹ betitelte Porträt, das erste in *Geography and Plays*. Ich begann es und dachte sie mache sich über mich lustig und ich protestierte, sie sagte ich protestiere jetzt gegen meine Autobiographie. Schließlich las ich alles und war höchst erfreut darüber.«

96 **bloße »Wiederholung«**: »In einem Bildstreifen«, erklärt sie in ihrem Vortrag »Portraits and Repetition« (*Lectures in America*), »sind keine zwei Bilder ganz gleich, jedes ist um eine Winzigkeit anders als das vorige, und entsprechend gab es in jenen frühen Porträts … keine Wiederholung. Jedes Mal wenn ich von demjenigen dessen Porträt ich schrieb sagte er sei so und so war dieses so und so um eine Winzigkeit anders als das was ich zuvor von demjenigen gesagt hatte und so entstand nach und nach ein vollständiges Porträt.«

100 **Vortrag »Portraits and Repetition«**: erstmals am 9. November 1934 am Columbia University Institute of Arts and Sciences in New York und weitere achtmal

104 **Miss Furr und Miss Skeene**: Stein wählt hier sprechende Namen: Furr (*fur*; Pelz) und Skeene (*skin*; Haut); der durchgehend verwendete Begriff *gay* allerdings bedeutete zur Zeit der Entstehung des Texts noch nicht, wie heute, auch schwul.

112 **Gruppenporträt:** »Um diese Zeit wollte ich außerdem Porträts von Orten erstellen, ja. Und ich habe einige erstellt vom Bon Marché, von den Galeries Lafayette, von einer Menschenmenge beim Mi-Carême … Und indem ich diese Porträts von Orten und Mengen erstellte … setzte ich fort was ich in *The Making of Americans* gemacht hatte. Ich sagte genau und vollständig jedes Mal da ich es sagte was da an jedem war. Wie ich es bereits im Vergleich mit dem Bildstreifen sagte war der eine Moment nie genau wie der davor oder danach.« (Portraits and Repetition, *Lectures in America,* Random House, New York 1935, S. 177)

117 **in Spanien hatten auftreten sehen:** An Carl Van Vechten schrieb Stein im April 1916 aus Palma de Mallorca: »Mein lieber Van – … Es tut mir leid, dass ich Dir mit spanischem Tanz nicht sehr viel weiterhelfen kann, alles was wir dazu wissen ist was wir in den kleinen Tanzhallen in Madrid gesehen haben. Die klassische Variante kann am besten La Argentina. In diesem Winter haben wir davon nichts gesehen weil die progressiven Katalanen mehr für die Münchener Schule und Isadora schwärmen oder Varianten davon und auf der Insel hier gibt es nur einen schwachen Abklatsch, wie die Katalanen aber nicht so fortschrittlich.« (*The Letters of Gertrude Stein and Carl Van Vechten*, aaO S. 52 f.)

118 **Emily:** Es lässt sich keinerlei Beleg dafür finden, dass Gertrude Stein, wie gelegentlich behauptet wird, das Werk der Dichterin Emily Dickinson kannte, das 1913 weitgehend

wieder in Vergessenheit geraten war. Und doch beschwören Begriffe und Bilder wie säumen, summen, Perlen, allen Weißes, Webster und Gruben, gepinnt an Schreiben, nördlich des Kalenders, Fingerhut, Klee, Kelch, Tür, Kleindingesinger, Vögel sehr eindringlich Gedichte Dickinsons herauf. Einer anderen These zufolge wird auf Émile Zola angespielt, der 1902 im Bett an Kohlenmonoxidvergiftung starb, während seine Frau überlebte; sein Grabmal gestaltete Philippe Solari.

118 **Rose ist eine Rose ist eine Rose ist eine Rose**: vgl. Shakespeares *Romeo und Julia*, II/2 (Was uns Rose heißt, / Wie es auch hieße) oder auch Ralph Waldo Emersons Essay *Selbstvertrauen*: »Diese Rosen unter meinem Fenster berufen sich nicht auf frühere oder bessere Rosen ...« (zit. n. Emerson, *Essays*. H. Kiczka. Diogenes, Zürich 1983, S. 57)

119 **Meer schwillt:** In der Formulierung *push sea* des Originals klingt *pussy* an, Steins Kosenamen für Alice B. Toklas.

120 **Kuh:** sexuelle Umgangssprache für den weiblichen Orgasmus

122 **Susie:** siehe »Susie Asado«, S. 117; erwähnt auch in »Preciosilla«

123 **Waldberg:** s. Steins Gedicht »A Poem About Waldberg«: *Eugene Paul. What is Waldberg's name*

129 **Rose ist eine Rose ist**: s. auch »Die Dinge liegen auf dem Tisch«, S. 216 ff., »Die Welt ist rund«, S. 444 f. und »Poesie und Grammatik«, S. 326 ff.

129 **Eiskreme:** verweist auf »Preciosilla«: *Toasted susie is my ice-cream*

130 **Gang zu Grün**: s. »Go in Green« aus *Bee Time Vine and other Pieces.* Yale Edition of the Unpublished Writings of Gertrude Stein, Vol. III, New Haven 1953

131 **Ein hohes b**: B. für Alice B. (Babette) Toklas

133 **M-N H.**: Gemeint ist der amerikanische Maler Marsden Hartley. Mehrere Zeilen aus diesem Abschnitt wurden für Steins Beitrag (»From a Play by Gertrude Stein«) im Januar 1914 im Katalog der dritten von Alfred Stieglitz kuratierten Einzelausstellung der Werke Hartleys in der New Yorker Galerie 291 verwendet und in *Camera Work* 45 (1914) abgedruckt.

134 **CH-N.**: der amerikanische Maler Paul Chalfin, ein Freund Hartleys und ebenfalls häufiger Besucher in der rue de Fleurus; ihm hatte Stein 1908 ein eigenes Porträt gewidmet

135 **T-S WH-.**: Thomas Whittemore; Stein kannte den amerikanischen Archäologen, der später die Restaurierung der Mosaiken der Hagia Sophia übernahm, bereits aus der Bostoner Zeit.

135 **Klappläden:** Steins *shutters*, hier *Klappläden*, finden sich, als *Klappen*, auch in ihrem zweiten Picasso-Porträt »Fing ich an davon« (S. 221); eine Klappe kam interessanterweise 1986 in Radcliffe schon bei einer Versuchungsanordnung von W. G. Smith über die »Rolle der Wiederholung für das Gedächtnis« zum Einsatz (zit. n. Sutherland, aaO S. 15).

137 **R-CK.:** der deutsche Bildhauer Arnold Rönnebeck, den Stein mehr seiner übersetzerischen Begabung wegen schätzte als seiner Kunst

137 **ALF-.:** der Maler Alfred »Alfy« Maurer, einer der ersten Vertreter der amerikanischen Moderne und ein früher Favorit Steins

146 **Tillie:** könnte Tillie (Matilda) Brown sein, eine Freundin Steins aus der Highschoolzeit, die kaum eine Woche vor Steins Besuch in Oakland 1935 an Krebs starb.

151 **als Sprachobjekt präsentiert wird**: Jutta Kirchner,

Gertrude Steins »Namenssprache« in *Tender Buttons*, Philologie im Netz, 16/2001, 2.8

151 **Transatlantischen Interview**: zunächst unter dem Titel »Gertrude Stein Talking – A Transatlantic Interview« in drei Teilen, 1962–1964, in der *UCLAN Review* veröffentlicht und 1973 im *Primer for the Gradual Understanding of Gertrude Stein*, aaO

151 **EIN STÜCK KAFFEE**: »›Dreckig ist gelb‹ – Dreckig weckt Assoziationen und ist ein Wort das ich heute nicht mehr verwenden würde. Ich würde überhaupt keine Wörter verwenden die eindeutige Assoziationen wecken. Es handelt sich um ein frühes Werk und keine der späteren sind so. Das frühe Werk war ... ein Versuch und er geht nicht auf [...] ›Eine nicht gerissne rosenholzfarbe‹ – das ist das Bild aber ... es bietet dem Auge zu viele Reize ... Es soll im Kopf des Lesers eine Befriedigung geben aber in ebendem Bild das die Entstehung leitet.« (*TI*, aaO S. 26 f.)

152 **EINE TAILLE:** »›Einen stern schnuppen, eine einsame irre finsternis, eine einzig finanzielle heugier.‹ Das war wahrscheinlich der Versuch ein bestimmtes Gefühl auszudrücken, Anverwandlung eines ›Jammerlieds Auf seiner Liebsten Brau'n‹. – ›Gegen stand im wald. Halt die pinie, halt's das dunkel ...‹ Das ist einigermaßen überzeugend für das was ich zu diesem Zeitpunkt begriffen hatte. Ich brauchte nichts anderes zu Hilfe zu nehmen. Das tue ich nämlich nicht gern, man muss so viel verwerfen damit die Suggestion sich entfalten kann.« (aaO S. 25)

153 **EIN BISSCHEN VON EINEM BECHER:** »Diese Idee habe ich auch anderswo verfolgt. Ich habe eine Zeitlang Dinge auf einen Tisch gelegt, etwa einen Becher oder sonst einen Gegenstand und versucht im Kopf ein klares Bild zu

isolieren und ein Verhältnis zwischen Wort und betrachtetem Gegenstand herzustellen; ›Ein erhellendes merkmal des gelben …‹ evoziert einen Becher mit Inhalt; ›beim kauf aller vier‹ suggeriert dass es vier waren. Ich versuche durch Suggestion vor dem Auge erstehen zu lassen wie der Becher aussieht, so wie es ein Maler kann. Das ist schwer und erfordert viel Arbeit und Konzentration. Ich will es andeuten ohne anderes ins Spiel zu bringen. Dann: ›notgedrungen ins nichts erstreckte‹ – was den Becher zerbricht was das Ende der Geschichte ist.« (aaO S. 25)

153 **EIN BISSCHEN HEISST PAULINE:** »›Ein bisschen heißt alles zeigt zittern.‹ Dies war ein weiterer Versuch nur so viel zu verwenden wie nötig um die Bewegung eines dieser altmodischen Automobile zu beschreiben, eines alten Fords, die Bewegung ist die eines Automobils.« (aaO S. 24)

154 **EIN WEISSER JÄGER**: »›Ein weisser jäger er wähnt.‹ Das ist ein Abriss oder vielmehr eine Abstraktion der Farbe. Wenn ein Jäger weiß ist wirkt er weiß … wie ein Wahn, ein komplettes Porträt durch Suggestion, das war die Absicht.« (aaO S. 24)

154 **HAUT AB STIFTEN, STICKS:** »›Reib ihrn koks.‹ Hier hatte ich damit begonnen und betrieb es nach dieser Periode noch eine ganze Weile weiter, Klangbilder zu erstellen …« (aaO S. 27)

154 **HAMMEL:** »›Maus montan und ein erbeben …‹ Hier sehen Sie dass ich klug genug war nicht zu zögern und ich behielt die Oberhand. ›Bezeichnend ist besagtes exemplar.‹ Sie sehen hier auch ein gutes Beispiel. Nehmen Sie einen Absatz wie diesen und die Ausdruckswerte bleiben ziemlich gleichmäßig verteilt obwohl das für den durchschnittlichen Leser schwer zu verstehen sein mag. Das hier ist recht gut weil es abstrakter

ist. Verstehen Sie es sind die die im Ganzen nach Museum riechen die akzeptiert werden, und es sind die Neuen die nicht akzeptiert werden. Man muss einen vollkommenen Umbruch in Kauf nehmen. Das ist schwer zu akzeptieren, es ist viel leichter eine Hand in der Vergangenheit zu halten. Aus diesem Grund wurde James Joyce akzeptiert und ich nicht. Er neigte Vergangenem zu, während in meinem Werk das Neue und der Umbruch grundlegend sind. Cézanne war ein Haupteinfluss obwohl ich ihn nie kennengelernt habe; er war schon ein kranker Mann. Dieses Buch ist interessant weil es ebenso viel Misslungenes wie Überzeugendes gibt. Als es gedruckt wurde verstand ich nicht was ich erschaffen hatte. Heute verstehe ich es, aber das ist erst möglich wenn etwas fertig ist. Im Entstehungsprozess weiß man nicht was man macht bis es getan ist, fertig, und deshalb kann man es nicht erklären. Solange ringt man. Mich hat nicht interessiert was andere denken würden wenn sie diese Dichtungen läsen; ich war vollkommen von meinem Ringen eingenommen und wenn sie auch nicht meine Geschichte erzählten so würden sie doch irgendeine Geschichte erzählen. Andere hätten vielleicht eine andere Vorstellung, aber das wäre ihre Sache. Das hat nicht unbedingt mit der ursprünglichen Idee zu tun mit der ich die Texte begann. Niemand kommt in den Kopf eines anderen, nicht einmal Mann und Frau. Man berührt sich vielleicht, aber in den Kopf des anderen kommt man nicht. Wie auch. Eine Schöpfung ist für den Autor wichtiger als für den Leser. Es kann nur einem etwas bedeuten und das ist die Person die das Werk geschrieben hat.« (aaO S. 29 f.)

155 **ZUCKER:** »Dieses Stück ist nicht schlecht, recht besehen. ›Ein gewaltiges glück … Es gibt präzis dies geräusch.‹ Das nenne ich persönlich ein gelungenes Gedicht. […] ›Wasser

ist quetschen, wasser ist fast quetschen auf fett.‹ Dieses Bild ist eigentlich ein perfektes Beispiel für Realismus, es ist daran für den der Wasser betrachtet genug Realistisches, es ist daran genug Verwendung die außerhalb des Bilds vor Augen liegt. ›Ein geist drunter ist gründlich und alsonötig für mund und brille.‹ Das beeindruckt jeden, es ist sozusagen Teil des Wassers und daher gültig. Hier soll der eigentliche Realismus des Wassers fortgeführt werden, eines großen Gewässers. Sie müssen bedenken dass ich jedes Mal wenn ich mir etwas vornahm, sagte, ich muss jedem realistischen Aspekt den ich sehe gerecht werden. Nehmen Sie beispielsweise Ihren Schuh, ich würde versuchen ein vollkommen realistisches Bild von Ihrem Schuh zu erstellen. Das ist teuflisch schwer und verlangt absolute Konzentration, Sie müssen so vieles verwerfen und es drängt sich einem so vieles auf dass man bald nicht mehr will, es ist ermüdende Arbeit.« (aaO S. 28 f.)

156 **EIER:** »›In weiss in weisse taschen tücher mit pünktchen in einem weissen gürtel sind alle schatten einzigartig …‹ Hier habe ich viele Bilder verwendet und im Lichte dessen was mich interessierte ist dieser Text nicht überzeugend. Er müsste Bilder zulassen ohne dass sie stören.« (aaO S. 28)

161 **dass man Dramen schreiben müsse**: *Autobiographie von Alice B. Toklas*, aaO S. 173. Schon mit acht Jahren, sagt »Alice« in der *Autobiographie*, habe Stein versucht, ein Shakespeare-Drama zu schreiben, sei aber nur bis zur Regieanweisung gekommen: »›die Höflinge machten geistreiche Bemerkungen‹. Und dann als ihr keine geistreichen Bemerkungen mehr einfielen gab sie es auf« (aaO S. 102) – Hier wird die Anweisung selbst zu dem Witz, den sie fordert, und verwischt auf hochkomische Weise die Grenzen zwischen innen und außen.

162 **Cäsar:** Als Cäsar bezeichnete sich Gertrude Stein gern in ihrem Verhältnis zu Alice B. Toklas.

169 **auf dem … Pianoforte zu improvisieren**: » … ich spiele gerne eine Sonatine nach der anderen immer auf den weißen Tasten ich mag die schwarzen Tasten nicht und auch niemals zwei Noten die von der gleichen Hand zur gleichen Zeit angeschlagen werden …« (*Jedermanns Autobiographie*, aaO S. 33). John Cage sagte einmal (in *Four American Composers*, Peter Greenaway 1983), er versuche, mit den Klaviertasten zu machen, was Stein mit Wörtern gemacht habe.

170 **Tubbs-Hotel … Godiva**: Palmen und Eukalyptus waren für Gertrude Stein fest mit der Erinnerung an Oakland in Kalifornien verbunden; Godiva hieß – nach dem Ritt der nackten Lady Godiva der Legende – ihr schmuckloser Ford Modell T.

174 **wurde ich ge-Lindo-t**: Hier sowohl als Name wie als Verb eingesetzt; man denkt an das spanische *lindo*, aber auch an Dildo. Auf Mallorca hatten Stein und Toklas außerdem den britischen Vizekonsul James Lindo Webb kennengelernt, der in zwei Stücken Steins aus der mallorquinischen Zeit auftaucht.

184 **Carpentier:** Der französische Boxer Georges Carpentier trat am 2. Juli 1921 zum Titelkampf gegen den Schwergewichtler Jack Dempsey an. *Charpentier* bedeutet Schreiner; deshalb vielleicht »Wälder«.

186 **Beauvais:** Der Name ist erfunden; es gibt von Stein einen weiteren Text, in dem die Figur vorkommt: »Brim Beauvais« (1931, in *Mrs. Reynolds and Five Earlier Novelettes* 1931–1942, Yale Edition of the Unpublished Writings of Gertrude Stein Vol. II, New Haven 1952).

189 **Augustus Wren:** Während zu dem Namen Beauvais die

Kathedrale Saint-Pierre in Beauvais einfällt, denkt man hier an Sir Christopher Wren und St. Paul's Cathedral.

189 **Polly Wolly Doodle:** traditionelles Nonsens-Lied

190 **Wie geht es dir ich vergebe dir** … diese Zeile steht genauso bereits in »Selige Emily« (s. S. 120)

191 **das achtzehnsiebziger Kreuz:** Gertrude Stein hatte sich dafür eingesetzt, dass ihre Freundin Mildred Aldrich mit dem Verdienstorden der Ehrenlegion ausgezeichnet wurde. Aldrichs Kriegsjournal *A Hilltop on the Marne* war 1915 in den Vereinigten Staaten ein Bestseller. Stein und Toklas wurden ebenfalls für ihre Dienste während des Ersten Weltkrieges geehrt.

200 **Lord Derby**: vermutlich Edward George Villiers Stanley, 17th Earl of Derby, einst Lord of the Treasury

201 **Vincent Astor:** William Vincent Astor aus der Astor-Dynastie, der zeitweise reichsten Familie der USA

201 **when this you see [remember me]:** Diese Wendung findet man in etlichen Texten und Stücken Steins, so »Eine Sonatine dann die andere« (S. 202), »Die Dinge liegen auf dem Tisch« (S. 212) oder »Erzählung« (S. 272), und doch hat sie sie nicht geprägt; sie ist viel älter, taucht bereits 1596 in dem anonym veröffentlichten Werk »Love Poesies« auf und wurde häufig in Briefen oder auch als Epitaph verwendet.

206 **Kampf gegen Siki:** Gegen den Halbschwergewichtsweltmeister Georges Carpentier gewann »Battling Siki« – Amadou M'Barick Fall aus Französisch-Westafrika – am 24. September 1922 vor rund 40 000 Zuschauern in der sechsten Runde durch K. o.

207 **selbst Nonnen Gefallen**: Stein hatte 1921 zu »einem kleinen Eingriff« ins Krankenhaus gemusst; es handelte sich um eine

katholische Einrichtung. (Sabin, *Gertrude Stein*. Rowohlt, Reinbek bei Hamburg 1996, S. 60)

207 **Transatlantic Interview:** aaO S. 25

216 **eine Rose ist eine Rose:** s. auch Selige Emily«, S. 129, »Die Dinge liegen auf dem Tisch«, S. 216, »Die Welt ist rund«, S. 444, und »Poesie und Grammatik«, S. 326

218 **in unserer Zeit:** möglicherweise eine Anspielung auf Hemingways schließlich 1925 unter diesem Titel veröffentlichte Kurzgeschichtensammlung, seine erste Buchpublikation überhaupt

220 **Pablo Picasso:** Eine wunderbare Tonaufnahme des von Gertrude Stein selbst im Winter 1934/35 in New York eingelesenen Texts gibt es online.

220 **En- und Dekodierung**: Steins »Klappen« und ihr »Land« bzw. »Landen« evozieren nach Ansicht mancher Leser Henry Wadsworth Longfellows Revolutionsgedicht »Paul Revere's Ride« und das zur Warnung vor dem Anmarsch der Briten vereinbarte Laternensignal: *One if by land, and two if by sea.*

220 **wenn ich anfing davon:** In diesen Zeilen klingt ein Abschnitt des Stücks »Am I To Go Or I'll Say So« aus demselben Jahr nach. Dort heißt es: *The general likes. / If he likes. / If he likes to be told. / And if he likes it as well. / And if he tells as well. / And if to tell. / And as if to tell. / Very well.*

221 **Klappen klappt:** s. hierzu »IIIIIIIII.« auf S. 135

227 **Battling Siki:** s. Anmerkung zu »Eine Sonatine dann die andere«, S. 477

237 **Löwen und Schafen und Wolle:** Eine ganz ähnliche Passage findet sich am Ende des Porträts »Eine Beschreibung vom fünfzehnten November« (s. S. 248).

242 **ich darf May sagen:** Möglicherweise ein verdeckter Hinweis auf Steins einstige große Liebe May Bookstaver,

auf die Alice B. Toklas, als sie später von der Affäre erfuhr, so eifersüchtig war, dass sie im gesamten Manuskript der »Strophischen Meditationen« jedes *may* durch *could* ersetzte.

243 **Lady Rothermere:** Patricia Evelyn Beverley Matthews Harmsworth, Viscountess Rothermere, genannt »Bubbles«, Frau des britischen Pressezars

243 **eine »ernste Unterhaltung«:** »›Können Sie mir sagen, Miss Stein, woher Sie das Recht nehmen, so oft den gespaltenen Infinitiv zu verwenden?‹«, fragte T. S. Eliot sie, und sie antwortete knapp: ›Henry James‹.« (Toklas, *What is Remembered*, North Point Press, Hooton, Ellesmere Port 1985, S. 115)

244 **liegt in Einigkeit Stärke:** Ähnlich formuliert Stein in den »Strophischen Meditationen«, s. S. 296

247 **kennt zum Glück einen Geburtstag:** Angeblich hatte ein Neffe Steins Geburtstag (Robert Bartlett Haas im Vorwort zu *How Writing Is Written. Volume II of the Previously Uncollected Writings of Gertrude Stein.* Black Sparrow Press, Los Angeles 1973).

248 **Am 21. April 1925 schrieb T. S. Eliot**: *The Flowers of Friendship*, aaO S. 172

253 **am Abend des 4. Juni 1926**: Es spricht wenig dafür, dass die Anekdote in der *Autobiographie von Alice B. Toklas* den Tatsachen entspricht, der zufolge Stein den Text in der Autowerkstatt verfasste, in der ihr Ford repariert wurde.

253 **Joan Fry:** die britische Tennisspielerin Joan Craddock Fry

253 **in der Essay-Reihe der Hogarth Press**: Am 11. Juni 1926 hatte Leonard Woolf aus dem Verlag in London geschrieben: »Sehr geehrte Miss Stein, wir würden sehr gern, wenn möglich, Ihren Christ-Church-Vortrag aus Oxford in unserer Essay-Reihe veröffentlichen. Wären Sie einverstanden?

Wenn Sie uns das Manuskript überlassen wollen, könnten wir Ihnen – auch zu den Konditionen – ein konkretes Angebot machen. Hochachtungsvoll, Leonard Woolf.« (*The Flowers of Friendship*, aaO S. 193)

254 **Lord Grey:** Sir Edward Grey (1862–1933), Viscount of Fallodon, war Außenminister gewesen, als Stein und Toklas sich zu Kriegsausbruch 1914 in England aufhielten.

280 **Ulf Stolterfoht:** *Winning His Way / wie man seine art gewinnt*, Urs Engler Editor, Basel / Weil am Rhein und Wien 2005, S. 6

280 **lolo:** der junge Dichter Louis Reymand

280 **frederic:** ein Bekannter aus Belignin

282 **freddy:** Paul Bowles

287 **doppel. moppel:** s. »Mehr vom doppeln. Doppelmoppeln« in dem Auszug aus *Tender Buttons* auf S. 151

292 **im Atlantic Monthly vorabgedruckt:** Damit ging ein lange gehegter Wunsch Steins in Erfüllung, die immer wieder – vergeblich – Texte angeboten hatte. Aus Boston schrieb nun der Herausgeber Ellery Sedgwick am 11. Februar 1933: »Liebe Miss Stein – es hat um dieses Buch von Ihnen ja viel Wind gegeben, und zu Recht: was für ein köstliches Buch, wie froh bin ich, vier Folgen daraus veröffentlichen zu können! Während unserer langjährigen Korrespondenz haben Sie doch wohl immer gespürt, dass ich die Hoffnung nie aufgab, die *wahre* Miss Stein werde eines Tages hinter den Schleiern hervortreten, in die sie sich stets so listig hüllte. Die *Autobiographie* zeichnet sich durch gerade so viel Undurchsichtigkeit aus, dass sie unverwechselbar originell wird, und Leser, die Ihre Arbeit schätzen, werden begeistert sein. [...] Was immer wir tun können, um dem Buch zum Erfolg zu verhelfen, und dem Vorabdruck, werden wir ganz sicher tun. – Ein Hoch auf den Durchbruch der Gertrude

Stein! Aufrichtig – Ihr Ellery Sedgwick (*The Flowers of Friendship*, aaO S. 260).

294 **in den »Stanzas«:** Die Wahl des Begriffs *stanza* (ital. Raum, Wohnung, Reimgebäude) bindet im Original den Anfang wunderbar ans Ende mit der Erklärung »Beiläufig ruf ich die Tür ist offen«.

294 **Gobi-Sprache:** Hilary Corke, »Reflections on a Great Stone Face: The Achievement of GS«, Kenyon Review 23 (1961), S. 367–389 [388]

296 **Möge ich hören auf mich:** vgl. das Stück »Hört doch« (Hört doch auf andere nicht, S. 409)

296 **in Einigkeit ist überleben:** ähnlich auch in »Eine Beschreibung vom fünfzehnten November« (S. 244)

301 **Madame Roux:** Steins Haushälterin in Bilignin

302 **schwer sich vier Seiten vorzunehmen:** Die fünf Teile der »Strophischen Meditationen« richten sich vom Umfang her nach den zur Niederschrift verwendeten Manuskriptheften: I bis IV zählen jeweils 19 bis 25 Seiten, Teil V dagegen 61.

307 **Ich habe unlängst gesagt:** in ihrem Vortrag »Plays«, auf ihrer USA-Reise erstmals gehalten am 30. Oktober 1934 und weitere zweimal

309 **das unaufhörliche Gefühl:** Steins Ausführungen lassen an Noam Chomskys in den 1950er Jahren entwickelte generative Transformationsgrammatik denken.

311 **dufte wie sie auch heiße:** William Shakespeare, *Romeo und Julia*, II/2/46

312 **Interpunktion die es nicht ist:** Eine ähnliche Haltung nahm Apollinaire ein, der meinte, er lasse sie weg, »weil sie mir überflüssig erscheint und ist es in der Tat auch; der Rhythmus und die Zäsur des Verses, das ist die Interpunktion, und einer anderen bedarf es nicht«. (Brief an Henri Martineau vom

19.7.1913. *Oeuvres complètes.* Hg. M. Décaudin. Paris 1965/66, IV, S. 768)

317 **die langen Sätze von The Making of:** vgl. die Bemerkung in *Autobiographie von Alice B. Toklas* (aaO S. 59): »Sätze nicht nur Worte sondern Sätze und immer wieder Sätze sind Gertrude Steins lebenslange Leidenschaft gewesen.«

319 **Das kann ich so oft sagen:** etwa in dem Essay »Sentences and Paragraphs« (1930)

319 **als ich meinen Hund Basket trinken hörte:** »Sie [Gertrude Stein] sagt wenn sie dem Rhythmus lausche mit dem er Wasser trinke erkenne sie den Unterschied zwischen Sätzen und Absätzen, daß Absätze emotional seien und daß Sätze es nicht seien.« *Autobiographie von Alice B. Toklas,* aaO S. 313

322 **ein junger Mann alt:** *How To Write,* Plain Edition, Random House, 1931, S. 25; die folgenden Beispielsätze aaO S. 26, 27, 29, 89, 90, 259

326 **Eine Rose ist eine**: in dieser Variante in »Die Dinge liegen auf dem Tisch« (S. 216), während die Stelle in »Selige Emily« (S. 129) sich auf eine Person namens Rose bezieht

326 **daraus später einen Kranz machte:** »Was das Emblem *rose is a rose is a rose is a rose* betrifft, so war ich es die es in einem von Gertrude Steins Manuskripten fand und darauf bestand, es als Emblem auf dem Briefpapier, auf dem Tischtuch und überall anzubringen wo sie erlauben würde daß ich es anbringe.« (*Autobiographie von Alice B. Toklas,* aaO S. 179)

332 **der Koch benutzt:** »B. B. or The Birthplace of Bonnes«, in *Portraits and Prayers,* Random House, New York 1934, S. 162

332 **mein Valentinsgruß:** »A Valentine to Sherwood Anderson« in: *Portraits and Prayers,* aaO S. 152; eine von Gertrude Stein selbst vorgetragene Fassung ist online zu finden

332 **Bündel für sie**: aaO S. 154

337 **im Roten Grund:** s. Radcliffe-Texte, S. 21

337 **Alle Kleinen sterben für Milch:** *Before the Flowers of Friendship Faded Friendship Faded*, Plain Edition Paris 1931, S. 14

337 **darin übrig sind**: *Before the Flowers of Friendship Faded*, aaO S. 16

344 **Jede Tür wusch jemand zuvor**: »Sie [Mario und Pia] nahmen sogar die Türen heraus um sie zu putzen …« (*Jedermanns Autobiographie*, aaO S. 59)

347 **Mario und Pia**: die ersten Hausangestellten Gertrude Steins, deren Einstellung ihr die Einnahmen aus der *Autobiographie von Alice B. Toklas* ermöglichten

350 **sehr früh angefangen:** Gertrude Steins Bruder Leo hatte ihr am 8. Oktober 1917 aus Nantucket diesen Schnipsel aus dem Familienarchiv geschickt: »In einem Brief von Rachel aus Wien am 28. November 1875 heißt es: ›Unsere kleine Gertie ist der reinste *Schnatterer*. Sie redet den lieben langen Tag, und das so klar. Dagegen kommt keiner an. Was für ein runder kleiner Pudding, wackelt den ganzen Tag herum & macht alles nach was gesagt oder getan wird.‹«

352 **Teil des Forschungsberichts:** »Cultivated Motor Automatism«, Psychological Review, V, 1989, 295–306, zit. n. John Malcolm Brinnin: *The Third Rose: Gertrude Stein and Her World*, Little, Brown & Co., Boston 1959, S. 29

352 **Vieles also kommt in der Wiederholung:** Gertrude Stein, *The Making of Americans. Being a History of a Family's Progress*, aaO S. 128

354 **Jeder hat immerzu damit zu tun:** aaO S. 211

354 **Ich schreibe für mich und Fremde:** aaO S. 212

355 **Mir sinkt ganz der Mut:** aaO S. 308

355 **Ich bin sehr froh**: aaO S. 310

355 **Irgendwann also**: aaO S. 217

357 **Es kommt sehr häufig vor:** aaO S. 284; diese Passage zitiert Gertrude Stein auch in dem Essay »Wie geschrieben wird was geschrieben wird«

359 **Und meine Sätze wurden länger:** In der *Autobiographie von Alice B. Toklas* (aaO S. 59) heißt es: »[Sie] kämpfte mit ihren Sätzen, jenen langen Sätzen die so exakt ausgeführt werden mussten. Sätze nicht nur Worte sondern Sätze und immer wieder Sätze sind Gertrude Steins lebenslange Leidenschaft gewesen.«

360 **arbeitete drei Jahre daran:** tatsächlich von 1903 bis 1911

360 **G. M. P.**: *Matisse Picasso and Gertrude Stein With Two Shorter Stories*, Plain Edition, Paris 1933

360 **Wenn sie noch sehr klein sind:** *A Long Gay Book*, Plain Edition, Random House, 1933, S. 13

364 **Es ist einfach**: aaO S. 23

364 **Vrais sagt gut, gut:** aaO S. 53; Stein spielt hier auf einen Lieblingsausspruch ihres Freund Henri-Pierre Roché an

365 **Wenn die Zunahme:** aaO S. 86

365 **Entschuldigt die mürrische:** aaO S. 107

365 **Sollte sein, sollte sein:** aaO S. 114

368 **Ausführungen zur englischen Literatur:** Gemeint ist der Vortrag »What Is English Literature«, den Gertrude Stein erstmals am 20. November 1934 am Columbia University Institute of Arts and Sciences in New York hielt und während ihrer USA-Reise noch weitere zehnmal.

373 **dieses wird nicht so vergnügt sein:** gemeint ist *Jedermanns Autobiographie*

374 **mein kleiner Hund kennt mich:** Stein spielt hier an auf den Kinderreim »There Was a Little Woman, As I've Heard Say«, in dem es heißt: *But if it be I, as I hope it be, / I've a little*

dog at home, and he'll know me / If I be I, he'll wag his little tail, / And if it not be I, he'll bark loudly and wail. Stein kannte die Zeilen aus Josiah Royces Aufsatz »Kant's Transcendental Apperception« (abgedruckt 1892 in dem Band *The Spirit of Modern Philosophy*).

376 **schreibe ich über Amerika, Glauben und Grant:** Gemeint ist wohl *Four in America*, ein unvollendetes Werk, in dem Ulysses S. Grant als Glaubensführer, Wilbur Wright als Maler, Henry James als General und George Washington als Romancier auftreten.

376 **einen neuen jungen Maler:** Stein meint hier den Engländer Francis Cyril Rose, der bei Picabia gelernt und Bühnenbilder für Sergei Djagilews Ballets Russes kreiert hatte.

386 **Uraufführung am 9. Juli 1936 in Detroit**: Hierzu schrieb Thornton Wilder auf Bitten Vestals im Theaterzettel: »In diesem Puppenspiel geht es Miss Gertrude Stein wie in einigen ihrer jüngsten Texte um das Verhältnis von menschlicher Natur und menschlichem Geist. Die menschliche Natur, sagt sie, besteht in der Identität. Das heißt, sie besteht auf sich, auf der Selbstbehauptung und dem Schutz und dem Überleben der eigenen Identität. Folgen innerhalb und überhaupt der menschlichen Natur sind Kriege, Propaganda, Politik, Verbrechen, Eifersucht, Sex. Die menschliche Natur braucht, um sich ihrer selbst zu vergewissern, Erinnerung und Publikum. [...] Der Geist aber kennt weder ZEIT noch IDENTITÄT noch PUBLIKUM. Er betrachtet das reine Sein. Was er weiß, weiß er dann, wenn er weiß. Seine größte Leistung ist das Schreiben, weil er im Schreiben kein Publikum hat als sich selbst – im Vortrag, in Unterhaltungen ist ein Publikum da und verführt den MENSCHLICHEN GEIST zu Schönreden oder Gefälligkeit

oder Schmeichelei, und das ist das Terrain der menschlichen Natur. […] In dem Stück ist viel von Hunden die Rede. Miss Stein verwendet den Hund häufig als Bild für die menschliche Natur. […] Hunde können vieles, was die menschliche Natur einst als für ihre Würde konstitutiv hielt. Sie können sich sehnen, können verlangen, können weinen, aber eines können sie nicht: SCHREIBEN.« (Thornton Wilder, *Introduction to Miss Stein's Puppet Play*. Twentieth Century Literature 24/I, [1936] 1978, S. 94 f.)

387 **denn mein kleiner Hund kennt mich**: ebenso in »Und nun«, S. 374

395 **eines von vielen:** Zählungen schwanken zwischen 77 und 103.

395 **ein Buch:** Gemeint ist *Jedermanns Autobiographie*.

396 **Kirafly-Brüder**: Imre und Bolossy Kirafly, gebürtige Ungarn, waren für ihre Spektakel und Umzüge bekannt, etwa ein gewaltiges einwöchiges Stadtfest in Brüssel im Jahr 1868. P. T. Barnum brachte sie nach Amerika. Ihre Show »Das Leben des Kolumbus« lief noch zwei Jahre nach Ende der Weltausstellung in Chicago.

396 **Carl Van Vechten am 13. April 1936**: *The Letters of Gertrude Stein and Carl Van Vechten*, aaO Vol. II, S. 497

400 **Was ist ein einsilbiges Wort**: »Ich habe ein ganzes Buch über einsilbige Wörter schreiben wollen. In einem Theatersück namens ›Hört doch‹ das ich gerade geschrieben habe denke ich fortwährend an einsilbige Wörter.« (*Jedermanns Autobiographie*, aaO S. 128)

426 **Wenn die Erde rund ist:** s. Steins Kinderbuch *Die Welt ist rund*, S. 444 ff.

430 **wenn ich im Auge des Pferds knie**: In *Jedermanns Autobiographie* (aaO S. 331) schreibt Stein: »Als wir später zusammen in Cornall waren kniete seine [Abdys = des guten

William] Frau Diana auf dem Auge des großen Kalkpferdes dort nieder um zu wünschen was es zu wünschen gibt und das habe ich in dem Stück ›Hört doch‹ erzählt …«

444 **Abc-Buch**: *To Do: Alphabets and Birthdays,* 1957 posthum veröffentlicht. *Alphabets and names make games and everybody has a name and all the same they have in a way to have a birthday.*

444 **Rose ist ein junges Mädchen**: DIE ZEIT, 30. 9. 1994

448 **Susan Brownell Anthony**: vgl. die Erwähnung in *Fernhurst* S. 31

449 **Jo der Störer:** Spitzname des mit Stein befreundeten Autors John Barry, der einst bei einem Streik als »Störenfried« verhaftet worden war.

450 **Leben und Kampf**: nach einem Lieblingsspruch von Steins Freundin Claribel Cone: »Das Leben ist Kampf«

459 **Zeilen von George Eliot:** Es geht um Eliots Gedicht »O May I Join the Choir Invisible«, in dem es heißt *O, May I join the choir invisible / Of those immortal dead who live again / In minds made better by their presence …* Schon in *Jedermanns Autobiographie* (aaO S. 130) ist hiervon die Rede.

ANHANG

CHRONIK GERTRUDE STEIN

1874 Am 3. Februar in Allegheny, Pennsylvania, als fünftes und jüngstes Kind von Daniel und Amelia Stein geboren, irritiert Gertrude Stein zeitlebens die Tatsache, dass es sie und ihren zwei Jahre älteren Bruder Leo nie gegeben hätte, wären nicht zwei Geschwister zuvor gestorben.

1878 Die deutsch-jüdische Familie übersiedelt nach Wien, dann Paris, Baltimore und schließlich, 1880, Oakland, Kalifornien (wo sie zunächst in Tubb's Hotel wohnen); Stein spricht zunächst Deutsch, in Paris Französisch, dann, auf Geheiß des Vaters, nur noch »Amerikanisch« (diese frühen polyglotten Erfahrungen sind wie das spätere Pariser Leben sicher nicht ohne Bedeutung für Steins sprachliche »Hellhörigkeit«).

1881–86 Stein wird überwiegend privat unterrichtet; sie besucht nur ein Jahr lang eine Highschool.

1888 stirbt die Mutter, Gertrude hält sich an ihren Bruder Leo.

1891 stirbt auch der Vater; die »angenehmen Jahre« beginnen; der ältere Bruder Michael verwaltet das Familienvermögen so geschickt, dass alle Geschwister auf Jahre hin ein bequemes Auskommen haben.

1892 Leo und Gertrude werden nach Baltimore zu Verwandten geschickt, Leo nimmt sein Studium in Harvard auf, Gertrude geht ein Jahr später – als Gasthörerin zunächst – an den Harvard Annex for Women (später Radcliffe College), wo sie Philosophie, und – bei William James und Hugo Münsterberg – Psychologie studiert; schon ihre erste Veröffentlichung, ein Fachartikel, ist stilistisch unorthodox; sie besucht William Vaughn Moodys Schreibwerkstatt »English Composition 22«.

1895 Leo macht seinen Abschluss und tritt mit seinem Vetter Fred Stein eine Weltreise an.

1896 Erste eigene Europareise Steins.

1897 Auf Anraten von James wechselt Stein an die Johns Hopkins School of Medicine, sie beginnt mit den klassischen vorklinischen Fächern, aber auch Neurologie, Psychiatrie, Gynäkologie und Pädiatrie; sie gehört zur ersten Generation von Studenten, die Anatomie im Seziersaal lernen; sie präpariert und zeichnet Hirnschnitte, ihr Hauptinteresse aber gilt – wie das einer ganzen literarischen Generation (Proust, Joyce, Woolf u. a.) – Bewusstseinsprozessen und Charakterstudien; sie wendet sich dem psychologischen Roman zu.

1900 Leo Stein lässt sich nach ausgedehnten Reisen in Europa nieder.

1902 Gertrude besucht ihren Bruder in Italien; gemeinsam verbringen sie den Sommer in England, in London liest und studiert Stein monatelang in der British Library die englische Literatur (v. a. den psychologischen Roman); sie beginnt ihre Novelle *Q. E. D.*, Aufarbeitung ihrer unglücklichen Liebe zu einer Kommilitonin.

1903 Nach ihrer Rückkehr in die Staaten beginnt Stein mit der Arbeit an *The Making of Americans*; besucht im Sommer Leo in Paris, reist mit ihm nach Italien.

1904 Stein kehrt zunächst in die USA zurück, es entsteht der Kurzroman *Fernhurst*; sie bricht ihr Studium ab und reist bereits im Juni erneut nach Europa, zieht endgültig zu ihrem Bruder Leo nach Paris; gemeinsam sammeln die Geschwister Kunst, v. a. Cézanne, Renoir, Matisse, Gauguin, Picasso; die Wohnung in der rue de Fleurus wird zum Treffpunkt junger Maler, Schriftsteller, Intellektueller; Gertrude begeistert sich zeitweilig – wie Wittgenstein, Strindberg, Freud, Musil, Kraus, Joyce, Schoen-

berg – für Otto Weinigers *Geschlecht und Charakter.* Da dieser das Genie der Männlichkeit zuordnet, folgert Stein, könnten nur lesbische Frauen Genies sein (»moi aussi, perhaps«); Kategorisierungen leiten sie auch bei ihrer Suche nach der »bottom nature«.

1905 lernen sie und Leo durch den Kunsthändler Lovis Sagot Picasso kennen; Steins Erzählung »Melanctha« (1909 in *Three Lives* veröffentlicht) markiert den Beginn der (ersten) experimentellen Phase ihres Schreibens; sie entdeckt, dass Individuen sich durch ihren »Rhythmus« unterschieden, diesen Puls der Persönlichkeit realisiert sie in ihren Porträts.

1906 sitzt Stein Picasso Modell.

1907 lernt sie Alice B. Toklas kennen, mit der sie ihr Leben bis zu ihrem Tod teilen wird; Toklas hat entscheidenden Anteil an Steins literarischer Karriere.

1908 Stein verewigt Alice in ihrem ersten Einzelporträt »Ada«.

1909 Alice B. Toklas zieht in der rue de Fleurus ein; Stein veröffentlicht ihr erstes Buch *Three Lives* auf eigene Kosten; Alice ersetzt Leo und Stein wird Stein; finanzielle Unabhängigkeit, das »eigene Zimmer«, das Virginia Woolf fordern wird, und der Zuspruch einer Gefährtin erlauben der Amerikanerin Stein in Paris ein hohes Maß an Freiheit.

1911 Steins Doppelporträt »Miss Furr and Miss Skeene« und das Gruppenporträt »Bon Marché Weather« entstehen; sie schließt *The Making of Americans* ab.

1912 Alfred Stieglitz druckt Steins (1909/10 entstandene) Porträts »Picasso« und »Matisse« in seiner Zeitschrift *Camera Work.* Es ist das erste Mal – Stein ist achtunddreißig Jahre alt –, dass ein Herausgeber von sich aus an sie herantritt, und es sind die ersten experimentellen Texte Steins, die weite Verbreitung finden.

1913 Im Januar reist Stein nach England, um Verlagskontakte zu knüpfen; die legendäre »Armory Show« in New York zeigt erstmal in den USA moderne europäische Kunst; Gertrude Stein wird dieser Avantgarde zugerechnet; in diesem Jahr entstehen ihr berühmtes Gedichtporträt »Susie Asado« und der Text »Sacred Emily«; es kommt zum endgültigen Bruch mit Leo (»Das einzige dabei war dass ich es war die das Genie war … und er war es nicht … und das war der Anfang vom Ende …«, *Jedermanns Autobiographie*, aaO S. 88). Leo zieht aus, die Geschwister werden sich nie wiedersehen; die Kunstsammlung wird geteilt; zu Steins Samstagabend-Salons strömen nun Künstler und Intellektuelle jeder Couleur; sie lernt Carl Van Vechten kennen.

1914 *Tender Buttons* erscheint; Stein und Toklas werden während einer Englandreise vom Ausbruch des Kriegs überrascht und kehren erst im Oktober nach Paris zurück.

1915 Aus Angst vor Zeppelinangriffen weichen Stein und Toklas nach Spanien aus und fahren erst nach der Schlacht von Verdun heim nach Paris.

1916 Stein schreibt ihr erstes »Theaterstück«, das Minidrama *Ladies Voices* (veröffentlicht 1922 in *Geography and Plays*).

1917/18 Stein und Toklas übernehmen mit ihrem ersten Ford (Stein wird begeisterte Autofahrerin) Hilfstransporte für den American Fund for the French Wounded im Elsass und in Südfrankreich; ihre Textreflexion »Tourty or Tourtebattre« geht aus diesen Erlebnissen hervor.

1919 Nach dem Krieg wird in Paris die Tradition des Samstagabend-Salons wieder aufgenommen, zu den Gästen gehören Picabia und Tristan Tzara, Ezra Pound, T. S. Eliot, Man Ray, Djuna Barnes, Mina Loy, Jean Cocteau, E. E. Cummings, René Crevel, Edith Sitwell und viele andere.

1920 Gertrude Stein zeichnet als erste Subskribentin der (Leih-) Buchhandlung Shakespeare & Company von Sylvia Beach; Jacques (Chaim Jakoff) Lipchitz fertigt seine Stein-Bronze an.

1921 Stein lernt Sherwood Anderson kennen; aus diesem Jahr stammt ihr Text »A Sonatina Followed By Another«.

1922 Stein lernt Ernest Hemingway kennen; es entsteht der Text »Objects Lie on a Table«; man verleiht ihr und Alice B. Toklas für ihren Kriegseinsatz die Médaille de la Reconnaissance Française.

1923 Stein und Toklas entdecken Belley in der Region Auvergne-Rhône-Alpes; aus diesem Jahr stammen die Textcollagen »He and They, Hemingway« und »If I told Him. A Completed Portrait of Picasso« sowie das Stück »A List«; Jo Davidson erschafft seine Stein-Skulptur.

1924 Teile von *The Making of Americans* erscheinen in der *transatlantic review*; nach einer schwierigen Begegnung mit dem englischen Dichter schreibt Stein den Text »A Description Of The Fifteenth of November. A Portrait of T. S. Eliot«.

1925 erscheint Steins fast 1000-seitiger Universalroman *The Making of Americans.*

1926 Stein hält vor der Literary Society in Cambridge und auch in Oxford ihren Vortrag »Composition as Explanation«; sie lernt im Herbst den Komponisten Virgil Thomson kennen; er vertont einige Stein-Texte.

1927 folgt sie dem Beispiel der Geliebten Natalie Barneys, Herzogin de Clermont-Tonnere, und lässt Toklas ihr das Haar kurz schneiden; sie nimmt die Arbeit an dem Roman *Lucy Church Amiably* auf.

1928 ersteht Stein den nächsten Ford und den ersten Pudel.

1929 Stein und Toklas mieten in Bilignin, bei Belley, das Haus an, in dem sie die nächsten 14 Jahre ihre Sommer verbringen werden;

hier entstehen vermutlich die Gedichte »Advice on Roses« und »Narrative«, die erst posthum Eingang finden in die Yale Edition of the Unpublished Writings of Gertrude Stein.

1930 Stein lernt den Künstler Francis Rose kennen; sie beendet *Lucy Church Amiably – A novel of Romantic beauty and nature and which looks like an Engraving*; sie begegnet dem Rivalen James Joyce zum ersten und einzigen Mal.

1931 gründen sie und Alice B. Toklas zur besseren Verbreitung des Stein'schen Werks ihren eigenen Verlag (Plain Edition); als erster Titel erscheint *Lucy Church Amiably*; es entsteht das metapoetische Langgedicht *Winning His Way*; der Kritiker Edmund Wilson erkennt ihr denselben Rang zu wie Joyce, Proust, Yeats und T. S. Eliot.

1933 Die *Autobiography of Alice B. Toklas*, von Gertrude Stein als Alice Toklas geschrieben, erscheint und macht Stein schlagartig weit über Künstlerkreise hinaus bekannt; parallel zu dem Publikumstext verfasst sie die lange Abstraktion *Stanzas in Meditation*; sie schreibt das Gedicht »Afterwards«.

1934/35 Stein unternimmt in Begleitung Alice B. Toklas' eine Vortragsreise durch die USA, sie wird herumgereicht und u. a. von der First Lady Eleanor Roosevelt empfangen; ihre von Virgil Thompson vertonte Oper *Four Saints in Three Acts* wird am Broadway aufgeführt; zu den Vorträgen, die sie hält, gehören »Poetry and Grammar«, »The Gradual Making of The Making of Americans« und »How Writing Is Written«; mit dem Beitrag »And Now« in der *Vanity Fair* versucht sie eine Bestandsaufnahme; »Identity, a Poem« entsteht auf Bitten eines Puppenspielers, den sie in Chicago kennengelernt hat; Rückkehr nach Frankreich, Sommer in Bilignin, wo 500 französische Soldaten kaserniert werden; Toklas beginnt, Kopien der Werke Steins zur sicheren Aufbewahrung an Carl Van Vechten nach Amerika zu schicken.

1936 Stein hält erneut Vorträge in Oxford und Cambridge. Sie schreibt das Stück »Listen to Me«.

1937 Besuch der Premiere ihres Stücks *A Wedding Bouquet* im Sadler's Well in London.

1938 Umzug von der rue de Fleurus in die rue Christine; *Everybody's Autobiography* erscheint, gedacht als »Fortsetzung« der Toklas-Autobiographie; Stein schreibt mit *The World is Round* ihr erstes »Kinderbuch«; erwirbt den Pudel Basket II; ihr Bruder Michael stirbt in San Francisco.

1939 Nach der Sommerfrische in Bilignin fahren Stein und Toklas nur kurz nach Paris, um die Wohnung zu verschließen und einige Bilder zu sichern.

1940 Paris wird von den Deutschen besetzt; Stein und Toklas überstehen den Krieg auf dem Lande, nicht zuletzt dank guter Beziehungen zu Vertretern des Vichy-Regimes; Stein will Pétains *Paroles aux français* übersetzen.

1943 Der Eigentümer des Hauses in Bilignin kehrt zurück, Stein und Toklas mieten Le Colombier bei Culoz an.

1944 Im August treffen die ersten amerikanischen Truppen ein, im Dezember kehrt Stein nach Paris zurück.

1945 Sie besucht im Juni amerikanische Stützpunkte in Deutschland, Österreich, Belgien; sie arbeitet mit Virgil Thomson an der Oper *The Mother of Us All*; die Uraufführung erlebt sie nicht mehr.

1946 Stein wird am 19. Juli ins American Hospital in Neuilly-sur-Seine gebracht, am 23. Juli setzt sie ihr Testament auf (das u. a. die Finanzierung der achtbändigen Yale-Ausgabe der unveröffentlichen Werke vorsieht) und stirbt am 27. nach der erfolglosen Operation an Magenkrebs; sie wird in Paris auf dem Père Lachaise beerdigt (1967 wird Alice B. Toklas neben ihr beigesetzt).

Originalausgaben – zu Lebzeiten Steins erschienen

Three Lives. The Grafton Press: New York, 1909

Tender Buttons. Claire Marie: New York, 1914

Geography and Plays. Four Seas: Boston, 1922

The Making of Americans Being a History of a Family's Progress. Contact Press: Paris, 1925

Composition as Explanation. Hogarth Press: London, 1926

Useful Knowledge. Payson and Clarke: New York, 1928

Lucy Church Amiably. Plain Edition: Paris, 1930

Before the Flowers of Friendship Faded, Friendship Faded. Plain Edition: Paris, 1931

How to Write. Plain Edition: Paris, 1931

Operas and Plays. Plain Edition: Paris, 1932

Matisse Picasso and Gertrude Stein With Two Shorter Stories. Plain Edition: Paris, 1933

A Long Gay Book. Plain Edition: Paris, 1933

The Autobiography of Alice B. Toklas. Hartcourt Brace: New York, 1933

Four Saints in Three Acts. Random House: New York, 1934

Portraits and Prayers. Random House: New York, 1934

Lectures in America. Random House: New York, 1935

Narration. University of Chicago Press, 1935

The Geographical History of America. Random House: New York, 1936

Everybody's Autobiography. Random House: New York, 1937

Picasso. Batsford: London, 1938

The World Is Round. William R. Scott Inc.: New York, 1939
Paris France. Charles Scribner's Sons: New York; Batsford: London, 1940
What Are Masterpieces. Conference Press: Los Angeles, 1940
Ida, A Novel. Random House: New York, 1941
Wars I Have Seen. Random House: New York, 1945

Originalausgaben – posthum erschienen

Selected Writings of Gertrude Stein. Random House: New York, 1946
Brewsie and Willie. Random House: New York, 1946
In Savoy or Yes is For a Very Young Man (A Play of the Resistance in France). The Pushkin Press: London, 1946
Four in America. Yale University Press: New Haven, 1947
The Gertrude Stein First Reader and Three Plays. Houghton Mifflin: Boston, 1948
Blood On the Dining-Room Floor. Banyan Press: Vermont, 1949
Last Operas and Plays. Rinehart & Co.: New York, 1949
The Radcliffe Themes (In: *Gertrude Stein – Form and Intelligibility.* Rosalind S. Miller. Exposition Press: New York, 1949)
Things As They Are (Q. E. D.). Banyan Press: Vermont, 1950
Two: Gertrude Stein and Her Brother and Other Early Portraits 1908–1912), Yale Edition of the Unpublished Writings of Gertrude Stein Vol. I: New Haven, 1951
Mrs. Reynolds and Five Earlier Novelettes (1931–1942), Yale Edition Vol. II: New Haven, 1952
Bee Time Vine and Other Pieces (1913–1927), Yale Edition Vol. III: New Haven, 1953
As Fine As Melanctha (1914–1930), Yale Edition Vol. IV: New Haven, 1954

Painted Lace and Other Pieces (1914–1937), Yale Edition Vol. V: New Haven, 1955
Stanzas in Meditation and Other Poems (1929–1933), Yale Edition Vol. VI: New Haven, 1956
Alphabets and Birthdays, Yale Edition Vol. VII: New Haven, 1957
A Novel of Thank You, Yale Edition Vol. VIII: New Haven, 1958
Selected Operas and Plays. Ed. John Malcolm Brinnin, University of Pittsburgh Press, 1970
Fernhurst, Q.E.D., and Other Early Writings. Liveright: New York, 1971
Look at Me Now and Here I Am. Writings and Lectures 1909–1945. Ed. by Patricia Meyerowitz, Penguin: Harmondsworth, 1971 (= *Writings and Lectures, 1911–1945*. Owen: London, 1967)
Money. Los Angeles: Black Sparrow Press, 1973
Reflections on the Atomic Bomb. Volume I of the Previously Uncollected Writings of Gertrude Stein. Ed. by Robert Bartlett Haas, Black Sparrow Press: Los Angeles, 1973
How Writing Is Written. Volume II of the Previously Uncollected Writings, Black Sparrow Press: Los Angeles, 1974
The Yale Gertrude Stein Selections. New Haven & London: Yale University Press, 1980
Writings (1903–1932). Literary Classics of the United State: New York, 1998
Writings (1932–1946). Literary Classics of the United States: New York, 1998

Biographien, Erinnerungen und anderes – englisch

When This You See Remember Me. W. G. Rogers, Rinehart: New York, 1948

The Alice B. Toklas Cookbook. Harper & Bros: New York, 1954

The Third Rose. John Malcolm Brinnin, Little, Brown & Co.: Boston, 1959

Charmed Circle. Gertrude Stein & Company. James R. Mellow, Phaidon Press: London, 1974

Everybody Who Was Anybody. Janet Hobhouse, G. P. Putnam's Sons: New York, 1975

The Biography of Alice B. Toklas. Linda Simon, Peter Owen: London, 1978

Gertrude Stein and Alice B. Toklas: A Reference Guide. Ray Lewis White, G. K. Hall: Boston, 1984

What Is Remembered. Alice B. Toklas, North Point Press: Hooton / Ellesmere Port, 1985

Gertrude Stein. Jane Palatini Bowers, The MacMillan Press Women Writers: Houndmills, 1993

Favored Strangers. Gertrude Stein and Her Family. Linda Wagner-Martin, Rutgers University Press New: Brunswick, 1995

Gertrude Stein in words and pictures – a photobiography. Ed. by Renate Stendhal, Thames and Hudson: London, 1995

Paris Was a Woman: Portraits from the Left Bank. Andrea Weiss, Harper: San Francisco, 1995 (und Film von Greta Schiller 1996)

Sister – Brother. Gertrude & Leo Stein. Brenda Wineapple, Johns Hopkins University Press: Baltimore, 1996

Two Lives – Gertrude and Alice. Janet Malcolm, Yale University Press: New Haven, 2007

Werkbiographien, Reader und Nachschlagewerke – englisch

Gertrude Stein – A Biography of Her Work. Donald Sutherland, Yale University Press: New Haven, 1951

Gertrude Stein in Pieces. Richard Bridgman, Oxford University Press: New York, 1970

A Primer for the Gradual Understanding of Gertrude Stein. Ed. by Robert Bartlett Haas, Black Sparrow Press: Los Angeles, 1973

Gertrude Stein. A Bibliography. Ed. by Robert A. Wilson, Phoenix Bookshop: New York, 1974

Gertrude Stein. A Composite Portrait. Ed. by Linda Simon, Avon Books: New York, 1974

A different language. Gertrude Stein's experimental writing. Marianne DeKoven, University of Wisconsin Press, 1983

Gertrude Stein. Ed. by Harold Bloom, Chelsea House: New York, 1986

A Gertrude Stein Companion – content with the example. Ed. by Bruce Kellner, Greenwood Press: New York, 1988

Gertrude Stein advanced – an anthology of criticism. Ed. by Richard Kostelanetz, McFarland: Jefferson N. C., 1990

A Stein Reader. Ed. by Ulla Dydo, Northwestern University Press: Illinois, 1993

Gertrude Stein, writer and thinker. Claudia Franken. Lit Verlag: Münster – Hamburg – London, 2000

The Gertrude Stein Reader. The Great American Pioneer of Avant-Garde Letters. Ed. by Richard Kostelanetz, Cooper Square Press: New York, 2002

Gertrude Stein. The Language That Rises. 1923–1934. Ulla E. Dydo, Northwestern University Press: Illinois, 2003

Gertrude Stein. Nicola Shaughnessy, Northcote House Publishers Ltd.: Tavistock, 2007

Gertrude Stein and the making of an American celebrity. Karen Leick, Routledge: New York, 2009

Briefe – englisch

The Flowers of Friendship. Letters Written to Gertrude Stein. Ed. by Donald Gallup, Knopf: New York, 1953

Sherwood Anderson / Gertrude Stein: Correspondence and Personal Essays. Ed. by Ray Louis White, University of North Carolina Press, 1972

The Letters of Gertrude Stein and Carl Van Vechten 1913–1946, Vol. I (1913–1935). Ed. by Edward Burns, Columbia University Press: New York, 1986

The Letters of Gertrude Stein and Carl Van Vechten 1913–1946, Vol. II (1935–1946), 1986

The Letters of Gertrude Stein and Thornton Wilder. Ed. by Edward Burns, Ulla E. Dydo & William Rice, Yale University Press: New Haven, 1996

Titel von und zu Stein – deutsch

Autobiographie von Alice B. Toklas. Ü: Elisabeth Schnack, Origo-Verlag: Zürich, 1956 (= Arche Verlag: Zürich 1959; = Kiepenheuer: Leipzig 1981; = Ü: Roseli und Saskia Bontjes van Beek, Arche: Zürich / Hamburg, 2006)

Drei Leben. Erzählungen. Mit einem Vorwort von Cesare Pavese. Ü: Marlis Pörtner, Arche: Zürich, 1960

Gertrude Stein. Kreisel-Spiel. Ü: Klaus Reichert, in: Spiele in einem Akt. Hg. Walter Höllerer, Suhrkamp: Frankfurt a. M., 1963

Erzählen – vier Vorträge. (*Narration*) Einl. von Thornton, Ü: Ernst Jandl, Suhrkamp: Frankfurt a. M., 1971

early and late = Früh und spät = Tôt et tard. Gertrude Stein; Aurélie Nemours; Helmut Heißenbüttel; Edith de La Tour; Sybil Albers, Verlag 3: Zürich, 1979

Ein Geburtstagbuch. Ü: Sylvia Lichtenberg, Lilith: Berlin, 1984; *Ein Geburts-Tage-Buch.* Ü: Gabriele Cenefels, Dielmann: Frankfurt a. M., 1994

Keine, keiner. Ein Kriminalroman. (*Blood on the Dining-Room Floor*) Ü: Renate Stendhal. Arche: Zürich, 1985

The Making of Americans. Geschichte und Werdegang einer Familie, 1906–1908. Ü: Lilian Faschinger und Thomas Priebsch, Ritter: Klagenfurt / Wien, 1985

Was ist englische Literatur. Vorlesungen. Ü: Marie-Anne Stiebel, Arche: Zürich, 1985

Was sind Meisterwerke. Essay. Ü: Marie-Anne Stiebel, Arche: Zürich, 1985 [1962]

Briefwechsel und ausgewählte Essays: Sherwood Anderson – Gertrude Stein. Hg. Ray Lewis White. Ü: Jürgen Dierking, Suhrkamp: Frankfurt a. M., 1985

Portraits und Stücke I und II. (*Geography and Plays*) Ü: Bernd Samland, Arche: Zürich, 1986 u. 1987

Ein Buch mit da hat der Topf ein Loch am Ende einer Liebesgeschichte. Gertrude Stein. (*A Book Concluding With as a Wife Has a Cow, a Love Story*). In einer Lesart von Oskar Pastior und Sissi Tax. Friedenauer Presse: Berlin, 1987

Die geographische Geschichte von Amerika oder die Beziehung zwischen der menschlichen Natur und dem Geist des Menschen. Ü: Marie-Anne Stiebel, Suhrkamp: Frankfurt a. M., 1988

Warum ich Detektivgeschichten mag. Ü: Jürg Laederach, Edition Plasma: Berlin, 1989

Ida. Ein Roman. Ü: Marie-Anne Stiebel, Suhrkamp: Frankfurt a. M., 1992

Kriege, die ich gesehen habe. Ü: Marie-Anne Stiebel, Suhrkamp: Frankfurt a. M., 1992

Wie man Gertrude Stein liest und studiert: ein literarischer Reiseführer. Bruce Kellner / Klaus Schmirler, Achilla-Presse: Hamburg, 1993

Gertrude Stein. Spinnwebzeit. Bee Time Vine und andere Gedichte. Hrsg. und mit einem Nachwort von Marcel Beyer, Barbara Heine und Andreas Kramer. Arche: Zürich, 1993

Die Welt ist rund. Ü: Michael Mundhenk, Ritter: Klagenfurt / Wien, 1994

Lesebuch zum allmählichen Kennenlernen von Gertrude Stein. Robert Bartlett Haas, Bruce Kellner, Klaus Schmirler und Dagmar Mahlhorn-Schmidt. Suhrkamp: Frankfurt a. M., 1994

Die gute Anna. Erzählung. Ü: Brigitte Gerlinghoff, Arche: Zürich, 1996

Gertrude Stein. Stefana Sabin, Rowohlt: Reinbek bei Hamburg, 1996

Gertrude Stein für Minuten. Ein Lesebuch. Zusammengestellt von Ursula Michels-Wenz, Suhrkamp: Frankfurt a. M., 1996

Tender Buttons / Zarte Knöpfe. Ü: Marie-Anne Stiebel und Klaus Reichert, Suhrkamp: Frankfurt a. M., 1996

Jedermanns Autobiographie. Ü: Marie-Anne Stiebel, Suhrkamp: Frankfurt a. M., 1996

Paris, Frankreich. Ü: Marie-Anne Stiebel, Suhrkamp: Frankfurt a. M., 1996

Q. E. D. Ü: Marie-Anne Stiebel und Ursula Michels-Wenz, Suhrkamp: Frankfurt a. M., 1996

Brewsie und Wille. Eine Erzählung. Ü: Klaus Schmirler, Achilla-Presse: Hamburg, 1996

Gertrude Stein. Saints and singing – an operetta. Robert Wilson und Hans Peter Kuhn. Eine Produktion des Hebbel-Theaters, Berlin. Ü: Pamela Selwyn, 1997